U0570441

丁文江先生学行录

欧阳哲生 编

中华书局

图书在版编目(CIP)数据

丁文江先生学行录/欧阳哲生编.—北京:中华书局,
2008.1

ISBN 978-7-101-05989-2

Ⅰ.丁… Ⅱ.欧… Ⅲ.丁文江(1887~1936)–生
平事迹 Ⅳ.K826.14

中国版本图书馆 CIP 数据核字(2007)第 204642 号

书 名	丁文江先生学行录	
编 者	欧阳哲生	
责任编辑	俞国林	
出版发行	中华书局	
	(北京市丰台区太平桥西里38号 100073)	
	http://www.zhbc.com.cn	
	E-mail:zhbc@zhbc.com.cn	
印 刷	北京市白帆印务有限公司	
版 次	2008年1月北京第1版	
	2008年1月北京第1次印刷	
规 格	开本/700×1000毫米 1/16	
	印张32½ 插页4 字数450千字	
印 数	1-3000册	
国际书号	ISBN 978-7-101-05989-2	
定 价	58.00元	

此中央研究院總幹事丁在君先生遺像也
先生名文江江蘇泰興人以地質學名於世兼
治地理人種歷史諸科學近以探礦得病本年
一月五日卒於長沙年僅四十有九深為吾國學術界
惜之 二十五年一月二十一日蔡元培識

第一次董事年会（1925 年 6 月 2—4 日）
从左至右：张伯苓、顾临（R.S.Greene）、丁文江、颜惠庆、周诒春、
范源廉、黄炎培、蒋梦麟、贝诺德（C.R.Bennett）、顾维钧、贝克
（J.E.Baker）、孟禄（Paul Monroe）

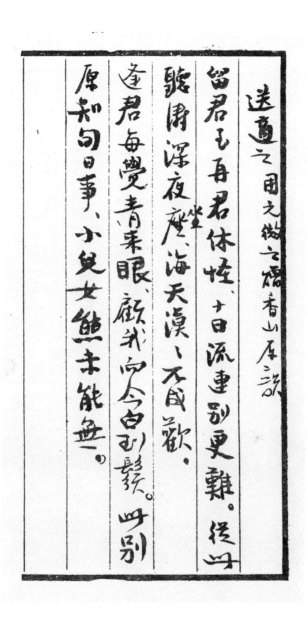

送適之回國之微之贈香山原詩

留君不君休怪，十日流連別更難。從此

聽我深夜談，海天漠漠不成歡。

逢君每覺青來眼，顧我忽今白到鬢。此別

原知句日事，小兒女態未能無。

丁文江先生贈胡适之手迹

目　录

第二辑

第三辑

第四辑

第五辑

第六辑

前　言

欧阳哲生

　　1936 年 1 月 5 日丁文江在长沙湘雅医院因煤气中毒引起脑部血管出血等病症，医治无效而去世。自从上年 12 月 8 日晚上他在衡阳煤气中毒，被送进医院以后，他的病情很快就惊动了北平、南京、长沙等地的朋友们，成为人们心悬的一块阴影。各地的亲朋好友密切关注他的病情的发展。12 月 11 日翁文灏赶赴衡阳，决定让丁文江转往长沙湘雅医院治疗；12 月 21 日傅斯年赶到长沙湘雅医院看望住院的丁文江，亲自与医生商量治疗方案；胡适则在北平通过电报持续了解病情发展，并与协和医院联系协助治疗事宜。关于丁文江的死因，除了煤气中毒这一诱因，医治不得力似也是一大原因。[①] 此前，丁文江对生命的脆弱、环境的险恶和因为自己拼命工作、语锋太露可能遭到不测，似乎早有某种预感，故在他去世的前一年已立下遗嘱，安排了后事。这样的做法，当时的确有点令人感到突兀。但联系丁文江所处的环境，似乎又并不为奇，这是一个知识界频发事故的年代，不测的消息一个一个传来，年青地质学者赵亚曾在四川考察时被土匪杀害(1929 年)，诗人徐志摩因飞机失事而陨命(1931 年)，前任中研院总干事杨杏佛被国民党特务杀害于办公室前(1933 年)，刘半农在蒙古考察时染回归热病身亡(1934 年)，《申报》总经理史量才被国民党特务狙杀(1934 年)，这些熟悉面孔的消失，似乎都在一次又一次地提醒丁文江：生命是脆弱的。丁文江已明显意识到这一点。联想到自己家族成员的生命史过短，亲属中几乎没有活过五十岁的人，丁文江对生命的有限性不得不有所

---

　　① 丁文治在他的悼文中检讨："衡阳方面如果有长沙方面的医药设备和人才，不至于行人工呼吸将筋骨折断，长沙方面如果有更好的设备和人才，许多潜伏的病或不至于查不出来，这是中国内地医药和一般医士程度的整个问题。"《我的二哥文江》，载 1936 年 2 月 16 日《独立评论》第 188 号。

准备。然当事情真正发生时，人们的心灵不免产生一种震撼，毕竟他只有四十九岁，这样的年岁，正是一个人的事业如日中天，大展宏图的好时机。

丁文江是偏信西医的，胡适说："他有一次在贵州内地旅行，到了一处地方，他和他的跟人都病倒了。本地没有西医，在君是绝对不信中医的，所以他无论如何不肯请中医诊治，他打电报到贵阳去请西医，必须等贵阳的医生赶到了他才肯吃药。医生还没有赶到，他的跟人已病死了，人都劝在君先服中药，他终不肯破戒。"①梁启超患病时，丁文江亦是力主送北京最有名的协和医院治疗，但与梁启超死在协和医院的结果一样，西医亦未能挽救他本人的生命，他在中国南方最有名的西医医院——湘雅医院溘然离世。他俩的死多少都有误诊的成分。

丁文江去世后，1月18日在中央研究院假中央大学大礼堂举行了高规格的追悼会，政界显要和学界名流，如蒋中正、蔡元培、王世杰、翁文灏、胡适等悉数参加，蔡元培主祭并亲致悼词。丁文江生前工作过的机构和学会组织，如地质调查所北平分所、北京大学地质系、中国地质学会等，也举行了追悼活动。按照丁文江本人的遗嘱，"死在那里，即葬在那里"，在长沙举行了盛大的安葬仪式，他的好友翁文灏、蒋梦麟、梅贻琦专程赶到长沙出席。《独立评论》、《地质论评》、《中国地质学会会志》等刊开辟纪念专号、专栏，纷纷发表悼念丁文江的文章。在国际上，《字林西报》发表 *A True Patriot*（《一个真正的爱国者》）的社论，《泰晤士报》发表史密斯先生（Grafton Elliot Smith）的 *Dr V. K. Ting：An Appreciation*（《丁文江博士：一个评价》）悼文，国联卫生组长拉西曼特自日内瓦电唁慰问丁夫人，日本、美国、欧洲等地报刊亦迅即报道了丁文江去世的消息，这是国际上第一次对一位中国科学家逝世做出如此众多的报道。国内外对丁文江去世所作的这种强烈反应说明，一方面大家对丁文江因追求科学事业而以身殉职深表哀悼，一方面亦是承认丁文江为近代中国科学事业的发展做出了重大贡献。从这个意义上说，丁文江作为一个杰出的科学家，已赫然载入中国近代科技史。

---

① 胡适：《丁在君这个人》，载 1936 年 2 月 16 日《独立评论》第 188 号。

　　丁文江是一个具有多方面成就的科学家。在他短暂的四十九年生涯中，他最大、最成功的事业是在地质学方面，"他的功绩特别是在实行野外调查，在这一方面讲，他是中国地质学界惟一的人物"①，对西南地区的地质考察尤详。他创设地质调查所，经过严格、科学的管理，成为中国近代地质事业的卓有成就的主要机构，并在极短的时间里获得了世界性的声誉，为中国地质事业的发展奠定了重要基础。他首创培养地质人才的机构——地质研究所，不遗余力地训练、提携富有才华的青年地质学者。国际著名地质学家葛利普称誉丁文江的学术成就时说："建造中国地质学之基础，及擘划其发展之途径，丁文江博士实最大之功绩。博士之姓名，在地质学上所占之位置，恐较其他任何学术方面更为重要。"②此外，他以现代科学眼光发掘十七世纪明代两大科学文献《徐霞客游记》、《天工开物》的科学价值，表彰徐霞客、宋应星在人类科技史上的地位，使中国古代科学遗产在20世纪重新大放光彩。他积极整理少数民族历史语言文献（主要是壮族、彝族），编辑《爨文丛刻》，是最早重视少数民族语言文献研究的高级学者。他对全国人种曾搜集最完备的材料，是中国人类学研究的开拓者。他撰写的《民国军事近纪》保存了民国前期军事编制的诸多史料，成为人们研究北洋政府时期军事历史的重要参考文献之一。他主持编撰的《梁任公先生年谱长编初稿》，保存了大量梁启超的书札，是研究梁启超的主要参考文献，也是近代人物年谱的经典之作。他参与"科学与人生观"论战、独裁与民主论争，是20世纪二三十年代具有代表性意义的重要思想家之一。在近代中国科研环境和科研条件均极其恶劣的情形下，一个人物做出一项开拓性的成就已不容易，丁文江能取得如此之多的成就，这与他勤奋的工作精神和卓越的科研能力分不开。

　　丁文江遽然离世时，大家异口同声地为国家失去这样一位卓有成就的科学家而表示深深的惋惜。胡适沉痛地说："在君之死，是学术界的一大损失，无法弥补的一大损失！"③章鸿钊哀叹："我真不解世界上有这样无穷

---

①　翁文灏：《追悼丁在君》，载1935年12月《地理学报》第2卷第4期。
②　葛利普：《丁文江先生与中国科学之发现》，载1936年2月16日《独立评论》第188号。
③　《胡适日记》1936年1月5日，《胡适全集》第32册，第544页，合肥：安徽教育出版社，2003年版。

的缺憾!""我听到了丁在君的死,我只有叹一声,人生只是一个缺憾而已!"①翁文灏感慨道:"在君先生的死是中国的大损失,'人之云亡,邦国珍瘁'!人才如此难得,像在君先生的人中国能有几个?"②陶孟和痛苦地表示:"在君的死,不待言,是我们国家无法弥补的损失。"③李济悲泣地说:"在君之死,不但使认识他的朋友泪流满襟;一般有民族意识的公众莫不认为是国家的一种不可补偿的损失。这种自然流露的情绪,不是偶然发生的。这可以证明他所领导的各种事业之价值,已渐为大家所能了解。"④葛利普在悼文中称:"丁博士之遽尔长逝,科学界哀悼损失一个领袖,一个工作人员,一个主动之力量。博士之学生,博士之同事,与博士之朋友,又哀悼损失丁文江这个'人'!"⑤杨钟健评价道:"他的死,不但是地质界的损失,学术界的损失,实是中国各方面的一个大损失。"⑥学术界这些重量级人物对丁文江的高度评价,突显出丁文江在当时中国学术界、地质界不可替代的重要地位。他的逝世使大家产生了一种失重感。

为纪念丁文江,中央研究院设立"丁文江奖金",表彰在自然科学领域做出贡献的科学工作者。中国地质学会设立"丁文江纪念基金",以奖励那些在地质领域富有成就的地质工作者。这些纪念奖的设立,实在是对一种丁文江式的为科学献身的精神的鼓励。"明天就死又何妨!又拼命做工,就像你永永不会死一样!"这是丁文江喜欢吟诵的诗句,胡适以为也是丁文江最适当的墓志铭,其实也是对"丁文江精神"最好的诠释。

本书为便于读者阅读,将所收纪念、追思文章大略分为六辑:第一辑为《独立评论》(第188、189、192、211号)刊登的纪念文章。第二辑为《地质论评》、《国闻周报》等刊登载的纪念文章。另有两篇系在丁文江生前发表的介绍性文字,出自温源宁、林语堂之手,因有助人们了解时人的丁文江印象,故予以收录。第三辑为1950年代以后发表在台港地区报刊上纪念丁文江的文章。第四辑为20世纪80年代以后中国大陆学人发表的纪念丁

① 章鸿钊:《我对于丁在君先生的记忆》,载《地质论评》第1卷第3期。
② 翁文灏:《追悼丁在君先生》,载1935年12月《地理学报》第2卷第4期。
③ 陶孟和:《追忆在君》,载1936年2月16日《独立评论》第188号。
④ 李济:《怀丁在君》,载1936年2月16日《独立评论》第188号。
⑤ 葛利普:《丁文江先生与中国科学之发展》,载1936年2月16日《独立评论》第188号。
⑥ 杨钟健:《悼丁在君先生》,载1936年2月16日《独立评论》第188号。

文江的文章。第五辑为丁文江逝世后出版的各种著作序言及其相关书评。第六辑为评论丁文江的各种英文报道和文章，在处理这一辑时，我没有像许多编者那样将它们译成中文，而是直接采用原文，一方面是为免读者搜索原作之苦，一方面也是希望引起学术界直接阅读外文文献的兴趣。书后附录《丁文江纪念、研究资料索引》，以为进一步了解、研究丁文江的读者提供文献资料索引。本书所收文章绝大多数出自与丁文江有关的朋友、同事、学生和亲属之手，他们亲身感受丁文江的教诲，对先生的为人处世、治学精神有着直接的了解；少数几篇文章的作者与丁文江虽无一面之缘，但其文引用的档案材料，亦可谓直接史料，对理解、研究丁文江极有价值。追忆、纪念丁文江的文字并不限现在所收文章，有些文字因时间已长，记忆与事实明显差误，故未予收录。

将有关纪念、研究丁文江的文字编辑成集，现已有数种：《丁文江这个人》（台北：传记文学出版社，1967年版）、朱传誉编《丁文江传记资料》（3册，影印资料，台北：天一出版社，1979年版）、《泰兴文史资料——纪念丁文江先生诞辰一百周年专辑》（第4辑，1987年4月版）、王鸿桢主编《中国地质事业早期史——纪念丁文江100周年章鸿钊110周年诞辰》（北京大学出版社，1990年版）、雷启立编《丁文江印象》（上海：学林出版社，1997年版）。今年是丁文江先生诞辰120周年，为缅怀先生的学术业绩和科学精神，我们再一次编辑了这本《丁文江先生学行录》，收文数量有较大篇幅增加，其意在于传承"丁文江精神"——一种为中国科学事业而献身的奋斗精神！希望本书的问世，有助于人们对丁文江先生学行和交谊的全面理解。

2007年9月25日于北京海淀蓝旗营

第一辑

丁在君这个人

胡　适

傅孟真先生的《我所认识的丁文江先生》，是一篇很伟大的文章，只有在君当得起这样一篇好文章。孟真说：

> 我以为在君确是新时代最良善最有用的中国人之代表；他是欧化中国过程中产生的最高的菁华；他是用科学知识作燃料的大马力机器；他是抹杀主观，为学术为社会为国家服务者，为公众之进步及幸福而服务者。

这都是最确切的评论。这里只有"抹杀主观"四个字也许要引起他的朋友的误会。在君是主观很强的人，不过孟真的意思似乎只是说他"抹杀私意"，"抹杀个人的利害"。意志坚强的人都不能没有主观，但主观是和私意私利绝不相同的。王文伯先生曾送在君一个绰号，叫做 the conclusion-ist，可译做"一个结论家"。这就是说，在君遇事总有他的"结论"，并且往往不放松他的"结论"。一个人对于一件事的"结论"多少总带点主观的成分，意志力强的人带的主观成分也往往比较一般人要多些。这全靠理智的训练深浅来调剂。在君的主观见解是很强的，不过他受的科学训练较深，所以他在立身行道的大关节目上终不愧是一个科学时代的最高产儿，而他的意志的坚强又使他忠于自己的信念，知了就不放松，就决心去行，所以成为一个最有动力的现代领袖。

在君从小不喜欢吃海味，所以他一生不吃鱼翅、鲍鱼、海参。我常笑问他：这有什么科学的根据？他说不出来，但他终不破戒。但是他有一次在贵州内地旅行，到了一处地方，他和他的跟人都病倒了。本地没有西

3

医，在君是绝对不信中医的，所以他无论如何不肯请中医诊治，他打电报到贵阳去请西医，必须等贵阳的医生赶到了他才肯吃药。医生还没有赶到，他的跟人已病死了，人都劝在君先服中药，他终不肯破戒。我知道他终身不曾请教过中医，正如他终身不肯拿政府干薪，终身不肯因私事旅行借用免票坐火车一样的坚决。

我常说，在君是一个欧化最深的中国人，是一个科学化最深的中国人。在这一点根本立场上，眼中人物真没有一个人能比上他。这也许是因为他十五岁就出洋，很早就受了英国人生活习惯的影响的缘故。他的生活最有规则：睡眠必须八小时，起居饮食最讲究卫生，在外面饭馆里吃饭必须用开水洗杯筷；他不喝酒，常用酒来洗筷子；夏天家中吃无外皮的水果，必须先在滚水里浸二十秒钟。他最恨奢侈，但他最注重生活的舒适和休息的重要：差不多每年总要寻一个歇夏的地方，很费事的布置他全家去避暑；这是大半为他的多病的夫人安排的，但自己也必须去住一个月以上；他的弟弟、侄儿、内侄女，都往往同去，有时还邀朋友去同住。他绝对服从医生的劝告：他早年有脚痒病，医生说赤脚最有效，他就终身穿有多孔的皮鞋，在家常赤脚，在熟朋友家中也常脱袜子，光着脚谈天，所以他自称"赤脚大仙"。他吸雪茄烟有二十年了，前年他脚趾有点发麻，医生劝他戒烟，他立刻就戒绝了。这种生活习惯都是科学化的习惯；别人偶一为之，不久就感觉不方便，或怕人讥笑，就抛弃了。在君终身奉行，从不顾社会的骇怪。

他的立身行己，也都是科学化的，代表欧化的最高层。他最恨人说谎，最恨人懒惰，最恨人滥举债，最恨贪污。他所谓"贪污"，包括拿干薪，用私人，滥发荐书，用公家免票来做私家旅行，用公家信笺来写私信，等等。他接受淞沪总办之职时，我正和他同住在上海客利饭店，我看见他每天接到不少的荐书。他叫一个书记把这些荐信都分类归档，他就职后，需要用某项人时，写信通知有荐信的人定期来受考试，考试及格了，他都僱用；不及格的，也一一通知他们的原荐人。他写信最勤，常怪我案上堆积无数未复的信。他说"我平均写一封信费三分钟，字是潦草的，但朋友接着我的回信了。你写信起码要半点钟，结果是没有工夫写信！"蔡孑民先生说在君"案无留牍"，这也是他的欧化的精神。

罗文幹先生常笑在君看钱太重，有寒伧气。其实这正是他的小心谨慎之处。他用钱从来不敢超过他的收入，所以能终身不欠债，所以能终身不仰面求人，所以能终身保持一个独立的清白之身。他有时和朋友打牌，总把输赢看得很重，他手里有好牌时，手心常出汗，我们常取笑他，说摸他的手心可以知道他的牌。罗文幹先生是富家子弟出身，所以更笑他寒伧。及今思之，在君自从留学回来，担负一个大家庭的求学经费，有时候每年担负到三千元之多，超过他的收入的一半，但他从无怨言，也从不欠债；宁可抛弃他的学术生活去替人办煤矿，他不肯用一个不正当的钱：这正是他的严格的科学化的生活规律不可及之处；我们嘲笑他，其实是我们穷书生而有阔少爷的脾气，真不配批评他。

在君的私生活和他的政治生活是一致的。他的私生活的小心谨慎就是他的政治生活的预备。民国十一年，他在《努力周报》第七期上（署名"宗淹"）曾说，我们若想将来做政治生活，应做这几种预备：

第一，是要保存我们"好人"的资格。消极的讲，就是不要"作为无益"；积极的讲，是躬行克己，把责备人家的事从我们自己做起。

第二，是要做有职业的人，并且增加我们职业上的能力。

第三，是设法使得我们的生活程度不要增高。

第四，就我们认识的朋友，结合四五个人，八九个人的小团体，试做政治生活的具体预备。

看前面的三条，就可以知道在君处处把私生活看作政治生活的修养。民十一年他和我们几个人组织《努力》，我们的社员有两个标准：一是要有操守，二是要在自己的职业上站得住。他最恨那些靠政治吃饭的政客。他当时有一句名言："我们是救火的，不是趁火打劫的。"（《努力》第六期）他做淞沪总办时，一面整顿税收，一面采用最新式的簿记会计制度。他是第一个中国大官卸职时半天办完交代的手续的。

在君的个人生活和家庭生活，孟真说他"真是一位理学大儒"。在君如果死而有知，他读了这句赞语定要大生气的！他幼年时代也曾读过宋明理学书，但他早年出洋以后，最得力的是达尔文、赫胥黎一流科学家的实事求是的精神训练。他自己曾说：

> 科学……是教育同修养最好的工具。因为天天求真理，时时想破除成见，不但使学科学的人有求真理的能力，而且有爱真理的诚心。无论遇见甚么事，都能平心静气去分析研究，从复杂中求单简，从紊乱中求秩序；拿论理来训练他的意想，而意想力愈增；用经验来指示他的直觉，而直觉力愈活。了然于宇宙生物心理种种的关系，才能够真知道生活的乐趣。这种活泼泼地心境，只有拿望远镜仰察过天空的虚漠，用显微镜俯视过生物的幽微的人，方能参领的透彻，又岂是枯坐谈禅妄言玄理的人所能梦见？（《努力》第四十九期，《玄学与科学》）

这一段很美的文字，最可以代表在君理想中的科学训练的人生观。他最不相信中国有所谓"精神文明"，更不佩服张君劢先生说的"自孔孟以至宋元明之理学家侧重内生活之修养，其结果为精神文明"。民国十二年四月中在君发起"科学与玄学"的论战，他的动机其实只是要打倒那时候"中外合璧式的玄学"之下的精神文明论。他曾套顾亭林的话来骂当日一班玄学崇拜者：

> 今之君子，欲速成以名于世，语之以科学，则不愿学，语之以柏格森、杜里舒之玄学，则欣然矣，以其袭而取之易也。（同上）

这一场的论战现在早已被人们忘记了，因为柏格森、杜里舒的玄学又早已被一批更时髦的新玄学"取而代之"了。然而我们在十三四年后回想那一场论战的发难者，他终身为科学僇力，终身奉行他的科学的人生观，运用理智为人类求真理，充满着热心为多数人谋福利，最后在寻求知识的工作途中，歌唱着"为语麻姑桥下水，出山要比在山清"，悠然的死了，——这样的一个人，不是东方的内心修养的理学所能产生的。

☆　　　　　☆　　　　　☆

丁在君一生最被人误会的是他在民国十五年的政治生活。孟真在他的长文里，叙述他在淞沪总办任内的功绩，立论最公平。他那个时期的文电，现在都还保存在一个好朋友的家里，将来作他传记的人（孟真和我都有这种野心）必定可以有详细公道的记载给世人看，我们此时可以不谈。我现在要指出的，只是在君的政治兴趣。十年前，他常说："我家里没有活过五十岁的，我现在快四十岁了，应该趁早替国家做点事。"这是他的科学迷信，我们常常笑他。其实他对政治是素来有极深的兴趣的。他是一个有干才的人，绝不像我们书生放下了笔杆就无事可办，所以他很自信有替国家做事的能力。他在民国十二年有一篇《少数人的责任》的演讲（《努力》第六十七期），最可以表示他对于政治的自信力和负责任的态度。他开篇就说：

> 我们中国政治的混乱，不是因为国民程度幼稚，不是因为政客官僚腐败，不是因为武人军阀专横；是因为"少数人"没有责任心，而且没有负责任的能力。

他很大胆的说：

> 中年以上的人，不久是要死的；来替代他们的青年，所受的教育，所处的境遇，都是同从前不同的。只要有几个人，有不折不回的决心，拔山蹈海的勇气，不但有知识而且有能力，不但有道德而且要做事业，风气一开，精神就要一变。

他又说：

> 只要有少数里面的少数，优秀里面的优秀，不肯束手待毙，天下事不怕没有办法的。……最可怕的是一种有知识有道德的人不肯向政治上去努力。

他又告诉我们四条下手的方法，其中第四条最可注意。他说：

> 要认定了政治是我们唯一的目的，改良政治是我们唯一的义务。不要再上人家当，说改良政治要从实业教育着手。

7

这是在君的政治信念。他相信，政治不良，一切实业教育都办不好。所以他要我们少数人挑起改良政治的担子来。

然而在君究竟是英国自由教育的产儿，他的科学训练使他不能相信一切破坏的革命的方式。

他曾说：

> 我们是救火的，不是趁火打劫的。

其实他的意思是要说：

> 我们是来救火的，不是来放火的。

照他的教育训练看来，用暴力的革命总不免是"放火"，更不免要容纳无数"趁火打劫"的人。所以他只能期待"少数里的少数，优秀里的优秀"起来担负改良政治的责任，而不能提倡那放火式的大革命。

然而民国十五六年之间，放火式的革命到底来了，并且风靡了全国。在那个革命大潮流里，改良主义者的丁在君当然成了罪人了。在那个时代，在君曾对我说："许子将说曹孟德可以做'治世之能臣，乱世之奸雄'；我们这班人恐怕只可以做'治世之能臣，乱世之饭桶'罢！"

这句自嘲的话，也正是在君自赞的话。他毕竟自信是"治世之能臣"。他不是革命的材料，但他所办的事，无一事不能办的顶好。他办一个地质研究班，就可以造出许多奠定地质学的台柱子；他办一个地质调查所，就能在极困难的环境之下造成一个全世界知名的科学研究中心；他做了不到一年的上海总办，就能建立起一个大上海市的政治、财政、公共卫生的现代式基础；他做了一年半的中央研究院的总干事，就把这个全国最大的科学研究机关重新建立在一个合理而持久的基础之上。他这二十多年的建设成绩是不愧负他的科学训练的。

☆　　　　　☆　　　　　☆

在君的为人是最可敬爱，最可亲爱的。他的奇怪的眼光，他的虬起的德国维廉皇帝式的胡子，都使小孩子和女人见了害怕。他对于不喜欢的人，总是斜着头，从眼镜的上边看他，眼睛露出白珠多，黑珠少，怪可嫌的！我曾对他说："从前史书上说阮籍能作青白眼，我向来不懂得；自从认得了你，我才明白了'白眼对人'是怎样一回事！"他听了大笑。其实同他熟了，我们都只觉得他是一个最和蔼慈祥的人。他自己没有儿女，所以他最喜欢小孩子，最爱同小孩子玩，有时候伏在地上作马给他们骑。他对朋友最热心，待朋友如同自己的弟兄儿女一样。他认得我不久之后，有一次他看见了我喝醉了酒，他十分不放心，不但劝我戒酒，还从《尝试集》里挑出了我的几句戒酒诗，请梁任公先生写在扇子上送给我。（可惜这把扇子丢了！）十多年前，我病了两年，他说我的家庭生活太不舒适，硬逼我们搬家；他自己替我们看定了一所房子，我的夫人嫌每月八十元的房租太贵，那时我不在北京，在君和房主说妥，每月向我的夫人收七十元，他自己代我垫付十元！这样热心爱管闲事的朋友是世间很少见的。他不但这样待我，他待老辈朋友，如梁任公先生，如葛利普先生，都是这样亲切的爱护，把他们当作他最心爱的小孩子看待！

他对于青年学生，也是这样的热心：有过必规劝，有成绩则赞不绝口。民国十八年，我回到北平，第一天在一个宴会上遇见在君，他第一句话就说："你来，你来，我给你介绍赵亚曾！这是我们地质学古生物学新出的一个天才，今年得地质学奖金的！"他那时脸上的高兴快乐是使我很感动的。后来赵亚曾先生在云南被土匪打死了，在君哭了许多次，到处为他出力征募抚恤金。他自己担任亚曾的儿子的教育责任，暑假时带他同去歇夏，自己督责他补功课；他南迁后，把他也带到南京转学，使他可以时常督教他。

在君是个科学家，但他很有文学天才；他写古文白话文都是很好的。他写的英文可算是中国人之中的一把高手，比许多学英国文学的人高明的多多。他也爱读英法文学书；凡是罗素、威尔士、J. M. Keynes 的新著作，他都全购读。他早年喜欢写中国律诗，近年听了我的劝告，他不作律诗了，有时还作绝句小诗，也都清丽可喜。朱经农先生的纪念文里有在君得病前一日的《衡山纪游》诗四首，其中至少有两首是很好的。他去年在莫干山做了一首骂竹子的五言诗，被林语堂先生登在《宇宙风》上，是大家知道的。民国二十年，他在秦王岛避暑，有一天去游北戴河，作了两首怀我的诗，其中一首云：

> 峰头各采山花戴，海上同看明月生；此乐如今七寒暑，问君何日践新盟。

后来我去秦王岛住了十天，临别时在君用元微之送白乐天的诗韵作了两首诗送我：

> 留君至再君休怪，十日流连别更难。从此听涛深夜坐，海天漠漠不成欢！
>
> 逢君每觉青来眼，顾我而今白到须。此别原知旬日事，小儿女态未能无。

这三首诗都可以表现他待朋友的情谊之厚。今年他死后，我重翻我的旧日记，重读这几首诗，真有不堪回忆之感，我也用元微之的原韵，写了这两首诗纪念他：

> 明知一死了百愿，无奈余哀欲绝难！高谈看月听涛坐，从此终生无此欢！
>
> 爱憎能作青白眼，妩媚不嫌虬怒须。捧出心肝待朋友，如此风流一代无！

这样一个朋友，这样一个人，是不会死的。他的工作，他的影响，他的流风遗韵，是永永留在许多后死的朋友的心里的。

廿五，二，九，夜。

（载 1936 年 2 月 16 日《独立评论》第 188 号）

我所认识的丁文江先生

傅斯年

丁文江（在君）先生去世，到现在过一个月了。北方的报纸仅《大公报》上有一个认可而悼惜的短评，南方的报纸我所见只有《字林西报》有一篇社论，这篇社论是能充分认识在君行品的。李济之先生说："在君的德行品质，要让英美人去了解。"这是何等可惜的事！我以为在君确是新时代最良善最有用的中国人之代表；他是欧化中国过程中产生的最高的菁华，他是用科学知识作燃料的大马力机器；他是抹杀主观，为学术为社会为国家服务者，为公众之进步及幸福而服务者。这样的一个人格，应当在国人心中留个深刻的印象。所以我希望胡适之先生将来为他作一部传记。他若不作，我就要有点自告奋勇的意思。

论在君立身行事的态度，可以分作四面去看：一、对自己（或应曰律自己）；二、对家族；三、对社会；四、对国家；现在依次叙说一下：

一、在君之律自己，既不是接受现成的物质享受之纨袴子，也不是中世纪修道的高僧。他以为人们没有权利过分享受，因为过分享受总是剥夺别人，同时他也不愿意受苦，因为他觉得受苦的机器是没有很大工作效能的。人要为公众服务而生活，所以服务的效率愈大，生活愈有意义，起居饮食愈少摩擦，服务的效力愈大。我们在此地不可把舒适和华侈看混了。在君很看重舒适，有作用的合理的舒适。他对于朋友的趋于华侈的习惯，却是竭力告诫的。舒适可以减少每日生活中之摩擦性，只要不为舒适所征服，舒适是增加生命力的。譬如，在君若是有机会坐头等车，他决不肯坐二等车，有地方睡安稳的觉，他决不肯住喧闹的旅馆。但是这些考量，这个原则，绝不阻止他到云贵爬高山去看地质，绝不阻止他到黑海的泥路上去看俄国工程，绝不阻止他每星期日率领北大的学生到西山和塞外作地质实习，绝不阻止他为探矿为计划道路，半年的游行荒野中。他平日之求舒适，正是为储蓄精力，以便大大的劳作。他以为人人有要求舒适以便工作的权利，人人都没有享受奢侈，或得到舒适而不动作的权利。在这一个道理上，他不是明显的受英国的"理论急进者"的影响么？虽然他没有这样自己宣传着！

他有两句名言："准备着明天就会死，工作着仿佛像永远活着的。"所以无论在何等疾病痛苦之下，无论在何等艰危的环境中，我总不曾看见他白白的发空愁，坐着忧虑消耗光阴（不幸得很我便是这样的一个人）。若是他忧虑，他便要把这忧虑立时现为事实，若不能立时现为事实，他决不继续忧虑着。例如他大前年冬天从俄国回来后，觉得身上像有毛病，到协和医院去诊察他的左脚大拇指发麻的症候。他问医生说："要紧不要紧？"医生说："大概不要紧。""能治不能治？"医生说："不能治。"他告我，当时他听到这话便立时放心了。我问他所以然。他说："若是能治，当然要想法子去治，既不能治，便从此不想他好了。"他这次在病危中，除末了一星期不大言语外，以前，虽偶有病人免不了的愤怒，但大体上是高高兴兴专说笑话的。他从不曾问过医生，"我这病有危险没有？"他在病中也从不曾忧虑到任何身内的事。他能畅谈的最后一日，和我所谈的是胡适之先生应该保重他的身体，节约他的用度，是凌鸿勋先生的家庭如何快活，北方大局如何如何。这样的心神安定，有几个宗教大师能做得到？

二、论到在君之对家庭，真是一位理学大儒。他对于他的夫人史久元女士是极其恩爱的。他们两个人的习惯与思想并不全在一个世界中，然而他之护持她虽至新至少年的爱夫妻也不过如此。丁夫人也是一位很可以敬佩的女士，处家，待朋友，都是和蔼可亲，很诚心，很周到的，并且对两方的家庭都是绝对牺牲自己的。她不断的病，在君便伺候了她二十多年的病，不特做她的保护人，并且做她的看护生。他真是一个模范的丈夫，无论在新旧的社会中，都做到这个地步了。

说到这里，我不妨连着叙述他的性道德观。他并不反对"自由生活"，假如"自由生活"不影响一个人的服务社会。他主张人的"性本能"应得其正，不然，要失却一个人的精神平衡，因而减少一个人的用处。他从俄国回来，尤其称赞俄国的婚姻制度，他说，儿童既得公育，社会上又从此没有 scandals 了，这是自从人类有配偶制度以来的最大革命。他这样的信念，却是想送给将来的中国人们去享受。他自己，不特没有利用任何一种现成的左倾或右倾思想便利私图的事或存心，并且凡是合理的旧新习惯所要求者，或仅是所容许者，他总要充分的尽其责任。他论人是很宽的。自由恋爱是可以的，或者有时是很好的，假定不因此而妨害本业。娶妾也未尝不可，也要假定不因此而妨害本业。我们大家知道，他对于志摩之再度结婚是反对的，在君不是反对志摩再婚，他是反对志摩那样一结婚不能工作了。他十分的相信，服务之义"无所逃于天地之间"。至于在能充分服务一个条件下之个人自由，不应该用成见的道德论去干涉他或她。

在君对他的兄弟，又是一位模范的人格。他同母的，一兄二弟，异母的，三弟。从他的老四以下，求学的事总是他操心。他之所以辞地质调查所的原因，据说，大部分由于地质调查所所长的薪水不够他津贴弟弟们上学。在他"失业"的那一年，我问他小家庭外大家庭内之担负，连着亲戚们共若干。他说，今年两千！待他次年不失业了，他的进款也只是每年六千。

三、在君对于社会的观念完全支配在"服务"一个信心之下。若把他这个主义写成文字，我想可以这样说。看看中国人是在何等阶级的生活中。据何廉博士的研究，中国人的平均进款，是每年二十七元。再看看我们知识阶级的生活是怎样。若把我们的生活降低到每年二十七元，一件事业也不能做了。若受今日社会给我们的待遇，而给社会以相当的回报，只有黾勉服务，把自己所有的能力都尽了，然后可以问心无愧。在这一个基本认识之下，他是永不间断的为社会中团体及个人服务。他论一件事之是非，总是以这一件事对公众有利或有害为标准。他论一个人的价值，总是以这一个人对公众有用或有害为决定。他并不是一个狭隘的功利论者，但是他的基本哲学，确是一种社会价值论。

他一生的服务范围虽是多元的，但十之七八是学术及学术行政，其余二三分或者当由行政的（包括有助行政之技术的）及实业的平分了罢？他放弃了自己的研究来管别人的研究，他牺牲了自己一时的工作来辅助别人的工作，其意无非以为一人之成绩总有限，多人之成绩必然更大。在不深知者或者觉得他有一个舍己耘人的天性，其实他是为社会求得最大量之出息，而不求其自我。这样热心的人本已少见，这样热心又加以在君那样的见识与学问，又有谁呢？

他对于好朋友之态度，恰如他对于他的家人，妻与兄弟，既是凡朋友的事，他都操心着并且操心到极紧张极细微的地步，有时比他那一位朋友自己操心还要多。他的操心法，纯粹由他自己的观点行之。他是绝对信赖近代医术和医院规律的。朋友病，他便如法炮制之。举例说，受他这样待遇的，有适之、咏霓两先生。他是绝对相信安定生活是工作的基础条件的，朋友们若生活不安定，他便如他的见解促成之。受他这样待遇的有我。他为一个朋友打算，要从头至尾步步安排着，连人如何娶妻如何生子都在里头。据李仲揆先生说，在君这样为他安排过，只是仲揆没有全照他的方法。朋友死了，他便是孤儿寡妇第一个保障人，赵亚曾先生的事可以为例。

他之看重朋友，似乎大多由于他认为有用，学术上或事业上之用。而且既成朋友之后，他每每不自觉的颇以监护人自居，对于同辈（听说对于比他年长的也有时如此）俨然像个老大哥。因此，朋友们一齐称之曰"丁大哥!"若他认为某一朋友不努力，或行为上丧失或减少其社会服务的或学术的作用，他必要责备，必要督促着改过来，因此常和朋友发生纠纷。

我可以记一件亲见的事。前年二月，翁咏霓先生在杭受重伤的消息传到北京时，在君正在协和医院躺着，一面检查身体一面还发点小烧。朋友想，不要告他这消息，偏他看报看见了。一听朋友说明详情，他立时要出医院飞去。我亲自看见他在涕泗交流中与医生争执。医生说："你在这个时候离开医院去坐车是极傻的。你到了杭州，一个病人也无一点用处。"因此他才不走，就在床上料理了许多事，皆关于咏霓事业的安排。他没有许多话，只是说："咏霓这样一个人才，是死不得的。"

四、在君之对国家，或者外国人看得清楚些。他死后，《字林西报》作一社论，题目《一个真实的爱国者》，我相信这是对在君最确切的名称。诚然，在君没有标榜过爱国，尤其没有办过"救国会"，然而在君对于国家的忠勤是极其昭明的事实。就消极的方面说，他从不曾坐过免票车，从不曾用公家的费用作私用，从不曾领过一文的干薪。四年前，资源委员会送他每月一百元，他拿来，分给几个青年编地理教科书。他到中央研究院后，经济委员会送他每月公费二百元，他便分请了三位助理各做一件事。他在淞沪总办卸任后，许多人以为他必有几文，乃所余仅是薪俸所节省的三千元，为一个大家庭中人索去。

积极方面说，他在中国建设出地质学，至少他是创造了一个可以使地质学在中国发达的环境，已可谓功在国家。至今还没有第二个人在提倡科学研究上比得上他。他在淞沪任中，为后来之上海特别市建造弘大的规模，只可惜后来人并不能步趋他。他除了好些积弊。他从外国人手中争回重大的权利，不以势力，不以手段，只以公道。交出这些权利的外国人，反而能够诚意的佩服他！虽然他当时的上司是孙传芳，然而他并不是孙传芳的私人，他仍是为中华民国服务。后来孙传芳日暮途穷，倒行逆施时，他并没有跟他。（此中故事，在君曾为我详说，待后来写出。）至于他对外国人，永远是为中国辩护的，至少是为新中国辩护。凡外国人抹杀了中国的事实而加菲薄，他总奋起抵抗，论政如他驳濮兰德的小册子，论学如他评葛兰内的文，都是很有精彩的。北平教育界致国联调查团书，是他的手笔，是一篇伟大的著作。

用充分的知识，忠勤的为国家服务，丝毫不存自我利益心，便是真实爱国者的定律，也便是在君的行事。

在君虽是一个真实爱国者，却不是一个狭隘的国家主义者，他以为世界上的文明的和平的民族都应该共存共荣，共致力于人类之知识与幸福，所以有时候他真拿某一外国人作朋友看，这是我所最难能的。

以上所说是在君的"立身"，以下再谈在君的"行道"。

☆　　　　　　☆　　　　　　☆

我们且看在君的道是何道。

这当然不是"貉道"，"貉道"在近代中国也曾经为几个无政府主义者提倡过，现在不闻声气了。在君既信仰近代物质文明，当然不能简单成"貉道"。这当然也不是"王道"。我们的近邻无端把霸字读作王字，真正不值一笑。在君的道决不退化到二千年前，无论他是王是霸。

在君的道是近代文明中的一条大道。在这道上走的有"搜求心"，有"理性"，有"智慧"，有"人类同情心"，在这道旁所建筑的庭舍，是"世间经验之扩充"，"科学知识之寻探"，"物质之人工的利用"，"改造不合理性社会之方案"。自从开辟新大陆以来，人类的知识日向扩充，人类的要求日向增加，人类的思力日向解放，至十八世纪出来了成系统的理性论。科学与工业之发达，固颇受这样思想之影响，而若干人生观社会观之改变尤是这类思想所助成。这样一步一步向着开明走的大路，一直到欧战后才出来新生的反动。

在君留学英国，在欧战前若干年（一九一一以前）。那时候自由党已起来当政，早年的理论急进派（Philosophical radicals）若干主张，修改后依然为实际政治上争议之点。以在君的思力敏锐与多才，在这时候好看报，特别是《泰晤士报》，自然要受这个空气的影响。我知道在君是好看经济学书的，我尤知道他关于 J. M. Keynes 的书每本必看，所以我敢说，他纵不是柯波登、边沁、穆勒之研究者，他必是受这一派思想的影响者。聪明人嗅着空气便可得坚实的益处，原不待咬文嚼字如专家然。在君又是学科学的，他在英时的科学兴趣，由动物学到地质学。恰恰这一行的科学在英国有圣人达尔文，有护法赫胥黎，有游击名将葛尔登（Francis Galton），所以在君若于研究这一行学问时越过实验室而寄兴趣于词辩，大有精神的安顿处，连宗教都有一个。在君必是一个深刻的受赫胥黎影响者（严复并不是），他也在中国以他的科学玄学战做成了赫胥黎（只可惜对方太不行了）。在君所在的英国又是利用科学造成福利的最前进国，在若干意义上最近代化的地方。本来天才是生成的，在君思力之敏而锐，在最短时间中能抓到一题之扼要点而略去其不重要点，自然不是英国人教会他的。但是他的天才所取用的资料，所表现的方式，所锻炼成的实体，却不能不说一部分由于英国的思想与环境。英国有很多极其可恶的思想，不过在君所受者却是最上层精粹。因为在君能读法德文书，走过大陆，他对于英国人之守旧、自大、摆架子、不自觉的自欺，必然看穿。他绝看不起中国人学来一个牛津架子，或者他对于圜桥清谈，也不尽看重吧。

至于他所受者，大来说近代欧洲的，小来说维多利亚朝以来英国的，究是些什么？我想可以撮成下列几句：

行为思想要全依理智，而不可放纵感情压倒了理智。
是是非非要全依经验，而不容以幻想代经验。

流传之事物或理论，应批评而后接受，而不容为世间的应声虫。

论事论人要权衡轻重，两害相衡取其轻，两利相衡取其重。

一切事物之价值，全以在社会福利上人类知识上之关系为断。

社会是一种合作集团，人人要在里边尽其所有之能力。

社会之不公、不合理，及妄费之处是必须改革的（虽然要用演进的方式），社会上没有古物保存之必要。

读者看到这里，若是不识在君者，或者觉得此君必是一个"冷静头脑"，这却大不然了。他是一个火把！他又是一个感情极重的人！以强动不息的精神，用极大的感情，来祈求这一个"理性—经验—实用"的哲学，来实现一个进取而不保守的人生。不知必不行，知之必能行。

☆　　　　☆　　　　☆

归纳以上两章，我们可以说，在君立身行事上是兼备中西伦理条件的积极的良善公民，永远为团体为个人服务着。这一层是使他不能为革命党处。在君在主义上是钦崇而又信仰近代科学及开明的民生主义者。这一层是使他近年来颇同情于苏俄设施处。

近代文化到中国来，虽有成功，也多失败。今日中国在思想上，在社会伦理上，在组织上，依然甚多荒古的现象，这是不得了的。丁在君是"近代化中国"的大队中最有才气的前驱。中国若有这样人二十个，又都在扼要适宜的地位，二十年后，我们庶几可以成第一等的近代国家了。为什么他先死呢？

☆　　　　☆　　　　☆

记得九一八之前的半年间，有一天，我请几个朋友在我家吃饭。座上有在君，有适之先生等。我议论一个人。适之先生以为不公允，说："你这偏见反正是会改变的。你不记得在巴黎时，你向我说过三遍，回国后第一件事是杀丁文江，现在丁文江就在你旁边，你干吗不杀他？'后来我怨适之先生恶作剧，他说："在君必高兴，他能将你这杀人犯变作朋友，岂不可以自豪？"

我开始大佩服在君在我读科学玄学战论时，那时我在英国。以为如此人才，何为仕于钱镠之朝，又与吕惠卿辈来往，所以才有"杀"之一说，其中实不免有点如朱子所说，其词若有憾，其实不尽然也。乃民国十八年初夏相见之后，不久即成朋友，一年后成好朋友，最近几年中竟成极好的朋友。在其病重时，心中自思，如我死，国家之损失小得多。这个变迁应该有个缘故吧。所以我说他好，比胡适之先生说他好更有要求读者注意之理由吧？

（载 1936 年 2 月 16 日《独立评论》第 188 号）

对于丁在君先生的追忆

翁文灏

民国二十三年春间，我在武康车撞桥梁，卧病杭州，几致不起，丁在君先生曾在《独立评论》发表《我所知道的翁咏霓》，差不多是一篇身后的墓志。不料时未二年，我犹健在，而在君先生竟已长逝，还是我在此地写他死后的追忆！

我初认识在君先生是在民国三年。那时他刚从云南省调查地质回到北京，每次遇见，他都叙说他在东川等处考察矿产的情形，金沙江的大川深峡，苗子、猓猡的人情风俗，使我对于远道旅行发见极浓厚的兴趣，也从此时开始觉悟中国土地广大交通艰阻，中国地质学者正当以跋涉山川，开辟此学术的疆城引为己责。我自觉见猎心喜，在君先生恰是中国地质学界中第一个猎人。

当时，我在地质研究所内做主任教授，我们最苦找不到一个人肯教古生物学，在君先生一到北京便毅然担任，这是中国人第一次教古生物学。另一方面，他竭力主张注重实地观察。他以为平常习惯，由一个教授带领许多学生在一学期内做一次或二次旅行，教授匆忙的走，学生不识不知的跟，如此做法决不能造成真正地质人才。他以为要使学生能独立工作，必须给他们许多机会，分成小组，自行工作，教授的责任尤在指出应解决的问题，与审定学生们所用的方法，与所得到的结果。他不但如此主张，而且以身作则，有很多次数，率领学生认真工作。他的习惯是登山必到峰头，移动必须步行，我是至今犹可想见他在那时候口讲指画的胜概。

民国四年我同他到平绥路旁的杂鸣山煤矿闲游。但在君先生在闲游中也决不忘工作，我跟着他渡浑河，登玉带山，敲圆球腐蚀的辉绿岩，辨自南趋北的逆掩层，回首旧游，历历如见，尤可证明领导人才之真能以自身兴味引人入胜。同年夏间我往绥远调查，启行以前，在君先生指示测量制图的方法，采集化石的需要，谆谆善诱，使我明白地质工作之决不能苟且了事。那时火车只到大同，北出丰镇，西经凉城，循大青山以西，经清水河而返，在今日火车已通之日，真不易体会那时交通的迟滞。

　　民国五年地质调查所正式成立，在君先生做所长，我做矿产股长，其实股长是虚名，我不过是在所内帮助做研究工作。在那时我们很用力讨论专门名词的用法。有一种趋向是要将地质学及其相关诸学的专门名词彻底的重新翻译，凡日本人的名词皆不要用。我很反对此说，我觉得日本人既沿用中国的矿物旧名，我们自也可袭用日本的岩石新语。古生物与现代生物有密切关系，更不能好自立异，而且英法德诸文字都有许多名词互相雷同，科学界必须求节省时间，最宜免各分门户，日本名词为中国所无者，中国自应通用，中国名词为日本所未有者，日本亦必接受，所以中国用日文之寒武，日本亦必用华文之奥陶，谊尚往来最便实用。在君先生采取此说，到后来更嘱董常君编成《中英对照矿物岩石地质名词辑要》，所以中国地质机关虽有好几个，但许多出版物所用的名词大致是统一的。

　　当时我们也屡次讨论地质报告出版的方法。在君先生对于此事看得非常重要，所以进行也特别谨慎，拟有好几种计划，比较讨论，又因印刷着色地质图的困难，一再试验。凡百事业创办时必有许多麻烦，皆为后来做现成工作的人所不易想像，但非创办人尽心努力，这种麻烦又不能解除。各种方案粗定之后，在君先生因欧洲和平会议出国考察，我暂代所长职务，把《地质汇报》及《地质专报》实行印刷，都在民国八年出版，这是中国地质调查所正式出版的开始。在《地质汇报》第一号内，在君先生曾写一序，首引德国学者李希霍芬的言论，他说："中国读书人专好安坐室内，不肯劳动身体，所以他种科学也许能在中国发展。但要中国人自做地质调查则希望甚少。"在君先生说："现在可以证明此说并不尽然，因为我们已有一班人登山涉水，不怕吃苦。"试想谁能养成这种精神呢，当然在君先生自己的力量最为重要。

　　在君先生的实地工作，不但是不辞劳苦，而且是最有方法。调查地质的人，一手拿锥打石，一手用指南针与倾斜仪以定方向测角度，而且往往须自行测量地形，绘制地图。这种方法，在君先生都一丝不苟的实行，而且教导后辈青年也尽心学习。有这种以身作则努力不懈的人做领袖，中国地质工作早应已有正轨方法，惜乎事实上并不尽然。我想中国地质学者中很有出类拔萃的天才，足见我们民族的能力很好，但尚缺乏多数人共守的标准方法，各人随兴所及，以意为之，这是我们后辈人努力不够，愧对前人的。

在君先生在民国二年曾偕同德国人梭尔格君做正太铁路沿线的地质图，缩尺二十万分之一。此殆为中国人自作地质图之第一次。此图至今未印，但后来已有他人参考采纳出版。他对于北平西山曾作研究，《西山地质志》上的矿产地质章大部份是他起稿的，周口店西南长沟峪的逆掩断层也是他与我共相讨论而得的，这也许是中国人最早发见逆掩断层之一。他在民国七年对于山东峄县煤田曾作详细研究，作有地质图，规定钻采地点，其图说皆未印行。他的实地观察为人所熟知的，大约要推长江下游的地质，因为他曾著有一书为民国八年浚浦工程局出版，但此项工作实远不及他在西南各省所做的详细与精密。

民国二至三年在君先生独自在云南省工作，所到的范围，北起东川会理，东迄威宁曲靖，南抵昆明，西至武定，所得的结果除二三篇顷已发表的外，尚未发表的尚有数倍。民国十七年，他往广西，所历甚广，在迁江马平宜山河池南丹贺县等处观察较详。民国十八年至十九年又作大范围的贵州地质调查。那时我们曾有调查西南全部的计划，分为数段进行。起身最早的是赵亚曾、黄汲清二君，越秦岭经四川西部，又分为二组，赵君由叙州南行入滇，行至昭通县被土匪打死了。黄君由叙永入黔，担任贵州中部及西部的工作。在君先生偕同曾世英、王曰伦二君由重庆入黔，所经之地，北起桐梓，西抵毕节，东包都匀，南尽桂边，虽有许多牲口驼运行李，但调查人员长途步行，看石绘图，手足并用，一路都用极严格的科学方法，努力工作。差不多同时起程的又有谭锡畴、李春昱二君，特别注重川边及西康区域，西抵甘孜、巴安。在这样大规范工作之中，虽然赵亚曾之死使在君先生在途中非常伤心，但他还是竭尽心力勇猛前进，做出很好的成绩，也给几位后学的人一种最可效法的模范。当然，这种远道工作，一定得到许多极珍贵的科学观察，尤其在君先生是兴趣最广知识极博的人，不但采集化石研究地质尽心竭力的做，既凡经济文化交通以及人种分别等事，亦莫不有很好的材料。我尝自恨对于西南诸省知识太少，但犹幸有朋友如在君先生对于西南知识足称全国第一，著作发表，必可极便参考。所以二年以前，当他在北平教书的时候，我再三劝他务必从速整理他所有关于西南诸地的图件与笔记，因为我深知道他有治事的才能，又有救国的宏愿，我愿他长做地质工作，但我又知道国家所待于他的正自甚多，地质机关决不应把他私为己有，在如此情形中，当然只有希望他集中精力，从速把许多极有价值的知识写出来，给大家利用。他也赞成我的意见，积极从事，惜乎时间太短，又在北平这种混乱不安的环境，又因南迁就中央研究院总干事之职，所以整理虽略有工夫，而成绩究尚未发表。综计在君先生的工作，在西南的特别繁多而重要，但已发表的著作却又特别缺少，十成中之一成都还不到。即使我们后死的人代为整理，定不及他自己写出来的亲切完整，这是我们现在所最引为悲伤的事！

地质学中，在君先生对于古生物研究，极有提倡之功。在民国五六年间，他深惜中国人没有古生物学专家，所以力请北京大学聘美国葛利普君来当教授，他又在地质调查所内创办《中国古生物志》，至今已印八十余册，为全世界有名的科学刊物。他又为地质调查所新生代研究的名誉主任。他自身对于古生物学，虽非甚为专精，但也能认识许多标准化石，为中国多数地质学者所难能。他又曾用统计方法考定丁氏石燕与谢氏石燕的分别，也是一种学术贡献。

地质学之外，在君先生对于人种学与地理学也极关心。人种学且不说，地理学方面，他特别注重地图的整理，劝友人测定经纬度，现在经地质调查所职员测定者，已有一百几十处。他劝申报馆发行表明地形高度的新地图，又劝地质学者做图务求准确。同时他更注意观察各种现象，我们试读他的《漫游散记》、《苏俄旅行记》、《川广铁道勘查记》，便可想见他的用心是如何周到而慎密。他又注意古人的地理工作，所以曾作徐霞客的年谱与游记附图，他对于这位先生在西南各省的观察十分佩服，不但首先提出金沙江为扬子江源，为中国地理学上一大功绩，而且详写石灰岩地的洞穴，认识火山熔岩的成因，他的记述本领及推想能力，往往犹出许多近代学者之上。这种人才当然值得表扬，而表扬之人，尤以熟悉西南地理如在君先生者，最为适当。

在君先生的事业现在不想多说，略举数例，如参加龙烟铁矿厂的建设，创办热河北票煤矿，创办新式的大上海市，对于中央研究院各事业之实行管理，都有成绩，昭然在人耳目。凡认识他的人莫不承认他不但是科学家而且是事业家。他死了，无论中外，莫不同声叹息说，不但是地质学的损失，而且真是中国国家的极大损失。

在君先生的心理是很近代化的。我曾好几次听见他劝勉青年，用他恳挚诚切的语调，更有以身作则的吸力，当然极能引起青年的同情。他对于青年，也非常看重，民国二十四年他在上海讲演时曾历述地质调查所人员及北京大学学生十分更好的经过，末了结论谓中国教育，确大有进步，青年真好且并无过失，国事责任，全在自命年长的人们的身上。在君先生病故后，我曾接到马廷英君从日本仙台来信，高振西君等从北京大学来信，王曰伦君等从贵州省来电，都是十二分的沉痛伤心，叹息失去了做人的导师与求学的领袖，读了之后令人悲伤堕泪。

一个人能使人心诚悦服，决不是偶然能得的，不但要学问过人，尤在乎自身人格确有可以使人人起敬的地方。在君先生在民国十六年淞沪商埠总办辞职后，生计极为困难，幸赖杨聚诚君赠送五千元得以度日。他一生历任各种职务，辛苦工作，到他死后，总计他的财产，不过一万五千元。如非公私分明，十分廉洁，岂能清寒至此？

我与在君先生相从二十余年，承他待我如友，我心中实敬他为师。上年十二月闻他在衡州重病昏晕四十余小时，我前往看视，适已清醒，不料至今年年初在长沙湘雅医院中病势突然恶转，终不能救。但这次他往湖南的目的原为粤汉铁路勘查煤矿，他已到湘潭谭家山煤矿详细考察。一个地质学者死在实地工作上，他如死而有知，或亦可以自慰。我极盼他的治学的精神与做人的规律能长留在后辈的心中做我们的模范。

（载 1936 年 2 月 16 日《独立评论》第 188 号）

丁文江先生与中国科学之发展[①]

——是先锋，是热心工人——

（美） 葛利普著　高振西译

　　建造中国地质学之基础，及擘划其发展之途径，丁文江博士实具最大之功绩。博士之姓名，在地质学上所占之位置，恐较在其他任何学术方面更为重要。

　　丁博士心目中之地质学，极为广泛，范围所及，非只构成地球之材料，如矿物及岩石等，且包容形成及改动此种材料之种种动力，以及其渐渐演变之程序。进而对于地球之形状构造及经过历史等全体，作为研究之对象。于此，更涉及自亘古以来，地球陆面以上，及海水以内之生物焉。各种生物演进之程序，及足以影响其发展分布之各种因素，如关于地理气候及生物等，均在范围之中。在中国推行此等工作，需要经过高等训练之专门人才。造就此等专门人才之教育问题，在中国自属第一要图，而丁博士最早即献身于此。[②]

　　在欧洲科学思想发达以前，中国先哲对于地壳变动之基本性质，虽有明确之见解，而以后欧西竟超过远东，盖因能了解观察与实验之方法，足以改正哲学上之概说也。丁博士充分明了此种事实。发展东方科学，必须

---

　　① 原著所述丁先生之事业与功绩，每引地质调查所为证。地质调查所之创设，为丁先生等所努力之结果，且任首任所长有年，多所擘划。近十余年来先生辞去所长职务，由翁文灏先生主持其事，而丁先生任该所出版之《古生物志》主编以至于今。且丁先生对于学术事业向具熟诚，而与翁先生交情又极密切，故即在翁先生任期以内，丁先生对该所之一切筹划与发展，随时均有极大之助力。原著云云，读者当不误会。

　　② 民国初年，丁先生等创设地质调查所，惟工作人才缺乏，乃于民国三年北京大学地质系停办期间，借用该校之设备与校址，设立地质研究班，五年毕业，担任调查工作，其成绩优良者逐渐抽送留学。今日中国地质界之巨子，如谢家荣、王竹泉、叶良辅、李捷、谭锡畴、朱庭祜、李学清诸先生，均当时之学生也。

训练调查与实验之人才，且必须使此种人才在田野及实验室之内工作，而其所寻求必须是先寻求事实。

丁博士与其他曾受国外训练之领袖，均感觉此种教育工作之困难，丁博士乃运用其特有之能力以解决此科学教育问题。渠确认基本之科学训练，必须在本国讲授，于是需要适当之教师。渠自任相当之课程，其他课程，若不能在留学生中选得相当人才之时，则请外国人士相助。为求更高深及更专门之训练，渠确认必须将中国学生送出留学。但第一条件，必须淘汰成绩欠佳之学生，毫不姑息。惟其最适当者，方可予以留学之机会。

人才之训练，不过为事业之发端；研究之精神，必须确立；坚强之中心与重要之设备，必须创设。中国地质调查所之发展，在效能方面，能有今日之超越地位，实为丁博士纪功碑之一也。次为改组后之北京大学地质系①最初亦由丁博士之计议，其中一切设计，均曾予以密切之注意者也。

丁博士最初即感觉中国地质研究之困难在于地层内之化石知识之欠缺。此种化石，非特须搜集之、保存之而已，尤须予以科学之描述及说明。渠深觉此种工作之重要，因而筹划刊物，专门记载与解证中国生物之遗迹。伟大之《中国古生物志》刊行即为实现此计划。此四开本之专刊出版甚多，丁先生之意欲使此刊物较之其他国家之同类出版物有过之而无逊色。全志共分甲乙丙丁四种：甲种专载植物化石，乙种记无脊椎动物化石，丙种专述脊椎动物化石，丁种则专论中国原人。第一册之出版，距今不及十五年，而今日之各别专集，已近一百巨册之多。此种大成绩实非他国所能表现。

---

① 北京大学之地质系创设于光绪末年之京师大学堂时代，后因故停办。地质研究班毕业之后，先生等主张教育与调查研究事业应分工合作，因建议北大恢复地质系，任造就人才之责。调查所则专司调查研究工作。当承蔡元培先生之同意，于民国七年正式恢复地质系。民国九年，丁先生为研究中国化石起见，聘请世界第一流学者、美国哥伦比亚大学教授葛利普先生来华，在调查所领导古生物学之研究。但为训练青年计，同时复请葛先生在北大教书。今日之中国古生物学家，如孙云铸、杨钟健、斯行健、黄汲清、张席禔、乐森玙、田奇㻪、朱森、陈旭、许傑、计荣森等，直接为葛先生之高足，而间接为丁先生之培植。十九年蒋梦麟先生回长北大，二十年聘先生为地质学教授。五年来，课程改良，设备扩充，人数增多，及地质馆之建筑等，均丁先生与李四光等诸教授努力之结果也。

化石必需科学的采集，方有最大价值。丁博士功绩之一，即为训练中国青年在地质学各方面从事实地调查工作。在大学中，渠均亲自领导学生作野外实习。且曾两次组织大规模之科学调查队，对中国西南部地质作有系统之研究，并采集化石。其一次为一九二八年广西调查，一次为一九三〇年贵州之行。渠曾于一九一四年第一次调查云南，又加上述两次调查之结果，遂造成吾人对于中国西南部古生代地层知识之基础。古生物志之根据彼等所得之材料者，已出版十二巨册，计在两千页以上，附专图一百八十余版。而即将付印，及尚在编著之中者，为数尚多。

博士于亲身担任调查工作之外，常派遣多数有训练之中国青年调查中国各地，所获材料极其丰博。搜集所及，几包植物及动物两界之全部，惊人之发现"北京原人"亦在其中也。

化石之研究，最初每托请外国专家。博士亦曾邀请数人来中国任此种工作①，此在最初为不得已。今者教育进步，中国青年对于此种研究多有优秀成就，其曾受欧美专门训练之人，已能应付更困难之工作。近年刊行之专集，大多数均出于中国古生物家之手。

丁博士与其他科学领袖人物均认为，欲科学在国家社会之利益上能有高能之应用，纯粹科学之研究实为其最重要之基础。然而丁先生对经济地质及国内矿产之富源方面，亦未尝忽视。记录地动现象之地震台是其一例；另一例则有"西园燃料研究室"（浙江金西园氏及其后裔所捐建者）同为地质调查所之重要且兼顾之设备也。地质之测量作图，化石之采集，以及构造等变迁之推定，不过为调查工作之一面。土壤调查，及其于中国农业上之应用，亦为同等重要之事业也。在经济方面，如煤炭储量之调查及中国矿业之发展，而努力于周口店之开掘，则属纯粹科学范围。二者均为地质调查所所兼顾之工作。

丁博士为中国科学界之最伟大人物之一，余所述不过其生平事业与功绩之一部。丁君之为人，非特具有过人之能力，且有远大之眼光，弘毅之魄力与勇气，识见所及，均能力行之而成事实！

丁博士以超众之才识与能力为其祖国努力，从来不为私图。其生平最

---

① 请外人研究古生物，葛利普先生实唯一重要之大员。见上页注。

热烈欣慰之事莫过于亲见某一个青年之中国地质学者成就某一件有价值之工作而能与欧美之同类工作比美之时。丁博士之遽尔长逝，科学界哀悼损失一个领袖，一个工作人员，一个主动之力量。博士之学生，博士之同事，与博士之朋友，又哀悼损失丁文江这个"人"！

（载 1936 年 2 月 16 日《独立评论》第 188 号）

丁在君先生在地质学上的工作

黄汲清

丁在君先生为吾国地质界先辈，素来主张实地调查，故曾经他考查过的区域甚广，不但西南诸省为其特别研究地方，即中国中部及北部各省亦到处有其足迹。又因他调查时讲求精密，注重系统，所以他存留下来的记录及图件特别丰富，他所采集的化石及标本动辄以吨数计。但是他对于出版报告十二分慎重，所以他已曾发表的地质论文比较不多，恐还不及他实地工作之十分之一。在这种情况之下，不但一般人对于丁先生在地质学上之贡献甚为隔膜，即地质界中人亦少有知悉他的工作详情者。清受地质调查所长翁咏霓先生之嘱与尹赞勋先生共同整理丁先生遗稿，在整理尚未就绪之前，很难作一有系统的报告，详详细细的讲他的工作。今暂就个人所知略述先生实地调查范围及先生已出版各论文内容之大概。

实地调查区域及工作性质

（甲）大规模的调查

（一）云南 丁先生第一次大规模的调查为民国二至三年云南之行。他从安南入云南，当即趋个旧看锡矿。随至昆明，复北行实地考查，经富民、禄劝、元谋，过金沙江至四川会理。由会理折而东南行，再渡到金沙江入东川府属考查铜矿。复由东川东行入贵州威宁县，又折而南，经宣威、曲靖、陆良而返昆明省城。综其云南四川之行，除研究东川会理之铜矿、个旧之锡矿、宣威一带之煤矿外，曾作有路线地质图，表示地层及地质构造，曾特别研究寒武纪、志留纪、泥盆纪、石炭纪及二叠纪地层，采集化石甚多，一部分已经地质调查所研究出版。先生工作一方面改正法人

Deprat 的错误，一方面建立滇东地层之基础，为后来调查之基。

（二）广西 先生于民国十七年赴广西考查，所到各处均曾作地质研究，而于广西中部及北部如南丹、河池、马平、迁江诸县调查尤为详细，利用军用地形图，填绘地质，同时采集标本化石甚多。其工作性质除考查南丹河池锡矿，及迁江一带煤田外，特注重地层系统及地质构造，而于马平石灰岩研究尤详，马平石灰岩之驰名全赖先生之力。

（三）贵州 民国十八年先生组织西南地质调查队，由重庆起同曾世英、王曰伦二先生南行，经松坎桐梓至遵义，由遵义西行经打鼓新场至大定，原拟在大定会合赵亚曾、黄汲清二人，突接赵遇匪被害耗，悲哀不胜，旋同曾王、黄三人东行至贵阳，旋又南行经都匀、独山、荔波而入广西南丹县境，于是贵州工作与民国十七年广西工作衔接。继折而北行经平舟大塘返贵阳，由贵阳经遵义、桐梓返重庆，于十九年夏返北平。此次之行为先生平生最大地质旅行，亦为最后的大规模地质旅行。其所得结果对于地质学、矿产、地理学及人种学无疑的必有很大的贡献。地质方面工作则沿途均绘有精细的地形及地质图，对于地层研究尤一丝不苟，而于泥盆纪、石炭纪及二叠纪更有精细的透辟的考查。将来西南各省这三纪地层研究要以他的结果为基础。

（乙）零星的调查 二十年来先生足迹遍国中，故所作零星的地质工作甚夥，今略举其重要者如次：（1）太行山内之调查。先生自欧返国为民国二年，到北京任职后即同德人 Solger 教授赴井陉、娘子关、平定一带考查煤田铁矿并研究地质，又曾赴冀豫交界之磁县六河沟一带考查煤田地质。（2）北平西山之调查。先生因久住北平，故对于平西一带地质曾不时加以调查，叶良辅先生之《西山地质志》一书即在先生与翁文灏先生指导之下出版者。（3）南京山地及苏皖浙三省界上之调查。此为先生重要工作之一，其调查结果及归纳理论均载所著 *Geology of the Yangtze Estuary Below Wuhu* 一书中。（4）山西三门系之研究。此为先生重要发现之一，作有剖面图，在安特生先生所著 *Cenozoic of Northern China* 一书中。（5）蔚县广灵阳原煤田之调查。此项调查乃与张景澄先生合作，已在《地质汇报》第一期中出版。（6）宣化龙关之调查。除地质考查外，他对于龙关之铁矿及宣化一带之煤矿均有研究。（7）大同煤田之调查。（8）北票煤田之调查。（9）鹤立岗煤田之调查。（10）山东中兴煤矿之调查。（11）萍乡一带之调查。除考查萍乡煤田外，先生曾研究石炭纪及二叠纪地层。（12）湘潭、耒阳煤田之调查。此为先生最后之地质调查，亦为先生致病之因。

已出版的地质论文

1915—Tungchwanfu, Yunnan, Copper Mines. *Far Eastern Review*, No. 6. 此文有地质附图及照片，文内述东川一带之地形地质，矿床性质，开矿历史及如何改良行政如何施用新法等。

1919—《蔚县广灵阳原三县煤矿地质》（与张景澄同作），地质调查所《地质汇报》第一号。

1919—Report on the Geology of the Yangtze Estuary Below Wuhu. Whang-Poo Conservancy Board, Shanghai Harbour Investigation, Ser. 2, —General Data, Rep. No. 1 此文内有着色附图一，相片及插图甚多。文内对于地层作综合的及分区的讨论，对于地质构造则首述江南山岭与秦岭及南岭之关系，继言各部之特殊结构并及地壳运动之时代。地文方面则对于地壳之升降，气候之变迁，河流之生成，均有精到之理解。而对于扬子江之出口问题及三角洲之生长，尤有独到之见解。

1921—《扬子江下游最近之变迁—三江问题》。《国立北京大学地质研究会年刊》第一期。

1922—The Tectonic Geology of Eastern Yunnan. Congrés Géologique International, Comptes-Rendus de la 13 me Session, Belgique, P. 1155. 略述云南东北部之地质及地质构造。

1923—Note on the Gigantopteris coal series of Yunnan in A. W. Grabau: *Stratigraphy of China*, pt. I, pp. 390-391.

1923—Geological Sections in J. G. Andersson: The Cenozoic of Northern China, Mem. Geol. Surv. China, ser. A, No. 3.

1929—The Orogenic Movements in China. Bull. Geol. Soc. China, Vol. 8, p. 151(Presidential Address). 此文搜集中国各地所得有关造山运动时代之事实而作不偏之讨论，其结论谓中国造山运动分 Caledonian,

Hercynian，Yenshanian 三个重要时期，而后者又分三个 phases。

1931—《中国地质学者之责任》。《国立北京大学地质学会会刊》第五期。

1931—Biographical Note，Bull. Geol. Soc. China，Vol. 10，Grabau Anniversary Volume，P. iii.

1931—On the Stratigraphy of the Fengninian System，Ibidem，p. 31. 此文总述贵州广西的下石炭纪地层及其化石而作下面重要结论：

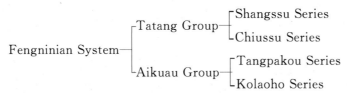

1932—A Statistical Study of the Difference between the Width-height Ratio of Spirifer tingi and that of Spirifer hsiehi—Bull. Geol. Soc. China，Vol. ll，p. 405. 此文用统计学方法定两石燕之区别。此种方法亦可应用于他种古生物之研究。

1933—The Permian of China and its Bearing on Permian Classification (with A. W. Grabau). Report of the 16th International Geological Congress，Washington. 此文中先生讨论中国各部二叠纪地层之彼此关系及其分类，结论谓中国南部二叠纪可分三系，下部二叠纪为马平系，中部为阳新系及乐平系，上部为夜郎系。此分类与黄汲清之分类略有不同。

1933—The Carboniferous of China and its Bearing on the Classification of the Mississippian and Pennsylvanian(with A. W. Grabau). Ibidem 此文总论中国各地石炭纪地层之关系及其分类。将中国石炭纪分为：

Weiningian＝Penehian

Fengninian 3—Shangssu 2—Chiussu 1—Kolaoho

1935—Notes on the Records of Droughts and Floods in Shensi and the Supposed Desiccation of N. W. China. Geografiska Annaler 1953，Sven Hedin. 此文讨论陕西省气候变迁问题。结论否认该地气候由潮湿变干燥之理论。

（载 1936 年 2 月 16 日《独立评论》第 188 号）

悼丁在君先生

杨钟健

丁在君先生于二十四年十一月末往湖南旅行，在衡阳得病，后移至长沙，医治无效，于二十五年一月五日下午五点许与世长辞。这实在是最痛心的一件事。他的死，不但是地质界的损失，学术界的损失，实是中国各方面的一个大损失。

丁先生无疑的是中国地质界事业开创之一人，民国初年尚无多人能了解地质学为何事，有一知半解的人，也往往把地质学当作开矿或混为一谈。彼时丁先生即与章演存先生、翁咏霓先生通力合作，奠定中国地质界的基石。初年许多规划，丁先生为最得力之一人。民十八后，丁先生虽有时忙于他事，然于地质界工作之襄助与指导并未中辍，即如地质调查所与协和医学校解剖系合作关于中国新生代地质脊椎动物化石及化石之研究，丁先生实为赞助成功最力之人。其他关于他方面研究或好为主持或从旁赞助，其功实不可没。

在中国过去十五年地质学发展中，有一个重大的关键，就是纯粹科学方面研究的浓厚，特别是古生物的研究，关于此层丁先生主持最力。中国古生物研究的发达最有关系的为葛利普教授之来中国，而葛先生就是丁先生亲身聘请来的。直到丁先生去世，他尚是中国最重要的古生物刊物《中国古生物志》的主编人。所以我们偏重古生物学研究的，想到中国古生物学发达起来的经过，不能不归功于丁先生。

丁先生虽因服务社会的事务太多，未能充分贡献其所得于学术，但是他也有不少的重要的发表，这是人所共知的。另外一方面，还有一些地质上的重要工作，如三门系地层在丁先生虽未发表，而经近年来吾人各地研究的结果，知三门系实为中国新生代后期最重要的一时期，认识黄土下与红土上的地层和其重要性，也是丁先生开的先河。

此外丁先生在其学问方面的贡献与其丰富的知识和其治事的才干，乃是人所共知的，且有人发扬无遗，用不着我来赘述。我这里所说的，不过就个人感想另为叙及，以作个人纪念丁先生的一点表示罢了。

我最初认识丁先生在民国十一年，那时我正在北大读书，我们曾组织一北大地质研究会，我们敦请丁先生讲演。丁先生的讲题为三江问题，那时我已深佩丁先生的治学精神与方法。自回国后，我服务地质调查所，较前过往较密，因而对于丁先生的认识与敬佩，更较前为深刻。二十三年新生代研究室主任步达生去世后，德日进巴尔博与我在沿江各地调查，时因翁先生卧病杭州，一切事由丁先生主持。丁先生在百忙中，对我们的调查计划及一切便利之处，无不尽力筹划，并对我一再声称，他对地质界后进，无论何人都是一律平等看待，量材使用，毫无私心存在。

去年我们往广西调查，丁先生也为我们介绍桂省当局。归后，因购买上海之骨化石，丁先生尤为帮忙，如今所购买之化石尚未开箱整理，而丁先生已物故了，睹物思人，能勿怅然。

近年因丁先生多在南方，我们的工作又多在北方，所以不大容易会晤，但他对我们学术上的帮忙不以见面或不见面而分轩轾。去年夏，丁先生北上至北平，倾谈片刻，时我眼疾新痊，殷殷存问，方期后会方长，聆教有日，不料竟一病不起，溘然长逝，这真是出人意料之外的不幸。

我因此又引起一种感想：丁先生逝世之年才四十九岁，我们试看外国一般科学家，往往至七八十岁尚服务社会，孳孳不倦。我们用平均数来比，假定丁先生能活到六十至七十岁，那末他至少尚有十余年左右的服务，以这十余年的时间，兼以丁先生那样才力学识，其贡献于社会者，将要何等的伟大。由这么简单的推算，我们可以比较具体的认识一个有用人才的不幸早逝，对于社会与国家的损失的重大。一个人才的造成，本是实在不容易，我们假定一个人才造成致用于社会为三十岁，三十岁后服务于国家只二十年与三十年四十年相比，其间的差别自然不可同日而语，何况从各方面来讲，后二十年的工作能力与效力必然比前二十年为大。

因此，丁先生的死，我不但为丁先生个人惜，实在为中国前途惜。近年以来，学人之早年殇逝者甚多，如刘复，如刘树杞等。如果知识界的分子大半均不永寿，其影响于教育的效果与国家前途，真令人不寒而栗。因此我对丁先生的早死，希望有两点可以引起世人的注意。

一，即希望知识份子本身应当自己爱护。"为国珍重"一语虽是套言，却在此是真话，盼社会上人对真正人才加以培育。

二，爱护学人之方法甚多，但不令他过分的劳苦，亦是一法。近常见有许多有用人才所任事务太多，朝夕皇皇几无片刻之安。我以为一个好马，一付好机器，用时尚宜爱护，令有相当休养，何况一个有用的人才？一付机器爱惜着用，用十年好呢，还是不仔细用三年五年好呢？

廿五、一、廿，在君先生逝世后之十五日于南京。

（载 1936 年 2 月 16 日《独立评论》第 188 号）

丁在君先生对于人类学之贡献

吴定良

在君先生在地质学上之贡献，久为国内外学者所公认。关于人类学方面研究，因其大部分重要材料尚未发表，故知之者较少，苟天假以数年，将所搜集之材料尽行整理发表，其贡献决不在地质学下也。论文中最重要者有下列两种：

（一）《指数与测量精确之关系》 是文根据三十六组材料，比较两种指数之价值，（a）$100 \times \dfrac{\text{两臂展开宽}}{\text{立高}}$，（b）$100 \times \dfrac{\text{坐高}}{\text{立高}}$，并应用濮列托寇（S. Poniatowki)氏公式证验两种指数是否受测量错误之影响。其重要结论如下：（1)就两指数价值言，中国人体质与非中国人有显著之区别。（2)证明各组指数并未受测量错误之影响。（阅《庆祝蔡元培先生六十五岁论文集》下册第七百二十七页至七百三十六页。）

（二）《中国人体质之分类》 此为在君先生最重要人类学论文，虽在其生前未能完卷，但材料之整理与分析方法，久已由其计划详尽。七八年前，在君先生即开始搜集材料，计共六十五组，代表全国各省重要区域人民与边疆诸民族，材料极为完备。其中由在君先生亲自测量者十四组，约共一千一百余人，尤以蜀黔滇等省边境诸原始民族测量材料为最可贵。在君先生与许文生、葛内恩(Stevenson and Graham)两教授共同测量者两组，其余为他人测量但经在君先生详细校审认为可作比较资料者。人体测量学之价值，全视其测量之正确度而定。在君先生平时对于此点特别注意，其所采用之材料，据许文生氏言，曾费半年时间检验各组测量数值。如有某组或某项测量有可疑或欠准确者，必尽使除去，其治学之精严如此。测量之结果又视分析方法而定。在君先生所采用之方法有三种，皆统计学上认为最精确者，此实国内用数量方法研究科学之先导也。现是项材料正在计算与分析中，如按其预定计划继续进行，数月后即可以发表，预料必有许多重要事实发现也。

在君先生的人类学工作，在国际上亦有相当地位。一九三四年夏季，国际人类学与民族学社在伦敦开会，议定每国应推选最著名人类学家三人或四人充任该社理事会理事（由该社执行委员会选出）。中国当选者为丁在君与李济之、许文生三先生。在君先生与英国人类学泰斗斯密斯氏(E. Smith)最友善。自北平周口店人猿发现后，斯氏在大学或学会演讲中国人类学时，必称颂中国地质调查所丁、翁两先生之功绩不绝于口。上月在君先生去世，斯氏哀悼异常，并为文载于《泰晤士报》以纪念之。中国学者能为国际科学家如此敬仰如此关爱者，实前所未有也。

（载 1936 年 2 月 16 日《独立评论》第 188 号）

我所敬仰的丁在君先生

周诒春

　　人类的行为，最重要的有两件事：第一件要有自强不息的精神，第二件要有研究专门学术的毅力。能够自强不息的人，一定能够刻苦奋斗，不怕什么艰难险阻，努力前进，所谓一息尚存，不容少懈。能够研究专门学术的人，他生平唯一的目的，就是要发扬一种科学，有益于国家，有益于人群，本着他缜密研究的精神，去搏那最后的胜利。不过这两件事都做到的，是很不容易，我觉得在君先生可以当之而无愧。

　　他从宣统三年自欧洲留学回国以后，就由安南到云南去调查，经过贵州、湖南等省而到北平。民国二年，又由山西到云南调查地质。以后就主办地质调查所，办理北票煤矿，著书研究。他的躯体脑经，自生至死，没有一时一刻的安闲。所以我觉得他生平所过的生活完全是一种刻苦奋斗研究学术的生活。

　　他生平最感觉有兴趣的，就是民国五年在农商部主办地质调查所，他用了他与翁文灏章鸿钊两先生所训练的研究生，去担任调查工作，自民国五年至十一年，这七年当中，他费了不少的苦心和毅力，方才把这个调查所的根基打好。以后就由翁文灏先生继他主办，本着他以往的规模，又扩充了许多计划，于是地质学在今日我国科学界中才得着了这种鲜明的成绩，这实在不能不归功于他的创始努力。

　　他还有一件事，也值得记载的，就是向尚志学会募集了一笔基金，创办静生生物调查所，来纪念教育界前辈范静生先生。现在这个调查所对于生物学的研究，在我国科学界中，也得到了相当的地位。

　　他一生致力的，除了上项两个调查所以外，对于科学社、地质学会、中央研究院等，也很费了不少的心血，使它们发达。此外对于政治外交，也感觉得很有研究的兴趣。

至于他的为人，办事是勤谨的，待人是厚道的，说话是直爽的，见解是诚实的，对于凡百事业，都潜藏着热烈的情绪和远大的眼光。初与他共事的人，有时觉得他是很严厉，久而久之，也就觉得他实在是诚恳厚道。

现在他的躯壳虽然已死，但他自强不息的精神和研究学术的毅力，还是永远的存在。我和他知交十数年，一旦良朋长逝，不但有沧桑之感，所以不能不把我所晓得他的地方，和佩服他的地方，拉杂写几句，表示我衷心的敬仰。

（载 1936 年 2 月 16 日《独立评论》第 188 号）

丁在君先生对于中央研究院之贡献

蔡元培

在君先生是一位有办事才的科学家，普通科学家未必长于办事，普通能办事的又未必精于科学；精于科学而又长于办事，如在君先生，实为我国现代希有的人物。

在君先生所专精的是地质学，但他对于地理、人种、优生、历史等学，也很用功。他曾组织地质调查所，改进北京大学地质系，办理北票煤矿，都很有成绩。这些学术上事业上的贡献，都已有各方面与他共事的朋友们替他记录了。我是与他在国立中央研究院共事的人，愿把他在院的贡献写点概略。

在君先生到研究院是二十三年六月十八日，到今年一月五日他去世的那日，不过一年有半；然而他对于研究院的贡献已经不少；今把最大的记述在后面：

第一是评议会　此会为本院组织法中所规定，对于全国的学术研究有指导连络奖励的责任。以关系复杂，七八年来，尚未组织。在君先生到院后，认为不可再缓，乃与各关系方面商讨，补充条文，规划手续，呈请国民政府核准后，于二十四年九月成立。会员四十一位，除中央研究院院长与十位所长为当然会员外，其他三十位，是由各国立大学选举，再由国民政府聘任的。凡国内重要的研究机关，如北平研究院、地质调查所、农事实验所、科学社的生物研究所、静生生物调查所、黄海工业化学研究社，中央、北京、清华、武汉、中山、浙江、南开、协和、燕京各大学，都有代表当选，可以认为一个代表全国学术研究的机关。开会的时候，照中央研究院已经设立的科目分组，再由各组委员会调查全国研究机关的成绩与全国学者所发表的著作，以为将来联络的基础。

第二是基金保管委员会　本院组织法第九条有最小限度基金定为五百万元之规定；历年因所积基金，为数尚微，未曾正式组织保管委员会。但近几年来，本院各所的收入，可以归入基金的渐增；而本院各所的设备，有赖于基金利息之补助亦多；故在君先生认为有组织基金保管委员会的必要，于是草拟本院基金暂行条例呈请国民政府核准。该条例第二条规定聚集基金之方式：一、政府照国立中央研究院组织法第九条应拨之款；二、已有基金之生利；三、私人或团体之捐助。而附项中，又规定除上列各项外在基金总数未达五百万元以前，本院得以所举办事业以及其他一切收入拨入基金。又于第六条，规定本院得将每年基金利息一部份用于本院下列各事业：一、有特殊重要性质之讲座及研究生名额；二、有促成学术进步功用之奖学金；三、院内有利事业之投资；四、其他特别建筑设备或事业。有此正式规定，于是本院基金部份的增益与应用，均有规则可循了。

第三是各所与总办事处预算的更定　从前因各所建筑设备在在需款，而政府除经常费外未能拨款，不得不从经常费中各有所撙节以备建筑及设备的用途；这本是不得已的办法，所以各所经费的分配，略取平均分配的方式。但此种方式，虽有各所自由计画的便利，而每所各自撙节的款，为数有限，对于较繁重的设备，不免有旷日持久的窒碍，于全院的效率上，难免吃亏。在君先生有鉴于此，到院后，即与各所长商讨，打破平均分配的习惯，而各所均视其最紧缩的需要，以定预算。由总办事处综合所撙节的款以应付本院所需提前赶办的或与其他机关合作的事业，于是各事业的轻重缓急，有伸缩余地，不致有胶柱鼓瑟的流弊。

以上三项，均为本院定百年大计。其他局部的，如促进各所工作的紧张，尤以化学、心理及动植物研究所为最显著。减少行政费以增加事业费，扩大合作的范围，除各所与其他研究机关早经合作的仍继续进行外，更与中央博物院筹备会合办博物院，与棉业统制委员会合办棉纺织染实验馆，都是我们所当随规进行的。至于在君先生实事求是的精神，案无留牍的勤敏，影响我们全院同人的地方很大，我们也是不肯忘掉的。

（载 1936 年 2 月 16 日《独立评论》第 188 号）

追 忆 在 君

陶孟和

我认识在君已有二十多年。第一次如何相见，得到如何印象，现在已丝毫不能追忆，大概只是普通交际场中的相识罢了。一直到后来，即最近的十几年，我才渐渐得到较深的认识他的机会。特别是在最近二年之中，他就了中央研究院总干事之职，我也到中央研究院服务，接触之机会既多而又密切，我更能发见了他的许多伟大的、足可以使我们矜式的地方。

在君的死，不待言，是我们国家无法补救的损失。他在过去对于国家及社会的种种功绩，任何人皆应首肯，不必缕述。他的最大、最成功的事业自然是在地质学方面。他是中国人做野外工作的第一人。他创设地质调查所，奠定了今日行政机构里，最科学的，科学上最有成绩的组织。他首创训练地质人才的机关，他不遗余力的训练，擢拔并诱掖有望的青年地质学者，结果为中国造成了比较任何科学部门都多的实际工作的学者，还有几位在国际学术界可以立足的权威。有一次在君这样对我说：

> 中国的地质学现在已经进步到这个地步；就是无论在中国或外国毕业的地质系学生，无论他是学士或博士，他都可以认识他在中国地质学界的地位。现在中国地质学工作的质与量都摆在这里，任何人来了提出他的工作，他的地位便决定了，不容胡吹，不许瞎捧的。（这只是大意，在君的原来语气未必是如此的）

这话大约是在民十九、民二十年间，我还记得他当时住在北平李仲揆先生的宅里。我听了这话，立刻发生两种矛盾的感想。一种感想是欢喜中国学术的进步，至少地质学已经在中国成了一种学术，有它的重心，有它的标准，有它的空气，节节进步，将与国际学术界齐驱，冒牌或外行不能羼杂在里边。地质学在中国所以有这样的成就，自然有赖于许多青年学者继续不断的努力，然而大功却不得不归功给在君。因为没有他，中国的地质学决不会达到他所说的地步。在君，后来加上翁咏霓先生，在二十年间，在恶劣的军阀时代，在腐败的衙门空气之中，不特维持而且发展了一服务而兼研究的科学组织，绝非常人所及。我的另一种感想便是惭愧，为其他科学叹息。除了地质学以外，那一种科学在中国有固定的重心，有可靠的标准，有研究的空气。在君的话距今已五六年，只有生理学与物理学可以说将要达到地质学的地步，但是人数还极少。至于其它科学至今还是杂乱无纪，不成格局。仅就对于地质学的发展一端来说，在君足可以称为学术界的政治家。他的大量（凡认识他的人都知道他向来不仇视任何人），他的远见，他的广博的知识，他的魄力，他的爱护青年，都是他成为学术界政治家的要素，他这些美德在中央研究院总干事任内曾尽量发挥。只可惜为时不到二年，他便不能再有机会发挥了！这是中国学术界，也是国家的大损失。

在君做人方面有许多令人景仰的地方，中国人的许多常犯的毛病他都没有。第一，他永远保持他的私人经济的完整。他私人生活，永远量入为出。第二，他不说人闲话，不议论人的隐私。他对于人的好恶有时颇深，但完全从大的眼光着眼，不轻易论人的长短。第三，他不发牢骚，"不怨天，不尤人。"曾到过他在地质研究所的研究室的人大概会看见过他桌上的格言镜。他取杜洛斯基的话"勿悲愁，勿唏嘘，勿牢骚，等到了机会，努力去干"（仅记大意如此）做他的箴言，在君可谓真能实行这个箴言的。第四，他负责任。他遇事绝不退缩，凡所答应的必然实践，真有"虽千万人吾往矣"的气概。模棱、含糊、畏首畏尾、不负责任，都与他的性格完全相反的。上说的四种美德，看来似乎平常，但在中国人为稀有，而在君具备。

在君死了，他的有用的生命中断了！后死者只有继续他的精神，努力完成他的未竟的事业，共同合作建设各种科学到地质学的地步，庶几可以纪念他于永久。

（载 1936 年 2 月 16 日《独立评论》第 188 号）

怀 丁 在 君

李 济

在君之死，不但使认识他的朋友泪流满襟；一般有民族意识的公众莫不认为是国家的一种不可补偿的损失。这种自然流露的情绪，不是偶然发生的。这可以证明他所领导的各种事业之价值，已渐为大家所能了解。究竟他对于国家及社会最重要的贡献在那里，现在似乎尚不能说定。他的朋友谈到他，是撇不开情感的。百年后的史学家，要是研究这一期的历史，许会论定他在中国文化史上所占的地位。但是我们这些后死的朋友们固然不能——也不必——马上给他一个正当的评价，仍应该把我们所有的感想写出来，以便后来的史学家参考。

从好些方面看，他是一个划分时代的人。他可以算是中国提倡科学以来第一个好成绩。固然严格的说起来，他没有写很多的报告，他没发表很多的论文；关于这一类的工作，现在已经有比他成绩更好的人，但他是开创这种风气并且使之实现的人。他的提倡科学与一般的提倡，有点重要的分别。一般所谓提倡，往往都是设一个机关，位置几个"人"，发表几篇文章而已。他却倒转来做，先扎硬工夫。他办地质调查所，先从训练学生起；训练调查人员；先叫他们下煤矿作苦力工作，训练完了，成绩不合的，仍是不用他们。一切的野外工作，他都领导先干，以身作则。这种实事求是的精神，可以说是地质调查所成功最重要的原因，地质调查所工作的成绩，已为世界所公认了。出版物中，他写作的东西并不多；他的工夫完全消费在使这些合乎科学标准的工作能继续的发展下去。

在中国作科学工作的人，往往感觉到好几层避不了的困难，这种学问本不是单靠一个人的努力所能成就的。要推进科学工作，必需要有一个机关，有相当的设备，并且有些老少不等、经验不同的人合作，然后才干得下去，作得出来。凡是科学家的养成，最重要的一个阶段是他离学校以后的四五年，在这时期，他们必须要有一个地方给他们一个机会能运用他们才学会的种种研究工具。必须要有经验的前辈指导他们方向，给他们些问题，让他们慢慢的在科学界挣扎他们的地位。此后他们能不能成一个科学家，就完全看他们的力量了。但是这一段的培养是绝对的不能少的。

中国有好些有志气的并且极有希望的青年科学家，往往因缺少这一段培植的时期，把科学的生活完全断送了。在大学才毕业出来，他们或者就膺了大命作一个学校的教授或主任，初期也许可以作得很好。但这一来，非特没有人指导他们，他们还要指导别人，在学生时间所积的有限的膏油，当然不久就烧完了。等到觉悟时，也许连他们所学的研究工具都忘了，一身的事业就因此告终。这种人力的浪费可以说是中国教育界近数十年来最大的惨剧，也许这是我们所处的这个过渡时代避不了的牺牲。如何补救这个局面，实在是迫不及待的问题。

以在君的才力及学力，要是生在已经现代化的国家，他的研究工作的成绩一定可以使他站在最前线。这是我们可以信得过的。但中国的社会却不让他尽全力于这个方向。他想征服这种遗憾的困难，于是牺牲了自己的兴趣，想法子造出一种环境，使来者可以享受他享受不到的工作机会。到现在，至少在地质学方面，青年有为的都有一条康庄大道可走。这个好的影响已开始传布到别的类似机关了。若是我们的民族生存不遭意外的危险，中国的科学研究在最近的将来一定可以发展很快的。现在是地已耕了，种子已播了，肥料也上得很多了，只待发芽向上长。丁在君是在这个开荒时期的最大领袖之一，虽说他未能见全功，他已经为中国学术开辟了一个新纪元。

他的一生最为社会所不十分了解的大约是他的政治意见。这是谈在君的生活比较难解释的一部分，其实也并不是完全不可能。记得我有一次同他闲谈，说到一件科学工作计划受了政治影响而遭夭折的事。他慨然的说："你们老问我为什么恋着政治问题不舍，不集中全力作科学的工作。你看，政治不澄清，科学工作是没法推进的，我们必须先造出一种环境来，然后科学工作才能在中国生根。……"由此我们可推断，他的政治兴趣完全是被动的，这一类的事并不是他心中所最愿意作的。自从他到中央研究院以后，我们看见他最高兴的时候，总是谈到与研究有关的问题；若是发现了一个能干的助理员或研究生，他尤感觉兴奋。他虽不谢绝普通的应酬，然总带些勉强，有时并表示厌倦；由此我们不难看出他的真正的志趣。

认识他较久的朋友，总能发现他好些可爱的地方。受过他教的学生，没有不心悦诚服的。大家都知道他曾提倡过所谓科学的人生观，也许只有少数知道他是一个科学人生观的实行者。他虽是一个性情中人，但是他的接人待物处处都有他的一番道理，不以琐细的恩怨作枢纽。相传徐志摩跌死的消息最初传到他的时候，他说："可惜可惜！"有一个朋友问他："你看志摩是一个什么样人？"他毫不踌躇的答道："志摩是一个好人，他向不扯谎。"至今有好些文学家的朋友多以此为笑谈。但细思之，这不但是最恭维志摩的一句话，并可代表在君的人生观。他常说向不肯研究别人的心理，一切只以行为为判。但是他的肝胆照人处，不知消灭了多少的恩怨，成就了若干大事。他对旧社会的恶习惯可谓嫉之如仇。但是他并不以过正的举动纠正之，处处他都想出一个合理的安排。他的日常生活均是近乎人情的。在家庭中，他是一个好兄弟，好丈夫；在社会中，他是一个可敬的老师，可爱的朋友；在国家，他可以算是一个新中国的模范公民。

东西文化接触中，最难融合的一段，大约是伦理观念。大多数的人把两方面的坏处都学会了，有些找不出选择的标准，结果只作了习惯的奴隶。看在君的为人行事，不但能保守旧社会的美德，并尽量的采取了西方人的长处。由他的努力，我们可以悟到他所提倡的人生观，非特可以行得通，并且是甚合乎现代需要的。

廿五、一、廿四。

（载 1936 年 2 月 16 日《独立评论》第 188 号）

丁在君先生

汪敬熙

在民国二十二年以前，我虽然常常看见丁在君先生的文章及听见朋友们说他的事迹，但是从来没有见过他，二十二年才见到他。二十三年他约我到国立中央研究院来做事，我才同他相熟。这将近二年的在他指导之下做事，使我十分敬爱他。他在我心中留了一个不灭的印象。

他做事完全以事业为主体，决不像我国平常所谓办事能手之专以应付人为做事的中心。如果为事业所需要的事，无论这事他人以为如何难办，他必想法子去办到。他用将近年余的时间成立国立中央研究院的评议会就是一个例子。他也决不牺牲事业去将就人情。

在国内办教育事业的人中，我只遇到他一个，是真抓住办此种事业的要诀的。他谨慎的选择人材，费心费力的编制每年预算。人选定了，预算编好了，他一任这些人放手去做事。遇有困难，他总是尽力帮助，使人得安心工作。他绝不求速效，也丝毫没有"察察为明"的小家子气。但是他对于院内各部分工作情形却是知道极清楚，并且时时刻刻的想院内各种工作的主体方针。

有人或者以为他过于专擅，但是他是十分守纪律。章程一定，预算编成，他总是遵守的。有人或者以为他待人欠礼貌，但是他真是十分的赤诚待人。同他共事久了，不知不觉的敬他爱他，乐于为他出力做事。

他还有一个特点，他十分留心各项人材，尤其是青年的人材。他不但时常问到青年人材，并且真心想法子去帮助他们。他对于青年的人材，丝毫无"门户""省界""学校"等等偏狭之见。只要有一技之长，他知道了，总是记在心里，有机会他必帮忙。

他在地质、地理、人类诸门学问上的成就，专家自有定论。他自己说过，他青年时受 T. H. Huxley 及 Francis Galton 的影响颇大，现时的作家，他最喜读 Bertrand Russell，H. Z. Laski，H. G. Wells 及 Julian Huxley 的文章。他是国内科学家中眼光最阔、智识最博的一个。

　　他的性命是为着不值的事情牺牲了。国家失掉了一个极不可多得的人材。就个人方面说，失掉了一个好上司，一位好朋友。我们可惜他，我们想念他，我们对于他的夫人的悲痛，更是万分的同情。

（载 1936 年 2 月 16 日《独立评论》第 188 号）

最后一个月的丁在君先生

朱经农

  此次在君先生到湖南来，他所负的使命，除了视察粤汉铁路沿线煤矿外，还有一件附带的工作，就是视察几个学校。因为这个缘故，所以他同我在一块的时间较多。他是民国廿四年十二月二日深夜到长沙的。我因为长沙的旅馆不甚清静，所以在省府招待所替他预备下一个房子。那知他下车以后，一定不肯受地方上的招待。他说，"我此次来湘，领有公家的旅费，不应该再打扰地方政府。我无论到什么地方，都愿意自己住栈房，比较地心里安些。"经欢迎的人再三相劝，才允在招待所暂住一夜，次日仍拟迁入栈房。幸而到招待所以后，遇见前青岛大学校长杨今甫先生，他告诉在君先生，他和陈通伯先生都住在招待所，觉得很清静。通伯先生前一日才动身回武昌。清华大学教授张子高先生也答应搬来同住。在君先生向来笃于友谊，在他乡遇见这样两个老朋友，自然非常高兴，所以安心住下了。

  三日上午九时左右，我到省府招待所，在君先生房内已有湖南地质调查所的朋友们在那里谈天，桌上放着些煤矿的蓝图。我知道他已经开始工作，所以退到今甫、子高两先生的房里去谈天。大约一小时以后，他就邀子高和我同去看学校。他每到一处，他的视察非常周密。他对于一个学校的建筑是否合用，建筑材料的坚实程度和价值高低，都估计得很清楚。尤其注意于学校将来发展的机会。他做事的精细和判断的明确，使我们同往视察的人非常佩服。是日视察终了以后，他就邀我同往明德中学去看胡子靖先生。他说，此次到湖南一定要看两个人，一个就是子靖先生，因为他童年到日本留学，是子靖先生带他去的。第二个就是他的师母龙研仙夫人。他对于已故的老师龙研仙先生很有知己之感。他说，他若不遇见龙先生，他一生的历史或者完全不同，至少也不能那样早出洋留学。可惜那天我们到明德学校，胡先生业已外出，未得晤谈机会。龙研仙夫人的住址，仓卒间无法查明，所以便回招待所休息。

四日在君先生视察地质调查所，并整理前一日视察所得的材料。下午曾拜访郭若衡、萧秉文诸先生在所商谈。晚间作长函致南京王雪艇部长，报告视察学校经过，并决定次日同游南岳。他此次游南岳，除了调查地质，并勘测南岳高度外，还有一个目的，就是凭吊他已故的老师龙研仙先生纪念亭。

五日清晨，方拟出发，他接到胡子靖先生来信，邀他到明德中学去讲演并吃饭。他匆匆写了一封回信，大约说："讲演肚里空，吃饭肚里实。"都请作罢，不过回长沙后，一定诣校长谈。不料这个预约，他竟不能实践了。是日匆匆乘汽车出发，到南岳已经正午。同行三人（在君，子高，与我）就在山下中国旅行社午餐。饭后雇轿登山。在君虽雇一轿，始终未坐。子高和我沿途游览风景，在君则工作极忙，忽而俯察岩石的裂痕，忽而量度气候的度数，无时无地没有新鲜的资料供他的研究。久雨之后，天忽放晴。我等缓缓登山，云雾亦缓缓消散。未及半山，业已日朗气清，万峰在望，大家都很高兴。决定当夜在半山亭下中国旅行社新屋过夜。安置行李及轿夫之后，三人同至烈光亭读龙研仙先生的纪念碑。在君在碑前徘徊甚久，并为我等追述当年如何遇见龙研仙先生，命其作通西南夷论，如何劝其研究科学，并托胡子靖先生带其出洋。谈话之中，流露出深切的情感。旋沿山径，行过新建之三座石桥。桥下乱石鸣泉，峰前松风残照，景色至为清幽。遥看磨镜台上，万树丛里，现出几座新建的楼台。红墙碧瓦，林峦增色。缓步归来，则已山月窥人，树影满地了。既抵寓所，挑灯闲话。晚餐以后，遂各归寝室休息。

六日黎明即起。推窗远眺，见天际红霞一抹，朝暾初上，山畔白云，渐渐消散，远处峰峦高下，状似波涛起伏。正在徘徊吟咏，在君、子高均来。在君出其晚间所作诗稿相示，自言字句音韵多未惬意。但我等读之，觉其真情流露，富于自然之美。现在把他所作《烈光亭怀先师龙研仙先生》两绝抄在下面：

　　十五初来拜我师，为文试论西南夷。半生走遍滇黔路，暗示当年
不自知。

　　海外归来初入湘，长沙拜谒再登堂。回头廿五年前事，天柱峰前
泪满腔。

这是凭我记忆所及写出来的，字句之间或有一二小错误，待查在君先生日
记再行校正。他那晚所作的诗我还记得两首。一首是《麻姑桥晚眺》：

　　红黄树草争秋色，碧绿琉璃照晚晴。为语麻姑桥下水，出山要比
在山清。

还有一首《宿半山亭》：

　　延寿亭前雾里日，香炉峰下月中松。长沙学使烦相问，好景如斯
能几同。

　　早餐以后，继续登山。在君先生依然勘地质，测气压，计算步数，缓
缓前进。过了南天门，山风怒号吹人欲倒。几乘空轿险些被风吹翻。我等
逆风而行，呼吸都觉得艰难。在君先生依然继续做他的勘测工作，并不休
息。到了上峰寺(亦作上封寺)他还余勇可贾，立即走上祝融峰。午间在上
峰寺吃面，即在寺中整理笔记。据他测算所得，南岳约高一千一百米突。
他慎重声明，此种测算，不甚可靠。必须山上山下同时测验，并且在不同
的温度中作过几次的比较，推算出来，才能正确。不过大体看来，衡山不
及庐山高。

　　由上峰寺下山至藏经殿，复至福严寺。寺中有石刻彭玉麟所题诗，笔
力遒劲，在君甚爱之，向寺僧购得拓本五份。自云，将以之分赠雪艇、孟
余、子高及我，并自留一份。除子高取去一份外，余存在君行箧中，不知
尚能寻出作一纪念否。

　　入南台寺，观贝叶经，复下山，至南岳图书馆，天已傍晚。应康和声
先生之约，在馆中晚餐。承康先生购赠南岳所产大橘数十枚，汁多味美，

颇为在君所赞赏。当晚宿山下中国旅行社。

七日清晨，在君乘粤汉路局派来之汽车赴潭家山勘矿。子高与我同回长沙。他在潭家山勘矿的情形我不大清楚，无法记载。只晓得他八日乘车赴衡阳，当晚渡江在凌竹铭先生家晚餐，聚谈甚欢。因为衡阳江东无旅馆，所以凌先生留他在路局招待所过夜。约定次日上午八时赴耒阳勘矿。是晚烈风骤雨，温度陡降。在君先生登山、下矿之后，身体倦极，非常畏寒，故将室内门窗全闭，沐浴入寝，倒头便睡。谁知风雨过猛，壁炉中煤烟不能上升，倒灌室内，遂致中毒。

九日清晨，仆人入室呼在君先生不醒，见其呼吸急促，面色异常。亟邀路局陈医生来诊，始知系中煤毒。医生三人轮流施人工呼吸，历五小时半，未见清醒，乃用铁床，将在君先生运载过江，送入仁济医院救治。一而由凌竹铭先生用电报及长途电话，托我在长沙延医往救。

九日上午，我尚接到在君先生来电，谓定十日返长沙，即日转车回京。因都中另有要事，促其速归，故变更原定旅程。该电系八日晚间预拟，托人代发，所以下午四时由建设厅转来电话，谓在君病重，尚觉疑信参半。五时左右，接到竹铭长电，才知在君中煤毒，历久不醒。立即用电话与湘雅医院商量，承王院长特别帮忙，允请内科主任杨济时大夫即刻赴衡。当时湘中正有匪警，公路局汽车均派出当差，一时无车可借。迫不得已乃向财政厅长何孟吾先生公馆借其私人所用之汽车。其时何先生不在长沙，他的汽车夫经验不足，不敢开夜车。所以车虽借得，无人驾驶，依然不能出发。后来还是建设厅余剑秋厅长在公路局调到一车，将杨医生送往衡阳，直至深夜，方才达到。其时在君先生依然不省人事，当地医生认为希望极少。经杨医生详加检验，知体内水分已竭，血液凝滞。乃于次晨注射多量盐水，并灌葡萄糖汁，以维持其体力，直至十日晚开始有转机，十一日上午四时渐渐清醒过来。

十一日上午翁咏宽、丁巽甫诸先生偕在君先生第七令弟乘飞机来长沙，随即换乘汽车前往衡阳，我亦随行。抵衡阳时天色已晚。于暮霭苍茫，万家灯火中，入城赴医院，探视在君先生病状。既至榻前，彼即低呼经农，声极微弱，不易辨明。问其有无痛苦，微呻而已。当九日下午杨医生未到以前，衡阳各医师用器械，阻其牙关紧闭，并拔去牙齿三颗，口腔喉头均被擦破，至此渐觉痛楚。

十二日清晨再往探视，则在君先生神志清醒，言语时声音虽小，但有条理。因恐其过于费力，未敢多谈。与翁咏宽先生同来之南京中央医院内科主任戚寿南大夫，详加检验之后，认为经过良好。在君先生亦强作笑容，以慰来衡问疾之人。自朝至夕，病情颇有进步。

十三日黎明，翁咏霓先生等离衡返京，戚大夫及我亦同行。在君先生病状亦似渐入佳境。十五日杨济时大夫复由长沙赴衡，与衡城医生会议之后，决定十六日将在君先生迁至长沙。因衡阳方面，医院设备不甚完全，且少训练有素之护士，故觉迁入湘雅，疗治稍易。承凌竹铭先生及衡阳路局诸友好竭力帮忙，将路局大货车改装成病车，连床运载来省，直达湘雅医院。杨医生及路局陈医生、夏主任等均随车护送至长沙。入院以后，情形甚好。用 X 光检验，发现心肺诸部均未受伤。复经辜乐懿女医师诊治，口腔及喉管亦平复如常。惟满身疼痛，胸前尤甚。十七日以后，温度脉搏均渐复常态。不久傅孟真先生由北平来湘探病，丁夫人及在君之第五令弟亦由南京赶到。亲朋欢聚，病者精神为之一振。至廿二日下午，在君强欲起床，且言明日必须自入浴室沐浴一次，医者不许。廿三日上午，得医生许可，经人扶掖至椅上小坐。一小时后觉胸前痛苦陡增，不能支持，乃复上床静卧。午后体温增高。至廿四日温度续增至四十度左右。经外科主任辜仁医生（Dr. Greene）检验，发现胸间有脓。日间灌输养气，以减少其呼吸的困难。当晚施用手术，取出脓水五百 cc 之多。次日复取出脓水少许，温度脉搏又渐复常态。是日我至床前，设法安慰在君，告以脓已取出，病根既去，必日见康复。他摇着头说：你的判断不合科学。此数日中，我因平津学潮影响湖南教育，学生游行，谣言四起，终日碌碌，未能常至病室照料。二十七晚间，在君体温忽又陡增。二十八日黎明，辜医生诊察之后，决定开刀。在胸腔内取出业已凝结之厚脓一百五十 cc，并发现肋骨受伤。肋膜炎之起，即由于此。开刀以后，体温立即下降，脉搏亦趋平和，同人均抱乐观。越两日，竹垚生，徐韦曼两先生偕北平协和医院外科主任 Loucks 来湘，复用 X 光及其他方法重加检验，所得结论，似与杨、辜两医生所见相同。惟在君在开刀一二日后，即不言语。右膀右腿，动作均感困难。咸疑其脑之左部有病。所幸食量不减，睡眠亦安，故诸医认为短期之内不致有重大变化。一月二日垚生、孟真和协和医生均暂时离湘。三日在君病无变化。四日体温陡增，呼吸急促，脉搏紧张，危险万状，诸医合力救治，灌输氧气，打针，凡可用之方法，无不试用，忙乱一日，至晚稍安。五日黎明，脉搏高至一百七十以上，体温亦达四十度，喉头痰响，已入弥留状态。虽施用手术，打强心针，终不能挽回危势。延至下午五时四十分，在君遂弃我等而去矣。

我离长沙之际，剖观结果尚未明了。近闻在君血管均已硬化，心房及脑部血管坚硬如鸡毛管。究竟是否因此致命，尚待医生最后报告。

此文草于上海，手边无医院记录及其他参考资料，全凭个人记忆，匆匆写出。其中或有漏误，尚望杨济时医生，傅孟真、凌竹铭、徐韦曼诸先生代为校正。

一月二十五日在上海

（载 1936 年 2 月 16 日《独立评论》第 188 号）

亡弟在君童年轶事追忆录

丁文涛

涛昆季凡七，亡弟在君于次，仲也。弟生而有殊禀，神悟卓绝，先严吉庵公，暨先慈单太夫人，甚钟爱之。顾先严常婴心于地方公益，规裁董率，洪纤必亲。又自高曾以来，置有义庄，周恤戚党，诸事旁午，鲜有暇晷。涛兄弟以养以教，壹以委之先慈。先慈于涛兄弟，爱护周至，而起居动止，肃然一准以法：衣服有制，饮食有节，作息有定程。一钱之费，必使无妄耗。事能亲为者，必使亲为之，毋役僮仆。即不能，偶役仆僮，亦不得有疾言厉色。平居谕涛兄弟，必诏以志远大，毋囿流俗。以故亡弟成童外出，周历瀛海，去家万里，绝无怅惘可怜之色。迄回国以后，陟遐荒，探地质，缒幽凿险，劳勚不辞。而行旅不恃僮役，御下必以宽仁，公私费用，罔敢稍糜，盖早于幼稚时代之家庭教育植其基矣。

亡弟于襁褓中，即由先慈教之识字，五岁就傅，寓目成诵。阅四年，毕《五经》、《四子书》矣。尤喜读古今诗，琅琅上口。师奇其资性过人，试以联语属对曰："愿闻子志"，弟即应声曰："还读我书"，师大击节，叹为宿慧。其他如以"虎啸地生风"，对"鸠鸣天欲雨"，年才髫龀，而志趣不凡，固不独颖悟天成而已。

亡弟就傅后，于塾中课业外，常浏览古今小说，尤好读《三国演义》，独不喜关云长之为人，曰：彼刚愎匹夫耳，世顾相与神圣之何耶？"六七岁后，即阅《纲鉴易知录》，续读《四史》、《资治通鉴》诸书，旁及宋明诸儒语录学案，每毕一篇，辄系以短评。于古人，最推崇陆宣公、史督师。又得顾亭林《日知录》、黄梨洲《明夷待访录》、王船山《读通鉴论》，爱好之，早夜讽诵不辍，重其有种族观念也。时取士犹用八股文，塾师以此为教，亡弟亦学为之，偶一文成，师必称善，而弟顾以为是直优俳学语，不甚措意。于古文，始尝推许韩昌黎，既而病其思想之隘，弃去之，独乐诵大苏纵横论辩之文。年十一，作汉高祖明太祖优劣论，首尾数千言，汪洋纵恣，师为敛手，莫能易一字也。

弟在塾中，与同学顾子甸青最相得，顾年稍长于弟，然皆未及成童也。每课暇，两人者相与援引历朝军国重事，剖析利弊，商榷得失，或推论当代政治良窳，人才贤否。后顾学师范，年甫及壮而夭，弟为文哭之甚哀。

弟年十三，出就学院试，时盖戊戌政变后之翌年也。会攸水龙公璋，以通人宰邑政，兴黉舍，倡新学。闻弟有异材远志，语先严，挈弟入署，将面试之。弟食指适患疗，而以邑宰再四敦促，不得已，入谒，试以汉武帝通西南夷论，弟文多所阐发。龙大叹异，许为国器，即日纳为弟子，并力劝游学异国以成其志。而赴东留学之议，乃自此始。

弟之将赴东也，戚友多疑阻，先严不免为所动。缘泰兴为滨江偏邑，风气锢塞，远涉数百里，已非习见，遑论异国。又先一年，先慈甫谢世，故先严尤不愿弟远离膝下。然以弟游学之志甚坚，始从其请，而资斧不足，先严举债以成其行。既留东一年许，复偕李毅士、庄文亚赴英。计亡弟出国，前后九年，锐志深造于学术。然弟在欧每以费用不赀，重先严负担为忧，故有上江督端方乞补官费书，书中并论及国事，端优词致答，始饬本邑拨助公费数百金。

弟性孝友，幼侍先严先慈，顺意承指，动定无违节。与涛处，自解言笑，未尝有一语之忤。当其东游，涛意亦欲外出以自奋于学。弟谓涛："不有居者，谁侍庭帏？不有行者，谁图国事？家与国，尔我当分任之。"自后涛所以甘于蜷伏者，成弟志也。弟赴东以后，函禀先严暨与涛书，前后三百余通，肫恳而周至。而先严暨涛与弟书，亦各数百，此可宝贵之来往手札，先严之训诲，昆季之至情，家庭社会国家之状况，乃至异域之政治制度风土人情，毕具于是。曾由涛裒集成帙，归于弟所，某年竟遗失于天津旅次，迄今思之，可胜惋惜。

凡兹琐琐，皆亡弟早年言行，为涛所能记忆及之者。外此则以涛健忘，不复能缕纪矣。然弟出国以后，以至近年，尚有一二足纪，而为外人所未及周知者，附记于后。

弟某年自东返，书赠族叔祖绣村一诗云："男儿壮志出乡关，学业不成誓不还。埋骨何须桑梓地，人间到处有青山。"诗本日西乡隆盛句。盖亡弟遗嘱所云："死何地葬何地"者，其志早定于三十年之前。

弟自英学成归国，适辛亥革命，邑中警报频传，不逞之徒，乘机煽乱，萑苻遍地，四境驿骚。弟抵里，倡编地方保卫团，经费不给，则典鬻以济之。又手定条教，早夜躬亲训练，以备不虞。卒之市民安堵，风鹤不惊。盖弟非第以学术见，而治事尤富干略，于此已小试其端矣。

有杨金者，尝从美人某，得钻矿术。美人回国，杨落魄，不能自存活。或怂恿之，使至北平，谒亡弟于地质调查所。弟叩以钻矿术，知有所长，为介绍于某矿场。不数年，颇有余资，杨乃走北平，以二千金献弟，曰："微公，某不能有今日，敢以此为报。"弟却之，杨固以请，弟方为地质调查所募款筹设图书馆，乃请杨以一千金捐为建筑之资。又数年，杨已致富，不从事钻矿矣，方营面粉厂于徐州。某年，弟在大连，一日，得函，署名杨树诚，启封，则五千金汇票也。且附以书，曰："公于某，不啻生死骨肉。今某已富，则公弃官后多债负。某不报公，无以为人。公如见却，是以某为不义矣。"弟始知树诚即金也，鉴其悃忱，勉受之。弟生平俸给所人，以供衣食所需，及弟侄辈学费，耗去无遗，今身后所有之余资，仅杨所酬赠者耳。

弟之立身处世，在实事求是，公而忘私。自回国任事以来，或以弟未尝援引乡人有所不慊。然弟之用心，在为事择人，不为人求事。苟其人学有专长，汲引惟恐或后，不论其为乡人否也。苟非其人，虽至亲密，亦不敢以私害公。亲友书至，或干以私，辄婉辞谢绝；所求者果以正，则必应其请。秦兴出产，以酒为大宗，数十万人生命系焉。民国十五年，无锡税所与泰邑酒商为难，扣留酒船百数十，弟得商人请，立为援手，得不增税。戚属何君簧庵，故总角交也，然已十年不通音问。国民军北伐时，其族人某，以国民党员，在南京运动起事，为当局所捕，将置之重刑。簧庵致弟书求营救，弟立电当局释之。

自弟奔走中外，涛终岁常不获一见，见则骨肉至情，溢露意表，谓此天下之至欢也。去夏，涛卧病几殆，弟函电嘱涛子妇，每日必以病状告。迨涛病起，十月至京，相见握手，快慰逾往昔。弟夜寝故有定时，而此次絮絮语平生，恒过午夜，别时恋恋不忍舍，殆若最后之永诀然。弟在衡罹病，涛以阻于乡僻，不获往视。旋得七弟书，谓病有起色。迨十二月二十三日，五弟来电，谓："江病可无碍，但须长期休养。"并嘱涛赴京。涛得电，冒雪立行，拟由京转湘。而弟辈自湘电告，复嘱勿往，涛又以在途患疾，留滞都中。呜呼！孰意涛颠顿途次之时，正弟在湘奄化之日乎？家人戚友，虑涛猝闻惊痛，不以实告。弟既逝之二日，翁咏霓、秦景阳二先生来晤涛，犹隐约其词，不忍使涛知也。呜呼痛哉！

（载 1936 年 2 月 16 日《独立评论》第 188 号）

我的二哥文江

丁文治

　　生命真是一个谜,过去五星期正和梦一样,民国廿五年一月五日下午五时四十分在长沙湘雅医院三楼病房里作最后一次呼吸的是我的二哥文江,我虽亲眼看见也总不能相信。上月十日我在南京听到他在衡阳中煤毒的消息,十一日下午八时就去到他身边,直到他死我是在他身旁看护的。他初期清醒后和我的谈天,昏迷时的呓语,疼痛时的呻吟,病状演变的情形,历历如在目前,容在脑海苦忆,何如写在纸上清楚?

　　他究竟是什么病死的? 协和、湘雅两医院全有见解,尸体解剖的结果,湘雅方面将来也有报告,现在不必说。我们所知道的,他这次往湖南去的最大原因是两个煤矿的诱惑和他个人旅行兴趣的浓厚。到了湖南,十二月六日徒步登三千呎高的南岳衡山,下山后的次日又下一个深四百呎坡度四十五度的矿井。夜间必须好睡,不能好睡时则吃安眠药,这原是他的做工方法之一。他的鼻子没有嗅觉,他缺少用壁炉的经验,因此在过于疲乏之后鼾睡之下中了煤毒。衡阳方面如果有像长沙方面的医药设备和人才,不至于行人工呼吸将筋骨折断,长沙方面如果有更好的设备和人才,许多潜伏的病或至于查不出来,这是中国内地医药困难和一般医士程度的整个问题。我绝没有攻击此次的医生和医院的意思;反之,我对于他们的帮助十分感谢,这次他们每人用尽了能力和思考力。

　　我不仅感谢医生的尽力,更感谢他许多朋友这次对他的帮助。南京的朋友们接到他中煤毒昏迷的消息后,曾设法将戚寿南医生于一天内从南京送到衡阳。长沙、衡阳全没有救护车,凌鸿勋先生特地将运货车装上窗户,将衡阳的街道测量选择,使得这大汽车可以从医院后门一直开到公路上。三次向协和医院请医生全是胡适之先生代我们接洽的。湘雅方面没有可以随身带的爱克司光器具，徐宽甫先生从南京中央医院借到坐飞机带去。傅斯年先生到长沙探视他的病，因为看到他病势加重，傅先生索性搬入医院内和我们共住了一星期，劝他吃饭，参加医生的诊断，帮助家属决定重大的事，傅先生有时夜间睡不着，五时许就起床到病房内查看夜间四时的体温和脉搏记录，这是多么深切的友谊！朱经农先生是这次帮助我们最多的一位。生前陪同游衡山的是朱先生，请长沙湘雅医院医生往衡阳去救急的是朱先生（朱先生常说那天的情形，请到了医生找不到汽车，借到汽车还要另找汽车夫），现在答应代在长沙物色葬地的也是朱先生。他的朋友们事前的帮忙是如此，事后所表的同情尤给我们很大的安慰。我们常将各方的问病电和吊唁电读给终日哀泣的嫂嫂听，使她也得到安慰。

关于他的为人和学术上的成就，将来或有人作忠实的评论。但若就我知道最清楚的他对家族关系说，他的行为信念确是尽善尽美。他从廿六岁自英归国后开始，在上海教书得到收入，立即担负赡养父亲和教育兄弟的责任。从廿六岁至四十八岁的廿二年中，他先后担负：（一）对母舅每年五百元的赡养，（二）对一位贫困兄弟每年三百元的津贴，（三）对四个小兄弟和一个侄儿的小学、中学、大学的教育费用和留学费用，（四）家庭中任何人意外遭遇的支出。所以全家的重心在他身上，全家的经济的压力也在他身上。有一时期每年多至三千元，当时他没有丝毫资本的收入，全靠劳心劳力得到的报酬，因此他不得不离开地质调查所去创办热河的北票煤矿。现在想起来，我们家族对他全是罪人，我们这个家是一个拖累可以有为的人下水的家，他没有因此受重累，只因为他的能力强大。

我过去所受的教育，家庭教育多于学校教育，而家庭教育完全是他给我的。他常劝他的朋友们如何教育他们的子女，他要他们能感动子女（他常说 you must win them over）。对于我们的身体发育，心理卫生，个性发展，责任心的培养，判断是非的能力，刻苦的志趣，智识的灌输，道德观念的标准，他没有一方面注意不到或注意到而不懂怎么做的。他不愿意我们的人格发展受他自己已成的人格的限制，所以他时常将他自己的短处说给我们听，同时他所见到的真理也不肯不告知我们，示我们以捷径，因此他和我们谈做人和做学问的任何信念时，他是很有分寸的。他的信念就他对于我们的关系说可以分为三种：一种是要我们切实相信的，在思想方面为智识界已成立的许多定律和事实，在做人方面为勤、俭、勇敢、同情心、愉快、好美诸种品性。一种是要我们绝对不相信或不要做的，如中医、迷信、投机、借用免票、取用公家信纸等全是具体的例子。一种是由我们自由判断采择的，如政治思想、经济组织、宗教信仰、文学作品的好恶、家族观念的有无、婚姻的条件、主修学门的选择、国家观念种族观念的强弱。

在现在这国家社会国际环境之下，一位兄长的死亡，我实不应当感觉如此深的痛苦如现在我所感觉到的。然而他对我的惠益是一种长兄、严父、慈母、保姆、小学教员、中学教师、大学教授、社会上我所信仰所注意的一位学者所总和起来的惠益。他的死亡等于上述诸人同时死亡，这是世间上一人与另一人的关系上极少有的事。我不是妄希望他永不死，不过从他病中所表现的抵抗力和平时生活之有规律和卫生澈底看，他活四十九岁就死去，损失的不仅是他的身体、形态、声音、风趣，还有他四十九年来学就的能力，成熟的经验，和将来可能的更多的成绩。

廿五年一月十四日

（载 1936 年 2 月 16 日《独立评论》第 188 号）

做教师的丁文江先生

高振西

　　丁文江先生的生平事业，是十分广博的。他教书的时间，比较不久，似乎是无关轻重。但是他确是一个极端优秀的"教师"人才，配作教师先生们的模范的！直接受过他的课的学生，同与他在一块儿教书的同事，没有人不承认这种事实的。他最初回国的时候，一度在上海南洋中学教书，大概不久就另有他事。民国三四年间，地质调查所设立一地质研究班，他在那里也担任相当课程。但是他正式的教书，只有民国二十年到二十三年这个时间了。他在这四年当中，专任北京大学地质系的教授。我们曾得到直接受教的机会，而且相处有四年之久。我们真正的觉得，丁先生不只有作教师的资格，而且能全部的尽了他做教师的责任。

　　学校里的课程，是循序渐进的。时间的分配，是根据课目的分量的。所以教书，是需要相当的时间，逐步推进。民国二十年以前，丁先生有时候住在北平，北大的当局与学生曾经多次请他到北大任课，都被他因为"没有充分的时间"拒绝了。大概是民国十六七年间的时候吧，他在北平闲住，北大又作教书的请求，并拟定了一个课目"中国西南地质"，请他担任。但是他大发脾气的说："什么西南地质、西北地质的一大套。地质是整个的，纵然各地稍有不同，也没有另外专课的必要。要是这样的开设起来，你们的学生有多少时间才够分配？我根本不赞成这种办法，我是不能去教的！"那个时候，他正在失业，生活有相当的艰窘，他竟然坚决的辞谢了聘任。他顾不到或认为不合理的事情，他是怎么样都不肯去作的！

　　他在北大教的是地质学，是他自己认为他能教的，所以才"惠然肯来"。他不教则已，他既教了，他是用尽了他所有的力量去教的。教材部分，决不肯按照某种或某某数种教科书上所有的即算了事。他要搜集普通的，专门的，不论中外古今，凡有关系之材料，均参考周到，然后再斟酌取舍。所以他上课的时候，拿的不是巨册大书，而是零星的单篇。他尝说："不常教书的人，教起书来真苦，讲一点钟，要预备三点钟，有时还不够！"此外他对于标本、挂图等类，都全力罗致。除自己采集、绘制外，还要请托中外朋友帮忙，务求美备。当时地质调查所的同事们曾有这样的笑话："丁先生到北大教书，我们许多人连礼拜天都不得休息了。我们的标本也教丁先生弄破产了。"足证他教书的"郑重不苟"！

丁先生是很会讲话的，他能利用掌故小说，以及戏曲歌谣一类的故事，加以科学解释，有许多科学的理论是很干燥乏味的，听讲的人不只不容易发生兴味，且曾被引入睡乡的。勉强记着了，印象不深，不久就会忘掉的。丁先生最能用极通俗的故事，滑稽的语调，渐渐引人入胜。地质学所讲，无非是死石枯骨不顺的名词同干燥的数目字，但是听丁先生讲书的，向来没有觉着干枯，个个都是精神奕奕的。

有一次讲到河流泛滥的时候，还没有讲，先问学生："你们都听过打花鼓那段戏的吧？'说凤阳，道凤阳，凤阳真是个好地方，自从出了朱皇帝，十年到有九年荒！'"惹得满堂大笑。才继续的讲道：凤阳本是最富庶的地方，洪武初年，黄河改道，将改未改的时候，河水每每泛滥，演出水灾，所以十年到有九年荒。……凡听过这次讲演的人，决不会忘了洪武初年黄河改道的事实，且能联想到改道的原因同泛滥的原理。讲到基性火成岩的风化情形，他拿一块标本，说你们看像一个马蹄印子不像？这俗话叫作"马蹄石"，说是穆桂英骑的桃花马踏成的，山西北部，到处都有。然后再予以科学的解释。地球上水泽平原同山地所占的面积的比例，用数目字表示出来，是何等难记！丁先生讲的是，我们江苏，有一句俗话："三山六水一分田"。这句俗话上的数字，确是恰与地球整个的数字相同的。这一句俗话而有这样的重要，学生听了决不会忘掉的。丁先生这种"巧于比拟"，"善于解释"的灵活教书法，不只靠广泛的知识，而是超众的天才。

学习地质科学，实地练习，比较学校讲书还要重要。丁先生最主张实地练习，常常带领学生出去，实习的地点同时间，都要经过详细的考虑同周密的计划然后才决定的。出去的时候，都要利用假期，决不轻易耽误应讲授的功课。假期本是可以休息的日子，他不但不休息，还带领学生作那比平常更苦的旅行工作。凡预定实习的地方，他一定预先自己十分明白，才肯带学生去的。若果预定的地方，他不十分熟悉，他不要事先去一趟，至少也要派一个助教先去一趟，然后才带学生去到那里。旅行的时候，所有吃饭住宿登山休息等，一概与学生完全一致，不稍求优美。不论长期或短期，所有地质旅行应用一切之物件，均必携带齐备，服装必须合适。我们有时候以为一天的短期旅行，可以对付过去，不须大整行装。丁先生则说固然有些地方可以对付，但是不足为法！带领学生，必须一切均照规矩，以身作则。不如此，学生不能有澈底的训练，且有亏我们的职责的！这是丁先生教书的方针。

丁先生平常是十分和蔼的，但是正在工作的时候，不论讲书或实习，要是有学生有意的或无意的发生轨外行动足以妨碍工作的进行时，他是毫不客气的要予以纠正或责备的。如果因一时的冲动同他发生口角或冒犯，过去既成过去，他决不会记恨，对你是一样的诚恳坦白的。他对待他的助教同他的学生，都是一样的功赏过罚，宽严相济的。尤能观察每个人的长短，予以合当的利用。"不以人害事，不以事害人"，一切都是用客观评判，坦白的处置。这是丁先生对于他的学生的态度。

这样的教师，丁文江先生，给予学生们的好处不只学问上知识同治学训练。他那活泼的精神，任事的英勇，训练的澈底，待人的诚恳，同其他种种方面，无形之中感化到学生身上的，实在更为重要。青年学生，血气未定，在有形无形之中，模仿性最为显著。所以教育问题，不单是知识的灌输，且须注意于人格的陶冶。因而"教师"的资格，不单是及格的学识，且仍须有足为大众表率的道德，最好还能有充分尽他教师责任的技能与热诚。丁先生确是有这种教师的资格，并且能充分的尽了他作教师的责任！

丁先生的死去，中国青年失掉了一个伟大的师表！教师们失掉了一个最好的模范！

二月九日夜

（载 1936 年 2 月 16 日《独立评论》第 188 号）

《纪念丁文江先生》专号编辑后记

胡　适

　　△丁文江先生是《独立评论》的创办人之一。最初我们一班朋友在"九一八"事变之后，时时聚餐，谈论国家问题，后来有人发起办一个刊物。在君和我都有过创办《努力周报》的经验，知道这件事不是容易的，所以都不很热心。后来因为一些朋友的热心主张，我们也赞成了。在君提议，先由各人捐出每月固定收入的百分之五，先积三个月的捐款，然后开办。恰巧我因割盲肠炎在医院住了四十四天，《独立》的开办因此展缓了两个月，我们差不多积了五个月的捐款，才出版第一期。最初一年半，《独立》的经费全靠我们十来个人的月捐维持，这都是在君的计画。(《努力周报》是他发起的，也是他倡议每月抽百分之五的捐款。)《独立》出版之后，在君撰文最勤，原来的社员之中，我因编辑最久，故作文最多，其次就是在君的文字最多了。他的《漫游散记》和《苏俄旅行记》两个长篇都是《独立》里最有永久价值的文字。就是在他最忙的时候，我的一封告急信去，他总会腾出工夫写文字寄来。他每每自夸是我的最出力的投稿者！万不料现在竟轮到我来编辑他的纪念专号！

　　△这一期的编辑体例是这样的：纪念的文字，依照内容的性质，分为五类。第一类是通论在君生平的。第二类是专论他在科学上的贡献的。第三类是注重他在中央研究院的工作的。第四类是有关传记的材料：两篇记他最后在湖南的情形，两篇是他的老兄和七弟的叙述，一篇是他的一个学生的记叙。第五类是他的著作目录。

　　△各位朋友纪念在君的文字，都是出于哀悼的至诚，不用编辑人一一道谢。其中如吴定良先生在客中特别赶成纪念文；如高振西先生(北大地质系助教)既替我们翻译葛利普先生的文章，又因我的嘱托，在短时期中

赶成一篇纪念文；如张其昀先生在短时期中编成在君的著作系年目录：这都是我应该特别致谢的。

△在君的著作目录，此时仓卒编成，恐怕遗漏的还不少。我自己知道的，如他在《努力周报》上用笔名宗淹发表的文字，如他的《中国军事近纪》等，都已托章希吕先生（也是在君在南洋中学教书时的学生）补入张其昀先生的原稿了。他的《大公报·星期论文》，恐怕不曾全收。他有一年曾替天津《庸报》每周写几篇社论，现在都无法收入，将来当请董显光先生设法编目补入。

△在君的一些朋友在南京发起募集"丁在君先生纪念基金"，办法大意是拟将此基金捐给中国地质学会，由地质学会理事推举委员五人组织保管委员会保管。此项基金应长久保存，所得利息，拟以一部分作为补助丁夫人之用费，其余全数作为纪念奖金，对于地质工作有特别贡献者，每年发给一次。现已由地质学会理事会推出翁文灏先生等五人为保管委员。各地朋友愿意捐助之款，请直接寄给南京珠江路地质调查所翁咏霓先生收。

（载 1936 年 2 月 16 日《独立评论》第 188 号）

丁在君一个人物的几片光影

傅斯年

昨天夜间一气写成一篇《我所认识的丁文江先生》，写时感情动荡，直写到上午三时才勉强结束，以致要说没有说完三分之一。今晚再把我所记得的和我所推想的在君一个人物中的几面，无次序的写下。

（一）在君的逻辑

在君的逻辑，无论在从事学问，或从事事务时，都有一个原则常在明显着，即"权衡轻重"是。有一晚，我们闲谈到我们所读通论科学方法的书，我便把我所好的举了些，并我的意见。在君很高兴，说："这里边至少有三分之二是我们共同读过的。"当时我说我所最常读的是 Henri Poincaré, Ernst Mach, Karl Pearson, Bertrand Russell, 此外如 Max Planck, A, Eddington, J. H. Jeans, 每出通论之书必买来一读，故既非甚爱美国之 Rragmatism, 尤绝不敢谈德国哲学（自然如 Avenarius, Vaihinger 等除外）。而统计的观点，尤可节约我的文人习气，少排荡于两极端。在君听到大乐，他说："赖有此耳！不然，你这个 Bundle of Contradictions 更不得了。（按这个名词是多年前我的好朋友俞大维送我的。在君与他不谋而合的惯以此词诮我，我也有点承认，也还要自辩着说："矛盾可以相成，此是辩证法，也正是中国古所谓'成均'（Harmony）也。"说完一笑。）我（在君）当年所看也正是这一类的英国书，这一类的大陆上思想家，虽然我对于 Mach 读得不多，而 Poincar 也是我熟读的。这一派的科学思想，真是科学思想，不是学究作论。至于统计的观点，助人权衡轻重之效力最大。于读英文书之外加以能读德、法文书，心智上受益实大。"我在外国语言的基础上，对在君十不当一,所幸走的道路大致不错耳。

在浅人,统计的观点使人思想中庸,见识平凡,仿佛统计观点专是论平均数的。这是极错误的。诚然,有些人在一般思想上受肤浅的统计学之害。但是我们要知道,统计只是要把各样平均数之且然的(Probability)意义分解出来,决不是依赖平均数为大义。拿些现在中国通行的统计学书读,或者不免觉得统计是以平均数为基础,这样子连笔算数学上的百分法的意义还不曾透澈明白呢!其实统计不是靠平均数,而平均数转是基于一科算学,——且然论。且然观念,在近代物理学尤表显威力,几将决定论(若干哲学家误名之曰因果律)取而代之。这个观念,在一般思想上有极重要的施用,众体事实赖此观点寻求其逻辑根据,个体事实对于他的众体赖此观点决定其价值。所以这个观点不错的施用着,是助人分解事实的,不是助人囫囵吞的;是助人权衡轻重的,不是助人放任着多数专制的。在君论学论事论人之权衡轻重,固与此义相合,他的透辟分解,论人论事都分别方面去看,或者不免无形的受这类思想的感化。

我也受过两三年实验室中的训练。因为这个训练已在我的少年之后,终不能直接生效。现在想起我当年的一阵"科学迷",不过等于一番脑筋锻炼,思想洗涤,然而这个作用已是很有益的。在君幸而早岁致力于自然科学,不特学术的贡献我将来不敢比拟,即思想之坚实一贯也是使我羡慕不已自惭不如的。在君所在的英国本是达尔文论治世,他所习又是进化论的科学——生物与地质。达尔文论盛极一时之时,Chesterton 名之曰"一个含糊的战胜"(A vague Triumph)。此人虽是不负责任者,此名词却是不错。在君受此一线思想之菁华,而毫无此一派通论者之"含糊",他真是中国的赫胥黎。他以近代论为思想之基础而多面的发展,看来像是一个科学的基侯特爵士(Don Quixote)实在是逼似高尔教(Sir Francis Galton)。他由进化论出发,弄出些个杂趣杂学杂见识,又很近于威尔士。他也能写那一部伟大理想的通史,只是他不能写小说罢了。

(二)在君的几片风趣

在君的一般行事和他通常的谈话法,很使和他不熟的人觉得他是一个无多风趣的人，英国话所谓 matter-off-act 的人，dry-as-sawdust 的人。和他很相熟，高谈闲玩的人，要知道事实并不如此。他谈论时如火把一般，在亲熟的环境中，玩得高兴了如顽童一样，流露很多的趣语，不少的出了趣事。他仿佛像是一个"抹杀一切艺术论"的人，其实他对于艺术也有和他的哲学一贯的理论，即是，要有意义要进步。那些因帝王赐顾而成的奢侈生活中的艳品，如故宫博物院中所藏多数艺术品，他决不觉得可好，不过，这些物件既然代表物质文化的进步，自有历史的价值，自当保存着。他论画不大重视山水画，我说："这里边有诗意。"他说："画鬼也有诗意。"记得一天，我同他由西城到东城，各坐人力车上。车过金鳌玉蝀桥，北望北海，正是中夏荷花盛开，绿岛照在碧海上，又是太阳要落下的时候，真美丽的很。我在车上叫："丁大哥，你向北看，好看不？"他转头一看说："是好看。"我就大笑了："丁大哥，你也知道好看，你的字典中也有好看一个名词！"过后把这一段话告朋友，朋友颇觉得酷能形容在君的一面。其实，奢侈的好看固是在君所痛恶，静止的好看也每是在君所不见，而有意义的能表示动作之艺术，无论是文字的或有形的，在君也欣悦的。

偶与在君谈中国诗，他极不欢喜选学派的诗，这是必然的。他欢喜杜诗，这也是想像得到的。他很欢喜苏诗，能成诵的很不少。我听到他爱苏诗的话，恰中我的意思，我说："苏诗真是气象万千，没有人像他这样多方面。"他说："唯其如此，专就一格论诗是不当的。"他对于文词既不喜那些小品风趣，也不爱排架子的古文。他很不佩服韩退之，说韩文"蛮不讲理"；他很崇拜柳子厚。

他在英国学会了 Recitation，一次在北大聚乐会中手舞足蹈的把杜诗《兵车行》照样一办，大家大乐。

在君吩咐一个英国出版者，凡威尔斯（H. G. Wells）、罗素（Bertrand Russell）、金斯（J. M. Keynes）的书，一出来，即寄来。他爱这三人全不是偶然的。我问他觉得 Bernard Shaw 怎样，他说："他是一个极不负责任的、态度活脱的爱尔兰人。"我又问他 John Galsworthy，他说："专门描写英国中等阶级之最上层，没有大意思。"当罗素（Bertrand Russell）来中国时，他做了总招待。大家只知此君可佩，人云亦云，然而知道此君是怎么一个来头的有谁呢？众人正在欢迎这位"民众圣人"时，他对罗素说："罗素先生，你乃真正的是英国贵族产生的清品。"我想罗素自己恐怕要是最同情这个批评的。罗素后来对英国人说，"丁文江是我所见中国人中最有才最有能力的人。"（陈通伯告我）

（三）在君与政治

在君的一生，最为一般有革命性或冒充有革命性所最不了解或责备的事，就是他之就任淞沪总办。在君常把这件事的动机及下台情景告我，告我时总有些自解的样子（Apologetically），大约因为他听到适之先生说我要"杀"他罢！他认为改良中国的政治（他的政治大体上是行政）决不能等到所谓时机成熟，有机会不可失机会。他之参加孙传芳团体是个三人团，陈陶遗、陈仪，和他。他们三人想借机试验一回。然而一到里边去，知道事实不如此简单，孙要做的事，大者并不与他们商量。孙在军人中，很有才，很爱名誉，很想把事情办好，只是有一个根本的缺陷，就是近代知识太缺乏了。注意，这句话是在君惯用来批评一切中国历年来当政的军人的，在他以为这些人中很多有才的人，有天生的才，只因为他们的知识不够，故不能成大事。迨孙传芳与党军可和可战的时候到了，孙不与他们商量，先决定了态度。迨武穴紧张的时候，在君（与陈陶遗君?）觉得非与孙澈底一谈不可了，跑去陈说一番。孙正在鸦片铺上，说："我本来也这样想过，不过请你们看这一个电报。"这个电报是孙的在武穴的前敌指挥打来的，电报的大意说：现在听说联帅（当时孙自号五省联军总司令）有与赤军（当时北方军阀称党军曰赤军）妥协的谣言，消息传来，军心不振。赤军皆南人，我辈皆北人，北人受制于南人，必无好日子过，且必为南人所弄。必不得已，只有北人大联合云云。孙传芳把这电报给他们看完便说道，我不能不向张家妥协，不然，我站不住。丁说，与二张妥协，政治上站不住。孙说，那就管不得许多了。这也许就是在君所指为缺少近代常识的表现罢。当时在君告我很详细，日子全有，可惜我不曾详细记下，因为当时没有准备着享受这个苦痛的权利，即写追忆他的文。至于这位主张不与"南方人"合作的前敌指挥，却最先"归正"，在党军旗帜下历历作中外大官，直到现在！

评论在君的这一番出处，我们要细想两件事。第一，在君参加孙传芳政治集团时是如何一番空气。孙氏固与其他"战豪"同为北洋军阀遗孽，然孙氏神速的驱逐张宗昌部队出上海，驱逐杨宇霆出南京，在淮浦斩戮白俄的一着，顿引起一时清望。无间南北，不满北京政府者，皆以为"国贼曹操，非孙权也。"等他驻在南京，颇做了些沽名钓誉的事，当时一般清议，颇觉中国目前之急切办法，应该是以广州政府为本体，联合上北方（当时已赶到西北去了）之冯，长江之孙，以便先把二张解决，再把吴佩孚解决。记得那时候我在柏林，南口之战开始时，好些朋友（都是"南倾"的，至少说。）有一天聚在一块谈这事，大家都觉得开始应该如此做。有一位更说（这位不久回国，在北伐时大效气力）："这时候孙传芳若不出兵打二张，真正可惜，且是自误。若使二张稳固，中国事不可为矣。"这种论调颇代表当时甚多量之清议。孙做他的"联帅"时，也很试着和广州拉拢，这中间的文章多着呢，我在广州便听到许多。那时候国民党公葬孙先生于南京之工程开始，他还很敷衍着。直到夏超事件与赣西之战，他才不作壁上观。我说这些，并不是为孙传芳辩护，孙亦一无知军阀，然比之二张则差强。强不强，也不关我事。我只是说，在君是在孙氏清誉未扫地前加入他的政治集团的，不是在他向张作霖摇尾乞怜，渡江战龙潭时加入的。既已加入，意气上亦无一朝竟去之理。然而碰破鼻子救了他，孙北向后倒行逆施时，在君早已退开了。

第二点要细想的是，在君是注重行政的，不是玩钩心斗角的政治把戏的，所以在君自己以"治世之能巨"自喻，大家朋友也都知道：虽然他有处置政务的天才，他并不是"拨乱反正"之才。在必须拨乱不可的时候，固需要拨乱的人才，然而真能反正并且要把所反的正安定下去，是非有安分守己的"能臣"不可，非有才大志疏的贤士不可。用两个英国名词形容，在君是一个 Bureaucrat，并且是一个顶好的。而绝不是一个 Politician，他若做 Politician 的生涯必焦头烂额而后已。在君在淞沪任中，行政上的成绩是天下共见的：为沪市行政创设极好的规模，向外国人争回不少的权利。在君以前办上海官厅的固谈不到，以后也还没有一个市长能赶得上他一部分。即以此等成绩论，假使当时在君的上司是比孙传芳更不好的，在君仍足以自解，因为在君是借机会为国家办事的，本不是和孙传芳结党的。批评他的人，要先评评他所办的事。

次年党军再度北伐，日本人造成济南惨案；张作霖很知趣，有知难而退之势，而张宗昌大有寄生于日本炮火下之势。这时候，在君用北庭外交部的密电码打给孙传芳一个电报，劝他在内争中要以国家的立场为重，不要再跟着张宗昌胡干。此电为奉系查出，几乎给罗文斡惹大祸。在君也就从北京溜之大吉了。

所以在君的这一段文章正是在君的写照，很显出在君的性情，很显出在君的本领，很显出在君之有时"不识时代"，不知取巧，在君用不着自解（Apology），我更用不着替他解说。

在君自苏俄回来后，对于为人的事非常倦厌，颇有把教书也扔去，弄个三百元一月的津贴，闭户著上四五年书的意思。他这一阵精神反常，待我过些时再写一文说明。他这反常并未支持很久，便被蔡先生和大家把他拉到中央研究院去了。他到中央研究院服务只一年半，便遭不幸而去世了。他在中央研究院做总干事，久而愈显得他实在爱这个工作，所以虽有人拉他做官，比较上是不容易拉去的。

不过在君性情是好事的，他觉得为国家真正服务，就是把事情办好，是一件至上的德行。真正在国家对外打起仗来的时候，他一定为国家效力的，即令不到如此的场所，只要他觉得找他的人有诚意把要托他的一桩事办好，他自己又认为成功不是没有希望，或者他终不免为"知己之感"所驱，再做一回官？这是比较上且然性不大的，但是并非不可能的。果然如此，在君仍要到后来爽然自失，他要真的做成荀文若了，决不会做成刘歆。"论时则民方涂炭，计能则莫出魏武。"或曰可怜，我曰可佩。不过有一点我可断言，在君在同情的天性上是站在大众方面的，为大众而非由大众，所以决不至于佩服莫梭里尼、希特勒，也正同他决不成民众领袖一样。因为他不主张由大众，无端为人呼为独裁论者，因为他是真的为大众，所以使他真的同情苏联。他既是真的同情苏联，他决不会佩服大战后的反动恶魔了。

　　　　附注：尚有《丁文江与中央研究院》、《丁文江与苏联之试验》、《我在长沙所见》三文，分期在《独立评论》上发表。　作者。

（载 1936 年 2 月 23 日《独立评论》第 189 号）

丁在君先生治疗经过报告

杨济时

  丁在君先生于二十四年十二月初抵长沙，后即往湘南旅行。随从工役一名。七日参观湘潭、衡州间某煤矿，据丁先生事后自述，此矿系用旧法开采，入地颇深，入矿隧道有四十五斜度之阶梯。丁先生曾深入地下六百余尺之矿底，因地湿且空气不佳，未久留。复行出矿，及至地面，即觉呼吸急促，衣服尽为汗湿。

  八日至衡阳，住粤汉路株韶段路局宾馆。沐浴后晚餐。九时至寝室就寝。室甚小，装有壁炉，生煤火。丁先生入室后，即将窗门严闭，服珂达令安眠药一片，（丁先生苏醒后自述途次失眠，三日间每晚服一片。）即熄灯就寝。

  九日晨原定偕凌局长鸿勋赴耒阳。七时余，局中办事员及其他客人早餐，未见丁先生出户，即着从人察看（寝室未锁），经该从人十分钟之呼唤不醒，因疑有异，即请路局陈医师前来诊视。此为九日晨八时左右事。其时门窗已启，室中已无煤气，丁先生已不省人事，呼吸急迫，神志昏迷，面色紫红，脉搏已不易扣着。陈医师即为注射强心及呼吸刺激剂，并施行人工呼吸，历五小时后仍无进步。午后二时即送往衡阳之仁济医院，乃再行注射强心剂等药，仍未见苏醒。济时于是日晚九时抵该院诊视。丁先生颜色紫红，呼吸深而促，瞳孔反应甚微，口唇流血，并已置口腔扩张器，下门牙已去二，口腔破裂处颇多，脉搏一百三十余，血压一四〇——八五，肺底有少许水泡音，腹部肿胀，四肢痉挛，尤以右侧为甚，右踝呈阵挛反应。因疑煤气中毒外尚有其他变化，故用尿管放出约一千公撮之小便，试验结果无糖质，有少许蛋白质，及甚多之柱体，并有甚多之酸质。根据以上检查之结果，即行静脉注射葡萄糖液及胰岛素，去除口腔扩张

72

器，洗通大肠，于当晚十一时即见呼吸稍舒缓，惟仍未出昏迷状态。

十日晨眼球及瞳孔反应见灵敏，痉挛亦见进步，复再行注射葡萄糖液及胰岛素，再于肛门注射大量之水分。十日午后两目已自能转动，肺部仍呈水泡音，右底尤多，且时咳嗽。

十一日晨即能饮牛乳及水分，目已开张，呼之亦稍能应声，及作简单之动作，午后可作简单之应对。翁文灏、朱经农、丁文治、戚寿南诸先生于是日晚九时抵衡，丁先生已能一一认识。

济时于十二日离衡，暂由戚寿南（中央医院）、陈宜诚（粤汉路局）、包乐第（衡阳仁济医院美籍医师）诊视。

济时复于十四日赴衡。此次诊察，发现前胸左乳头外一寸余处肿起，约有一元银币大，扪之剧痛。水泡音仍存在。其余状况良好。即于是晚决定于十五日晨护送至长沙休养。

十五日十时半离衡，午后五时半抵湘雅医院。途中经过良好，无发热，惟时咳嗽。

十六日下午拍照肺部 X 光，发现左右两肺底有少许发炎变化，且左胸似容有少量之水液。丁先生病势日见起色，左肺无其他变化，惟肿起处仍作剧痛。

此后自十五至二十二经过甚为满意，能谈笑饮食。二十日曾要求嗣后每日下床行走，未允其请。

二十三日晨十一时傅斯年先生、丁文治先生均伴丁先生在侧，复要求暂为离床少坐椅上，此时因丁先生意颇坚决，难以阻止，由五六人维护下地，动作甚痛苦。半小时后，傅先生即观察丁先生神色剧变，十一时三刻复扶入床。以前脉搏约在八九十之间，呼吸正常。十二时脉搏已增至一百十数，呼吸二十数，体温三十九，神志仍清，惟甚疲困，谈话甚少。检查得左胸打诊甚浊，且有远离之气管音，即疑左胸有液体。午后行诊断刺穿，果发现淡红色脓液。是晚即延请湘雅外科主任顾仁医师诊视，复抽出约五百五十公撮之稀脓液。是晚体温呼吸即好转。

二十四日复行穿刺，惟得极少量之同样液体。脓胸之诊断既明，商诸傅斯年先生请协和外科医师来湘诊视。此后曾抽刺数次，无多量之液取出。左肺底似有肺炎。体温在三九、四十间。右臂痉挛更甚。不能言语。

大小便失禁。不能入眠，出汗较多，故每晚需用大量之安眠剂。

二十七日以后，时醒时睡，神志不甚清晰。左前胸肿痛处疑有作脓变化，故会商顾医师注意。

二十八日晨顾医师于五肋骨处开割，果发现第五肋骨已折，并取出一百五十公撮之浓脓。培养及染色检查结果，发现脓中有肺炎双球菌。开割口约二寸，置放出脓管。

二十九、三十两日体温复常。时协和医院外科主任娄克斯抵长，会诊之决定，再用 X 光照胸部。因该处心影所蔽，照片不能详明，以探针试胸部脓管，为后向上升，深有尺余。一月一日脊髓刺穿，脊水正常。

娄克斯医师于一月二日留以下之记载：

据两日以来之观察，大致情形为作脓发炎，加之一氧化炭并发毒之结果，肺部不免有发炎变化。惟因心影所蔽，不易诊察，除已发现之作脓处外，其他处恐尚有较小之同样病态。惟此类脓胞或不大，不能察觉也。综观病前衡阳旅行之种种疲劳，煤气中毒等等不幸之经过，个人意见以为脑中枢血管损坏足以解释。目下之情形，尤以步行上南岳山，入矿底，离床坐起，过度费力之动作为最严重。于衡阳中毒后二日之昏迷，右臂之痉挛，第二次（指离床）过度动作后发生失语，大小便无节制，强度之痉挛，脑部血管出血，或脑部脉管血栓形成，足以解释现在之诊状。肋骨截伤非主要症。目下胸腔作脓，可增剧脑部血管固有之损坏（瘀斑出血肿胀等）。此类病理变化，以煤气为主因。脊水正常与无视神经乳头水肿，不足证明脑部之作脓变化慎密之对症治疗。如以后再发觉作脓处，仍须外科开割放脓，为目前惟一之适当疗法。

娄克斯

自三十一日起，每日体温脉搏由正常度上增，服用毛地黄并不见效。血液乏色曼反应阴性，且无疟疾及回归热原虫。

三日晨，颈后弯，并作硬，右肢痉挛如前，心音微弱，血压一五五——〇五，小便检查无异状，白血球二〇、〇〇〇至三〇、〇〇〇。精神更见萎衰。

四日晨，呼吸更形急迫（三十八）。下午喉间作痰音，体温增至四十五，脉一百六十。即注射强心剂、呼吸氧气等治疗，渐见进步，体温下落至三十九度。午后九时间能入眠。

五日清晨，脉搏一百四十，体温三九度，呼吸五十。颜色青紫。脉渐增至一百七十已不易扣着。至十一时情形更恶，各种刺激注射剂均无效。于一月五日午后五时三十分逝世。

诊断：

一、一氧化炭中毒。

二、左胸第五肋骨骨折。

三、枝气管发炎。

四、左胸积脓（肺炎双球菌）。

五、心脏衰退。

六、脑中枢瘀斑出血。

长沙湘雅医院内科主任杨济时

（载 1936 年 2 月 23 日《独立评论》第 189 号）

丁文江先生考察湖南湘潭谭家山潭昭煤矿公司情形

钟伯谦

丁在君先生于去腊以要务来湘，经曹代主席籽谷、余厅长剑秋之邀请，至湘潭潭昭煤矿公司考察一切，并由建厅派地质调查所王君晓菁陪同前往。先生先往南岳，后折至湘潭茶园铺，由王君陪往谭家山各矿区巡视一周，考察地质及地形。至公司办公室约在午后一时。餐前，伯谦得与先生谈矿事颇详。据谓，本矿煤量之钜，地质之佳，皆不待言，亦诚如地质调查所所报告。惟运输距河二十八里，非修轻便铁道不可。又谓，铁道筑成后，运费一吨一角足矣。继谓，本矿煤层为一向斜层，但其底是否为一船底形，抑为交叉形，则有待乎钻探。后又问及工人及其他各种情形。午餐后，乃同往窿内视察。先生虽年近五十，而下窿尚能健步。至采矿处，乃命王君量煤层之厚度及其倾斜度。伯谦因询先生对于此矿意见。先生答：此为大煤田无疑。惟倾斜度不小，能否获利，则恃采矿法之选择，及经理之得法耳。先生因即日须至衡阳，故在窿内视察不久即出。方先生出窿时，伯谦因欲巡视其他采煤场，未陪同出。而先生起程时，诚恳致意，谦虚若此，不可多得。先生极朴素，来山时御黄色窿衣，穿厚钉鞋，饭不择肴。并言湘省地质未曾考察，前曾来湘，系省其师龙研仙先生。可见先生师生之情深。伯谦于潭昭各矿区考察数次，因求评断之正确，曾私询王君晓菁：丁先生所考察者是否与余等相吻合。王君谓并无歧异之点。伯谦私衷窃慰。现此矿以建厅与曹、胡二先生之维持，命伯谦主持工程，时虞倾败。方冀先生视察之后，得以登高一呼，事乃有济，不意竟在湘逝世！吾国地质界与采冶界顿失巨子，

76

惜哉惜哉！

二五、二、七。

教育厅长朱经农先生知伯谦同往考察此矿，嘱为录出，故濡笔记之。伯谦附志。

（载 1936 年 2 月 23 日《独立评论》第 189 号）

记丁在君先生讲演留声片

赵元任

二十四年五月七日晚上，在君先生在中央广播电台讲演，我因为常常在实验室里用铝片收灌广播讲演，作为语言的参考材料，这一次也把这讲演收灌下来了。第二天一早请在君先生来听，他还觉得是像他自己的声音。当时没有料到这灌下来的音的可贵，所以也没有费那事去用两个记音盘一个未完一个先开，借此可以得一个全整的记录。结果是因为翻面和换片的缘故，中间都漏了几句话。正文中方括弧【 】号里的字就是原来广播时有而现在这片子里没有的几句。最后一面上只说不多几句话就完了。后来也是因为当时没有想到这片子会这样宝贵化，竟把余下的空白胡乱作了零碎的试验用了。

在君先生死后，我们谈到各种纪念他的方式，因而想到无意中留下来的声音，如果能复制，岂不是好给大家朋友做一个绝好的纪念物？但是最后一面已经糟塌了。于是又想法把这面外圈的讲演都分转灌在一张新片子上，余下来的新空白就请了翁咏霓先生说了几句关于在君先生的生平的话，把这四面两片的材料送到上海百代公司复制出来，就成了现在的这两张片子。

丁在君讲演片预约通告

现在百代公司来信说，这两张片子约在四月十日可以制成。估计的价钱是每套国币六元三角；京、沪以外的各地加寄费七角。

在君先生的朋友们如愿得这一套"在君遗音片"，可以在四月十日以前通知上海白利南路中央研究院丁西林先生，或南京北极阁中央研究院历史语言研究所赵元任先生。

（载 1936 年 3 月 15 日《独立评论》第 192 号）

丁在君先生在湘工作情形的追述

刘基磐

丁在君先生在长沙逝世，到现在已有两个月了。本刊曾于二月十六日发行纪念在君先生的专号（第一八八号），其中有纪念他的文字十余篇，对于他一生为人，和所做的事业，并他得病的情形，都已写得很详细，似乎用不着我再说。但是在君先生这次来湖南的动机，以及到湘潭谭家山看矿的经过，我觉得纪念专号中尚有未提及的地方，所以现在加写这一段，聊作补充。

在君先生是去年十二月二日深夜到长沙的。下车后，即由朱经农先生同我陪往省府招待所暂住。他起初坚不肯去，说不应该受地方的招待，后经再三相劝，始允前去。到了招待所后，已是十二点钟，本应即时就寝，但是他因为急于要把自己所担任的事赶紧去办，所以留我们多坐一下，等到他的行李由火车站取来，把箱子打开找出一本《湖南主要煤矿一览》的草稿交给我。他说："这本草稿是请别人代我摘录下来的。因为离京的时候很仓卒，所以写的很潦草；现在打算请你派一个书记赶急的重抄一份，预备日内出发看矿就要用的。"我接了这本草稿然后辞出。四日晨九时，他来上黎家坡地质调查所。这时候，我同田季瑜、王晓青诸同事均已先到。他首先把这次来湖南的目的和日程分配，同我们商量一番；同时对于谭家山煤矿地质情形询问颇详。他说："谭家山煤矿是很有希望的，储量是丰富的；我们这次要注意的是确测煤系地层的构造，煤层的倾斜；因为根据以往的记载，此矿煤系地层成一向斜层，煤层的倾斜很大，施工困难；我们这次应该详细观察煤层的倾斜角度是否愈下愈小。如果愈小，这个向斜是有底的。不然，就会像无底的一般，而矿的价值随之减损。"我问他："谭家山的煤田固然是沿粤汉铁路唯一的重要煤矿，然而此种调查工作尽可要他人来做。我在南京的时候，也有许多朋友劝我不必亲自来湖南；不过我觉得此种任务关系很大，所以我要亲来，方能使将来一切计划易于实行，我说的话及我作的主张方可发生较大的力量。"他的治事负责，不畏劳苦的精神，于此可见。谈话中，对于湖南的矿产表示无限的希望。谈毕，我们遂引他参观本所的陈列馆、图书室、工作室等等，颇承他的称许。并约定本所的王技正晓青于一两日后陪他同往谭家山看矿。到了十一点半钟，因为别有约会，他遂告辞了。是日晚间，我忽接得在君先生由招待所发来一封信。信上说，他五日早晨就要到南岳去，准定六日下午或七日清早由南岳回到茶园铺车站；要我转告王晓青君，于六日下午五时以前到达茶园铺集合，顶备七日早一同去谭家山看矿等语。我当依照办理。六日下午王晓青君由长沙出发，该矿钟工程师伯谦同行。后来王君回来，据他所告：他们当日五点钟到茶园铺，在君先生则系五日去南岳，七日晨九点钟方才由南岳乘铁路局汽车到茶园铺。此地距离矿山大约十五里；有人主张雇轿前往，但是在君先生坚不肯从，决定步行。未及休息，即刻向谭家山行进。沿路所见的岩层，他必过细量测其倾角及走向。见乡间水田甚多，则谓湖南防旱工作堪称模范。到谭家山后，见山顶岩层近于直立，谓如此陡削的向斜层煤系，不知深至何处始相会合。先是沿途所见岩层，倾角亦大，在君先生对于本煤田的构造就怀疑虑。到谭家山后，他并不稍休息，即沿谭家山东侧田园，经萍塘曾家山冲，到东茅塘一带查询土窑情形。到东茅塘后，西折至牛形山昭潭公司，已是下午二时了。午餐后，下洞考察。矿洞倾角四十五度，斜深一百七十公尺；洞内温度甚高，着单衣而入，亦汗流浃背。然年事已高的在君先生竟不畏艰苦，直至洞底，亲测煤系倾角及厚度，始行出洞。事前王君劝请勿入，由他代为下洞勘测，亦不允许。在君先生出洞时，衣服已尽湿。由洞口到公事房，相距约百余公尺；洞外气候是极冷的。在君先生经过这百余公尺之旷野到公事房，坚不肯入浴；因为已是下午五时，还要赶回南岳歇宿的原故。如是将汗湿的衣服烤干，加上外衣，迳回茶园铺车站。铁路局汽车早已在站等候，他便于六时回南岳歇宿。翌日，他由南岳乘车直驶衡州，竟于当晚中了煤毒！以后的情形，上次专刊载得详细，故不再说。

在君先生考测谭家山煤田的结果，认为煤系倾角过大；他说，若想知道煤系陡插入地若干深度之后始行变平，须再从向斜层轴线上加以钻探。

在君先生这次来湘勘矿，一切工作，无不躬亲；时间上则力求迅速，可见他生平实事求是的精神，实非他人所能及。这也就是他在科学上及事业上成功的因素，很可为人楷模的。

当我们知道他遭此意外赶往衡阳后，已见他由气息微末转入良好状态中，同去的人为之大慰。后来迁至长沙湘雅医院，先几日还有进步，不意经过一星期后，病势忽转恶化，竟至不起！他致病的起因或系由于在谭家山出煤矿矿洞时，感冒风寒；及至衡阳宿于客舍，因恶寒而紧闭窗户；壁炉烟囱，又被大风所倒灌，煤气不能外出，以致中毒！

在君先生学识渊博，他在科学上的功绩，深为国际所共仰；其律己待人治事之精勤，更早为友朋所共知，用不着缕述。此次因公来湘，不幸竟为最后之一次，国人痛悼，自是极深；至在国家的损失，更无可补偿了！

二五、三、一，于长沙湖南地质研究所

（载 1936 年 3 月 22 日《独立评论》第 193 号）

谁送给丁文江先生五千元？

胡振兴

《独立评论》第一八八号纪念丁文江先生的专刊，载有翁、丁两先生叙写杨树诚君致送丁先生五千元一段纪录；我不认识丁文江先生，但是我约略知些关于赠送这五千元一点过去的事实。我以为金钱事细，仅仅致送钱财倒也不见得有什么可以赞扬，不过因为这五千元的关系，却显示出几个人极可敬佩的高尚风谊，所以似乎值得把他发表。

关于杨树诚君致送丁先生五千元一段事实，我是在丁先生捐馆后，阅《独立评论》纪念专刊以前，便已知道。据说丁先生自政治生活失意后，避居大连，有人对杨树诚君述及丁先生彼时经济困难的状况，于是杨树诚君慨示愿意接济五千元，维持丁先生暂时的生活费用。可是丁先生廉洁而不苟受的风度，大约凡是接近过他的人当然熟知的，预料送他的钱央他收纳，的确有些不甚容易；要办到"予非示惠""受不伤廉"的恰当程度，还得几费踌躇。杨树诚君本来不识字，他平生只能够很费力的写一个粗劣的杨字，所以先由刘季辰君致函给丁先生，说明杨君诚意，并且苦劝他权行借用，等待将来经济宽裕的机会，仍不妨如数偿还，同时复由刘君代杨拟成一函，措辞委婉曲折，预防遭遇丁先生的拒绝。

据闻这五千元的总额中有二千元是从前丁先生地质研究所的学生赵鉴衡君凑送的。这个原因，并不是杨树诚君不肯独任五千元的数目，因为赵君既和丁先生有师生关系，而平时又畏惮丁先生高洁，不敢马马虎虎随便馈致金钱，他获得这个机会，不让杨君独擅其美，所以坚决地要求由他搭赠二千元，名义上仍推杨君单独赠贻。据传述的告诉我这件事，不但丁先生生前不曾知道，便是至今知道的人还是很少。

至于杨树诚君的为人，眼前固不敢称他是一位怎样了不起的人物，但是据我们所知道的，确实也有些怪特之处。他自己在大庭广众之前，自陈从前讨过饭的，因为幼小的时候，父母亡故，困苦而至落魄，幸由美国教士留养，带到美国，习成工艺，所以他对于矿业打钻及机器技艺的确经验丰富，在某矿场打钻，曾经借重过丁先生，从打钻弄得两万元钱，在徐州经营小规模面粉厂，刻苦辛勤，由此起家，现在约略估计约有一百余万财产。

可是他对于工业上兴趣既浓，所抱的野心又大，所以把资财完全倾注在事业上面，私人并没有现钱的贮存，所以在某一季节或某一时期，他还时常感觉到资金运用不足，或许要被索债的人上门来。他在这两年运用他自己的经验的智力，在本厂造成了九架面粉机的磨子，连建筑机房，添置机件，耗费了数十万金。但是如果自造的机件有一个螺丝钉不合式，那么全功尽弃，前途也就可想而知。在开机那一天，他的面粉厂总理才捏了一把大汗对人说：你佬！现在放心了，好危险啊！只有我们"三爷"（杨君行三）才会这样蛮干到底。

临到别人失意的时候，雪中送炭，赒人以巨额的金钱，而没有目的和作用，已觉到不是寻常的事情，偏遇这位骨鲠而不苟受的丁先生，事实上已觉有些奇特，同时更有并不十分豪富的赵鉴衡君慨赠巨款，还要把姓名隐在幕后，连已殁的丁先生始终不知道有这么一回事，也可说奇之又奇了。

（载 1936 年 3 月 23 日《独立评论》第 193 号）

留学时代的丁在君

李毅士

在君病殁，举国悲伤。我们做朋友的念他生前为国尽瘁的勋劳，自应当于他死后使国人知道他的好处。在君自十八岁出洋赴英迄至二十五岁回国，和我差不多常在一起，他在这个时期的生活，除非他生前自有记载，我想恐怕没有第二个人知道得像我这样完全。况且这八年要算是在君一生中一个最要紧的时期，他的学业是在这个时候完成，他的性格也是在这个时候养成。我想，关于他的记载，倘若没有这时期生活的一段小史在内，决不能称为完全。我想念及此，虽然笔懒，总觉得我责任上应该在此地把他留英八年间过去约略叙述一下。

我幼时的生活是不甚有规则的，日记是懒得做，亲友给我的书信也没有想到保存，所以关于在君和我两人在英的生活，现在一点可以供稽考的笔记资料都没有。我以下所记都凭我脑中所留的印象写下来，虽然不会大错，但对于事的年月地名人名等等往往都说不出来了。

我初次会见在君是在光绪二十九年。他先我一两年到了日本，在东京和家兄祖虞及我许多旧友都往来相熟，所以我到日本不久便和他会面。他起初和我往来不密，因此我不能记载他在东京的生活。后来日俄战争发生，在东京的中国留学生颇受日本人的诽笑，有许多学生因受了刺激，便无心读书，在君那时也是其中之一人。又在那个时候吴稚晖先生方居留在苏格兰的蔼丁堡城中。他常有信给东京留学生，称苏格兰生活的便宜，劝人去留学。据他的计算：中国学生到那里留学，一年只要有五六百元的学费，便够敷衍。在君受了这种引诱，便动了到英国去留学的意思。我那时是和一个同乡学生庄文亚君同住，庄君也在这时候起意要到英国。他和在君一旦遇见，彼此一谈，志同道合，他们出洋的酝酿，即就此开始。在君搬到我们那里来同住了。他们时常商量出洋事，自然也冲动了我去英的念头。但是我的家况和他们的不同，我父亲是一文没有，家用都是我先长兄祖年所供给。我长兄那时是山东现任知县，虽还有钱，但是我兄弟很多，我不敢望他特别待遇我。我到日本是和亡弟祖植同去的，由我母亲特别向我长兄商量，才得成功。若我这时忽然又想出西洋，不但我长兄不见得肯，便是我的母亲也要觉得不好意思开口了。后来是在君出主意，由他先资助我路费，且同我去，到上船以后，再报告家中，商量以后的学费。家兄祖虞和亡弟祖植都是同在东京，当然都瞒不过的，均由在君代我向他们疏通。现在我回想到这件事，我是一方面十分感激在君肯为朋友仗义任劳，同时我也不肯抹杀我兄和我弟的慷慨，竟允许我和丁、庄二君同去。

我们三人既决定出洋以后，还继续住在神田区某下宿里，预备了大约有一两月的英语。在君的英语是一点根基都没有，比庄文亚和我都差，然而到我们出发的时候，一切买船票等交涉，都是他出头了，足见他求学的聪明，真可令人佩服。至于我们那时为什么不立即出洋，要在东京挨延呢？我已记不清原由了。大概是因为他们家款都还没有准备好，或者是因为我三人都手头拮据，没钱出发。

我们离开东京是光绪三十年，时间大概是春夏之交。我们那时所谓经济的准备，说来也甚可笑。在君的家中答应给他一千元左右，交他带去，至于以后的接济，他家虽允筹划，却毫无把握。文亚得他家中的资助不过四五百元，以后却再无法想了。至于我呢？那时正值我家把我和我弟祖植半年在东京的学费（三百元）寄到，我们就向家兄祖虞商量，先把此款尽数归我带去，总算起来，我们所谓准备好的经费，统共不过一千七八百元。依我们当时的计算，日本邮船价廉，三等的舱位每人不过一百数十元，倘加上治装和沿途开支三五百元，我们到英国时至少可以有好几百元余款。不料那时适因日俄战争，日本船不能乘。于是改乘德国船，每人船价是三百元左右。还有，我们沿途开销也不能如我们理想。我们自东京到横滨，再自横滨到上海，已差不多把我的三百元用完。我们在上海是须得耽搁一阵，因为丁、庄二君的家款都约定在上海交付，因此我们途中开销，又增加了一笔旅馆费。统计一切，到我们上船赴英的时候，我三人手中，只剩了十多个金镑。兹把经济之事抛开，且说我三人到达上海以后，文亚因为家在上海，回家去住了。在君是有他父亲和长兄到上海来送他，惟有我只得隐身客栈里，等他们把一切事务办了，三人一同上船。我们上船的日子，应该是我们的一个重要纪念日，不幸我把它忘了，真是惭愧。

我们于上船以后，除说我在香港寄信到家中报告我出国外，沿途本不应富有可记载之事，岂料在半途中，我们竟有一个最可纪念的奇遇。我们到英国去，虽然手中钱不多，却以为到彼遇见稚晖先生之后，终有法想，所以沿途仍是一样化钱游玩，并不着急。有一天在君听得人说，蔼丁堡距离伦敦甚远，每人火车费要若干镑。计我们当时手中所剩的款，已经是不敷买车票到蔼城去会见吴先生了。试想我们三人远在异国，语言不通，举目无亲，果真缺钱流落，就是讨饭也没有处讨，我们当时的焦急是可想而知。岂料我们竟有一个奇遇，解了我们的危险。和我们同船的有一个福建人方某。他虽然乘的头等舱，却爱和我们做伴。船抵新嘉坡，是他约我们上岸探访林文庆先生。林先生那时在新埠行医，和方君相识。我们承他的招待得饱餐了一顿。他在席间说起来康南海现住槟榔屿。槟榔屿是我们的船要经过的口岸，因此他给了我们南海的地址，嘱我们路过时往访。我们那时主义虽不倾向保皇，对南海还是崇拜的，会他一面岂不荣幸？因此船到槟埠，我们果然登门叩谒，南海出见我们后，问过姓名即发了一篇劝戒青年的宏论，说毕随即问及我们各人的情况。代表我们答他的是在君。在君的言语是很得体的，绝没有向他求助的口吻，然而究竟我们的情况奇苦，有许多地方在君也遮掩不住。南海闻听之下，很代我们焦虑，一方面应允我们于他到英时（他说不久要去）为我们筹永久办法，一方面由身边取出十个金镑奉赠，并有一函托我们带给他女婿罗昌君。

康南海的赠金既救济了我们途中的危险，岂知他所托我们转交的信，也是我们的一个重大救星。我们船抵英国，大约是七八月间，在南汉泼登口岸登陆，再乘船公司包定的火车到伦敦。同船的方君是第二次到英了。他是有友人到车站接他。我们由方君的朋友顺便招待，当晚得上了北行的火车。方君友人的招待也是我们途中一件极侥幸之事，因为我们如果没有他招待，势必须要沿途问讯和耽搁，又要花不少钱，甚至于到蔼车费仍归要不敷。我们到蔼以后，稚晖先生已代我们觅好了住所。我们这住所里的待遇，先打破了我们的迷梦，使我们知道我们当初的计划又要失败了。我们在日本时，大家相约于到英国后，要住居陋巷，凭面包白水过日子。今在这里有如此的华居肉食，恐怕经济上又要发生问题。待我们卸定行装，向稚晖先生诉述我们的情况并报告我们的志愿后，我们方知道我们以前的计划果然是梦想。据稚晖先生之见，在蔼城过我们预计的那种生活是不可能的，因为本城中国人少，城中人都注意我们。如果我们在此过那寒酸的生活，是要为中国人丢脸的。倘我们愿意，他可以和我们同到苏格兰的葛兰斯哥(Glasgow)或英伦的利物浦(Liverpool)去住，那两处常有中国水手往来，那地方的人对于中国人的寒酸气是司空见惯了，所以我们在那里不要紧。我们对稚晖先生所说，虽没有什么不同意，然而我们钱囊已竟又是空了，即使要搬走，也不是一朝一夕能做到。若要说借贷，稚晖先生也穷得很，无钱可借，那末我们目前的几日将如何度过？幸而我们到蔼的第二天，即把罗昌君的信转寄给他，岂料他于我们千愁百虑的时期中，给我们一封回信，附了二十镑的汇款。我们受南海先生之赐实在不浅。后来康南海到英，在君重又会见了他。至于所赠三十镑，我听在君说，于南海先生逝世以前，曾偿了他一千元以示不忘旧德之意。

罗昌君的二十镑支持了我们不少日子。后来我家款也寄到了，家信里也答应了我要求的学费，我们的经济问题算告了一个小段落。至于到葛城或利城去的问题，经大家商议结果是稚晖先生和文亚两人同到利物浦去，在君和我仍留蔼城。文亚所以要离开我们，大概是因为他家无钱，不愿常为我们之累。在君和我们所以不去，是恐怕那里生活不宜读书。若不读书则不免失去了我们到英国来的目的。

我上面所述似乎是记载我们三人出洋的经过，不像纪念在君的文字。但是读者要知道我三人之中，在君实在是领袖，我们一切的计划、言论、行动，大半是他出主意。我们如此的冒险出洋究竟对不对，功过可说都是在君的。所以我把这一段的故事详细的记载了。至于我对这件事的评论，以为在君那时虽免不了幼年的卤莽，他一切行动，皆因受爱国心冲动而出。在君那时的爱国心很切，那是无疑的。他在日俄战争之时无心读书；他在由横滨到上海的船上，遇见一个菲律宾革命党，虽语言不甚相通而竟和他十分同情，几成莫逆。他对于救国方法，那时并无具体计划，但是他觉得学问非常要紧，要救国必先要求学。他冒险出洋，也是受了这个见解的驱使。我常想天下的冒险事，不计成功失败，只要有正当目的的即是勇敢，若是任性胡行的则是糊涂；那末我们冒险到英，不能不算是在君一件勇敢之事。

稚晖先生和文亚去后，在君和我留在蔼城，从一个苏格兰女子孔马克（Cormack）夫人学习英语。（孔夫人后随其夫孔大夫于民国初年在北京行医。）如是未久，因一个曾在中国传道的司密士（Smith）医士的介绍，到英伦林肯府（Lincolnshire）一个小城名司巴尔丁（Spalding）的，入了那里的中学。我们到那里去的理由，大半是省钱，也因为司医生家在那里，我们顺便得许多招呼。那时中国学校不像现在这样功课完备，留学生到外国时常常一点普通知识没有。在君到英国时，除国学和英语外，一点都不知道，所以我们到中学去读书，算不得屈就。我们到那学校后，颇受校长土意持（Tweed）的青眼，虽然骤然间我们须同时学许多门新功课（如拉丁文、法文、数学、史地、理化等等），居然于第一学期终了时都还得了奖。这学校里还有一个教员格灵胡（Greenwood），对在君分外器重，后来在君学业的猛进，很得他教导之功。我们在司巴尔丁约有两周年，在君考取了剑桥大学的入学试验，我是蒙教员司拜塞（Spicer）的介绍，入了约克府（Yorkshire）董克司多（Doncaster）城内的美术学校。

我们在司巴尔丁两年的生活里值得记载的是，除在君对功课的努力外（假若读者要知道剑桥大学入学试验之难，便知道在君的用功），在君后来能澈底了解英国人实基于此时。我们在此，中国人一个不见，终日所交际的都是诚实的村人，且司密士的家族亲友，经司密士介绍后，都把我们当自己人看待，家庭琐碎绝不对我们有所隐藏，更兼格灵胡为尽其教育的责任，对所见所闻，处处对在君加以解释和指示，所以在君此后可以对英国人的心理和思想，用正当的眼光去观察，不至于误解他们了。

至于我和在君，虽未曾完全住在一处（起先我住校中，在君在外寄住），当然是常在一起。因为那时在君的家款尚不能按时接济，我们是经济通用，患难相共的。我还记得有一次我们手中缺用，我去家函催电催汇款都没有回信。我的鞋头开口几不能步行，不记得在君为什么也焦急万状。我两人携手在校门前踱来踱去约有两个钟头，没有想出办法。到第二天我家款幸而寄到，救了急，但是这两个钟头的情景，在君和我都始终没有忘记。去岁在君还把这件事详告我小女，以表示我们当时患难相共的情况。至于我们以后六七年间的经济，我顺便在此说一下，免得再行提起。我的家款是可以稍有伸缩，大约是每年在八百元左右，在君后来也有家款寄来，听说多半是他本县的公费，但到我们到了葛兰斯哥（Glasgow）之后，在君承公使汪大燮帮忙，补了每月十镑半的官费。至于我们两人间，则自始至终，经济通用，没有分开。

在君进了剑桥大学之后，选习的大概是文科，但我记不清楚了。他于年假（光绪三十二年底）的时候到董克司多来和我小住，说他不再到剑桥去了，因为那里局面很大，我们的经济支持不住的。从这时候到能改进别的学校时候还有八九个月的光景无事可做，他便到欧洲大陆去游历。他在大陆上住得最久的地方是瑞士的罗山（Lausnne）。到光绪三十三年七月间他来信约我同到苏格兰的葛兰斯哥（Glasgow）去读书，因为他探听得那里的美术学校很好。至于他呢？他已决定改入伦敦大学学医，但是该校有外读的规则（External Student），他可以不必去伦敦，所以也预备到葛城来和我同居。我遵从了他的意旨，迁移到葛城，他也从大陆来，两人在此重复相聚。

在君在这一年间虽说是荒废了学业，却增长了不少以后有用的才能。他在剑桥大学时，受了名师的指导，于英文一项，竟告完成。他的文字居然于这个时期在一两大杂志里发表。至于他在大陆上居住，不特使他对于欧洲政治的观察有了长进，又使他的法语可以谈话自如。

在君在葛兰斯哥住了将近四年。第一学年里，他是在本城的专科学校（Technical College）选科，至学年终了时往伦敦应试。伦敦大学的考试规则是分中间试验（Intermediate）和毕业考验（Final），每次考试是要各门功课同时录取，若有一项不及格，则全部作废。在君这次的考试，一则因伦敦大学的考试为全国最难，二则因在外预备究竟有许多隔膜，其中竟有一门未能及格。这一件事要算是在君求学上唯一的失败事，然而也可以算是他失马得福的一件事。在君经过了此次失败，即抛弃了他学医的志愿，改入了本城的大学（在君以剑桥大学的资格考入别校都不成问题），选习了动物学。在君此时的思想已转移倾向于科学方面，又急急要毕业回国，因此他那时的意思只望指望任选一种科学读书，便了结他的志愿。按葛兰斯哥大学的规程，凡选读科学的，须先选读数、理、化等四五门科学一年后，即受初次试验（First Science Examination）。初试及格后，则应选读主要学科(Principal Subject)一种，副科(Subsidiary Subject)两种。这种学科的试验是于初试及格后任何时可应考，但正式毕业则至少须要两年。在君的初次试验是一试即取不成问题。他以后所选的主要学科是动物学，副科是地质学和还有其他一种。他于第一学年终了时（宣统二年），把两种副科考过，主要科也考取了一部份。到第三学期开始，他觉得很闲，因增修了地质学也作为主要科并地理学为副科。到宣统三年他是葛兰斯哥大学的动物和地质学双科毕业。

在君在这四年期间的生活，除每逢假期远出游历外（最远是到德国）我所可记的是他的科学化的性格的养成。我记得他有一次不知在那一个实验室里工作觉得很难，颇感棘手，他归家对我一方面表示他的师长的佩服，一方面自励说："我必须养成这种好习惯，方始有真正求学和做事的才能。"即此一件事，我们可以知道在君后来所以能在中国地质界中做许多伟大事业，都是他在格兰斯哥努力的结果。

关于在君的事，我还有一段最后的记载，这是讲他回国的途中。我先要说：在宣统二年的时期，我们忽有有补全官费的希望。那时在君因将要回国，请把官费让给了我。代我们中间斡旋其事的人是现在实业部的张轶欧先生。承他的大方，我不但于宣统二年的夏间补了官费，并且把我的官费自一月算起一次补给了我一百多镑。我得了此费没有什么用处，仅玉成了在君一件大事。在君性好游历，我是说过的。这次他毕业回国，他便想在中国旅行一下。他的计划是由美坐船到安南的西贡，由西贡到云南，再由云南在中国内地旅行东行回家。在那个时期，内地的旅行岂是容易事！不是他卓绝的勇敢，谁敢干这种辛苦冒险的事？他当时要如此行路，是不是专为调查地质，则我不记得了。但他此行却帮助他以后事业的成功则是无疑的。我们所多余的一百多金镑，解决了在君旅行经济问题，他于宣统三年春间，学校毕业以后（我记得仿佛没有等待举行毕业典礼），便依照了他的计划，沿中国内地回返故乡，我于民国四年返国，与他重逢，民国五年与他同居北京，虽同居还有数年，但因他的事业是和我两途，我愿意把关于他以后的记载的责任，让给和他共事的诸位先生们。

（载 1936 年 7 月 5 日《独立评论》第 208 号）

对于丁在君先生的回忆

汤　中

在君已死了四个月了！我时常想起在君这个人，因为我对于在君有深刻的印象，所以不知不觉地回忆在君过去的种种情状。

在君给我的第一次印象，是在日本东京留学的时候（一九〇四年）。当时在君的年纪只有十八岁，和我同住在神田区的一个下宿屋，他那时候就喜欢谈政治，写文章。我记得东京留学界，在一九〇四年的前后，出了好几种杂志，都是各省留学生创办的；如湖北留学生之有《湖北学生界》，浙江留学生之有《浙江潮》，江苏留学生之有《江苏》，执笔者大概是能文之士，总编辑是各人轮流的。《江苏》杂志第一次的总编辑是钮惕生先生，第二次是汪衮甫先生（衮甫在江苏留学生中最负文名，笔名为公衣），后来就轮到在君担任。在君的文章也很流畅，也很有革命的情调（当时的留学生大多数均倡言排满革命），可惜在君在《江苏》杂志上发表的文章现在都散失了，我搜访了多时，一篇也没有找到，是最遗憾的一件事。在君住在下宿屋，同我天天见面，他谈话的时候，喜欢把两手插在裤袋里，一口宽阔的泰州口音，滔滔不绝，他的神气和晚年差不多，只少"他的奇怪的眼光，他的虬起的德国维廉皇式的胡子"而已。我最佩服在君离日赴英的勇气。在君在东京不过读了一册英文读本，他的英文教师系侨居东京的苏格兰人，有一日本老婆，他和同居的李毅士、庄文亚，天天去就读。不久，文亚接到吴稚晖先生由苏格兰来信说：

> ……日本留学生终日开会，吃中国饭，谈政治而不读书。……留英读书并不太贵。……

于是他们三位不管腰包里的钱有多少，竟以是年二月某日离开东京的新桥车站，转沪赴英了。在君曾告诉我到英的一段经过：

> 船经槟瑯璵，遇见康有为先生，送我们旅费十镑，才能够到爱丁堡。但到了爱丁堡，三人身上只共剩旅费五镑，后向康有为先生的女婿罗昌先生借得二十镑，即同毅士离去爱丁堡，而往 Spalding（Lincoln Shire 的一个小城）进了 Spalding Grammar School。当时寄宿的地方距离学校不近，每天来往都是走路，往往遇到下雨，袜子总浸湿了。归寓以后，把袜子脱下晾干，至明早再穿上到校，因为只该一双袜子，所以无法替换。

在君这样的壮志，这样苦学的精神，无论何人没有不佩服他的。而且学得那样好，竟成了国际间一位有名科学家，更值得我们赞叹。再看了他一段少年时代的历史，可以知道他后来的立身行事也非偶然：（一）他少年时既有这样不畏难的决心，所以他后来办事有那样坚决的果断。（二）他少年时既如斯刻苦，受经济上的困难，所以他一生用钱不超过他的收入，从来不欠债。（三）他少年时既喜欢谈政治写文章，所以他虽然成了科学家，而对于政治的抱负及写作的兴味仍始终不衰。除了以上三种情形以外，还有一件小小的事也和他少年苦学有些关系，就是他的脚痒病或许受湿袜子的影响。

他第二次给我的印象，是在民国十六年卸任淞沪总督办来到北平，和我同住在德国饭店的时候。我初见在君，以为他做了阔官，总有些官气，不料一见之下，他的举动，他的言谈，完全与以前一样。他曾告诉我所以辞职的原因，系为了孙传芳被国民军打败以后，就跑到天津屈膝于张作霖麾下，原来孙传芳是反对张作霖的，因为要保全自己地位，不惜认敌作友，这种行为的人，那里可和他共事。可见在君当淞沪总办，并非为做官而做官，实为事而做官，一旦意气不合，即怫然而去，真可以把他自己所写的两句诗"为语麻姑桥下水，出山要比在山清"，来形容他的出处了。在君做了淞沪总办，不但无一些官气，而且依然是一个穷书生，他和他的夫人虽然住了德国饭店的两间房子（是在我住的房间隔壁），而出入不过坐一辆破东洋车。他有一天对我说："我在上海节下薪水三千元，已被我的大家庭中的人索去了。"许多人以为在君当了淞沪总办，必赚到不少钱。不错，淞沪总办本来可以发横财的，但在君的操守是一丝不苟，所以只剩了三千元的俸给。后来在君夫妇由北平搬到大连去住，听说他们在大连的旅费还是杨树诚接济的，这件事在君的朋友知道的很多，用不着我来说明。

他第三次给我的印象，是在去年夏天在莫干山铁路旅馆避暑的时候。当时我住在第一馆的楼下，他和他的夫人住在第一馆楼上，还有一位他的内侄女史小姐陪着他的有病夫人，常到竹院里散步。我住莫干山约有两个月，见在君来住两次，第一次他住了半个月就下山，隔了十几天他又上山，大约因为中央研究院事务甚忙，不能久居的原故。他腰脚很健，每从南京来山，到了庚村汽车站，即步行到旅馆，不须坐山轿。庚村到铁路旅馆为程约有十里，山路极崎岖，在君一点不觉得疲倦。他在山中常同着史小姐游逛塔山。此山为莫干山最高主峰，高出海面二千五百尺，游人到此，均须坐山轿，而在君总是步行，我非常羡慕他的身体壮健，决没有料到他就会死！他有一天吃过午饭之后，和我坐在走廊促膝谈话，一直谈到黄昏，差不多把二十年前的往事重新温理一遍；他又对我说，要把现在担任的各种职务一一觅替人继任，且提到梁任公先生的年谱长编已脱稿，拟交燕大学生某君（姓名我已忘却）整理，他的词气之间，隐隐然有把经手未了事件付托别人的意思。这半日间长谈的情况，至今犹时时在我的脑海中泛现着。

最后我对于在君还有一件不能相忘的事，即去年十一月十八日午前十时，我带了亡儿晋的遗著，到中央研究院访问在君，托他写一篇序文。他一口答应，当晚七时，他就派信差把写好的序文送到我寓所了。当时他的工作甚忙，对于朋友竟如此热心，实在值得感谢。他这一篇序文，是他的绝笔，更为可宝。兹把原文照录如左（下）：

汤爱理先生是我三十年以前的老朋友。民国以来，同住在北平，不断的见面。民国十六年我同他同住在德国饭店，一天晚上看见他同一位青年吃晚饭。我过去招呼，方知道是他的公子汤晋。十七岁已经考入燕京。我当时很替他高兴。不料去年他竟因游水受伤死在南京了！爱理把他的遗文搜集起来出版为他纪念，叫我做序。我把这本遗著看过一遍，发生两种感想。汤晋是先学物理，后学新闻学的。在教育上这是一种很难得的连合。学自然科学的人往往不屑得做宣传与通俗的文章。普通新闻记者又很少有科学的训练。假如他不死，投身于新闻事业，一定可以提高新闻界的程度。我很希望有志于新闻事业的青年，学他的好榜样；在没有专习新闻学以前，先受一番科学洗礼。他的遗著很可以代表目前优秀青年的知识和志趣。七篇中文，五篇英文之中，一篇是他毕业的论文，是讲物理的，此外六篇讲航空，一篇讲医学史，一篇讲新闻史，两篇讲外交，一篇小说。许多腐化的人动辄骂现代青年不如从前。请问三十年前，那一位二十三四岁的青年有这种知识，能写这种文章？就是他的死也足以代表时代的进步。三十年前二十三四岁的青年，还饱受了"千金之子，坐不垂堂"的教训，路且不会走，何况游水？喜欢运动，不怕冒险，现在的青年比三十年前高明何止十倍！所以我看了汤晋遗著，一面为朋友和社会可惜这一个优秀的青年，一面觉得这是三十年来青年进步的证据；在国难当头的时候，给我不少的安慰，增加我不少的民族自信心！

在君这篇文章，对于我的亡儿留下来的小小学绩，写得多么深刻；对于现代青年人的进步，写得多么兴奋；在君真是一位青年学子的爱神。他死了以后，我翻读这篇文字，觉得格外伤感！一则痛惜我的儿子，一则悲伤我的亡友。当时我请在君做这篇序的时候，再也想不到把他的序文写在追悼他的"回忆"的文中！

在君的遗榇，今天在长沙岳麓山安葬，我没有能够去参加执绋，遂写了几句挽歌，聊表哀思，并作为这"回忆"的余音：

死在那里，葬在那里，先生之言，亦可哀矣！
死在那里，葬在那里，楚山楚水，招魂千里！
死在那里，葬在那里，长眠岳麓，悠然终古！

廿五、五、五日。

（载 1936 年 7 月 26 日《独立评论》第 211 号）

丁在君先生之遗嘱

竹垚生

丁在君先生在二十四年三月七日从南京寄一封信给我，他说：

> 弟新立一遗嘱，请兄为执行人之一。遗嘱同样一共有三份：一份存此（南京中央研究院），一份拟存上海浙江兴业银行保管箱，一份寄上乞兄代存。遗嘱执行人责任甚重，以此累兄，心甚不安。忝在知交，想不见怪也。

他的遗嘱内容是这样的：

> 立遗嘱丁文江，字在君，江苏泰兴县人，今因来平之便，特邀旅平后列署名之三友签证余所立最后之遗嘱如左：
>
> 遇本遗嘱发生效力时，即由余亲属邀请余友竹垚生先生为遗嘱执行人，余弟文渊亦为余指定之遗嘱执行人，依后列条款，会同处分余之遗产及督理余身后之事。
>
> （一）余在坎拿大商永明保险公司所保余之寿险，所保额为英币贰千镑，业由余让与余妇史久元承受，并经通知该保险公司，以余妇为让受人，即为余妇应得之特留分。
>
> 此项外币之特赠，为确保其依兑换率折合华币之数足敷生活费用起见，兹特切托本嘱执行人，遇兑换所得不足华币现银三万元时，即先尽余其余遗产变价补足之。
>
> 就换足前项额数之货币中，至少有半额，终余妇之身，应听本嘱执行人指商存储，平时只用孳息，不得动本。遇有变故，或其他不得已事由，仍得商取本嘱执行人之同意，酌提一部分之本。此项余妇生

95

前用余之款，除其丧葬费用外，概听余妇以遗嘱专决之。

（二）除前项确保之特留分，及后项遗嘱之书籍用具文稿外，余所遗之其余现金证券及其他动产，兹授权于本嘱执行人，将可变现金之动产，悉于一定期间内变易现金，就其所得之现金，以四分之一归余三弟文潮之子女均分，以四分之一归余兄文涛之子明达承受，其余四分之二归余弟文渊、文澜、文浩、文治四人均分。

（三）余所遗之中西文书籍，属于经济者赠与七弟文治，属于文学者赠与七弟妇史济瀛，中文小说留给余妇；其余概赠现设北平之中国地质学会。

余所遗家庭用具，除尽余妇视日用必要听其酌留外，其余悉赠上开中国地质学会。

余所遗文稿信札，统由余四弟文渊、七弟文治整理处置之。

（四）以上各条之遗赠，遇失效或抛弃而仍归属于遗产时，即由余友竹遗嘱执行人商取本嘱见证人之意思，就归属于遗产部分之财产，以一半分配于现设北平之中国地质学会，其余一半准本嘱第一条第二条所定比例摊分于该两条之受赠人。

（五）于余身故时，即以所故地之地方区域以内为余葬地，所占坟地不得过半亩，所殓之棺其值不得逾银一百元，今并指令余之亲属不得为余开吊，发讣闻，诵经，或徇其他糜费无益之习尚。遇所故地有火葬设备时，余切托遗嘱执行人，务必嘱余亲属将余遗体火化。现行法已废宗祧继承，余切嘱余之亲属，不得于余身后为余立嗣。

以上遗嘱，为余赴北平时约集旧友眼同见证，同时签署。并嘱余友林斐成本余意旨为之撰文，合并记明。

中华民国二十四年二月二十二日立于北平。

立遗嘱人　丁文江

见证人　　胡　适

　　　　　翁文灏

撰遗嘱人　林行规

丁在君先生的为人同学问,《独立评论》一八八号的纪念号已有详细亲切的记载了。不晓得的人都以为丁先生做过淞沪督办,必定大有钱,实在是不对的。他的财产只有八种股票,照廿五年四月一日的市价变成法币,共得法币一万七千另七十元。除去葬费一千五百元,还多一万五千五百七十元。遵照遗嘱按八股均摊,每股得一千九百四十六元二角五分。上项遗赠金,已于二十五年四月一日分赠与在君先生的兄弟。丁夫人的生活费就靠永明公司贰千镑的保险金和中央研究院的恤金,现在也已如数领到了。

(载 1936 年 7 月 26 日《独立评论》第 211 号)

第二辑

丁文江追悼会致词

(1936 年 1 月 18 日)

蔡元培

今日的会，是中央研究院同人追悼本院总干事丁在君先生的会。丁先生一生，综核名实，痛恶虚文，遗嘱中不许有发讣、开吊等事。所以我们仰体了先生本意，不举行大规模的联合追悼，而仅以本院同人为范围，且于今日午后同时在京、沪分别举行，以免一方面同人跋涉的劳苦。

丁先生是地质学专家，又兼治地理学、人类学及优生学，既博且精，久有定评。他又有办事的才具，主持地质调查所，整理北京大学地质系，办理北票煤矿，均应用科学方法，卓著成绩。丁先生的年龄尚不到五十岁，若再有十年、二十年的工作，学术上事业上的贡献，岂可限量? 不意一病不起，我中国学术上事业上的损失，岂可限量!

我们在院言院，丁先生到本院任总干事，虽为时不及二年，而对于本院的贡献，均有重大关系：例如评议会的组织，基金保管委员会的成立，各所预算案的示范，均为本院立坚定不拔的基础。院内各所的改进与扩充，也有不可磨灭的劳绩。又若中央博物院的计划，棉纺织染实验馆的建设，为本院与其他文化机关合作的事业，虽完成有待，而规模粗具，也不外乎丁先生努力的结果。使再假以年，不知进步到何种状况。今丁先生忽然撒手而去，本院岂不是受一最大的打击么!

丁先生是一个纯粹的科学家，他平日对于宗教家的迷信，玄学家的幻想，是一点不肯假借的。所以我们也不敢以宗教家、玄学家所傅会的不死精神来颂祝先生。我们笃信先生不死之精神，是永留在后死者的意识上。倘使我们后死者，能把丁先生所已建设的学业维持下去，把丁先生所未完成的学业充实起来，那就是丁先生虽死犹生了。我们同人于追悼丁先生的时候，就要立定这种志愿，才算对得起丁先生，才算不辜负自己参加追悼会的本意。

（收入高平叔编：《蔡元培全集》第七卷，北京，中华书局，1989 年 7 月报）

追悼丁在君先生

翁文灏

在君先生的死是中国的大损失，"人之云亡，邦国殄瘁！"人才如此难得，像在君先生的人中国能有几个？

在君先生是开始中国地质学工作之一人，他的功绩特别是在实行野外调查，在这一方面讲，他是中国地质学界惟一的人物。他在欧洲毕业后便从陆地经过云南回来，进了农商部便专心做他的实地调查工作，做地质调查所所长的时候，每年总有很长的时间在外考察，在地质调查所及北京大学教书的时候，不但以身作则实地旅行，而且坚决主张全体学生必须做一定实地工作。《地质汇报》第一号中，在君先生序文首引德人李希霍芬书中的话，他说："中国学者只知安坐室内不能吃苦登山，所以他种科学或能发达，惟有地质学中国人决不能做。"在君先生接下便说，现在我们已证明此话并不可靠了，中国地质学者登山涉水的工夫并不让人。这种工夫的养成全出在君先生热心提倡之力。

近年来在君先生做中央研究院的总干事。他的工作第一在促进各研究所切实研究，把不能工作的人撤换了，把能工作的人请进来，而且与他们商定应解决的问题，应进行的步骤。第二在详实规定各研究所的开支，各所的预算很真实的按照他们一年度应做工作之必需数目来规定，省下来的钱用以举办以前未做的工作，其结果是工作加多而开支减少。他并成立评议会，实际完成了全国科学院应有的组织。做这种事不但要热心毅力，而且要有充分的专门科学的智识与经验，在君先生死去之后，我想要找相当的继任人一定是很不易的。

在君先生的知识并不限于地质学与地理学，他对西南诸民族曾自行测量，他对全国人种曾搜集最完全的材料，他曾编动物学教科书，他也曾想用科学方法写中国历史，他真有极广博的知识。在君先生不但是科学家，而且是事业家，他曾做北票煤矿公司经理，用极少数的资本，能开采很多量的煤，国内煤矿极少能比得上的。他曾做淞沪商埠总办，收回司法权，提倡公共卫生，创立大上海市的计画，后来市政府的规模有许多部份都由那时开始。他对于中国的矿业交通以及军事都有很深的研究，而且他的知识，特重事实，不托空言，这都从他的著作中可以证明。

在君先生对于政治是很热心的，在这样困难的环境中有志之士努力奋斗，本是当然责任。但是他的政治运命太不幸了。像他那样实事求是的人物，当然凡事都从实际上去做，一切虚名是不足计较的，但正惟如此，曾使他受了多少极冤枉的误会。近来几年国势愈危，他心中的悲痛自亦愈甚，他不但日夜不倦的为他小范围以内的职务努力，而且更不断的考虑国家的出路与民族的生命。我曾闻他对青年朋友痛说："有知识的人应刻苦用功，要有成绩的贡献，而且要有规律的人格，国家或亡，但我们必须留下不可亡的国民。"他又叹息政治的太不彻底，因而很矛盾的说政治生活是干不得的，因为不能凡事诚意的做。听了这种感慨，正可想见他心中的非常痛苦。《字林西报》曾为他特著一篇论文，题目是"一个真爱国者"（A Ture Patriot），这真是在君先生最好的谥号。

在君先生留给我们的不但是领导的能力和模范的人格，而他本身所做的科学工作，也有极伟大的成绩。他游迹所及范围极广，在滇黔桂诸省尤有详细的研究。他对于西南诸省地质地理和人种学知识的丰富，在全国很不易有人能相颉颃。他已出版的著作虽已甚多，但与可出版而尚未出版的材料相比较，那便真正太少了。这是一件非常可惜的事，因著作总是自己写的好，即使我们能将他的遗著整理发表，（当然我们一定要做的，一息尚存此志不息。）如何能及得他自己做的呢。所以未及充分发表者，实因在君先生对于科学文字看得非常重要，他必要将各种问题研究得彻底明白毫无疑问方肯下笔，而且又特别讲究绘图的精密，地形地质都一丝不能苟且，如此慎重当然出版不易很多了。这种办法在中国科学界出版太滥的时候，却是一种很好的反剂。

在君先生在中国地质学界中无疑的足称先辈，不但他的工作开始较早，而尤在他对于其他人才援引甚力，指导特殷。我们试追想他曾如何费力荐李四光先生做北大教授，如何用心做西南地质调查计画使赵亚曾先生等分途进行，如何极有见识的坚持黄汲清先生在瑞士必须做构造地质的实地工作，但不要在辽远地方写一知半解的中国地质论文。他有用人之明，他更能用人之长。

在君先生待人是顶好的，不但鼓励青年努力为学，即对其他朋友都是忠诚肫挚，毫无假饰。他希望他人好好的做人与他自己的期待一样，他人如果做错了事，他终是直言相告，和他交情愈厚的人他说话也愈直爽，"益友直谅多闻"待人固当如此，这正是他最忠实的地方，也最足以感动他人，所以他的好朋友特别多，特别爱他，闻知他死的消息，一定有许多人要堕泪，要悲闷，要叹息中国失去了一个极好的人才，不但平时与他要好的人如此，即是平素与他无甚深交的人也会有同样感想。

我对于在君先生平时所希望的，一是把他自己调查的地质地理与人种的知识，都绘图加说的写出来。二是能有机会为国家做几种真正的事业。现在这种希望尽成空了。但是只他已写的文与已做的事，已给我们极大的贡献与极好的模范。

（载 1935 年 12 月《地理学报》第 2 卷第 4 期）

丁文江与中国地理学

张其昀

拙著《中国地理学研究》(一九五五年中华文化出版事业委员会印行)于丁文江(字在君)先生之著作,已按其性质,分类叙述。丁先生学问极博,兴趣甚广,仅就地理学而言,自地图学、地文学、人类地理、经济地理以至历史地理、地理学史各门,均有新创之研究,与独特之贡献;足以启后学之心智,立撰著之标准。而其为人,胸怀洒脱,古道热肠,凡与之接触者,莫不获有深刻难忘之印象。不期年未五十,遽归道山,大师凋零,曷胜怆悼。兹复作一简单年表,借志景仰之意。

宣统三年(一九一一)先生年二十四岁

是年先生自欧洲留学回国,首作西南诸省之旅行,由安南至云南,经贵州、湖南抵北平。

民国二年(一九一三)　二十六岁

先生奉农商部命考察地质,由山西至云南,先后十四月,是为中国自行调查地质之始。又先生与章鸿钊先生共同提议成立地质研究所,附设于北京大学,亦于是年开始授业,以章先生为所长,为现在多数从事地质及地文学者立业之始。先生则自住云南作实地工作。

民国四年(一九一五)　二十八岁

先生归自云南,先后二次长征,关于地理学之观察,其后著有游记,题曰《漫游散记》。是年著《云南东川铜矿》一文(英文写)载于《远东时报》(*Far Eastern Review*)同年十一月号。

民国五年(一九一六)　二十九岁

地质调查所正式成立,隶属于农商部,先生任所长,以地质研究所卒业生任调查员,民国十一年以后辞所长之职,仍任新生代研究室名誉主任。该所为我国自然地理学之发祥地，贡献极多，而先生为其创办者。

民国八年（一九一九） 三十二岁

先生著《扬子江下游之地质》一书，由上海浚浦总局出版（原用英文发表，题为 *Ceology of Yangtze Estuary Below Wuhu*）。先生尝从二千年来江浙沿海新城设立先后之时期及海塘之历史，推究海岸之变迁，于有史以来大江三角洲之发展，推阐甚详，其结论谓江苏海岸六十年来向外伸展一英里，与海定施丹君（H. von Heidenstam）从水理学研究之结果相契合。是年地质调查所《地质汇报》第一号出版，以先生所著蔚县煤田报告冠其首，先生又述该所七年来之经历以为序。

民国九年（一九二○） 三十三岁

地质调查所地质专报甲种第一号《北京西山地质志》出版，于地形地质测勘甚详，编辑者叶良辅君，参与调查者十三人，而尽督率指示之力者，实为丁先生。是年又著《矿政管见》，附《修改矿业条例意见书》，自识云："右书作于民国七年，时正奉派赴巴黎参与和议事，以原书中言外资输入之利害甚详，足供当局之参考，故附印于此。"

民国十年（一九二一） 三十四岁

编纂《中国矿业纪要》，所载统计数目始自民国元年。此书为第一次纪要，其后由谢家荣、侯德封二君继续编纂，已出至第四次。

民国十一年（一九二二） 三十五岁

梁任公先生著《中国历史研究法》引先生言不少，如云与吾友丁文江谈，乃知霞客未曾到西藏，盖虽有游藏之志，因病不果，从丽江折归，越年余而逝。是年先生等发起中国地质学会，刊行《中国地质学会会志》，会址附设于地质调查所，二十三年在南京钦天山麓新置会所。

民国十二年（一九二三） 三十六岁

先生著《中国历史与人物之关系》一文，载于《科学》杂志，将自汉以来历史上有名人物之籍贯，依省界排列，以观察历来各地文化盛衰消长之势，为应用统计方法研究中国历史地理之创举。是年先生又为申报馆五十周年纪念，特撰《最近五十年之矿业》一文，于我国新法矿业之史料，详加整理，载于《最近之五十年》。

民国十三年（一九二四） 三十七岁

谢家荣君著《地质学》一书。谢君乃先生高足弟子，为作序言，许为教科书中之创著。

民国十七年（一九二八） 四十一岁

先生重印《徐霞客游记》，又撰年谱，与《游记》同印，互为考证，并为之按记插图，以为读游记者之助。先生谓霞客之游非徒游也，欲穷江河之渊源，山脉之经络也，此种求知精神乃近百年欧美人之特色。其工作之忠勤，求知之真挚，与观察之精确，可为地理学者之模范。江源考一文为霞客生平最有系统之文，知金沙江为扬子江上源自霞客始，亦即霞客最重要之发现也。是年《中国官办矿业史略》出版，据是书题记"此稿作于民国五年，嗣于七八年间稍为补正，十年以来中央及各省政局屡变，档案难全，经过情形恐难尽考，爰检旧稿付之剞劂，言矿史者当有取焉。"

民国十八年（一九二九） 四十二岁

先生著《广西僮语之研究》一文，载于《科学》杂志，自称民国三年在云南调查地质，对西南人种随时略有研究，十七年在广西柳州记录僮人语言八十余字，此篇证明广西僮语与云南僰人（俗名摆夷）所操之掸语属于同一语系。是年著《外资矿业史资料》出版，此编资料系民国五、六年所编集，至是年始印行，所述各矿在中国经济史上皆有重要关系，足以资矿政参考之助。

民国二十年（一九三一） 四十四岁

先生与曾世英君合著《川广铁路沿线初勘报告》，载于地质调查所《地质专报》。此系先生受铁道部之托所作具体计画，川广铁路自四川重庆起，纵贯贵州、广西，至广东广州湾，共长一千四百公里，为西南一大干线。是书于川、黔、两广之经济地理，根据实地考察，有扼要之论述。

民国二十一年（一九三二） 四十五岁

先生陆续发表其《漫游散记》于《独立评论》周刊，自言："这二十年来因为职务的关系，常常在内地旅行，二十二省差不多都走遍了。旅行的途中偶然也有日记，但是始终没有整理，现在把其中比较有兴趣的事情，摘录出来，因为次序没有一定，事实上不能联贯，所以叫做散记。"是文于西南诸省地形、水道、民族、矿业等，皆有科学之解释，而说明人地之关系，实为新式游记之楷模。

民国二十二年(一九三三)　四十六岁

先生与曾世英等合纂《中国分省新图》，由申报馆出版，供中等学校教学之用。此图为中华民国新地图之缩本，用等高线及分层设色法表示中国地形，开我国教育用地图集之新纪元。

民国二十三年(一九三四)　四十七岁

《中华民国新地图》出版，此图为申报馆六十周年纪念而制，丁先生创其计画，曾先生任其工作。是图编制时曾参考中外测量机关及今人所制地图七八千幅，新近测定之经纬度数值一千余点。自十九年冬始编，其间且编且制版，至二十二年冬全图完成。新地图之完成乃一绝大贡献，可与世界最进步之地图并列而无愧色。

民国二十四年(一九三五)　四十八岁

先生著《陕西省水旱灾之纪录与中国西北部干旱化之假说》，载于《斯文赫定七十岁纪念册》。(英文原题曰"Notes on the Records of Droughts and Floods in Shensi and the Supposed Deciccation in N. W. China")此篇以竺可祯先生关于中国历史上洪水大旱之统计为根据，复参以《陕西通志》之纪录，其结论谓陕西古来仅有湿润时期与干旱时期之更迭，但未见有继续干燥之趋势。又谓近年旱灾之原因，不仅在历年比较雨量变率甚大，即同年份各月雨泽比较，亦极不均。旱灾之造成往往由于雨泽之愆期，而不必为是年雨量之过少。华北雨量不患寡而患不均，诚属缺憾，然不能遽认华北趋于干燥化也。丁先生之结论与近年气象研究所关于古今气候变迁研究所得之结果相符合。

先生又成《爨文丛刊》一书，由中央研究院历史语言研究所印行，其自序兼载于《地理学报》第二卷第四期。先生前在云南、贵州搜集倮倮(即倮倮)文字十一种，请罗文笔君(本系白倮倮)用注音字母注音，然后用汉字对照直译，再用汉文译意，历时三年始成此书。先生证明《后汉书·西南夷传》所译载之白狼文，为倮倮文之前身，至少为爨文之一种(《云南通志》普通称倮倮为爨蛮)，实为极重要之发现。又谓倮倮文根本与汉文同源，但极早则与汉文隔绝，故不能见其直接关系。将来倮倮文研究进步，不但可以发现语言上之关系(如否定词为 ma，部落为部 pu，倮、汉文至今相同），即文字之源流殆亦可由此窥其消息云。

民国二十五年（一九三六）四十九岁

先生殁于长沙。

（此文原载 1936 年《方志》第 9 卷第 1 期，收入《张其昀文集》第 9 册，台北：中国文化大学印行，1988 年 10 月版）

丁文江博士

温源宁

　　威令敦爵士[①]认为，丁博士是他见过的最杰出的人士之一。这是权威性的高度赞扬，你可以就此想一想威令敦爵士所知的那些灿烂群星般的英才，——柏尔夫伯爵[②]，莫利爵士[③]，伯来斯子爵[④]，等等，等等；他们的才干是第一流的，他们的活动是华彩缤纷的，配得上他们的声名。对丁博士的赞扬也正是恰如其分。只要跟丁博士谈几分钟，你就会相信其气质的高超；他的优点和缺点都是明显的，那是一个十分聪明的人、一个才智焕发的人的优点和缺点。不过，他是不是伟人呢？这里就有讨论的余地了。

　　丁博士具有编写大英大学丛书和剑桥科学手册的头脑，却写不出来一本《新工具》[⑤]那一类的书。他的特点是，敏捷伶俐，对现实富于接受力，对概念则不然，他的缺点是自信心极强，对别人的观点不大考虑。他喜欢自由自在地跑来跑去，搜寻种种事实；他决不关起门来，把事实咀嚼和消化成为概念。所以，他这样的头脑若令人感兴趣，只是因为他所知者多，所见者广，至于是否善于分析、归纳，就不在话下了。他的所知所见实在太丰富了，简直是一所老古玩店，五花八门、零零碎碎的东西，从中国军队装备的统计以至唐诗朗诵法，一应俱全。换句话说，你应该把丁博士看做一部百科全书——可以从他那里取得正确的知识，不过，要想学到智慧，——唔，恐怕不如去请教一位知识可能比丁博士少些而幻想和沉思比丁博士多些的人，也就是想写得出来《新工具》那一类的书的人请教。

---

① 　威令敦：(1866—1941)英国外交家，加拿大总督，印度总督。
② 　柏尔夫：(1848—1930)英国政治家，在保守党当政 50 年，历任首相和外长。
③ 　莫利：(1838—1923)英国自由党政治家，传记作家。
④ 　伯来斯：(1838—1922)英国历史家，外交家。
⑤ 　《新工具》：英国哲学家培根所著的新论理学。

　　丁博士喜好实打实，使他产生了对幻想家和预言家的一些反感。这种反感是实干家所特有的，而丁博士是彻头彻尾的实干家。他是中国今日拥有的最伟大的实干家之一。遗憾的是，长期以来，人们对他有错误认识，以为他是个学者。他一点也不像学者那么优柔寡断，三心二意。他想什么就做什么；他做什么就想什么。看自己应该走的路，他跟罗盘一样准确无误。此外，他还有一个辅助性的特点，是第一流的行政人员所不可缺的，即十分警觉地注意细节。他出任上海市长时已经让我们多少领略了一些他做行政工作的本领。我们确信，凡是使他得以发挥行政能力的工作，都会显示出实事求是和富有效益的特色来。

　　丁博士的外貌与他的为人完全符合。矮个子，很结实，双眼放射出来敏捷、果断的光芒，上唇胡子告诉你，搞业务，不许说废话！

　　（收入温源宁著：《一知半解》，长沙：岳麓书社，1988 年 12 月版）

丁文江在上海

从今年回溯过去，刚巧十个年头，系一九二六年（民国十五年），丁文江那时正在上海。

上海那一年，在江浙战争、五卅事件、奉浙战争种种剧变以后，总算比较的安定。淞沪的人士刚换了一口气，便看见当时称为天之骄子的孙将军，踌躇满志的到来，除了挽请陈陶遗为苏省省长外，另委丁文江为淞沪商埠总办，并不辞劳瘁，自任督办。陈、丁两氏，据说和孙传芳都并无旧谊，只是孙仰重他们二人的名望，特地拉来的。一般人都称誉孙的知人善任，也可见他们俩的名望是怎样的了。这话且按下不表。

却说淞沪成立商埠一事，确是当时上海绅商学工各界一致热烈的期望着的。在前一年，就是一九二五年（民国十四年）的那一年，苏省当局以为上海关系重要，非成立特别市不可，照会绅董从事筹备，当即邀请专家以及关系人士多人共同拟定淞沪特别市公约。此项市宪，实采用欧美市制之长，为中国市制史辟一新纪元。但其时北京政府对于上海政权却不愿就此放松，不肯认可该项特别市公约，另又公布淞沪市自治制和淞沪市区督办官制，以致局势僵化；两者都未经实现。到一九二六年（民国十五年）这一年，丁氏以淞沪商埠公署总办名义为上海事实上最高长官，一般人对于商埠名义的成立固然表示欣感。但该项机关仍属官办，不免觉得"沪人治沪"的企图仍然一场幻梦。虽然这样，大家还是希望丁氏脚踏实地的来做几件事。可惜，时局仍然是乱糟糟，欲谈建设，真不知从何说起。除了勘定商埠区域一事外，我们真很难再找到他的功绩了。

勉强说来，也许收回会审公廨系另外的一事吧。但很显然的，这事是得着各方的助力，并非丁氏一人之功。这段交涉，经过时间本就很久。自一九一三年（民国二年）冬起，到一九二五年（民国十四年）春止，前后计经交涉五次，都无结果。五卅案起，收回曾审公廨并列为十三条条件之一，后终因此一事，谈判破裂。到了一九二六年（民国十五年），我方改定计划，将此项事件作为局部交涉，继续在北京开议，但亦无甚进步。于是苏省当局乘机而起，接受上海各法团的建议，由丁氏及交涉员许沅代表和领团作就地收回的秘密交涉。从五月初最初交换意见，五月二十一日开始预备会议起，到八月卅一日止，先后经过四个月，将协定大纲议妥签订。这样，经外人把持多年的曾审公廨总算在名义上收回来了。

总之，丁氏在上海的那一年，也就是这两样事情。此外，关于他在地质学研究中曾以上海为对象的一点，我们倒也不能忘记。上海地质及其构成的历史，虽尚有待于进一步的探讨，但就丁氏仅有的成绩而言，我们推他为科学的上海研究者之一，怕还不嫌过分吧。

丁氏逝世的第二天，本埠《字林西报》于评论栏内发表短文，叙论他的生平，标题为"一个真正的爱国者"，所述颇有足供参考之处，因亟为迻译如左：

丁文江博士在四十九岁的壮年逝世，那真是中国的不幸，而在各方的悼念中，上海应占特殊的成分。一个江苏生长的人，在一九二六年，他曾经做淞沪商埠公署的总办，在以前孙传芳督军的统治下，奠定上海市政的基础，替现在吴铁城司令有力的领导着的，做了许多光荣事业的市政府作了一个开路的先锋。他在职的特殊功绩，那就是手创淞沪卫生局的一件事了，经他负责筹划，组织成立，而后来继任此项工作的人，也都能有相当的贡献。

他系一个地主阶级的儿子，早年就受教育，据他自己所说，仿佛只有四岁的年纪，已经是一个小学生了。后来年龄到了十二岁，对于经书，他差不多都能背诵。虽然还不能够写一封通常的书信，但他已经很能够写诗和八股文。他这时有些历史知识，而对于地理，却还完全不懂。至于算学上的乘法，他并不能用它找得一个总数。

这样，当他继续赴日求学以后，这未来的科学家就有了转变。因为那学校课程并不严格的缘故，他转换了方向，研究法律，正像他自白中所谓，他曾费去大部份的时间来写很多的革命论文，以及吸了很多的卷烟。后来，他转学到英国去，在剑桥大学有了短时间攻读经验以后，接着，在格拉斯戈大学毕业，得科学士的学位。以后，又在德国富里堡大学，专攻地质学，从那时起，他努力研究，深感学术的兴趣。不久，他就很成功的得了博士的学位。于是，他以地质学专家的身份为国家服务，在一九一三年，他被委为地质调质所所长，任职一直到一九二一年。

荷榭夫人在她的《中国贵妇人之描画》里曾经说到一件故事，叙述他由欧返国的途程中曾遍历各国，考察人情风土，以觇其执政者的优劣。这种勇壮的精神，却是他的特点。当几年以后，被任为地质研究所所长的时候，他就训练他的学生利用他们的手去采集标本，用脚去爬山，洗刷他们的书痴气质。他这样做，使得他在管理开滦煤矿事务方面也告成功，曾经指定他的一部份学生，仿照欧洲学生实习方法，从事于地下工作，并和他们立下"不从者即开除"的规约。在此项实习工作中，头三名的学生有两个曾因违抗除名，但另外一个，丁博士认为很得意，在公司中有异常优良的成绩，并且已经有了很负责任的位置。说到这里，我要来一句插白。像他这样对于青年提携劝诱，无怪他是很得现代人信仰的了。他确是现代中国教育界学术界一个了不起的人。

他曾经准备制作中国地质详细全图，这与中国经济问题极关重要。可惜天不假年，以这样丰富的人生经验的人竟然只有这样短促的生命！他第一次服务经验的获得，系在他回国以后，担任南洋中学教员的时候。那时，他已经有些自负的神气，说他未来曾是新中国的创造者。他的朋友，也以上海的狄克魏鼎登相许。在扬子江流域里，他的地质调查以及他的标准工作，《中国五十年来之矿业》指示着他的科学和工业知识丰富的程度。以上这样简明的介绍他的事迹，本报谨以最诚敬的哀忱致献于丁氏国人之前及其家庭。目前仅足以为我们解慰的，就是我们感觉这成就了若干事业的丁博士，精神上仍然是不朽的。我们现在最好的悼念他的办法，就是继续他忠实于学术的努力和精神，去发扬光大起来！

（收入上海通讯社编：《上海研究资料》续编，上海书店，1984 年 12 月版）

记丁文江《嘲竹》诗①

林语堂

竹似伪君子，外坚中却空；

成群能蔽日，独立不禁风；

根细善攒穴，腰柔惯鞠躬；

文人多爱此，声气想相同。

席上遇在君（按丁文江字在君）先生，述夏日避暑莫干山，痛恨满山竹篁，曾吟成一律，虽说打油，妙喻而意深，乃迫他放下筷子，拿起笔杆录上，并抢来发表。在君恶竹，恐骨子里仍是十年前大打玄学鬼之科学家也。

语堂

（原载 1935 年 10 月 20 日上海《人间一世》第 38 期）

---

① 原题"嘲竹"，现标题为编者所加。

追念丁在君先生(诗)

翁文灏

踪迹追随过廿年，一朝分袂最凄然！
鸡鸣共涉浑河渡，鸥势同翻云水边。
创造艰难犹昨日，殷勤论讨忆当年，
为师为友终生约，未老何图去竟先！
     *   *   *   *

携斧曾经汗漫游，西南山谷最清优。
碧鸡金马云南路，漓水藤滩黔外州。
霞客遗踪追绝域，粤湾车路达江流。
搜罗多少详图籍，整理端须子细求。

一代真才一世师，典型留与后人知。
出山洁似在山日，论学诚如论政时。
理独求真存直道，人无余憾读遗辞，
赤心热力终身事，此态于今谁得之！
     *   *   *   *

古国巍存直到今，艰危此日已非轻。
救时大计行难得，欺世空言愤不平。
国士无双君已往，知心有几我何生！
临终话别衡河畔，若谷虚怀语足惊。

（载 1936 年 6 月《地质论评》第 1 卷第 3 期）

哭丁师(诗)

卢祖荫

吾师济阳氏，博学群钦迟，一从违颜色，念兹乃在兹。
骤闻奏薤歌，哲人叹其萎，衔哀溯前尘，一思一挥泪。
吾师少好学，地质成专门，追随十六载，一一指迷津。
宣统辛亥春，吾初侍函丈，化学授南洋，系统师能讲。
民国二年冬，考入农商部，地质待精研，授受共朝暮，
采得古生物，云南三叶虫，更授地文学，兴味皆无穷。
民四共出发，实习究地质，晚归话猥风，联床共一室。
二师丁与翁，同上泰山巅，日观与月观，讲解殊精严。
毕业颁文凭，计时在民五，审查复盖章，师心深期许。
地质调查所，吾师为之长，拔擢感殊恩，遇事多褒奖。
交通掌煤矿，北票资营运，苏督复相招，所务仍顾问。
丙寅辞师返，风木遽生悲，米盐重羁缚，杖履难追随。
师为总干事，任职研究院，前岁抵京时，久别喜重见，
垂询及家务，高谊殊殷殷，浇漓叹薄俗，挚爱感深情。
私心祝遐龄，康强复逢吉，骤听谱商音，凄绝心如结！
首都地质学，设会当新春，追悼瞻遗像，涕泗齐沾巾。
为国效奔走，宣力向中央，辛勤资探讨，成绩尤彰彰。
一旦绝尘缘，斯人难再得，追悼祭先生，道路多感泣。
国府重科学，眷念此专才，褒扬今特予，明令致悲哀。
为文吊吾师，临风哭之恸，三载服心丧，表我襟怀痛。

受业卢祖荫泣挽

（载 1936 年 6 月《地质评论》第 1 卷第 3 期）

我对于丁在君先生的回忆

章鸿钊

我真不解世界上有这样无穷的缺憾！何止我们的世界！小的如原子，大的如宇宙，其他一切一切，一样充满着缺憾。我才知道原来一切一切都是缺憾造成的！没有缺憾，便没有原子，没有宇宙，更没有其他一切一切。我听到丁在君先生的死，我只有叹一声：人生只是一个缺憾而已！

我又想：这话似乎太空洞，太偏重情感了。其实我们的感想和感想所系的对像，不是完全一致的，有时适得其反。我们对他愈感觉得缺憾，愈显得他没有多大缺憾。原来一切看法，是相对的，所以我也不必说丁先生是怎样一个完人。有人说：丁先生这个人，只有外国人认识得最真。这也未免重外而轻内了。丁先生对于外国科学，是绝对崇拜的，对于外国人评论中国人的话，一大半要立刻驳回的。所以我们也不必专依外国人的眼光来看他，不如合各方面的舆论来看他。据我所闻：至少大多数总对他说一句"是国家可惜人"。古人说"盖棺论定"，试问到了最后，曾有几人博得这样叹息声呢？依我个人的看法：丁先生虽然带着许多外国式的习惯，就内性上说，他完全是从中国社会里陶冶出来的一个优良分子，他的确做了忠恕两个字的实行者。说得稍稍明了一点：他处家庭，纯乎友爱；他待朋友，纯乎真挚；他为学真肯虚心，但也最不肯让人；他办事真有大度，而又最肯负责。要是给他一个机会，让他在固定的地位持久放手做去，总可以得到优良的成绩，尤其在开创的方面。我暂且不讲别的，只就他的地质工作回想一想，也可以明白一大半。

丁先生的地质工作，要从何处说起呢？记得民国元年他在上海南洋中学担任教课的时候，我正在南京设计一个地质研究所。但拟好章程，还未试办，南京临时政府便在那一年的初夏整个儿移到北京来了。民国二年，

119

丁先生到了工商部，便借着北京大学的旧址，首先开办一个地质研究所，于是中国地质学界的雏声竟呱呱的出世了。丁先生偏偏不肯居功，硬要根据旧案，坚决邀我去承办；他又知道我一点古怪脾气：不肯无故去吃人家的现成饭的，便悄悄的携着随身行李，跑到云南调查地质去了。这是何等雅量！到了第二年的秋季，最感困难的，是请不到一位古生物学的先生，除非丁先生回来，才可以担任下去。丁先生的古生物学，虽不像现在北京大学教授葛利普先生那样专门，但他是一位富于生物学知识的地质学家，对于这门学问，也颇感兴趣，所以在当时我们的范围内也是求之不得的了。丁先生也预料到这一层，便早早从云南赶了回来，毫不踌躇的担承了这个讲座。原来地质研究所是为养成地质调查人才而设的，实地训练，又是最紧要的一件事。丁先生便首先倡议：每一星期必由教员率领分组实地工作一次。因此我们也得着分头参加的机会，环北京城外数百里间，斧痕屐印，至今还处处可寻。实地归来，每组必须提出报告，归教员负责审查指示得失。所以地质研究所毕业诸君在当时已能人人独立工作，那一部《北京西山地质志》就是他们东方破晓的第一声。中国的地质调查事业，也算在那时踏上了机能发动的阶段。要不是丁先生那样努力，后来那个地质调查所，还不知道要迟到民国几何年才成立得起！

到民国五年，地质研究所快结束了，丁先生便和北京大学当轴商议，恢复一个地质学系（前清末年开办后来因故停办），一方面建议农商部，开办地质调查所。于是学校方面专管教育，政府方面专管调查，双方并进，专材辈出，事业愈集。一面又创设一个中国地质学会，网罗不少中外专家，研究工作，因之大进。驯至今日，中国的地质学界便跻到了有声有色万流景仰的地位。诚然，这种艰难缔造的事业，譬如一座大厦，不是独木支得起来的，前前后后许多地质学者相互不断的努力，都是值得称颂的，但要回想到筚路蓝缕披荆斩棘的时候，便不得不推丁先生为第一人了。

丁先生对于地质教育，是自始至终不遗余力的。现在地质学界同人，无论是地质研究所出身，或北京大学出身，都曾经直接或间接受到丁先生的熏陶和训练，常常接着正大崇高的模范，所以个个养成了一种忍劳耐苦自强不息的精神。中国的地质事业，所以能日新月异，力争上游，大放异彩，这要算是根本的根本。庄子说：指穷于为薪，火传也，不知其尽也。

丁先生传下来的薪火，一定也是无穷无尽的。现在他的及门高足，或是私淑弟子，散布在国内的，像南京中央大学、北平北京大学、天津北洋工学院、实业部地质调查所、中央研究院地质研究所、两广地质调查所、贵州地质调查所，和其他实业研究机关，到处都有，都在那里振刷精神，埋头苦干。我诚恳的希望诸同人能把这种坚忍勇敢的精神，永远维持下去，也就是对于丁先生留下一件最宝贵的纪念品，要比空空洞洞的纸上宣传，或者立碑造像，还要加倍光荣，什佰美丽，千万实在。

大家都知道丁先生除了地质研究所和调查所的开创工作外，也曾经做过上海南洋中学、北平北京大学的教授，又做过北票煤矿公司的经理，还做过淞沪商埠总办，最后又担任了中央研究院的总干事。诚然，丁先生对于各方面都有相当的兴趣，或者也许一时出于不得已的办法，但是丁先生无论走到何处，总是对于他唯一主管的职务，立定脚跟，专心一志去埋头苦干的。所以到一个地方，就有一种成绩做出来，使大家满意；还能使大家感动。丁先生不单是肯负责任，并且对上对下都不客气，就是他对自己也是一样，所以无论那一个机关的人，被裁也好，被留也好，新请来也好，总觉得他没有包藏一点私心的。他在职一日，总是尽职一日。要是有一天到了环境不许可的时候，他唯一的办法，只是举贤自代。民国二年他把地质研究所交给我负责，十五年把地质调查所交给翁咏霓先生负责，这都是从他的责任心表现出来的事实。我现在不能把丁先生一生的经历完全写到这篇文字里去，只能把他个人对于地质学方面的工作和贡献，概括的叙一叙。

讲到地质调查工作，丁先生真是一个绝好的青年模范。他是最富于活动性的，所以并不见得丝毫勉强；要是教他老坐在一间屋子里，做一个口讲指画的导师，也许他反觉得不十分舒服。讲得科学化一点：丁先生是惯把他所有的静能都化作动能去用的；诚然，静能和动能合起来，原是一个常数，但丁先生天赋的静能已比常人大，所以化作动能后做出来的工作，自然也要比常人多。他还能推动他人的静能，一样化作动能去运用，这就是本身作则的效能了。丁先生既有这种天赋本能，所以他喜欢做实地工作，生平调查经过的地方，单在国内，也有十余省之多；尤其在绝远险阻、交通供给都不便利的地方——像滇黔川桂一带，前后出入不知道经过多少次，大有不入虎穴焉得虎子的气概。西南方面今日所得到的材料，无疑的要推丁先生搜集的为最多；其余地理地文人文种族语言风俗等等，丁先生无一不感兴趣，无一不加上相当研究，所以对于西南各方面的认识，也要推丁先生为最丰富的最科学的了。现在先把他前后调查经过的路线约略在地图上描写出来（见封面插图）"人生到处知何似，应似飞鸿踏雪泥"。这也不过留得他一点雪泥鸿印而已！

丁先生关于地质方面的著作，已出版的约有二十余种；但他生平最大努力的工作，就是西南方面地质研究的总结果，至今还未曾发表，这是最可惜的。诚然，后来也会有人把他的遗稿整理出来，像现在翁咏霓先生就是最热心的一人，其余同人继续在那方面工作的也还是不少，也许在不远的将来就可以完成丁先生的遗志的，不过我们已经望眼欲穿，万分的悬念着。现在姑先把他已经发表的仅仅关于地质方面的著作写在下面：

1.《正太铁路附近地质矿务报告书》，《农商公报》民国三年出版

2. Tungchwanfu，Yunnan，Copper Mines：*Far Eastern Review*. No. 6. 1915.

3. The coal resource of China：*Far East. Rev.*，vol. 13. No. 1. 1—4. 1916.

4. China's mineral resources：*Far Eastern Rev.*，80—3. 1919.

5.（张景澄同作）《直隶山西间蔚县广灵阳原煤田报告》，地质调查所《地质汇报》第一号，1919。

6. Report on the geology of the Yangtze valley below Wuhu：*Whangpoo Conservancy Board*，*Shanghai Harbour Investigation*，*Series 7*，rept. vol. 1，1—84，30 figs. Geol. map. 1. 1919.

7.《扬子江下游最近之变迁——三江问题》，《国立北京大学地质研究会年刊》第一期，1921。

8.（翁文灏合著）第一次中国矿业纪要（民国元年至五年），1921。

9. The tectonic geology of eastern Yunnan：*Congress Geol. Intern.*，13me Session，Belgique，comptes rendus facs. 2. 1155—1160. 1922.

10.《京北昌平县西湖村锰矿》，《地质汇报》第四号，1922。

11. Note on the Gigantopteris coal series of Yunnan in A. W. Grabau：*Stratigraphy of China*，pt. I. pp. 390—391. 1923.

12. Geological sections on J. G. Andersson：The Cenozoic of Northern

China. Mem. *Geol. Surv. China.* Ser，A. No. 3. 1923.

13. The training of a geologist for working in China（presidential address）Bull. *Geol. Soc. China*，vol. 3. No. 1. 9—11. 1924.

14. and Wong，W. H. On the nephelite syenite of Maokou in Huili district，Szechuan（abst）Bull. *Geol. Soc. China*，vol. 4. No. 1 9—11. 1925.

15. and Wong，W. H. Ten years work of the National Geological Survey of China，4 pp. 1925.

16.《中国官办矿业史略》，1928。

17.《外资矿业史资料》，1929。

18. The orogenic movements in China：Bull. Geol. Soc. China vol. 8，No. 2，151—170. 1929.

19. On the stratigraphy of the Fengninian system：Ibid. vol. 10. 30—48，pls. 2，fig. 1. 1931.

20.《中国地质学者之责任》，《国立北京大学地质学会会刊》第五期，1931。

21.（曾世英同著）《川广铁道路线初勘报告》，《地质专报》乙种第四号，1931。

22. Biographical Note，Bull. Geol. Soc. China，vol. 10，Grabau Anniversary volume，P. iii，1931.

23. A statistical study of the difference between the width-height ratio of *Spirifer tingi* and that of *Spirifer hsiehi*：Ibid vol. 11. No. 4，465—480，1932.

24. and Grabau，A. W. The Permian of China and its bearing on Permian classification. Report 16，Inter. Geol. Cong. Washington 1933. Reprint 1934，1—14 figs. pl. 1. Abs. in Pan-American Geologists，1933. 1934.

25. and Wong，W. H. The Carboniferous of China and its bearing on the classification of the Mississippian and Pennsylvanian：Ibid. Reprint 1934，17 pp. pl. 1. Abs. in Pan-American Geologists 1934.

26. Notes on the Records of Droughts and Floods in Shensi and the Supposed Deciccation of N. W. China Geografiska Annaler 1935，

Seven Hedin，1935.

此外要认识丁先生对于地质学界的贡献，一方面就是关于西南调查的结果，还待整理他的遗著；另一方面是他人根据他采集的化石研究出版的文字。丁先生对于研究古生物学提倡最力。在地质调查所归他主持出版的《中国古生物志》前后已印八十余册，其中根据他所得的材料的也有十二巨册。这也不能不算他一种极有价值的功绩。

丁先生对于明末那位徐霞客先生，推崇备至。他做的《徐霞客年谱》也算一部精心结撰的著作，不单是表彰先贤，对于地理方面，也有重要贡献。原来丁先生和徐霞客确有不少相似之点：一生不避艰险，两人相同，是第一点；霞客游迹遍国中，尤以自崇祯十年至十三年湘桂滇黔之游为最久，丁先生前后人云南凡三次，入川黔桂亦各两三次，是第二点；霞客穷长江潇湘郴漓诸水源，和其他地理学上的贡献，可和丁先生对于西南地质学上的贡献先后媲美，是第三点；最奇者，徐霞客携和尚静闻同行，而静闻遇病卒于南宁，民国十八年丁先生组织西南调查队携赵亚曾诸君同行，而赵君遇盗卒于云南，是第四点；徐霞客于静闻死后，遵其遗言，携其骨由南宁经黔入滇，凡行一年零二日，始瘗之于鸡足山，丁先生于赵君死后，归葬其骨，复亲任其子教养，行必与俱，以至终身，两人的义侠，古今罕比，是第五点。霞客和丁先生虽不同时，也真算得同志了。但丁先生的推崇霞客，还有别的用意：他一面是为外国人常说中国学者不能吃苦，要借他一雪此言；一面要借一个好模范来勉励一般青年去做艰险的工作。他的《徐霞客年谱序》说："今天下之乱，不及明季，学术之衰，又复过之。而青年之士，不知自奋，徒借口世乱，甘自暴弃，观先生之风，其亦可以自愧也乎。"这才把他的主意说明白了。后来他最高兴的一件事：就是他有一种权利可以公然夸奖中国的青年如何勇敢，又如何尽职，像赵亚曾君在云南遇盗，王恒升君在满洲里被扣等事，虽然说来还带几分沉痛，但他总是称道不绝口的。这就可以见得他奖掖后进之如何努力了。

当初丁先生还有一个志愿，就是要把全中国百万分之一的地质总图尽先制成出版。记得他当时对我有几句豪语：这件事有两三个人可以担任得了的，就是由北至南，一人走西路，一人走东路，还有一人走中路，不出数年，便成功矣。他自己想担承的，当然是比较艰难的西路。我当时只是钦佩他的豪爽和勇敢，也只有丁先生敢说这句话，只有丁先生说这句话可以毫无愧色。后来虽因环境关系和他种研究问题，不能集中力量到这方面去，但照现在的趋势，我想中国的地质总图迟早要在万国地质总图里占一重要位置，使丁先生这个最初志愿完全达到为止的。

我和丁先生初次在北京见面，是前清末年，即民国的前一年。那一年，丁先生初从欧洲载誉归来，只不过二十四岁的一位少年，一副英英露爽的眉宇，和一种真诚坦率的态度，一见便知道他是一位才德兼优的人，已使我拨动了一种相见恨晚的情绪；何况那时候在中国要觅一位地质学界的朋友，远不像现在那样容易，也许还没有第二人，所以这一次会面，在我个人一生中，是最有意义的，也最不能忘记的。后来聚散离合，原是人生常事，但总想不到他今年还不到五十岁，竟匆匆的一去不复返了！我真要怪他：何以他只会弥补自己的缺憾，偏要使他的朋友对于他常常留着感想中无限的缺憾，这也真算得是他的缺憾罢！我还曾经向丁先生留下一个诺言，说：待你到五十岁那一年，我要写几首诗，恭恭敬敬的送给你。但是他竟等不到接受我的诺言了！我只好衔辛带酸的写几句挽语，留作我对于丁先生永远的追忆！

认责任内无处可放松，治学然，治事亦然，识君以来，始信自强在不息；

数交游中惟真最难得，能让易，能争非易，从今而后，几疑直道与偕亡！

（载 1936 年 6 月《地质论评》第 1 卷第 3 期）

追念丁师在君先生

李学清

《地质论评》为纪念丁在君先生发行专刊，崇德报功，礼也。丁先生之才德学问，中外报章，腾布已广，毋烦赘辞。兹所写者，仅就作者个人之所受知于先生，及先生曾为国立中央大学地质学系所擘画者，追述一二，借作纪念而已。

前清宣统三年，余肄业于上海南洋中学，其时丁先生甫自欧洲归，即经校长王培荪先生聘请担任化学及西洋史等教课，并加地质学入门一课。当时作者不知地质学为何物，经丁先生讲解后，颇感兴趣。时校中设备缺乏，丁先生即以日常所见者教之，如言"夏天阵雨之后，马路上之泥土，为雨水冲洗，石块露出，此之谓侵蚀"。其因地施教类如此。余之有地质学智识，实自此时始。

民国元年，丁先生任职于北京工商部。二年夏工商部设立地质研究所，招考学生三十人。余此时适毕业于南洋中学，报名投考，幸获录取，即就道北上肄业焉。当时教地质功课者，除丁先生外，尚有章演群与翁咏霓二先生。

民国五年夏作者毕业，丁先生命至其办公室，问曰"汝喜作野外工作抑喜作室内工作?"余答曰，"因身体不健(时作者多病)愿作室内工作"。丁先生曰："吾将派汝至安南，从法人研究植物化石。"盖研究化石，为比较的室内工作也，但作者卒因体弱，不果行，后即在调查所担任内部工作。民国九年，作者身体较健，向丁先生重提出国研究之事。丁先生曰："汝可去研究矿物。"至十一年冬，作者赴美，遵丁先生之命研究矿物学。至十三年冬回国，其时丁先生在名义上已脱离地质调查所，改任北票煤矿公司总经理职，追后又任淞沪总办，故见面甚稀。十七年冬，作者赴两广地质

126

调查所任事，十八年夏至南京国立中央大学担任教职，此数年中，与丁先生见面之机会更少。

民国二十三年夏，丁先生任中央研究院总干事职，于是见面之时又多。每次见面，丁先生必询问中央大学地质学系情形甚详，如功课教员等等。作者即商请丁先生担任普通地质学课程。丁先生云："担任功课甚愿，惟目下初到院，诸事甚忙，俟明年（二十四年）有暇，当来系担任。"作者乃请丁先生作学术演讲，又以有福建之行作罢。

二十四年春，丁先生代中大约定李承三君为地质学系教授，作者闻之甚喜，因李君为余旧识，在两广地质调查所同事时，深知李君艰苦耐劳，作事不苟，诚为中大得人庆也。至五月间丁先生又约定奥籍贝克博士（Dr. Becker）来地质系担任功课；同时广东中山大学亦拟聘请，于是两校争聘，几费周折，卒由丁先生设法为中央大学聘得。十月间丁先生又代为请定马廷英先生为地质系兼任教授。中央大学地质学系成立已五六年，名教授至难得，经丁先生之多方罗致，以至有今日者，诚幸甚也。

去年暑假时，丁先生约余至其办公室曰："欲培养中国地质人才，当先有健全之地质系，广东中山大学地质学系太远，北京大学地质学系，因目下时势与环境，将来结果如何，不得而知，中央大学地质学系，地位优越，正可办到尽善尽美之境，如有难题，余可帮助解决。"余见丁先生如此热心，心甚喜悦，又以丁先生之才干与学问素极敬佩，谨愿将主任一职，请丁先生担任，而丁先生坚不允，后请丁先生为名誉教授，以便随时请教，丁先生乃允之。

暑假期内，丁先生又请中央研究院地质研究所李叔唐、喻次元二先生，率领助教三人，至茅山实地指示调查地质方法，李、喻二先生于盛暑之时，慨然允许指导，两可感也。

去年暑假后，系中每有系务会议，丁先生必亲自出席，详加指示。系中课程，有时因乏相当教授，致重要功课，不克充分发展，未切实用，亦有欲就所教范围酌量扩充，钟点又稍嫌过多。此等事实，势所难免，恐亦为各校所常有。在第一次系务会议时，丁先生即将课程修改，而人亦无不乐从者，非先生之热诚毅力不至此。

丁先生之教地质学，颇重野外工作，而野外工作最重要之仪器为罗盘仪，丁先生首先调查系中所有罗盘仪之数目，认为不敷应用，即向中央研究院物理研究所定制 Brunton 罗盘仪二十个，每个价五十元，较之舶来品，价廉一倍有余。

丁先生于赴湖南时之前数日，嘱余拟定野外实习计划，每年级分短期与长期两种，短期当日来回，长期约三四星期，计划甫拟定，而丁先生已不及见，并不克藉丁先生之力，限期实现，诚所深惜。但作者仍当设法使之实行，以完成丁先生之遗志也。

丁先生教书与做事，一以实事求是为归。尝自述在北大教书的经验与方法，并望吾人用同样方法以教学生，欲每个学生得到实在的益处。并云训练学生，应从第一年级起即严格训练。本学年之普通地质学，由作者与袁见齐君担任，即参用丁先生之方法，所得成绩确属不弱。现一年级之学生，除得到地质学上应有之智识外，并能在野外作地质图，剖面图，及路线草图等。如是训练四年，至毕业时而不能作地质工作者，吾不信也。

总之丁先生之为人，态度坦白，处处为公，出言直爽，作事热心，已为一般人所公认，毋庸赘述。有时作者遇事不能决，商之于丁先生，无不立刻决定，其脑筋之灵敏，判断之准确，为世所罕有。今丁先生已不幸而长谢矣，而中央大学地质学系，正在丁先生指导之下，以谋各事之发展，今骤失此善良之导师，是中央大学地质学系之不幸，亦全国地质学界之不幸也。

（载 1936 年 6 月《地质论评》第 1 卷第 6 期）

《丁文江先生纪念号》编后

谢家荣

丁师在君先生是地质学的大师，中国地质的创造者，他在事业上学术上的功绩和贡献，已由章师演群及李学清、黄汲清诸先生在本刊里说得狠清楚，毋须编者在这里赞辞了。以这样一个大师，竟溘然长逝，不克见到他所手创事业之发扬光大，这是如何遗憾！而在整个地质学术上说，又是如何重大的损失！

丁先生对于地质学是具有全部的兴味的；倘使我们将丁氏发表论文，仔细检讨，就可知道他对于任何部份——地层古生物地文构造矿产等等，都有重要的贡献。丁氏在中国调查的区域甚广，尤其对于西南如云南、贵州、广西等省，曾测制精密地质图，惜乎天不假年，竟不克亲睹其刻苦经营的精美图籍出版问世。丁先生对于古生物学造诣甚深，在民三地质研究所时代，他就是我们的古生物学教师；他发表的论文里，有一篇是研究腕足类化石的文章。丁先生自始即注意应用地质，他本人调查过的矿产狠多，如川滇的铜，晋直辽热赣诸省的煤和铁，最后还是为调查湖南耒阳煤矿，在寓所中煤毒暴亡。这也真算以身殉志的了。

丁先生的地质智识，虽然如此之博，他却不以此自满，在北大当教授时，还狠努力于矿物岩石的研究。他常常对我说："生平对于地质学没有十分专精的部分（这是他自谦的话），以后想专做水成岩的研究，因为这在中国还是一块未开辟的园地。"后来因改就中央研究院职务，此项研究始终没有着手，真是可惜。

我们抱着"纪念先贤要继续先贤的工作"一语，所以在这个纪念号里发表的文章，多是丁先生生平兴味所在，或研究未竟的各种地质问题。如关于地质构造者有章鸿钊先生所著的《中国中生代初期之地壳运动与震旦运动的异点》，按中生代初期运动，亦即燕山运动第一幕，发动于三叠纪后侏罗纪前，是丁先生在云南见到并最先提出的一个崭新的问题。关于地层方面者有田奇㻞先生之《中国之丰宁纪》及杨钟健先生之《三门系之历史的检讨》。丰宁纪就是下石炭纪，在我国西南及湖南等省特别发育；本纪地层时代的确定和层序的划分都是丁氏之力。三门系是新生代地质中蓬蒂系以后黄土期以前的一个代表名词，经丁先生于民国七年在陕州三门地方最先发现。关于西南地质的文章，本期收集尚不如预期之多，因为在西南做过多次工作的黄汲清、王曰伦诸先生，都尚在野地调查未回；但我们很侥幸得到尹赞勋先生的《云南地质研究的进展》及李捷先生的《广西罗城黄金寺门附近地质》。尹先生将中外专家研究云南地质的经过和结果，做一个总述，其中关于丁先生的路线和贡献，叙述格外清楚。尹先生刚从云南归来，履印犹新，说来自易生色。李先生的文章是一篇关于广西地层上构造上的重要贡献，对于丁先生西南地质的结论上颇多相互印证的地方。纯粹古生物的研究有马廷英先生的《造礁珊瑚与中国沿海珊瑚礁的成长率》，这是马先生多年研究的结晶，全文将由《中国古生物志》发表。马先生于去年衔丁先生之命，独赴琼州海岛，采集珊瑚并观察其成长的状况，可见丁先生对于这种研究，也是非常热心。末了讲到经济地质有叶良辅先生的《研究浙江平阳矾矿之经过》，孟宪民先生的《个旧地质述略》，谭锡畴先生的《四川岩盐及盐水矿床的成因》，王竹泉先生的《井陉北部煤田地质》及编者的《中国之矿产时代及矿产区域》。平阳矾矿研究是丁先生独力主持的，其经过情形叶先生文章里说得很明白。个旧地质调查也是丁先生所发起，承孟先生在刚从云南归来喘息未定的当儿，写一个节略。谭先生是我国的"四川地质通"对于石油盐矿更有深刻的研究，虽然理论方面容或有与丁先生及其他地质家意见不同的地方，但他收集材料的丰富，当为任何人所不及。王先生的《井陉报告》，是一篇详细研究煤田地质的模范作。编者一文里所讲到的地壳运动，有许多都是根据丁先生的结论。在本期里发表的，还有翁文灏和卢祖荫两先生的纪念诗。翁先生在政务丛集之中，还分工夫做这样缠绵悱恻情溢乎词的好诗，一方面纪念故人，一方面为本刊生色不少，真是值得感谢。

丁先生生前是不大照相的，所以在本期里印的几张相片，是异常珍贵的，此外还有一张旅行路线图。丁先生在广西调查的地点，黄先生文章里说得稍欠详细，兹经翁咏霓先生函询桂省当局，才知他研究过的矿产，共有下列各处：（一）迁江县合山煤矿，（二）桂平武宣二县锰矿，（三）柳城罗城二县煤矿，（四）贵县天平山金银铜各矿，（五）富川贺县钟山三县锡矿，（六）贺县西湾煤矿，（七）河池南丹二县锡矿。

这次为纪念号投稿的还有好几位；如张席禔先生的《中国志留纪地层概要及其层位上之比较》，袁复礼先生的《中央亚细亚的冰川》，杨杰先生的《中国近代火山之遗迹》，高振西先生的《喀斯脱地形论略》，这些问题都是丁先生时常与我们讨论的，可惜为篇幅所限，只可留待第四期发表，这是编者异常抱歉的。

最后编者对诸师友为纪念号惠赐鸿文，表示十二分的感谢！

本会丁在君先生纪念基金消息

本会设立丁在君先生纪念基金，前经理事会议决原则三条（见《地质论评》第一期页八七及八八）。后接胡适之先生来函谓：丁夫人已取得保险费全部，第二条办法并无必要，且恐奖学之数过于微薄，为实行奖励研究，以永纪念起见，以所有利息尽数拨用，较为适宜。此项建议，极为正当，当经各理事同意通过，并将原拟原则第二及第三两条合并为第二条，全文如次：

本基金应长久保存，但所得利息作为纪念奖金，对于地质工作有特别贡献者，每年发给一次，共详细办法，由理事会另订之。

纪念基金现已收到捐款三万七千余元，尚有数处已允未到。关于基金委员会之组织及发给奖金之办法，已拟有管理规则一份。照新章，委员共为七人，除前次理事会议定为竹垚生、金叔初、翁文灏、李四光、谢家荣五君并照新章理事长杨钟健为当然委员外，另由理事会加推黄汲清君为委员。

本会西文会志将发行纪念专刊

自丁在君先生不幸谢世，全国人士，同声哀悼，《独立评论》及本刊已先后为之发行纪念专号，本会西文会志第十五卷第一期亦已刊印丁氏遗像及纪念文字。但丁先生为我国地质界之先辈，中国地质学术之开创者，其事业之宏，贡献之巨，罄竹难书，本会为崇德报功，广为宣扬计，拟另发行一英文专卷，现已开始收集论文，预定明年一月五日即丁先生病故之日出版云。

（载 1936 年 6 月《地质论评》第 1 卷第 3 期）

悼丁在君先生

稚　言

丁在君先生五日在长沙患脑冲血逝世了！这是国家的损失，不仅是学术界少一导师！

记得民国十三年冬，母校因为校刊上一篇小文字，闹了罢教风潮。那时我正当学生会代表，主张学校不得开除作文章的学生，要求教员上课。后来校长宣布辞职，丁先生代表董事会来校解决风潮，召集同学在大礼堂训话。他向来以善于辞令著名，他滔滔不绝的说了两小时之久。我那时正是血气方刚的青年，忍不住起立发言。后来风潮解决，丁先生因为我说话是西南口音，他好像对于西南人特别注意，于是约我去谈话。我心目中的丁先生，以为他是一个政论家，从事政治活动的人物。及见面后，才觉出他是一位学者，而且对于青年人很热心，真是可佩。

他说："你是有胆有识的青年，希望你多读书，研究科学。你是西南人，西南蕴藏甚富，正等你们去开发。"后来又谈到由北京到西南去的路线，他拿出一份很精细的地图指给我看。民国十九年他从贵州调查地质回来，我特地去看他，谈到贵州情形，很有无限感慨。他劝我不要羡慕都市生活，应该回内地去。我在天津不觉鬼混多年，一无成就，现在想起来，真愧对丁先生了！

（载 1936 年 1 月 13 日《国闻周报》第 13 卷第 3 期）

悼在君二哥

丁张紫珊

我们的二哥在君已经在一月五日下午五时四十分在湖南逝世了。我们全家属的悲伤哀悼是不能以笔墨来形容的。谁都知道他是有名的地质学者，但如果世界上有一个理想的尊长，仁慈的哥哥，值得敬仰的长者，那末我们敬愿推崇我们伟大的在君二哥了。

二哥有很多好朋友，正如他有很多兄弟，更有很多他爱护的青年学生。记得翁咏霓先生在杭州撞车受伤后，他正病卧在北平协和医院，接着电报时立刻着急得掉下泪来；不多天就不遵医嘱先期出院，赶到杭州去看视了。而胡适之先生在北平得盲肠炎时，也就是他再三催促胡先生延医检视才挽回了急性的险症。不意翁、胡二位先生都还健在，而二哥竟先期作古了！以近五旬的年龄，忠于工作，隆冬岁暮，不辞劳瘁地独自跑到湖南去看矿，谁知竟因这种难能的精神，为一点偶一不慎，以至不起。老天！老天！好人如何这般厄运！好人如何偏会遭殃！

二哥待朋友好，待兄弟更不能仅以"友爱"二字表白之。我们老太爷作古时，四五六七几位兄弟全在稚年，那时二哥也才出来做事。但他毫不迟疑地负起责任，一个个带在身边教养，他的护持是为父兼母的。兄弟们都怕他，但都爱他，从心底里敬仰他；因为他再严厉的时候，仍不免流露他那感人甚深的慈爱的天性。他可以因为你多花了钱而责备你们，可是立刻可以又回过来问还有什么用钱的地方没有？他希望个个学好，个个长进，个个有光明的前途。为着负担兄弟们的教育费，他自己刻苦，他兼职，他加倍写作，他不在乎一切辛苦的奔波。他没有儿女，然而他以所能对自己儿女的爱护，加在我们全家属上。对我们不肖的宽大的原恕，和宽大的荫蔽，是我们只能心领意会的。但是仅仅是短促的四十九年，兄弟们全不能给他一点安慰的时候，天意夺去了我们的明灯，使我们全家属抱憾终天！残酷何如！

二哥不但对自己兄弟们如此，他对他的青年学生，更是和蔼仁慈。他相信中国青年有希望，有作为，他之处处提挈青年人上进的热诚，前年遇匪被害的赵亚曾就是最好的证明。他替赵亚曾捐集了款项教育遗孤赵松彦；到南京就职于中央研究院后，惟恐小孩子疏了管教，决定了非让松彦也转学到南京来不可。然而学校是投考了，却低了一年，他竟化了一黄昏将多念一年书，对青年有益无损的理由，反复讲到深夜。他处处希望能启发我们，不但是要我们听话，更要我们彻底觉悟这么学好，这么求智，他对青年人殷切的期望是在他过去的行为和言论上处处可以看到的。

人人都知道在君先生是学者，但他在早年就做过官，到现在也许还有许多人对他这件行为怀疑，其实他那是真真的一种热心，希望以自己相当地位来将上海的国人地位提高。短短的数月政绩中，他不曾要一个不应要的钱，他曾不用一个任何私人。会审公堂是在那时收回，改为临时法院的；上海北四川路的整条越界筑路，在他那时期，已收回在中国警察厅管理下了；然而租界捕房，竟在国民革命军克复上海纷乱时期中，仍派巡捕去占据了岗位。

他除去学术上的成就外，更有独特的治事能力，可是他政治上的观念是无党也无派的；一生只努力怎样做人，爱人，更怎样爱国家。他绝无嗜好，从不轻易发脾气；他果然是绝顶聪明，更有一个完全科学化的头脑，绝对至诚于工作的精神；他日常的生活是很有规律的，自二十三年旅俄回国后，他决心戒掉了吸吕宋烟，十数年前的衣服，他可以很整洁地穿着自如；工作上任何辛苦，都能忍受。在短短的二十余年事业生活中，他旅行的地方几遍全球，地质的研究工作几遍全国，而半数都是他徒步去考察得的。此次上湖南去看矿时，他夫人正卧病在家，但他也不顾，悄然地一早就跑了。谁知他竟永远地悄然去了！

为他自己的行踪无定，他的家也常常迁居，直到现在，他没有一块私有的地，没有一宅私有的房子；甚至一辆自有的车。在南京，是住家在地质学会中，出房钱，替会里看屋子。刚才络续地置买了一点家俱，希望从此后可以一劳永逸地住下去，围院里的青草尚没有拔芽露青，我们伟大的二哥已经远故在长沙，不能再回来享受一刹那的安息了。他生前预立遗嘱后事须绝对简俭。数十年的事业，只落得数万本图书（已捐赠地质学会图书馆），保寿险的一点儿现款来赡养太太。他清廉的节操是外人难以知道的。提起他的病源来，一个科学家中煤毒也许会被人疑议；实在是他的嗅觉自幼就有毛病，那年在上海撞车受伤的正又在鼻子上，他的嗅觉更不行了。既不能嗅得煤味，又何怪易于中毒呢？他在时，我们并没有觉得他有如何伟大，然而，他去了，我们才觉得他对于我们的印象多深，多大！他的面影更明显地在我们的眼膜前，在我们的四围。我们只能依着这一点渺茫的恋念，努力我们的前程。愿二哥在天之灵，能接受这点我们对过去种种的忏悔。

珊敬书于一月六日晚

（载 1936 年 1 月 20 日《国闻周报》第 13 卷第 4 期）

丁氏纪念基金消息

中国地质学会发起丁氏纪念基金，因各方慷慨乐助，自动捐输，不数月已达四万二千余元，而继起参加者，尚大有人在，具见诸君子对于提倡地质学术之热忱，本会同人，毋任感荷。兹先将截至本年十一月份终之捐款人台名及数目附刊于后，用志谢忱。关于奖金颁给办法，及管理规则等，前经理事会数次函商，已定为每二年发给一次，计洋六千元整，并规定此数之外之利息，捐助北京大学地质系研究院，作为调查研究之用。纪念金委员会委员人选，已经十一月二十八日理事会提出通过为：翁文灏、李四光、章鸿钊、谢家荣、黄汲清、尹赞勋、杨钟健等七位。又关于基金保管办法，亦经委员会决定，交与中华教育文化基金会代为保管。兹将管理规则保管草章等，探录如下：

一 管 理 规 则

一 本会设丁文江先生纪念基金，由本会理事会选举委员七人组织委员会管理之，本会理事长为当然委员。

二 上述委员会自选主席、书记各一人提请理事会查核。任期五年，每次改选三分之一，由未满任之委员选举，提请理事会核定，同一人不能连任过三次以上。

三 以基金所得利息，每二年（民国纪元之单数年份）对中华国籍研究地质有特殊贡献者，发给丁文江先生纪念奖金六千元正，如有余款再捐助北京大学地质系研究院，作为调查研究之用，但每年最多以一千元为限。其管理及支配方法，由奖金委员会及北京大学地质系另定之。

四 得奖人应有下列具体条件：

甲　曾将工作方法及所得结果妥适记录于著作中。

乙　对于地质学之各部份（例如古生物学、矿物学、岩石学、矿床学、地文学）及其密切相关之学科（例如土壤学、地球物理学）有新颖贡献者。

丙　对于中国地质及其密切相关事项有重要工作具有推进功力者。

丁　能专心从事科学研究不分骛其他工作者。

五　得奖人应将所得奖金尽先用于继续及发展其地质工作。

六　应发奖之前一年（民国纪元之双数年）十月由委员会收集候选人之提议，汇总审查。此项提议，出于下列各人：

甲　纪念基金会委员。

乙　本会会员五人以上之连署。

丙　国内重要地质机关。

七　委员会为审查候选人之学术成绩，除委员外，得于必要时约请其他专家，会同办理，仍由委员会负责。

八　审查工作应于十二月间结束，即将当选人名提请理事会核定，如有必要得交委员会复议。

九　纪念奖金于发奖年（民国纪元之单数年）一月五日（即丁先生病故纪念日）发给，并附纪念证一张，亦得于本会年会时行之。

十　委员会应将对于基金投放方法收支数目及审查得奖人经过以及其他办事情形，撰具报告书，提送理事会查核，并在本会出版物内公布。

十一　本章程由理事会通过实行，如有修改之必要时，须经委员会过半数之同意，再经理事会通过。

二　保管草章

第一条　中基会接受中国地质学会之委托，代为经管丁在君先生纪念金。其经管权责，由本办法规定之。

第二条　纪念金本金之保管及投资，由中基会负责处理之，但中国地质学会对于保管及投资方法如有意见，得提请中基会参考。

第三条　纪念金所生利息及其他收益，应由中基会自接受管理之第二年度起，以先一年积存之整数，拨交中国地质学会支配，每年拨付之确数，由中基会根据积存金额与中国地质学会商洽决定。

第四条　中基会应设丁在君先生纪念金特别会计，将单据账簿，独立保存。并于每会计年度终了，造具账表，交由正式查账员查核，取具证明书，附载中基会年报中，以昭核实。

第五条　中基会得按照纪念金每年之毛收入，提取百分之二·五为管理费用。又银行收取之保管费，投资需用之电报费及查账员之报酬，亦由纪念金收入内开支。

第六条　中基会代管此项纪念金，暂以三年为期；代管期间届满后或中途有停止代管之必要时，其结束代管办法之步骤，应依下列各项办理之：

甲　如一方面拟请停止代管办法，须于停止前六个月通知其他一方面，以便筹办移交款项等事；

乙　结束期间应以中基会会计年度终了之期（每年六月底）为原则，但如遇特殊情形时，得由双方商洽酌改。

此项代管办法所定年限届满后，如经双方同意，得延长之。

三　丁在君先生纪念基金捐款清单

截至民国二十五年十月终为止

元

开滦矿务局 …………………………………………………… 7500.00

中兴煤矿公司 ………………………………………………… 5000.00

地质调查所及北平研究院地质研究所 ……………………… 4000.00

中华教育文化基金董事会 …………………………………… 3000.00

申报馆	3000.00
中福煤矿两公司联合办事处	3000.00
华东煤矿公司	2000.00
北京大学	2000.00
刘厚生先生及徐静仁先生	2000.00
中央大学	1000.00
清华大学	1000.00
资源委员会	1000.00
行政院	500.00
颐中烟草公司	500.00
杨树诚先生	500.00
叶揆初先生	500.00
竹垚生先生	500.00
蕢延芳先生	500.00
独立评论社	500.00
金叔初先生	330.00
翁文灏先生	300.00
温鹤孙先生	300.00
徐新六先生	300.00
曾世英先生	250.00
黄汲清先生	240.00
周赞衡先生	200.00
蔡元培先生	200.00
李煜瀛先生	200.00
胡适先生	200.00
叶叔衡先生	200.00
李书华先生	100.00
刘季辰先生	100.00
高梦旦先生	100.00
王云五先生	100.00

李拔可先生	100.00
沈昆山先生	100.00
赵汝钧先生	100.00
孙昌克先生	100.00
湖南地质调查所	60.00
尹赞勋先生	50.00
厦门大学海产生物研究场	50.00
朱庭祜先生	50.00
李麟玉先生	50.00
严鸥客先生	50.00
徐寄顾先生	50.00
谢家荣先生	50.00
王竹泉先生	50.00
李学清先生	50.00
谭锡畴先生	50.00
崔克信先生	50.00
杨钟健先生	40.00
吴霭宸先生	30.00
金仲蕃先生	20.00
周昌芸先生	20.00
钱声骏先生	20.00
方俊先生	20.00
计荣森先生	20.00
容敬源先生	20.00
刘基磐先生	20.00
刘清香先生	15.00
王钰先生	10.00
李祖恒先生	10.00
张遹骏先生	10.00
王晓青先生	10.00

田奇瑀先生 ································· 10.00

盛莘夫先生 ································· 10.00

袁复礼先生 ································· 10.00

张印堂先生 ································· 10.00

张席褆先生 ································· 10.00

涂长望先生 ································· 10.00

冯景兰先生 ································· 10.00

黎照寰先生 ································· 10.00

高振西先生 ································· 10.00

洪绂先生 ································· 5.00

王斐轩先生 ································· 5.00

高子铃先生 ································· 4.00

杨鸿达先生 ································· 1.00

活期存款利息(廿五年七月六日止) ········· 368.04

共　　计 ································· 42,863.04

　　汇交中华教育文化基金会上海保管处(十月三日)42,793.04元。以后如尚有捐款，仍由本会会计代收，继续汇交中基会代为保管生利。

(1936年 《地质论评》第1卷第6期)

本会北平分会与北京大学地质系及地质调查所北平分所联合举行丁文江先生周年公祭纪事

　　一月五日，为丁文江先生逝世一周年之期，中国地质学会北平分会、地质调查所北平分所、北京大学地质学系，特于下午四时联合在兵马司地质调查所图书馆阅览室举行"丁文江先生逝世一周年纪念大会"，除由杨钟健、胡适、章鸿钊、葛利普，分别报告丁氏平生事迹外，胡氏并将赵元任收制之丁氏在广播电台讲演化胶片，以留声机播音。兹将各项详情分志如次。

会　场　情　形

　　纪念会场，设地质调查所图书馆阅览室，北面悬丁氏遗像，及鲜花圈，东面桌上陈列丁氏遗著四十余种，壁上并悬有"丁氏地质区域路线图"，及丁氏遗墨，乃十九年十二月十七日为胡适四十岁生日贺联，文曰"凭咱这点切实功夫，不怕二三人是少数；看你一圈孩子脾气，谁说四十岁是中年"。他如信稿、旅行照片等物，亦陈列展览。参与纪念者：计胡适、谢家荣、孙云铸、杨钟健、王竹泉、章鸿钊、李书华、德日进、葛利普、魏登瑞、华罗琛夫人等五十余人。由杨钟健主席领导，向丁氏遗像致敬礼，嗣由杨钟健致词——略谓：

　　时间过的真快，丁先生逝世，到今天整一周年了。回想去年今天，我们还期待着长沙的好消息。不料第二天早晨，便接到恶耗了。丁先生在地质界及其他方面的功绩，我想大家都知道的很清楚，用不着我来说。我想纪念一个人的最好的方法，莫过于使他关心的有兴趣的事业，发扬光大。我们就是照着这个方向做的。就今天发启公祭的三个机关说，中国地质学会除了本已出版很久的英文会志照常出版外，在谢季骅先生主任之下，我们发刊了一中文刊物，叫《地质论评》。现第一卷已出齐了。北京大学地质系也在谢先生的领导之下，照常进行，不久还要添办地质研究院。至于地质调查所虽说中心已至南京，此间改为分所，但这里一切还照常进行。除几个研究室仍旧外，陈列馆亦照常。所以也是扩充，而不是收缩。就全国地质事业讲，地质调查所仍在翁先生指导下，热烈的进行。其他机关亦然。我今只举一个例子，以概其余。近来还未完结的南岭调查，在黄汲清先生领导下进行，地域占四省之多，参加人员数十位，分为六组，其规模之大，前所未有。这也可说是丁先生未竟工作的继续。至于关于纪念丁先生的工作，我们也做了一些。文字方面，胡适之先生首在其创办的《独立评论》上，出了一专号，文字大半备述丁先生为人的。《地质论评》第一卷第三期出了纪念号，除少数论丁先生为人的文章外，大半为地质工作的报告。现在我们又预备在英文会志出丁氏纪念专卷，包括地质研究文字二十篇，原订赶今天出版，但实在来不及，惟已付印，不久即可出版的。除过文字纪念外，由翁先生主持，在中国地质学会募集一种丁先生纪念基金，现已有四万多元。每两年以利息大部作地质奖金，一小部捐北大地质系，作为研究补助金。这样看起来，丁先生躯壳虽逝，他的精神还留在我们个个人的心目中，而且我信将永远的存留着，与中国地质界将同其不朽。今天公祭的仪式，是很简单的，目的不过表示我们一种景慕的敬意罢了。会场陈列了一些丁先生的墨迹、遗稿、遗作和丁先生地质调查路线图，用以帮助大家对丁先生景慕的热诚。

杨氏报告毕，由胡适致词，略谓：在君（即丁文江）先生是欧化最深、科学化最深的中国人，他的生活习惯均有规律，均科学化，他的立身行己，亦都是科学化的，代表欧化的最高层。他最服膺两句西洋名言："明天死，又何妨；还照常工作，仿佛要永远活着一样"，他最恨人说谎、懒惰、滥举债及贪污等。他所谓贪污，包括拿干薪，用私人，滥发荐书，用公家免票来做私家旅行，用公家信笺来写私信等等，丁先生政治生活与私生活是一致的，他的私生活小心谨慎，就是他的政治生活的准备。他曾说，我们若想将来的政治生活，应做几种准备，（一）是要保存"好人"的资格，消极的讲，就是不要"作为无益"，积极的讲，是躬行克己，把责备人家的事，从自己做起；（二）是要做有职业的人，并且增加我们职业上的能力；（三）是设法使生活程度不要增高，要养成简单生活习惯，准备坐监狱及过苦生活；（四）就我们认识的朋友结合四五个人，八九个人的小团体，试做政治生活的具体预备。在君先生最恨那些靠政治吃饭的政客，他曾有一句名言："我们是救火的，不是趁火打劫的"云云。

胡氏讲毕，由章鸿钊讲演丁氏开创中国地质学之经过，略谓："丁先生一生精力除用于其他事业外，耗于地质教育上甚多，民国初年之地质研究所如此，其后建议北大设地质系亦如此。后来丁先生在北大地质系主持擘划一切。以后他虽到中央研究院任事而于中央大学之地质系，又擘划一切，一如在北大。其所以如此，实因一切工作非一人之力可胜任，而注意于新人才之养成。在此一方面言，丁先生可谓大成功。"云云。

继由葛利普讲述其感想，略称：彼识丁先生远在十六年以前，但能一见如故，即认识丁先生为一富于组织能力之科学家，当时地质调查所甚简陋，而丁氏在恶环境中发展，年有进步，希望中国青年以丁先生为模范，努力进中国于隆盛之域云云。

葛氏讲毕，由胡氏以留音机播送丁氏生前讲演词。丁氏生前曾在中央广播电台，作播音讲演，为赵元任氏收制胶片，共四面，三面半为丁氏讲词，半面为翁文灏先生之介绍词，至五时散会。

（载 1937 年 2 月《地质论评》第 2 卷第 1 期）

丁文江先生传

翁文灏

丁文江先生字在君，一八八七年生于江苏泰兴县之黄桥镇，先生自幼聪慧，十三岁参加科试，即名列前茅，所作试卷，畅论汉武帝开拓西南之功业，对西南所发生之特殊兴趣，似已预示其未来工作之重心，盖其最重要之地质工作，均系集中于滇黔及邻近诸省也。

二十世纪初叶，我国青年因念未来责任之严重，每多渴望留学海外，借求深造，先生于一九〇二年东渡，是时在日之一部份中国侨民，方酝酿革命运动，先生对此种运动，亦深感兴味，惟因鉴于中国当时所急切需要者为从事文化与经济发展之专门技术人才，故复多方设法，于一九〇四年前往英国，抵英之初，即埋头于语言及普通智识之训练，曾在 Lincolnshire 之中学肄业，越三年始进入葛莱斯哥大学(University of Glasgow)之地质系，受教于格里哥莱教授(Professor J. W. Gregory)之门。在入学葛大之先，先生于一九〇六至一九〇七年间曾旅行欧陆，对于法德语言亦得一学习之机会。

一九一一年，先生毕业于葛莱斯哥大学，随即启程返国，船抵西贡，即舍船登陆，旅行于云南、贵州、湖南诸省，并考察其地理地质及人种情形，以为他日工作之张本。

一九一二年，先生在上海南洋中学教授生理学，并于课余之暇编著一《动物学教科书》，内容完善。一九一三年，先生为北京政府之工商部邀任地质科长，当时地质科学在我国尚极幼稚，能作实际工作者更属少数，先生有鉴于此，颇觉有训练青年人才之必要，因即与章鸿钊先生共谋进行。一九一三年七月，地质研究所(学校性质)成立，章任所长，而先生仍以大部分时间从事于野外工作，石家庄与太原间之地质图，即于此时制成，此后对于山西省内之煤铁与黄铁矿，亦曾考察多处。先生早期之地质工作，得梭尔格博士(Dr. F. Solger)之助力甚多，此君为一德籍之青年地质学家，曾在北京京师大学教授地质两年有余，一九一二年，京师大学地质系停办，所有设备全部借与工商部新设之地质研究所，先生原拟聘梭尔格为该所之主任教师，但卒因彼于一九一四年因青岛军事为日本当局所拘留而未果，是时余适自比利时返国，因即被邀在该所任教。

其时先生之主要工作系在云南，彼于一九一四年二月行抵昆明，旋即在素以产锡闻名之个旧，开始工作，当时该地每年所产之锡总值约一千至两千万元，其后屡有增加。四月间，先生返抵昆明，但不久又出发滇东及滇北，行经富民、武定、元谋、东川、巧家、曲靖等县，此外亦曾进入贵州边境，并跨越金沙江而抵四川之会理，此次旅行迄一九一四年冬，始告结束，足迹所至，无不尽量测制地质图，并特别注意各地之矿产情形，旁及当地矿业及冶炼工业发展史料之搜集，同时彼并乘此时机，对于当地土人作成若干人类学上之测量。

先生著有关于矿产之论文数篇，以论东川铜矿者为主，彼于文中力言新旧采矿与冶炼方法之不同，并竭力提倡新法采炼。自十七世纪末叶以来，东川铜矿即为我国铜产之主要供给，关系至为重要，且自是以后，该矿始终受中央及省当局之统制。

一九一四年终，先生返抵北平，地质研究所中之古生物一课，遂由先生担任，盖当时除先生外，尚无其他人选可当此任也。自是以后，彼所注意者，尤为如何增加学生实地工作之时间与机会，原定课程，重行排例，使野外旅行成为必修科目，并扩大其范围，在每次旅行中，均详细指示学生如何观察绘图，及采集标本等事，且任何工作，先生无不以身作则，即余亦因追随调查，颇受其益。师生足迹所至，遍及数省，一九一六年夏，各生复经分别遣赴指定区域工作，并须将调查结果著成报告，该所学生王竹泉、谢家荣、叶良辅、刘季辰君等毕业后，均加入地质调查所工作，该所方于是年夏间改组成立，隶属于农商部，先生被任为所长。

先生坚主地质调查与地质教育，不应由同一机关及同一学者兼任，于是部立之研究所遂于第一期毕业后停办，而于国立北京大学内添设地质学系焉。章鸿钊先生及余均加入地质调查所分别担任室主任，对于课务不复过问。

地质调查所之初期工作，著重于矿产，其主要者为煤铁矿，间亦及于锑矿，对于早期之铁矿调查，农商部瑞典顾问安特生（J. G. Andersson）及丁格兰（F. R. Tegeogren）等颇有贡献，余当时亦曾搜考全国矿产情形，编为《中国矿产志略》一书，由所发表。广大面积之制图，亦于是时开始，《北京西山地质志》附有十万分之一地质图一幅，可作此项工作之例证，该图说明系叶良辅君等所著，然先生实助其成，此外复计划测制一百万分之一全国地质图，并先行刊印第一幅北京济南幅。自一九二〇年起，地质调查所由余襄同筹备，开始发刊《地质汇报》与《专报》，分期刊行，迄今未尝间断。除地质论文以外，对于矿业亦另立专刊，《第一次中国矿业纪要》即系先生与余所编辑，对于民国以来之有关纪录与统计，尽量罗列。

一九二〇年《地质汇报》之刊行，为地质调查所专门著作正式出版之始。第一篇即为先生所著《蔚县广灵阳原煤田报告》并载先生中英序文各一篇。英文序文首引以前德人李希霍芬书中曾言，"中国士人资性聪明，在科学上可有造就，但其性不乐涉跋，不好劳动，故于地质学当无能为"。先生即谓学者风气已大转移，即如北京至蔚县之行，即在严冬，冒风踏雪为之，中国人在地质学上定当有所贡献。要此努力野地查勘之风气，实赖先生以身作则认真倡导而成，迄今追读此文，极足为后辈矜式。

一九二〇年，先生偕梁启超赴欧，乃乘机与各国科学家相晤见，返国时并路经美国一游。彼因鉴于我国之古生物及地质工作尚须加紧进行，乃邀请原任哥伦比亚大学教授之葛利普博士（Dr. A. W. Grabau），于一九二二年来华任地质调查所技师，并兼北京大学教授，此外先生并推荐李四光君往北大任教。先生本人虽未与北大发生关系，然此古生物及岩石学等科之二大教授，皆系先生所罗致，其热心于地质教育与事业于此可见。

此后古生物方面之贡献与日俱增，且性质亦至关重要，先生乃创刊《古生物志》，在一定标准之下，刊行各种有关论文，此一刊物，不旋踵即已成为世界上重要古生物文献之一。

迄一九二一年止，地质调查所办公室均集中于北平丰盛胡同三号，是年先生募款在兵马司九号所建之图书馆落成，地质所之中心遂移于该处，当时地质所之预算极小，以之支付全部职员薪水，尚每感不敷，故添建新屋及印刷刊物，势非借助捐款不可。

先生对于地质调查所之各项事务，固无不躬亲处理，但野外工作，仍未尝厌倦。彼对鲁南峄县煤田，曾详加研究，并代中兴煤矿公司计划测勘工作，其后中兴公司已成为我国最发达煤矿之一矣。先生亦尝往皖南江浙各地调查，著有《扬子江下游地质》专报，由上海黄浦疏浚局出版，在此专报中，先生对于扬子江下游之各种变化，曾加以解释，并对于海岸线之进展速率予以估计。

地质调查所于研究我国主要铁矿之际，所员某君曾于冀北（现为察哈尔之一部）宣化、龙关两地，发现鲕状赤铁矿区，为进行开发起见，乃有龙烟公司之组织，并在北京附近之石景山筹设化铁炉，此一九二〇年事也。及龙烟公司组织成立，先生被聘为董事之一，对于该处铁矿及昌平锰矿之研究贡献甚多。

一九二一年，先生受任北票煤矿公司之总经理，从事开发热河东部之煤矿。为专心致力于公司事务起见，先生坚辞地质调查所所长之职，并呈请任命余为所长，经余婉商，乃聘先生为名誉所长，余以代理所长名义，处理所务。先生任北票矿事后，对于该矿之发展悉心筹划，经两年之筹备，每日产量竟达两千吨以上，揆诸当日之资本与规模，实不能不叹其办理成效之大也。

先生对于徐霞客极为仰慕，徐为十七世纪之中国地理学者，游历极广，其游记至今流传。我国之能察知扬子江真正源流，并对于云南火山现象及广西喀斯脱地形，予以确切之解释者，徐氏诚第一人也。其所记各地形象亦均极周悉，先生曾将徐氏历年考察之结果辑为专书，并为之撰传，另附详图，载明徐氏所曾述及之各种地理情形，于一九二三年脱稿，此后先生并曾致力于军事材料之搜集，著有《中国军事近纪》一书。

为管理美国退还之庚子赔款，乃有中华教育文化基金董事会之设立，先生于一九二四年被推为董事，多所策划，并为地质调查所取得经济上之补助。一九二五年，先生被推加入英庚款之咨询委员会，但该时先生对于国内之政治兴趣正浓，彼因鉴于科学研究与经济建设工作进行之不易，颇觉政治上非有彻底改革不可，先生乃与孙传芳氏发生关系，是时孙氏方任五省联军总司令也。一九二五年，先生被任为淞沪总办。当时上海之会审公廨，大权悉操外国领事之手，先生对于此项法权之收回，曾尽最大之努力。此外，市政方面，卫生机构之创设，公用机构之改组，均出先生之计划，实际上建设新上海市之整个基础，已于此时大体奠定。当时北方之奉军势力强盛，屡欲取得苏、皖，先生则力劝其同僚在自己治内树立近代行政。

一九二六年孙传芳与国民革命军作战于江西，为革命军所败，乃北走天津，求援于奉军将领，先生即辞职而去。是时江苏省长陈陶遗，亦系采取同样态度者也。

先生卸职以后，全家生活颇感困难，幸赖友人之资助，始克维持。经短期修养以后，先生复于一九二八年前往广西，遍游各地，调查锡煤等矿。一九二九年，先生与余合拟一西南各省之地质调查及制图计划，其大部分工作人员即由地质调查所派遣，先生本人亦自领一队，由重庆入贵州省内工作，其用费则系前铁道部孙部长哲生所拨给。另有一队由赵亚曾君领导，自四川之叙州前往云南，但不幸在滇北之闸心场，赵君遇匪被害，此事对先生为一莫大之打击。盖赵君实一最有希望之青年地质学家，研究成绩至为丰富，且为先生所极赏识者也。先生受此打击，深感悲痛。但在贵州之调查工作，仍复进行不辍，并南行至桂省边境，详细观察其富于古生物标本之古生代地层。先生此次之调查工作，实为毕生最精采之一部，其原因盖由于工作方法之成熟，与各地地层知识之增加，而最主要者，仍因其本人当时已决定重致其全力于科学工作是也。是时助理其工作者为黄汲清、王曰伦二君，黄君并单独前进至贵州西部调查。至于测量工作，则有曾世英君为助，若干地点之经纬度，均系曾君所测定。先生从事野外工作约一年后，即返抵北平，对于所制地图及剖面，细加研究，并将其调查地层之结果，与葛利普、黄汲清、尹赞勋、俞建章、计荣森诸君讨论其与古生物学理论上之联系。先生所领导之此项讨论，对于其他科学工作者为一莫大之鼓励，并益使彼等感觉自身工作之富有意义。先生当时曾立意将所有调查云南贵州及广西之地质与古生物材料，重加整理修正，由地质调查所出版。

当此之时，先生对于其他各种研究仍不断进行，川广铁路计划草成以后，即偕同曾世英君等开始《中华民国新地图》之编纂，该图于一九三三年由申报馆出版，以纪念申报出世之六十周年。先生并曾计划编著一自先史时代叙起之中国通史，此种工作迄未完成。先生另有一文论中国文化之产生，在陈衡哲氏《中国论丛》中发表，此文说明中国文化及知识实随时代而进步，一般旧派见解认为中国之成就悉在古代，与事实并不相符。此外彼并企图对于中国人种之体格，作一比较研究，所用材料除本人搜集者外，并罗致他人材料甚多，已据以作成若干比较表。盖先生于努力地质工作之外，并愿于中国人种及史理皆设法奠定科学的基础，虽时未能及，而意则甚诚也。在此时期，先生并涉猎社会政治名著，对于德、苏两国之要书，尤颇得梗概。

一九三一至一九三四年，先生任北京大学教授，担任地质学通论之讲授，在此课程中，彼充分使用中国地质实例，借以解释各种侵蚀沉积火山地震诸现象。先生并亲自率领学生作野外旅行，所有地质问题均就地商讨。当时任助教者如高振西、赵金科二君，均深受其感动，决心继续致力研究工作。

一九三一年九月，东北事变发生以后，长城以内亦叠受威胁与骚乱，当时住居北平之一般爱国人士，目击时艰，无不忧心如焚，咸感对于时局真象有确切明了之必要，且一般舆论亦正需要公正之领导，于是胡适先生等乃创办《独立评论》周刊，先生为撰关于日本政治财政之论文多篇，均经陆续发表。此外该刊并于一九三二年六月至一九三四年一月间，登有先生之《漫游散记》，内容述及第一次云贵之游，以及旅行太行山、个旧锡矿、东川铜矿及观察滇省及川南之土著所获之印象，并对金沙江亦略加叙述。在此散记中先生力避谈论地质，但其价值并不因此而减，盖其对于各种地形矿业以及人种等方面透澈精辟之观察，殊不可多得也。

一九三三年，先生赴美参加在华盛顿及纽约举行之第十六届国际地质学会议，并提出论文两篇，根据我国最近观察之结果，讨论石炭纪与二叠纪地层之分划，以与他国典型剖面相比较。会议完毕以后，先生复前往欧洲，至英访其母校葛莱斯哥大学，至瑞典访晤其旧友安特生，并至苏联以大部时间研究地质构造与工业发展。先生在苏联时，得该国科学院及地质矿产测勘所之热心匡助及派员引导，历往巴库油田及其他富有科学及经济兴味之处所参观。先生《旅苏游记》之一部，曾在《独立评论》发表。从其游记中，可知先生对于苏联方在进行中之伟大改造及建设事业，印象极深，并对与此类工作之卒能完成，深致赞美。盖多数工作在开始初期，均须有相当之牺牲，而其结果则莫不于全国永久之福利有所贡献也。此外先生亦尝为文刊诸天津《大公报》，主张国家应力求统一，经济建设应受政府统制，以及政府应有坚强政策以求建设，虽不得已而以丧失领土为代价，亦所不惜等等。其结论亦尝明言徒有表面之经济建设，决不足恃，必须先有一坚强之政治基础。欲立此基础，则须得具有近代智识及判断力之人才，以诚意及决心，努力实行。此为先生临终以前所抱之志愿，经游苏观察而益为坚定者也。

先生返国以后，即应中央研究院蔡院长之聘，任总干事，先生将北大课务结束后，于一九三四年夏，至南京就任新职，其在院中工作，颇为蔡院长所信赖，并极得诸同人如傅斯年君等之协助，自此以后，先生乃移居南京。

中央研究院为先生最后服务之机关，到任伊始，即设法减缩一切普通开支，并将预算重行分配，以期适合各研究所之实际需要，彼并特别推进西南人种语言及沿海生物之研究，中央研究院评议会亦因先生之力而迅速组成，其构成份子均为中国之著名科学家，每年开会一次。

先生任职中央研究院时，为尊重学术机关起见，竭立避免在其写作中发表任何明显之政见，个人亦完全停止有政治意义之行动，但对于中国科学工作之改进与协作，则无不竭尽最大之努力。同时彼并设法了解中央研究院各所工作之特征与方法，以便更谋组织上之改进，化学研究所即在此时改组，由庄长恭君但任所长，此外先生对于工业上之研究，亦绝未忽略，如倡导浙省矾矿之试验是也。

同时先生对于西南土人之语言，亦颇致力研究，所著之《爨文丛刻》，即系收集土人之文字加以汉文释义，于一九三五年出版。

一九三五年，地质调查所迁至南京珠江路，购地建屋，规模校为宽敞，期以造成中国地质材料储藏推究之基础。中国地质学会新屋亦已落成于南京峨嵋路，先生即寓居其中。其时先生拟为中央研究院总办事处建造新舍，俾对各所事务更易管理，且亦可将散置各所之图书集中一处。

一九三五年十二月间。铁道部委托先生查勘湘潭煤矿，以为粤汉铁路供煤之用，同时教育部亦请先生在长沙附近，覆勘清华大学校址。先生应命前往，并开始研究湘潭衡山地质，不料在衡阳时，竟中煤毒，当即由粤汉铁路工程局派人送至衡阳医院治疗，余曾自南京飞往省视，旋又移至长沙湘雅医院诊治，然因受毒已深，医药罔效，于一九三六年一月五日溘然长逝，享年四十有九。

先生所任职务，除以上所举者外，尚有中国地质学会会长、伦敦地质学会外国通讯员、地质调查所新生代研究室名誉主任、《古生物志》总编辑、南开大学董事及协和医院董事，同时先生亦为资源委员会委员，及钢铁公司筹备委员会之常务委员。

此传之作，甚感材料不足，遗漏在所难免，因先生之兴趣甚广，其在科学经济行政及政治方面之活动亦甚繁复也。本文之用意，不过略示轮廓而已。先生才识敏捷，故对于任何思想与事实之要点，均能迅速把握。先生为一真诚之爱国者，并极富热诚，凡所任事，无不尽力以赴。先生对于后进青年之鼓励，亦复无所不至，在其领导下之青年，每能立定意志，从事一生之事业。先生信仰科学至笃，凡一切不合科学之思想及方法，均极端轻视，因此先生从不请教中医，即在旅途中患病、亦绝不破例也。先生性极富政治兴趣，但不盲从任何主义，彼所坚决主张者为政府应为有良心及爱国心之好人，此种"好人政府"之思想，为先生及胡适君于一九二二年所提倡。所谓好人者，先生之解释亦甚注重廉洁及品格。此点先生奉行维谨，故身后遗产仅有数千元之存款，其夫人之生活尚须依赖保险费之收入也。

先生之语言天才甚高，彼之富于兴趣与热心之态度，使中外人士均极愿与之交往。先生对于科学方面之写作，极为审慎，除非全部已确信无疑者外，绝不轻易发刊，因此先生所搜集之地质材料，大部份均未发表，而此项材料多远较其已发表之初步报告为佳，其所以迟不刊行者，一部分之原因亦由古生物方面之研究未能竣事之故。在此情形之下，甚盼先生之友人能将其野外调查纪录图稿及剖面，细加研究并整理之。

先生一九一一年结婚，妻史氏久元，无子女，有一兄五弟。其遗嘱系在死前一年所立，内中说明所遗之金钱财产均分赠其五弟，其妻之生活费，则取给于保险费之收入。至于书籍，则捐赠地质学会，彼并希望死后一切从简，营葬处应在逝世地点，面积不应超过半亩。凡此各点，均经照办，故先生之墓地即择在长沙岳麓山之左家坝焉。

附　记

先生一生工作繁多，无暇用力于诗文。然偶尔为之，即见其天才之卓越，例如《努力周刊》中，先生曾与张君劢先生为科学与玄学之论战，先生维护科学，论列至足动人。兹并录先生诗句数首于下，所云"出山要比在山清"，亦足见先生立身之素志也。

秦王岛怀胡适之（一九三一年）

留君至再君休怪，十日留连别更难。

从此听涛深夜坐，海天漠漠不成欢。

其二

逢君每觉青来眼，顾我而今白到须。

此别原知旬日事，小儿女态未能无。

宿半山亭（一九三五年）

延寿亭前雾里日，香炉峰下月中松。

长沙学使如相问，好景如斯能几同。

麻姑桥晚眺（一九三五年）

红黄树草争秋色，碧绿琉璃照晚晴。

为语麻姑桥下水，出山要比在山清。

（载 1941 年《地质论评》第 6 卷第 1、2 期第 181—192 页）

丁在君先生逝世五周年纪念会

地质界先进丁在君先生不幸于民国二十五年在湘误中煤毒，病故长沙，至本年一月五日正是五周年，是日中国地质学会特假北碚经济部中央地质调查所礼堂开一联合纪念与演讲会，渝碚地质学会同人及丁氏生前友好到场参加者，会员朱家骅、李春昱、侯德封等四十余人，来宾顾毓琇、胡石青、傅斯年、王家楫、顾毓瑔、吕炯等二十余人，首由主席尹赞勋致开会词，略云民国二十四年十二月丁先生应铁道部之请，到湘潭调查煤矿，并受教育部的委托在长沙附近代勘清华大学校址，事毕转往衡阳，准备到耒阳看煤矿，不幸在衡阳旅次误中煤气，即回长沙医治，医药无效，于二十五年一月五日在湘雅医院逝世，到今天正正五年了。

丁先生的学问事业方面很多，对地质学的贡献尤大，他是地质学会的创立会员，是第二任理事长，并连任理事多年，推进地质的功劳，没有几个人能比得上他，今天地质学会举行这个纪念会，一方面表彰丁先生的功绩，一方面激励后人继续努力，以发扬丁先生开创的大事业。

丁先生早岁留学日、英，归国后服务工商部、地质调查所、北票煤矿公司、中央研究院等机关，一生致力的方面很多，生物学、地质学、地理学、人种学固然造诣甚深，他如政治、财政、医学、文学也都有深切的认识，至于作事注重观察，待人接物态度诚恳，与对人对事的认识清楚，尤表示丁先生人格与学问之伟大。在座各位或是丁先生的老友，或是他的同事，或是他的学生，或是他的属员，对丁先生都有深切的认识，希望各位在今天纪念会上多多发挥丁先生治事治学的方法和他那伟大的精神，使今后学者，知所效法，从事发扬光大，使丁先生的精神充满中国地质界，中国科学界，这就是今天举行纪念会的意义。

中央研究院朱院长家骅演词：丁在君先生去世已经五年，他一生的事绩和贡献，已由主席报告过，现在我想补充的，约有两点：第一，我们通常总以为没钱不能作事，而丁先生当时在北京政府下办地质事业，既没有钱，又没有人，一切全靠自己努力，从地质研究所，到地质学会及地质调查所，费钱很少而成就却很大，所以没有钱不是不能够作事，而有钱也不一定能够作事。第二，丁先生对于何人都肯尽力提携，无论是学生、同事或朋友，他均愿意扶导帮助他们成功，例如李承三先生往欧洲之前，并不认识丁先生，可是丁先生在欧洲遇见他后，就屡次帮助他的学业，归国后又介绍他到中央大学任教。我们纪念丁先生，要能够继续他的此种精神。

中央研究院历史语言研究所傅所长斯年演词：丁先生是具有多方面才能的人，在政治方面，他有他的见解，敢作敢为；在学术方而，他办中央研究院很成功。他能以理智引导感情，克服成见，战胜物质。丁先生没有私心，没有党派之见，助人不望报，而以全副精神用在事业上。丁先生生活非常朴素，可是他有他的标准，凡是不妨害事业而能够享受的，他就主张尽力享受，但是他在野外工作时也能够吃别人所不能吃的苦。

河南参政员胡石青先生演词：本人与丁先生交友甚久。丁先生曾劝本人多读书少说话，本人这个缺点，只有丁先生说过，别的朋友或者不知道，或者知道也不肯当面说。后来本人因入狱有了十六个月的读书机会，而能实行丁先生多读书少说话的劝勉，可惜本人出狱后就未获再见丁先生，不能告他说我已经听了他的话。今天在丁先生遗像前，我行个三鞠躬礼，希望他在天之灵，可以知道。

王曰伦演词：今天我是第一次有机会参加丁先生的纪念会，所以我感觉特别悲伤。关于丁先生的一生事业，主席已经报告过，诸位亦都知道的很清楚，现在我要说的，仅关于丁先生在野外实地工作的几点。丁先生在野外调查时，对于青年同事，则诲而不倦，对于工作，则以身作则。民国十八年丁先生偕曾世英及本人从重庆出发到贵州，天未亮，就要起身，天黑然后宿店，每日所获材料，每日必须整理完竣。当时我是第一次作此种工作，丁先生则不惮烦劳，予以指导。丁先生生须长背驼，人皆以老先生称之，但其吃苦的精神反较青年人为高。

丁先生工作认真，有一次他做观音桥到松坎一段的地质剖面图，因冬天日短，没有做完，第二天他自己便又回松坎以北继续工作，图做完后，才赶到七阵溪与大队会合。

丁先生对于工作进行，是有计划的，每日有一定的路线与站头，绝不因风雨而改变或停止。丁先生能认识人，并且认识后能立刻给一相当的工作，我们当时带有一个测夫，叫孙得霖，在桐梓时丁先生发现他颇近于测量，就立即使之学习，后来孙君成绩，果然很好。丁先生是一个首领人才，短处不能说一点没有，长处却实在太多，我们后人应该极力效法，使他的优点发扬光大。

继由黄汲清介绍丁先生遗著图稿，择要一一加以说明。

最后由杨钟健演讲"许氏禄丰龙之采修研装"，对于此次云南禄丰龙之采掘修理研究与装陈，杨先生有很详尽之发挥。演讲完后，主席遂报告闭会，并领导来宾分别参观丁氏遗著及许氏禄丰龙全部陈列。

（载 1941 年《地质论评》第 6 卷第 1—2 期）

追忆丁在君先生(诗)

翁文灏

忆君逝在十年前，亲自探煤湘水边。

为助粤汉通脉络，不辞勤苦冒风烟。

麻姑桥畔留佳句，（君旅途诗有句云：为语麻姑桥下水，出山要比在山清。）南岳游踪达顶巅。

不谓炭气终宵毒，竟使长城一旦捐。

忆君生平爱国家，奋愿努力救中华。

励志刷新劝后辈，专精前进比骝骅。

太息曾闻反帝制，和平曾经随星槎。（袁氏称帝时，君欲毁地质矿产报告，免为使用。第一次世界大战后，君往欧洲历观各国政制。）

博识足能通今古，壮志从来辨正斜。

忆君痛惜政象衰，又畏阽危外侮来。

坐视衮衮多昏愦，徒教戚戚自悲哀。

努力图维兴实业，（君对中兴煤矿、龙烟铁矿、北票煤矿多所策划主持。）用心接纳访贤才。（君于同辈如胡适之、傅孟真、李仲揆、徐新六、顾湛然、钱乙藜等，多相器重，又与陈陶遗、刘厚生、陈公洽等互相交契。）

愿尽一世驰驱力，以挽民生疾苦灾。

忆君奋志立事功，欲就实政树良风。

沪渎殷勤劳抚字，市政创始绩崇隆。（君任淞沪总办，勤政爱民，创立市政。）

为因大局沧桑变，未竟英贤平治功。

翻然志趣改方向，锐意欧邦新政通。

研读西儒资本论，更证苏联气象新。

炉火纯青振冶炼，宝藏兴启竭艰辛。

从此坚信振弱国，须赖精励尽天真。（君游苏联归后，深信必有坚贞，不拔之诚方收起死回生之效。）

决计鞬掌馨志力，以拯邦家回天钩。

无如志坚运不良，环境阻君徒徬徨。

幸君自有才与识，究留成绩盛堂堂。

学成归国经滇黔，精研人种与封疆。

复从地土分品质，借识资源与矿藏。

嗣长地质驰声名，建立图规与书城。（君长地质调查所，始制地质图并募款设图书馆。）

亲携斧锥凿山石，远涉江湖越太行。

川黔桂省勘路径，古中新期判分明。

精勤用力先路导，新颖欣看后起英。（君所作育如谢季骅、王云卿、赵亚曾、黄汲清、高振西诸人，皆精研学术，绩效昭然。）

推广范围费琢磨，更向史地加网罗。

考古矢诚助发掘，著书立说莫蹉跎。

仰韶初见陶器盛，殷墟采来甲骨多。

凡此丰盈邃古迹，皆是热诚倡导歌。

正在锐意治学时，忽闻鼙鼓动东夷。

辽阳奇劫成沦陷，幽燕震惊更伤悲。

顿使专学勤修士，改作大声疾呼辞。

务保宗邦全土计，勿作江山半壁持。（九一八后北平同人创刊《独立评论》，君贡文颇多。）

庙堂虚己延亮畴，驰电相邀救国谋。

望君经济奠国本，任君铁路利遨游。

正待良材支华厦，何期夭折长松楸。

综君际遇多波折，风浪前汹逐后汹。

我与君交廿余春，直谅忠贞是完人。

宏议高谈见壮志，矢勤守信持终身。

时艰未许展怀抱，仓皇劳碌累风尘。

红泥碧草长沙侧，追思往事泪沾巾。

（载 1946 年《地质论评》第 11 卷第 1、2 期）

第三辑

《丁文江传记》初稿

刘　垣[①]

叙　言

予认识丁文江，约在一九一四——一九一五年之间，文江之逝世则在一九三六年的一月。文江年龄比我小十四岁，殁于湖南长沙的湘雅医院，死时的年龄还不到五十岁。他在未死之前三年即有遗嘱，要死在哪里就葬在哪里。他葬在长沙的岳麓山，是照他的遗嘱执行的。

我于文江死后到长沙送葬，他生前知友特地来会葬的人很多，大家说文江对于社会贡献极大，应有人把他的著作搜集起来。文江是地质学家，当时决定所有关乎他地质学术之著作，由翁文灏负责搜集，陆续出版。一九四五年抗日胜利之后，我在上海晤到文灏，他说文江的遗著多数由地质调查所陆续出版了。另有一位朋友对我说，除地质的著作外，应该另外做一篇文江的传记，我很有此意思；但文江生前有某一时期的行为我是不很了解，而你比我清楚得多，应该由你赤裸裸地写下来，然后再把我所知道的凑合在一块儿，他的传记不是就可以完成了么。这位朋友又说，文江在某一时期的行为我是不以为然的，其他有几个朋友亦不以为然，但是他现在已经死了，我们后死的朋友不必替他隐瞒，是非毁誉应该听后人的公论。我说，你这话对极了，批评某一人行为的是非，应该把那一时期的环境来对照一下，才能下公平的裁判。我当时答应在可能范围内一定把我所知道文江的事迹完全写下来。但光阴迅速，文江之死已逾十四年，我已老

---

① 刘垣：字厚生，江苏武进(今常州)人。1913 年 10 月任工商部次长，11 月任农林部次长。工商部与农林两部合并后仍任次长。

得不成样子，若再蹉跎，不免辜负死友了。

文江从英国留学回来起，直到他死时为止，短短的二十余年中，他的经历大概分为三个时期：第一个时期是主持北京农商部地质调查所，第二个时期是主持北票煤矿公司，第三个时期是主持中央研究院。我所最明了而可以写得出来的即是某友所希望我写的第二时期的行为，但是作文的次第不能不从头说起。

第一节 地质调查所之产生

我于一九一三年（即民国二年）十月到了北京。那时候北京政府有一个工商部、一个农林部，后来把两部并成一部，改称农商部，张謇做总长，我做次长。部中原有矿政司司长张轶欧是比国矿科大学毕业生。他以前在南洋公学（即交通大学前身）读书，我教过他国文。他见我之后，很兴奋的对我说，你来做次长好极了！我是学采矿科的人，极希望中国矿业发达。但是我国究竟有多少煤矿，多少铁矿，及其他金属矿，外国人来调查的很明白，并且有著作，我国自己完全不知道，所以中国政府最重要的设施应该赶快设一个地质调查所。可是说起来太可怜了，我们现在的国立各大学校连一个研究地质的学科都没有，那懂得地质的毕业生当然很少的了。现在最要紧的就是在农商部设一个地质传习所，把各大学校矿科学生或程度相等的学生调到传习所来，一面上课受教练，一面由教师轮流携带出外，到各处为调查地质的实习，以树立办矿的基础。你到部做次长，我唯一希望能将此事办到。

张轶欧又说现在留学外国研究地质回来的有两个人，一个是章鸿钊，一个是丁文江。还有一个在比国留学不久可以回国的是翁文灏。鸿钊已在农商部办事，文江则在云南调查地质。[①]假如短时期内能成立一个地质调查所，我拟推荐丁文江做所长，他的地质学相当的好，而又十分干练，十分热心。于是我的脑海中，开始有了丁文江这么一个人的印象。

我受到张轶欧这一个冲动，就催促轶欧连夜编制地质传习所的开办经

---

① 胡适在此处画了一个问号。——编者

常两种预算，短时期内就提出国务会议通过。可是在那时候的财政状况之下，要想拨款就遥遥无期了。

我在北京农商部做了三个月的次长，可以说什么事都没有做。我所注意的就是依照张轶欧的计划，用种种方法筹到五万元一笔款子，作为地质调查所的开办经费。在一九一四年的一月底，忽然得到上海电报，知我母亲病重。我母亲已整整八十岁了，电报上说病重，谅必凶多吉少。我接电时在中午，遂决定次日天明以前趁车赴津，再在津趁津浦快车回到上海。我对于部务什么都没有留恋，我得电之后即已准备，无论我母亲病情如何，决不再到北京做官了。所以在动身之前向张謇微露此意，但郑重向张謇谆嘱设立地质调查所之重要，无论如何不可被人破坏。得到张謇的允许，我始放心动身。但我到上海时，只能看见陈尸待殓的母亲了！我做三个月的官，没有使我高兴的事，而因此一行不得亲自送老母的终，心中当然非常懊丧。但唯一的安慰即是希望成立一个地质调查所，就算不虚此行，而脑海中所牵记的，不知丁文江究竟是怎样一个人物。

第二节　我与丁文江相识之后

我何时第一次与文江会面，在什么地方谈过点什么话，我因年老之故，完全记忆不清了。我在初次与文江识面谈话时，似乎并未感觉到他有惊人出众的知识与才能，但日子愈久愈使我钦佩。我与他十次八次晤谈之后，我方始觉得他常识之丰富。任何一件事情，他都能彻底了解，谈起来头头是道。他什么都很留心，什么事都要研究。他的记忆力极强，他的判断力极速。他有组织的能力，他有管理的天才。他能以科学的知识处理日常的事务，他能以科学的眼光观察时局的推移。他对于部下以严厉的态度，责成其效力，以宽厚的待遇关心其生活。他兴趣极为广泛。他留心教育，尤注意青年之发展。他亦留心时局，尤希望政治之清明。我最初视为泛泛的朋友，渐渐知道他是不可多得的益友，后来我心中竟认为他是我的导师了。

这并不是我个人阿私所好。与我年龄相等的梁启超，他交游极广，信徒极多，有坚强的自信力，但亦有坦白的从善心。自与文江熟识，屡次谈论之后，有时会无条件跟着文江走同一路线。

文江主持农商部地质调查所之后，调查所的成绩举世公认，不在我叙述范围之内。但文江的兴趣并不专注于地质。一九一八年第一次欧战结束后，我国社会名人曾组织一个视察团，以梁启超为领袖，团中有张嘉森、蒋方震、徐新六、丁文江等人，而文江实为团员之中心。

一九二一年文江鉴于北洋军阀互相并吞，内战迄无结束，而自身因受地质调查所所长职务之限制，不能作政治上之活动，适因受交通部嘱托调查热河省北票煤矿左右一带的地质。其时北票煤矿系京奉路局所经营，已投资五十万元，而成效未着，筹款甚艰，有招商承办的意思。文江调查结果，认为有经营价值，纵恿我出面，与路局订立官商合办合同，官四、商六，作为股份有限公司，以文江为总经理。文江推荐翁文灏为调查所长，而自己仍留调查所，顾问名义，不支薪水。

北票煤矿公司完全系商业机关。当初创办时，我曾告文江，开矿计划必须五年方能完成。在五年之内，希望你勿离公司。而他就允诺，但至一九二五年（民国十四年）的春天，文江即向我表示要脱离公司。我问他的原因。他说，第一，北票公司现已能独立，每月产煤所得之盈余，足敷开支而有余。第二，北票公司虽是营业性质，但为公司之事不免还要常与官厅接触，尤其因为北票地方及运销产煤之铁路完全在奉天统治者势力之内，每隔二三个月必须到沈阳与官厅接洽。关外的官厅架子好大，我当初为什么要脱离地质调查所，大部原因就是怕伺候官僚。谁知关外官僚的脸孔更比北京官僚的脸孔格外看不得，我不愿再见胡子的脸孔，尤其不愿在胡子势力之下讨生活。当初我不应该纵恿你办北票煤矿。现在北票的情形已能自主，矿山的组织亦颇完密，我现在脱离公司，可以告无罪于股东。第三，因为我常常到关外，感觉张作霖本人及他的部下都不是好家伙。最近作霖因关内军人皖系直系之内战，而奉军亦已参加，将来这种混战的局面不知怎样了结。现在胡子的势力已到达山东，可能将来逐渐阑入长江地域。我们江苏人要受胡子的统治，我是不能坐视的。但我仍在北票做经理，就没法到各处去活动了。我老实告诉你，依照现在国内混战的局面，我们不能再袖手旁观，我所眼看的北方军人是完全没有希望的，所以我愿意到南方各处去走走。

第三节
日俄战后关外的情形　张作霖辈何以能出头
肃王善耆的小庄头　变成东三省的统治者

我听到丁文江这一席话，心中十二分表示同情。我写到此处，不能不把我所看见的事实，及我所听到的历史，完全写在下面。

我于一九一一年十月的下旬（阴历的九月上旬）到奉天省营口去做大清银行分行的经理。营口是奉天自立的商埠，所有沈阳、锦州等处的支行都归营口分行管理。那时候武汉的革命已经爆发了，而且正在很迅速的发展。我到营口之后，对于业务方面十分没有把握，所以每一个星期都要到奉天去住两天，探听奉天及其他各省的消息，以便指示营口行员的营业方针。那时候的东三省总督是赵尔巽，他是汉军旗人。我在三个月以前曾经旅行关外至哈尔滨及内蒙古之大赉厅，路过沈阳与赵尔巽有一面人之缘，尔巽的幕府亦有我的熟人。据幕府中人告诉我，自从武汉革命在长江流域发展之后，张作霖即把散布各地的自己军队陆续调到沈阳四周驻扎，压迫尔巽把北洋防军驱逐到山海关以西，并由日本领事警告尔巽说，北洋军队的统领多半是同盟会，日本人为维持关东秩序，保护日人利益起见，决不能坐视此种军队留在关东。因此奉天总督府的总参谋蓝天蔚，张作霖说他是革命党，要加以缉捕。赵尔巽不得已，就令天蔚住在总督衙门，以避其锋。以前张绍曾所统带的第□[①]镇军遂已奉命开往关内滦州了。

众所周知张作霖是胡子出身，怎样能在奉天忽地掌握军权，怎样能对于赵尔巽如此跋扈，实际上完全是日本人的背景。日本人何以要替张作霖撑腰？中间还有一段秘密的历史。这历史很少有人知道，我若不写出来，恐怕这一段珍贵的史料要就此湮没了。

在一九〇四年日俄宣战之前，中国的外交部及袁世凯因庚子年俄人占领东三省的军队并不按照壬寅中俄条约如期撤退，而暗中反有增加，交涉无效。日本政府欲图与俄一战，蓄念已久，暗中向我政府表示，愿替我国

---

　　①　原文如此。——编者

驱逐俄兵，先与袁世凯密商，希望条件：（一）中国确守中立。（二）日本获胜后，继承东清铁路及旅顺、大连租赁权之外，不向中国索取酬报。（三）中国政府应暗中给予日本军事上种种之便利。袁世凯虽允许略有帮助，而不能满日人之欲望。肃亲王善耆是一个年少喜事之徒，那时候在北京内廷当差，与日本公使馆往来很熟，他知道了这个消息，就很慷慨的向日人表示愿意暗中帮助日本。

原来善耆是铁帽子王，满清入关时功臣之后，在奉天省金州、复州、海城、盖平四县，多半是他的庄田。自关内外建筑铁路之后，交通便利，关内穷民往关外垦田的年年增加。他每年田租收获甚丰，生活豪侈，手笔甚阔。他与日本使馆的武官商谈之后，就命令他收租的大庄头到北京，要他在辽东招募胡子帮助日本做游击队。他那庄头说，胡子何必招募？我手下的小庄头一共有二三十名，多半是胡子。老实说，我若不用胡子做庄头，我要收租，就不能顺利。他们手下的人多的可在千人左右，最少的亦有数十人。要他们做游击队，有的是人。不过从来没有经过训练罢了。商量之结果，由日本驻北京的武官带同翻译，变装易服，迳往布置他的机关，即设立在肃王庄头的家内，谁也不敢过问。实际上谁也不知道。

这件事情的发生还在日俄宣战六个月之前。自庚子以后占领东三省全部的俄国军队，实在数目大概在四十万人左右。隶属军队的劳工、商人及其眷属大概在十万人左右。自辽河以东，旅顺、大连的海口起直至满洲里，所有东清铁路两旁到处有俄人的踪迹。俄兵的纪律很坏，关外的农民说到大鼻子，就要谈虎色变。肃亲王善耆的庄田即在东清铁路两旁，听说日俄有打仗的消息，为他自己的利益与东三省的命运，是十二分关心的。他自从与日本使馆的一行武官商量，而招待该武官往关东是否另有一种秘密协定，我们不得而知。但有人说他自己本人并没有受到日人的金钱酬报，而完全是出于自愿，这或者是事实吧。

胡子游击队之组成，究竟数目若干，无从查考。但日俄战争结束后，日人强硬要求奉天将军赵尔巽把张作霖等统击的游击队约在二万与三万之间的人数，完全由政府收编，认为是中国正式军队，并且要求给予张作霖等军官的职衔。政府无法抗拒，只得照办，由那时候的东边道张锡銮、奉天将军赵尔巽的命令办理招抚收编之事。收编的情形，我同乡管凤和正做海城县知县，张作霖及其伙伴大半是海城人，他眼见而告诉我的。从此以后，张作霖、张景惠、张作相、孙烈臣、汤玉麟等这一批胡子，就弹冠相庆，于于而来，俨然是军官了。说起来东三省招抚胡子，收编胡子，是道光以后屡见不鲜的事。而招抚之后忽然又叛变，叛变之后又可以有第二次、第三次的招抚，不足为奇。但人数最多不过数百，官阶不过千总、把总而已，像这种大规模的招抚收编，是从来没有过的。

日本人何以如此支持张作霖等，而必须要求中国官吏收编呢？据说张作霖辈之游击队的确曾立大功。立功的地点即在肃王庄田相近区域之内，时在一九○四年的十一月。俄国总司令克鲁巴特金以俄国海陆军屡次失败之后，日军因天寒之故，略略休息，而俄国由北满洲调到西伯利亚新来之骑兵，由克鲁巴特金指挥[①]，忽然侵犯辽西之中立地带，以攻击牛庄、营口。这是日本军重要的后方。日军以守军甚少，仓猝应战，几至失守。幸张作霖辈之游击队即驻在辽西，俄军侵犯中立地带相近之处，作霖军队原有日本军人为指麾官，今见事急，即指麾作霖军队出俄军不意，截断俄军后路，俄军损失很重而败退，故牛庄、营口得以保全。假使没有此游击队之支持，而牛庄、营口为俄军占领，则日本已占领之青泥洼及旅顺亦将放弃，而海陆军有隔绝之虞。

读者看到这一段事实，就很容易明了日人强迫中国政府必须招抚胡子与收编其军队的原因了。作霖辈自受收编之后，并不听受奉天将军（以后称东三省总督）的调度，而暗中各各增加军队之人数。其武装配备，完全由关东军供给。至于粮食及给养出于何处呢？读者须知东三省是中国的谷仓，他们有了武装的军队，到处可以自由征收，或按户科派，还怕没有给养吗？辛亥革命是一九一一年，距张作霖收编时已有六七年之久。他究竟有多少军队，东三省官吏大概都不明了。但事实告诉我们，他的军队已从洮南府起一路布防，经过沈阳，直至锦州，居然包围沈阳，驱逐北洋所派客军。人多则胆壮，从此东三省已经落在胡子的势力范围之内，换句话，

---

① 俄军犯辽西中立以攻击牛庄、营口的事实，载在王芸生《六十年来中国与日本》（第四卷224页），系根据日本的文献，十分可靠，但没有说明张作霖军队之立功，只说幸有援军赶到，方才把俄军击退等语，此当然为日本人所讳言也。

就在日本势力范围之内了。

这种内幕没有到过东三省的人不会知道的，即使常到东三省的人，没有留心访问亦不会知道的，即使留心访问而没有机会亦不容易听到的。我最初听到这个消息是在一九一八年（民国七年）的暑天，无意之中到北京香山纳凉，遇见一个很熟悉的友人在香山消夏，他留我在别墅一宿。月明在天，夜凉似水。我这朋友曾在肃王部下当差，与肃王很亲密。我偶尔提及肃王现住大连，生活如何？他说，日本人对他非常之好。他儿女很多，大半到日本读书。肃王有时亦往日本小住。他的生活，有日本政府照顾，大概不成问题。我说，怪不得人家说他是宗社党，大概日本将来还想利用他做第二次复辟的傀儡吧。但我的朋友说，这是一种无稽之谈。日本要复辟，只有利用宣统。肃王是铁帽子王，是满清入关时功臣，与现在的王室已很疏远。肃王是日俄战争时代惟一自动的帮助日本的人。日本的军人有一种侠义的观念，是恩仇必报。自从日本战胜俄国之后，日本的天皇及陆军都十分尊重善耆，所以革命之后，日本政府照顾他的生活，就是为此原因。我因此一席之谈，而得知道张作霖受编前后情形，才恍然知道张作霖实际是日本人所豢养的鹰犬。丁文江做了北票煤矿公司经理之后，我曾秘密告诉他，请他到奉天时，随时探访我在香山所听到的史料是否确实。文江对于这种消息在正面没法可以访问，但已探明张作霖于受奉天将军招抚收编之后逐年扩张的军队，已得一个大概。可以证明者，此扩张军队之武装，完全由于日本无代价的供给。

简单的说，我与丁文江已深切明了张作霖的身份了。所以文江要脱离北票公司而作政治活动，我由衷心表示热烈的拥护。但这是两心默契而不能向任何人宣布的。

第四节　张作霖军队三度入关之内幕

袁世凯死后张作霖军队之进山海关而与北洋派军人作战共有三次，都是交通系的鼓动。我可以把三次战争的原因及结果叙述一个大概。

交通系以梁士诒为首领，以朱启钤、周自齐为大将，而实在的灵魂乃是叶公绰。士诒在辛亥年鼎革之际，帮助袁世凯很为出力。等到帝制发生时，士诒最初的确不肯赞成，但一方面受世凯压迫，一方面又留恋禄位，舍不得与世凯决裂。据我所闻，当时交通系的中心人物曾开秘密会议。会议的结果，因梁士诒、周自齐、朱启钤三人地位较高，不能不出面捧场，而地位较低的如叶恭绰之类，则竭力避免牵入旋涡，所以大典筹备处中有很多交通系的红人并未加入。这一着计划后来竟发生很大的作用。

洪宪皇帝死了，梁士诒、周自齐、朱启钤都被通缉了；但为时不久，这三人的通缉由督军团之呈请而得到解除。这并不足为奇，因为他们这般武人确认梁士诒是个财神，洪宪皇帝尚且要他筹款帮忙，只要他能筹款，那怕是杀父之仇都可亲近。可是梁财神现在的地位不同了。财神的聚宝瓶是靠铁路，现在年年打仗，铁路收入骤然减少，而且沿铁路的军人都可以截留路款，聚宝瓶里空空如也，掏不出元宝来，要想借款造路，一则欧战正酣，无法借款，二则国内混战，外人不敢投资。梁财神虽然获得自由，也不过东闯西撞，只听得楼梯响，没见到人的影子，一般军人不免对他失望。

说起来交通系人才济济，而内容实在可怜，像周自齐、朱启钤都是好好先生，起不了什么作用，真正能够奔走运动的，还只有梁士诒、叶恭绰两人。

孔子三月无君，则皇皇如也，交通系的大亨也有同样的热心。自从洪宪皇帝死了之后，将来究竟什么人最有权力？这是交通系日夜关心的事。然而在这混乱状态中，很难预定那一个是真命帝主。他们就向几个有实力的有资望的军人分头安排。在北洋派中他们认为段祺瑞、冯国璋、徐世昌都有执掌大权的可能，然而他们知道段、冯两派各有接近体己的人，没法直接拉拢，不得不降格求。叶恭绰地位较卑又能柔声下气，只有向段派手下的红人频献殷勤，虽然有点效果，究竟不能满意。后来忽发现一块新的园地，就是关外王张作霖。作霖的架子很大，他部下的红人亦轻易不令关内的人参预他们的机密。叶老虎苦心孤诣，居然得到少帅的青眼；而老虎最初得与少帅接近，还是利用交通部所管辖的沈阳电报局长。这电报局长事前得了老虎授意，以美人计结交，少帅居然就范。老虎后来竟能在少帅金屋之中，侃侃而谈天下之大计。因少帅趋庭之便，携带老虎谒见关外王。承蒙特达之知，称为国士。更从别的路子，访问杨宇霆。俗语说得好，天下无难事，只怕有心人，于是叶恭绰便成为关外王的智囊。可是北京一般政客还并没有知道老虎背后有如此大的靠山。

同时交通系首领梁财神在自己家乡也发现一块新园地，那就是南方的革命政府首领孙中山先生。说到财神本来是家家户户都很欢迎的，但梁士诒的进谒中山，并不以财神的资格。他很知道中山先生于世界大势了如指掌，不能把欺骗北方军人的一套以欺骗中山。他所向中山陈说的是如何取消不平等条约，如何可以关税自由，如何可以改革农村。中山亦表示相当佩服。他亦与汪精卫、胡汉民有相当的连络。他并不请求加入国民党，亦不向革命政府讨什么差使，他是坐南朝北的人。他一到北方就吹大气，与中山先生如何的亲昵，并且向徐世昌夸口，假如要与南方议和，如何有把握。所以后来徐世昌竟相信他，提出做内阁总理。但是另有人告诉我，梁内阁的来源还是关外王所推荐。所谓徐世昌特地请他出山，要与南方议和之说，不过是梁财神自己吹牛而已。

现在要说到正文了。关外王的三次入关，我说都是受叶恭绰的煽动，凭据都在那里，我可以次第道来。

当冯国璋做总统、段祺瑞做内阁总理时，一切大权完全操之于段祺瑞，而段又一切委之于徐树铮。那时候他们要想以武力统一全国，于是利用曹汝霖做交通总长而兼财政总长。汝霖对于交通业务完全门外汉，引用叶恭绰为交通次长。汝霖在这个档儿，拼命向日人借款，恭绰食指渐动，亦秘密与日人接洽，要把江西省的南浔铁路延长到福州海口。被陆宗舆侦知，就狠狠对汝霖说，你属下的次长不请示你，就暗地与日人商量借款。你得想一想，在你我二人当道之时，而向日接洽借款的事情竟会落别人手里，假如你听他成功以后，日本人就不再请教我们了。汝霖听了，当然生气，就决心把此事破坏。不到几天，恭绰把与日人接洽的借款合同稿子请示汝霖，恭绰并且表示这合同签字时，可以先付若干元应政府需要之用，以为汝霖决不会有异议。谁知汝霖连合同稿子都没有看，就对恭绰说，这件事情恐怕办不到，因为二十一条件中的第五项不是有一条说把福建作为他的势力范围吗？后来好不容易算把这一条取消了，现在把铁路延长到福州，我们国内的人，或者福建人，倘然反对我们，不是自找麻烦吗？我现在请你向日本人善为说辞，慢慢再议吧。说得恭绰顿口无言。他自以为交通老手，自从做次长以来没有碰到这么大的顶子，后来一打听，知道陆宗舆在里面作祟，心中极不痛快，就在交通系机关报纸之中，攻击交通部向日本借款如何丧失权利，登之不休。曹汝霖一看就知是叶恭绰弄的把戏了，向徐树铮说，请他代向段总理辞职。树铮问其原因是如此如此。树铮大怒，就派了几个侦探轮流的监视叶恭绰。恭绰觉得了，只得辞职。刚巧欧洲战争结束，恭绰借出洋考察为名，向交通部领了些经费，就此往巴黎去了。

等到和会结束，中国代表拒不签字，国内亦发生风潮。其时徐世昌已任总统而一切大权仍操诸段祺瑞之手。直系军人渐抱不平时，恭绰已从欧洲回国。知机会到了，他就到关外游说关外王，说如要收拾人心，拥护舆论，只有打倒安福系为最合时宜。关外王本有野心，经恭绰激动之后，遂与曹锟联电宣布段祺瑞及安福系罪状，派兵入关助曹将段祺瑞的定国军击败。此为奉军第一次入关作战，居然获胜。关外王之威风从此竟达到首都。张作霖喜不自胜。政府改组的结果，叶恭绰竟代替曹汝霖做交通总长，并通缉安福系徐树铮，才算出了那口恶气。这是一九二〇年（民国九年）七月的事。

叶恭绰发现的新园地收获甚丰，当然可以连带鼓励梁士诒的官兴，使他格外浓厚。其时徐世昌对于北方军阀的内战极端厌恶，屡闻梁士诒和平统一之说，决心教他登台一试，授意叶恭绰请士诒北来。恭绰先把此意见征求关外王的意旨，自关外王以下一致欢迎。此消息传出后，为直系政客张志潭所闻。志潭最初与段祺瑞极有关系，又因籍隶河北，且为丰润县大族，亦与齐燮元十分密切。以为梁财神组阁之后，关外王之势力伸入关内，且有日人为后盾，直系将被压倒。假如梁财神真的能拉拢广东政府在一起，则北洋军人或被完全消灭，于是以此利害游说吴佩孚。佩孚很受他的激动，不动声色，暗中布置，等梁士诒登台之后，由四面八方加以总攻击。吴佩孚一个通电，各方群起响应。其时奉军因一年六个月前与直系合作攻击段祺瑞之军队，尚有一部留驻在京津一带。

这个时候是一九二二年，正是美国总统哈定在华盛顿召集国际会议的当口。这次国际会议是我国对于山东问题最重要的机会，亦是最后的机会。但梁士诒内阁成立之后，士诒首次与驻京日本公使小幡见面时，竟会当面允许小幡，胶济铁路问题可由中日两国直接交涉，并向日本借款赎回，借款期内仍由中日共同管理。这消息由我国外交部及日本外务省传到华盛顿，我华盛顿代表团不胜骇异。有人密告吴佩孚，此告密之人或者与外交总长颜惠庆有关。佩孚即发出通电，斥梁士诒卖国。于是各省市各团体各商会一致响应，痛斥士诒行为。士诒遂通电各省市，竭力声辩并无此事。但华盛顿之国民代表余日章、蒋梦麟两人电称："政府代表对于鲁案及二十一条坚持甚力，同时北京一方面隐瞒专使开始直接交涉。今晨梁士诒电告专使，接受日本借款赎路与中日共管之要求，北京政府更可借此多得日本之借款，已堂而皇之登载各报纸，日本公言北京已接受其要求。吾人之苦心努力全归泡影。北京似此行为，吾人将来无力争主权之余地"云云。吴佩孚根据余、蒋两人通电反驳士诒，并限令士诒于七日之内离开北京。

但士诒在各方攻击之时，仍无去意。直至苏、赣、鄂、晋、豫、陕六省督军省长由吴佩孚领衔，电请徐世昌将梁士诒免职，世昌接电后，命以原电交国务院阅看，士诒知道世昌之意在风示自动告退，但仍不肯决然辞职，而于三日之后，请假赴津暂作观望。其时为一九二二年一月二十三日也。至一月三十日张作霖电请总统徐世昌将梁士诒内阁办理胶济情形宣示国人，其用意为梁士诒辩护，一面即表示反对吴佩孚之主张，尚无激烈挑战之词，这当然为交通系所运动而来。吴佩孚屡次电报痛骂梁士诒之卖国行为，而士诒则竭力否认，谓并无允许日使直接交涉及向日本借款赎路的行为。在政争剧烈的时候，往往言过其实。我们研究历史的人，应从客观方面搜集证据加以公平的判断。

据我看来，梁士诒当袁士凯做总统时代，人家送他一个雅号叫做梁财神，他听到了亦颇沾沾自喜。等到洪宪皇帝死了之后，他还妄想出头。他以为北京政府到财政困难的时候，一定会想着我财神爷爷的。他很明白从前需款，要伸出右手向西洋鬼子借钱；现在欧战未了，西洋鬼子拿不出钱来，所以现在若要用款，只有伸出左手向东洋鬼子借钱。他要预作准备，结识日本人以备将来登台，所以于一九一七年的十月（民国六年），即由香港起程东游日本，直至次年一月二十九日方才回到香港。据他的《年谱》上说，在日本时会到许许多多日本财阀军阀，他引为满意，认为这就是他将来政治的资本，换句话说，就是财神爷的聚宝瓶。果然，他回到香港不满一星期，时在一九一八年二月四日，北京政府即命令梁士诒、朱启铃、周自齐三人免于缉究的喜信，可见此行为不虚也。

但是民国七年冯国璋做总统，正是段祺瑞做内阁总理的时候，曹汝霖正在轰轰烈烈，他是老牌的亲日派，对日借款有他包办，轮不到梁财神插手。交通部次长叶恭绰所提出的延长南浔铁路到福建的借款草合同，就是东京财阀出的题目把梁财神考一考，看他能否缴卷，谁知叶恭绰竟因此丢官，可见时机尚未成熟，梁士诒虽然得免通缉，尚无活动余地，因此只得静待时机。

这一次梁士诒的组阁酝酿已久。他亦回翔四顾，要把各方面都布置妥贴之后，始肯登台。他既有财神之称，登台之后第一就是财政。他还是要想向日本鬼子借钱。究竟曹汝霖、陆宗舆是老牌亲日派，为日本鬼子所信任。这胶济路的合办合同，原是曹汝霖经手订定的，华盛顿会议要推翻原来合同，倘若一面要废弃合办合同而收回自办，一面又要向日本鬼子借钱，这是不可能的事。又是曹、陆二人出的主意，中日直接交涉，向日本借款以赎回铁路，这借款之中一部分挪充政费，双方都有面子，双方都得实惠。梁财神认为可行，所以第一次与日本小幡见面，即已当面承认，以此为原则。谁知这个消息泄漏，为外交总长颜惠庆所知，遂于十二月二十八日密电华盛顿我国三代表，内称日本小幡谒内阁切询胶济路办法，梁揆答定借日款自办。而华盛顿日本代表且已公然宣布由中日直接交涉，致使会议无法进行。遂由驻华盛顿之国民代表余日章、蒋梦麟通电国内各省督军各团体，吴佩孚得根据此电以再四攻击梁士诒。士诒虽百方狡辩，但余日章、蒋梦麟之电报来自华盛顿，决非吴佩孚所能伪造。余日章、蒋梦麟二人之电报则根据纽约三代表之披露，亦决非余、蒋所能伪造。所以梁士诒无论用何方法辩论，都不为全国人民所信任，徐世昌亦遂无法挽回梁内阁之命运矣。梁士诒请假不久，奉直两方先以通电互相攻击，既则实行开战。两军于一九二二年四月二十六日开始接触，至五月五日奉军即败退军粮城。徐世昌下令奉天军队即日撤出关外，直隶各军退回原防地点，均候中央命令解决。又令此次近畿发生战事，残害生灵，折伤士兵，皆由于叶恭绰、梁士诒、张弧等构煽酝酿而成，误国殃民，实属罪无可逭，叶恭绰、梁士诒、张弧均著行褫职，并褫夺勋章勋位，逮交法庭依法讯办。这就是第二次交通系煽动奉军入关之结果。

以上奉军两次入关作战情形，公私文件都有记载，而叶恭绰、梁士诒之煽动，且见于徐世昌之命令。但张作霖决非童骏，何以肯听交通系之煽动？这也由于关外王及其亲信左右，都有夜郎自大的野心；而北洋派皖系直系之争权，实予作霖以可乘之隙。叶恭绰以历史中之李渊、李世民推戴作霖父子，而称颂杨宇霆以王佐之才。密酒易醉。及其失败，始知受欺，亦已不及。

据我后来所闻奉军第一次入关攻击安福系，事起仓猝，日本并未预闻。而且日本关东军之当局者得到奉军与吴佩孚合作之消息后，亦曾警告张作霖，劝他全力经营关外，不要加入旋涡。张作霖答以箭在弦上，不得不发。其时日本还以为段祺瑞的定国军受到日本许多资助，不至失败，谁知不堪一击。于是日本关东军对于张作霖开始厌恶，不予信任。

至第二次奉军入关与吴佩孚作战，他们也很知道佩孚军未可轻敌，而又鉴于上次入关虽然胜利，并无所得，反受日本关东军埋怨，此番不得不出以审慎。但曹锟与吴佩孚逼令驻札京津之奉军出关，体面所关，无法中止。于是先与关东军日本当局商量。此时关东军之态度完全变更，因吴佩孚之倒阁通电，斥梁士诒之通日卖国，非日本军人所能忍受，故亦怂恿奉军入关。但因吴佩孚迅速动员，采取攻势，张作霖稍一迟疑，已落后着，所以两军接触不久即分胜败。奉军不得不狼狈出关矣。

平心而论，奉军最初两次之入关，确系受交通系之构煽。至三次之入关，系因张作霖之报仇心切，完全出于自动，而且有日本关东军之积极支援。作霖系关东干部，屡次密商，所定一棒打两狗之政策，第一步借张作霖之力，以击败排日派之吴佩孚。假如作霖得胜，则设法怂恿更令其扩张势力，直到长江流域，以消灭排日派之直接势力；假如作霖没出息而竟至失败，日军就决定不教作霖再做关外王，而拥戴别人以继作霖之后关东都督府。这个政策决定之后，派了几个军事专家帮助张作霖练兵，日本的大炮送到很多，由关东军派人教导。等到一九二四年（民国十三年）的冬天，张作霖准备完成之后，分五路进兵，吴佩孚亦分路抗拒。佩孚在山海关正在辛苦支撑的时候，冯玉祥突然退兵占领北京，把贿选总统曹锟加以幽因，通电停战。吴佩孚不得不退。从此一败涂地，不可收拾。他只有趁着军舰航海南逃，经由长江，迳赴岳州休息去了。

第五节　奉军势力由天津直达上海

当奉直战争激烈的时候，我正在天津。我与文江的意见一样，对于吴佩孚抬举曹锟贿选总统的行为十分憎恶，但等到奉直战争发生之后，我们仍希望吴佩孚之胜利。在奉直战争尚未发生三个月之前，文江在沈阳即得到一种消息：（一）张作霖积极备战，准备已经完成；（二）用兵计划及作战方法均受关东日本军官之指导；（三）作战的方略注重于热河省之侧面行动。

〔附说〕北票煤矿公司即在热河省，丁文江每到沈阳必赴矿山察看，而此次往北票矿山，亲见铁路两旁之军事布置也。

丁文江虽非军事专家，但对于军事常识极其丰富。他秘密对我说，奉军此番如果入关，恐非吴佩孚所能抵抗，□①问他原因，他说，吴佩孚部下的军队，每师只有轻机关枪队及小炮若干尊。现在张作霖的编制与以前完全不同。他已增加机关枪队若干若干，还有重炮若干尊，为关内所无。此项重炮射程可以到若干公里之远。他口若悬河，好像是小学生背书似的。我听的时候，已经不很明了，不要说记忆了。总而言之一句话，假定奉军将来入关把吴佩孚军队消灭，这是中国的目前大祸，因为他的背后就是日本人。

在奉直战争将要发生一个月之前，北京、天津即有一种风说，张作霖今番得到日本很多的援助。日本人唯一的条件，即是拥戴段祺瑞登台。我们听了将信不信。然而果然。吴佩孚失败之后，冯玉详首先电请段祺瑞为国民军大元帅，继之张作霖、卢永祥、胡景翼等亦联电请段出山，任中华民国临时执政。文江见此情形，十分愤慨，即向我表示要脱离北票公司，往南方活动。我以为现在战事未停，如何演变尚不可知，劝其稍待。于是

---

① 此下有十余字，底本未印出。——编者

我先往上海。

张作霖得胜之后，到了北京，得意忘形，旁若无人，把敦请出山的执政段祺瑞，把患难帮助的冯玉祥，完全不在眼中。其时皖系军人卢永祥、何丰林辈，都环绕他的左右，想恢复以前上海、浙江的地盘，而胡景翼、孙岳等亦思分我杯羹。但是张作霖及其左右，岂肯把自己的米煮成的饭送给别人去吃，所以一概都不理睬。他第一步命令张宗昌率领许多白俄及胡子军队向山东督军郑士琦假道南下，攻取徐州后，直冲南京。第二步又派邢士廉、姜登选领兵假道山东，邢士廉驻扎上海，姜登选驻扎徐州。第三步索性要求段祺瑞把郑士琦山东督军的缺让与张宗昌，又任命杨宇霆为江苏督军，姜登选为安徽督军。从此张作霖的军事势力由天津到上海毫无阻碍了。

第六节　丁文江到南方视察　江苏人之驱胡运动

在天津、北京一般关心时局的政客，见关东军所向无敌，又都知道段祺瑞与张作霖的背景都是日本人，于是不甘心亲日的人相聚而谋，只有跑到南方访问吴佩孚，看他有无办法。据我所知，到岳州访问吴佩孚的有顾维钧、罗文干、汤尔和、江天铎（代表张国淦的）、张志潭等。他们一般人的意见，假如吴佩孚尚有办法，应该大家出来帮助他，使他不再失败。丁文江亦抱同样的志愿。是年（一九二五）七月上旬，丁文江得到罗文干的密电，嘱他由海道回南，到岳州去见吴佩孚。文江得电后向公司请假一个月。七月下旬方到上海，与我晤面，说明宗旨。

我听到文江报告后，也把我们江苏人对于奉军侵入江苏后之态度，详细向文江说明。并对文江说，在四十天之前，我也曾到过岳州，住了一个星期，与吴佩孚谈过好几次，我对于他十分失望。我以为现在的吴佩孚，只有虚骄之气，而没有实力。我看他对于军事、财政两项，全无把握，至于政治、法律更谈不到。他即使再起，亦将归于失败，而无法挽回其命运。我们现在江苏人又与他省情形不同，奉天胡子的军队已经把江苏重要地点完全占领了。我们自己没有武力，急而求人，亦须看定一个角儿。这一个角儿能不能了我们江苏全省人民所期望的事呢？吴佩孚在山海关之失败，他的基本精锐队伍已大部丧失。现在可以听他指挥的队伍究竟还有多少？虽然可以听他指挥，而肯出力相随至死不离的军队，恐怕寥寥无几。你对于军队上知识特别的强，你的腹中谅来早有计划了。还有一层，吴佩孚军队距离江苏太远，远水救不得近火。假使奉军占领江苏一年之后，地位已经巩固，要想驱逐出境，那就不容易了。所以我们江苏人某某、某某等秘密讨论，为紧急自救起见，只有利用孙传芳。我为此事奔走已两个月光景。我也曾一度去过杭州，与孙传芳晤谈。他的心中当然要想驱逐奉军取而代之。但现在似乎没有把握，尚未决定。你此番既到上海，依我的主见，不必去见吴佩孚吧。或者先往杭州，同孙传芳一谈。你以为何如？

丁文江的回答是，岳州非去一趟不可，但是你的主张我也十分同意。的确的确江苏人要救江苏，假如孙传芳有办法，当然最好。我以两个星期为限，一定回到上海来，再往杭州。但是我与孙传芳素不相识，不便登门拜访。应该先有人介绍才好。我说这是当然的。我与陈仪很熟，常常通讯，我即派一个人去杭州，请他先替你揄扬，要教孙传芳派专人到上海接你，方才显得他有诚意。陈仪对于你的满腹经论知道很清楚。照我的看法，你同孙传芳一谈之后，一定能够说服他，使他速定大计。

现在我得把江苏人与孙传芳接洽的情形叙述一个大概。在历史上，江苏人关于全省公共利害的事情，多半是苏州绅士出头号召，而其他各属绅士则在响应之列。例如咸丰十一年向曾国藩请愿派兵援沪，是苏州翰林冯桂芬的主动。辛亥革命，江苏省的独立，拥戴程德全做都督，是杨廷栋等一般苏州人的主动，联合各属通电推举，而张謇、陈陶遗为之支援的。今番张宗昌攻掠江苏，一方以日本人做靠山，一方带了两万胡兵及数千白俄，奸淫掳掠，杀人放火，浩浩荡荡直奔前来。张宗昌攻占南京之后，心血来潮，要游览姑苏风景，透一个消息给苏州人。苏州的商会得到这个消息，屁滚尿流，连夜把苏州、无锡两处花船，及所有妓女集中在阊门城外河道等候，荣戟之遥临，赏鉴馆娃之佳丽。并且公同推举仲老（张一麟）为招待主席。他的理由是仲老曾做过袁世凯的幕府，海内知名，谅来张宗昌不致轻视，而苏州人可以得到福庇，仲老亦视为义不容辞。

此消息传到上海之后，惹起一般商界之愤怒与哗笑。谁也想不到商界之中以盐商为激烈。他们说，我们扬州是有名的二分明月烟花世界，倘然这位色魔张宗昌忽然高兴，腰缠十万贯，骑鹤上扬州，我们非挡驾不可。于是相聚而谋，想出两个办法：一方面派人到杭州与孙传芳洽商，请他的军队直攻南京，驱逐胡兵，一方面秘密与陈调元、白宝山接洽，请与孙传芳合作，候孙军发动，同时响应，夹攻胡军。但是与各方接洽的时候，免不了要一二个知名的人物作为标帜，于是苏北的张謇，苏南的陈陶遗，免不了都挂上一个名儿。说穿了一钱不值，也与苏州人请仲老出来陪张宗昌吃花酒一样的意义。

两个星期之后，丁文江已由岳州回到上海。其时段祺瑞已正式任命杨宇霆为江苏都督，而且已经到任了。我把上海方面在各方奔走的人召集拢来，介绍文江开一个谈话会。经各人将奔走运动的情形彻底告知文江，要求文江见了孙传芳一一说明，督促传芳速定大计。我在此会场中，公开的向文江说，我看孙传芳的意思有两件尚在观望。第一件是对于奉军实力如何，能否一鼓而下，正在调查研究之中。你于军事平时十分留意，不妨将奉军内容说给他听，使他有个布置。第二件行军以饷项为先。浙省筹饷比较困难。现在既然在运动陈调元、白宝山两军与孙合作，此两支军队的兵饷，两淮盐商一定想法，在上海挪款，不教传芳为难。文江听了，很觉满意，他说，到底还是我们江苏人有办法！此事关系我们的江苏省的全局，我一定尽我的力量，说服孙传芳。

其时孙传芳早派专员在上海等候。文江在开会的第二天，就同那专员同乘火车往杭州，去了整整的一星期。文江从杭州回到上海，一见我的面，就说幸不辱命。据文江说，他与孙传芳一共见过五次，有三次谈话皆有陈仪在座。传芳对于奉军炮队的火力极其注意，询问很详。文江原原本本说得极其透彻。陈仪是在日本陆军大学毕业的，他学的就是炮兵一科。研究结果认为此次奉军南来，从各方面调查，并未携大炮过江。现在随军的炮队没有多大威力，决不足虑。至于盐商方面肯筹垫一部份军饷，传芳很是高兴，他说到南京之后，他一定首先归还的。商谈的结果，要文江替他帮忙。文江已经答应了。

第二天，我再约一星期前开会的朋友与文江聚餐一次。文江择要报告，大家认为满意。文江亦不久留，就趁轮船回天津去了。一个月之后，是1925年的双十节，孙传芳布置妥贴后，在杭州召集江苏、浙江、安徽、江西、福建五省的代表会。五省代表宣布，组织五省联军，公推孙传芳为总司令，周荫人为副司令，讨伐张作霖，分五路攻击奉军。陈调元、白宝山同时响应。杨宇霆知不能敌，首先渡江而走。孙传芳即入南京，发表陈陶遗为江苏省长，而自兼上海商埠督办，内定丁文江为商埠总办。俟文江由津回南后，方始发表。这就是丁文江脱离北票公司而与孙传芳合作的始末情形。

第七节　丁文江任上海商埠总办的行为

上海商埠总办所管辖的地区，除公共租界及法租界外，都在他范围之内。地方很是辽阔，开支相当浩繁。以前何丰林在上海，专靠鸦片税，齐燮元就因此事而与何丰林开战。听说税收数目相当可观。鸦片的贩卖，是有一个中国人包办的，穴窟是在法租界。包办这鸦片税的人一定就是法租界巡捕房的督察长。所谓督察长也者，即是上海租界人所说包打听头脑是也。督察长是著名美缺，不是容易得到的。他一定是帮中的老头子，他手下一定有成千成百的徒弟做他的保镖者。这一个督察长职位虽微，可是法国的总领事，甚至法国的驻华公使，都与他迭为宾主，何丰林自然亦不例外。

孙传芳既入南京之后，陈仪奉孙传芳之命，电促丁文江南来，那时候我已到津开了一个董事会，准文江辞职。文江到南京后，方知孙传芳教他做上海商埠的事。他一听到这句话就说我不能干。如要我干，非禁鸦片不可。还是陈陶遗劝他，你不必如此。孙传芳已决定自兼督办，你只预先声明，鸦片税的问题完全由督办负责，你都不管。文江与陶遗谈了三小时之久，所有问题算解决了。

原来孙传芳邀请陈陶遗做江苏省长，陶遗亦有条件的。（一）总司令不干涉民事。（二）财政厅、民政厅都用江苏人。（三）孙传芳军事范围之用款应确立预算，并规定江苏省所能负担之数目，不可逾限。（四）除正供及货物税外，不得另立其他名目。（五）军队驻扎的地方，一切自备，勿向人民科派。这几项孙传芳都答应的。根据以上的成例，文江亦提出若干条件，得到传芳之承诺，他始就职。

丁文江做上海商埠总办，除鸦片税外，其余大小事务，孙传芳都不干预，但任职时期不过一年有余。我所知道他只做了一件事值得记载，那就是把有七八十年历史的会审公堂完全取消，而代以正式法院。

上海的会审公堂制度真是奇怪。上海的租界两区，一个是公共租界，是董事制，实际上行政权都在英国人手里。一个是法租界，其行政权则在法国领事手里。所以会审公堂亦有两个，审判官是中国人，由上海道台委派的；另外有一个陪审官，公共租界是英国领事所派，法租界是法国领事所派。凡是中国人与中国人讼案，或是外国人控告中国的讼案，或是巡捕房所控告中国人的刑事犯，都是归会审公堂审问，而外国人所派的陪审官亦可以插嘴问话。中国的审判官要裁判时，非请示外国人所派的陪审官不可。至于中国人所控告外国人案件，则须由该国领事馆办理，不在会审公堂管辖之下。

会审公堂的黑幕重重，假如要叙述的话，恐怕十万言不能详尽。依靠会审公堂而生活的人，如大部分巡捕房的人，尤其是包探之类，巡捕房的翻译、律师，还有招徕生意的买办，会审公堂所用的书办、差役等等，靠此营生者，两租界中大约在十万人以上，而阻碍力最强的，是英商的地产公司，及法国的天主堂。因为按照会审公堂的判例，房客欠房租到三个月，房东可以向巡捕房申请，巡捕房可以向会审公堂知照，把房客驱逐出门，把大门封锁起来，将房客的家俱、衣服、首饰及任何什物，由拍卖行拍卖，扣抵房钱。倘若把会审公堂取消，改组正式法院，按照三审制度办理，他们的损失就难于计数了。

当文江发动这件工作的时候，先商请孙传芳详陈利害。传芳应允文江以全权办理，决不掣肘。但办理未久，传芳的亲信部下就对传芳说，此事万万做不成，不如早点收篷，免得妨碍联帅（指系传芳）名誉，下不来台。传芳有点疑心，就把此话询问文江。文江的答语是，假如你联帅不信任，我可以即日辞职不干。传芳连忙说，没有此事，没有此事，你还是尽力去做，我以前所说的话，决不更改。然而文江竟于六个月之内把此一事办妥了。

文江办理此事之成功，完全由于他自身的人格，而别无其他技巧。他是一个英国留学生，东交民巷的英国使馆知道他的人当然很多，但这种交涉之成功决非由于情面，而且英国人的脾气决非情感所能移动。文江的措词就是会审公堂这种办法是英国的一种污点，这种污点与贩卖鸦片一样。欧战以后英国威信已一落千丈，这种污点终究不能保留的。你们英国的外交家当此中国国内混战、政府尚未统一的时候，能够很大方的表示好意，实在可以获得中国知识阶级的好感。英国人居然被文江说服了，所以能有此结果。英国固然是第一个侵略中国的国家，但有许多地方还算比较的公道。文江死了之后，英国报纸上曾这样的说，丁文江是一个中国真正的爱国者。可是在中国各地报纸上似乎没有看见这种肯定的批评，尤其在上海方面，对于文江之取消会审公堂的事，还有许多怀恨而诅咒他的人。

国民军北伐，孙传芳在江西抵抗失败之后，变装易服奔到天津，投入张作霖门下求救。陈陶遗首先知道，派人到上海来教我到南京劝说孙传芳，因为我也是当初往杭州请孙传芳来江苏驱逐奉军者之一人，而我却没有做他手下的官，以地方老百姓的资格，还有说话的地位。我听到这种消息，心中说不出的愤恨，于是拉了文江同车往南京，先访陈陶遗。陶遗以电话通知孙传芳之后，我与文江同见传芳。但文江始终不开口，只是旁听。我先问传芳到天津后见到张作霖吗？见到之后如何说法？传芳回答我说，我一到天津就谒见大元帅。大元帅见了我，很高兴。开口就说，老弟，你来了好极了。以前咱们的事摞在一边，永远不提。以后咱们是一家人了，有难同当，有福同享。我已打电报令效坤（张宗昌）来津，大家商量办法。接着又说"大元帅为人实在，很不错。"我听了传芳的话，浑身肉麻，耳鼻中冒烟，几乎说不出话来。文江把眼睛看了我约莫三分钟光景，我才轻轻的向传芳说"看见杨宇霆没有？他对你的态度如何？"那知道这一句话直刺孙传芳的心。传芳立刻就回答说"那小子！"再往下一听就没有声音了，那以后就是我的说话了。

我说："我在上海听说你到天津求救于张作霖，我还不信，最近知道实有其事，所以特地跑来表明表明我们江苏人一点意见。第一，我们江苏人普遍的痛恨胡子（尤其是我同丁文江、陈陶遗三人恨之最深。陶遗在黑龙江好几年，经营垦务，对于关外情形相当明了。我与文江因共同办理北票煤矿，与奉天政界接触颇多。因为去年张宗昌第一个闯入江苏，接着杨宇霆、邢士廉陆续而来。惭愧得很，我们江苏人没有武力，所以想尽方法请你联帅统兵来苏救民水火。不料事出意外，国民军又闯进来了，以致你联带受累。可是），无论如何，张作霖也罢，杨宇霆也罢，我们江苏人决不欢迎的。要请你郑重注意。第二，我为联帅设想，以驱逐奉军而来，结果乃迎请奉军来到江苏，前后两歧，为德不卒，请你务必再四考量。第三，据张作霖所说，他是派张宗昌来援助你打国民党。请你想一想，张宗昌并不是奉军的嫡派，而且纪律很坏，料定这种军队不会有什么战斗力，而奉军嫡派用事的杨宇霆却在冷眼旁观，将来的情形亦就可想而知了。"传芳听了，沉吟不语，约莫二三分钟之后，忽然开口说："刘先生，你有什么高见？"我说："联帅本来是应我们江苏人招请而来，胜败兵家常事，我们决不埋怨联帅。但是联帅要向那一方面低头合作，似乎应该问问江苏老百姓的意见。现在我老实说，江苏老百姓宁可受国民党的统治，决不愿再受胡子的骚扰。请你再考虑一下。"孙传芳听了我一席话，当然很不痛快，就斩钉截铁的说："刘先生所谈，不能说没有理由，但是我孙传芳脾气不好。我宁可啃窝窝头，不愿吃大米饭，我与国民党是不能合作的。我附带告诉你吧，蒋中正曾托张群来找过我两次，我已拒绝他。我对不起刘先生，并且对不起江苏人，我抱歉得很。"我听他说了之后，就立起身来说道："联帅，千万珍重。"同他握一握手，就同文江一同辞别传芳而出门了。都督府的大门外就是火车站，车站上面就停了我同文江原来所坐的专车。我们上车以后，文江即命原车开回上海。冬天夜长，到了上海时尚未天明。上海商埠公署的汽车到车站来接。文江与我同乘汽车，命汽车夫先开到法租界葆仁里送我回家。谁知那汽车夫睡眼蒙眬，把汽车撞在路中间一个水泥柱子上面，篷的一声，车子震动的很厉害。汽车碰坏不能行走。我与文江皆因之受伤。幸喜有一个西洋人坐了汽车经过，见我们汽车闯祸，连忙下车把我与文江扶持下来，坐了他的汽车上，送到医院。我伤不重，略为包扎而回家。文江口鼻流血不止，只得暂时住院。

隔了一天，我到医院访问文江，见他鼻伤未愈。医生说，鼻子还要开刀，我不免替他懊伤。文江见我笑了一笑，他说，这碰车的事对于你是无妄之灾，我却正可利用。我已有电报去南京，说明伤情，请准辞职，派人接替了。照官场的规矩，总得挽留一二次，但我决不再到衙门。已经下手谕，所有员役一概不准擅离公署。并饬整理档案、会计簿册，预备交代。

一二天内，孙传芳果然派人挽留文江，并调查文江受伤状况是实，遂令上海交涉使许沅代理文江之职。文江不久即离开上海，携眷往大连居住了。蒋中正定都南京之后，开了一大批通缉名单，丁文江的姓名当然亦在其内。直到民国二十年普遍大赦政治犯时，文江方得免除通缉。

文江对于政治兴味还是一样的浓厚。但是他在民国廿五年（1936年）死前的几个月，我与他在上海见面，他对我透露，蒋介石要找他出来做什么部长，正在竭力躲避。他说蒋介石决不是可与共事的人，还不如孙传芳之能信任其部下，我已吃过苦头了，不能随便出来。不久他便离开上海而至湖南，从此人天永隔了。

我这文稿不能说是丁文江的传记，而只是供给他生前挚友的参考品。据我所知，他在地质调查所及中央研究院两处都有极大的贡献，我希望他的朋友完成一个整篇的丁文江传记。

末了我有两件事应该替丁文江表白。第一件，我查广州的国民政府的正式成立在民国十四年（1925）七月一日，以汪兆铭、胡汉民等十六人为委员，蒋中正并不在内。是年八月二十日国民政府委员廖仲凯被刺而死，推汪兆铭、蒋中正、许崇智组织特别委员会，负责办理此案。胡汉民被派出洋考察，许崇智辞职赴沪，其时江苏人正在开始驱逐奉军运动。以时间对照一下，丁文江之帮助孙传芳，完全为苏人自救起见。换句话说，完全是对付奉军，而不是对付国民军。第二件事，民国十五年十一月三十日孙传芳、吴俊陞、张宗昌等十六名将领，联名通电拥张作霖为安国军总司令，张作霖于十二月一日在天津就安国军总司令之职。吴佩孚亦派代表至北京。于是一向反对段祺瑞、张作霖而拥护吴佩孚的一般政客罗文干、王克敏、汤尔和等重入政界，弹冠相庆，那末他们以前反对张作霖是什么理由？现在拥护张作霖又是什么理由？可是丁文江并不如此。他避居大连，从来不到沈阳，亦不与任何奉系人士往来。这是我十分清楚的事，文江从来没有向任何人表白一句，这就是丁文江的人格。

（收入《胡适全集》第 34 册，合肥：安徽教育出版社，2004 年 9 月出版）

文江二哥教训我的故事

丁文渊

我们兄弟一共七位，我是行四。自我以下，我们的求学费用，都是二哥独自供给的。民国元年，他在上海南洋中学教书，我就跟着他到了上海。因为我没有进过学校，没有学过英文，无法考入上海的中学，只好进了当年同济的附属德文中学。第二年，二哥因为接受工商部矿政司司长张轶欧的邀请，到北京工商部去做佥事，担任该部的地质科科长。他不愿意我在暑假时候回到老家泰兴黄桥去渡假。他说，我们家乡的习气太坏，不适宜于一个青年，所以要我到北京他那里去。我那时实际还没有满十五岁，一旦要单独从上海乘海轮去天津，再乘火车转北京，却不是容易的事，因为我还是一位毫无经验的内地青年。幸亏同班同学翁君，他的大哥在陆军部做一位司长，也要去北京，因此就约好了一同走，以图沿途有个照应。

当我们谈到如何定购舱位的时候，翁君说他坐官舱，我认为官舱太贵。他说，他的官舱并不要花钱，是他老兄寄给他的军用免票。他认为我不妨写信给二哥，向他的老兄索取一张，因为二哥和他的老兄是在日本时熟识的老友。我那时年纪轻，认为要得，就一五一十的写信告诉了我二哥。不料他回信，却把我大大的教训了一番。他信上说，你是一个青年学生，何以有这样的腐败思想？你现在总应当看报，你没有看见报纸常常攻击滥用军用免票的人吗？军人用军用免票是否合理，那是另外一个问题，然而他们到底是军人身份。你不是军人，何以竟用起军用免票来？这是一种不道德的观念，损坏国家社会，丧失个人人格，我希望你从此不作此想，才不负我教养你的一番苦心！至于你希望能和翁君同舱，我也不反对，所差的四元大洋（官舱十二元，房舱八元），我另外寄给你。我们现在无权约束他人，可是我们有权，也有责任来约束自己。我希望你能约束自己！

我得了这个教训以后，数十年来，确是没有敢稍稍违反他的训言。

第二件事发生在民国八年。那时，二哥刚随梁任公先生去了欧洲。在他行前，答应我去德国留学，学费全由他担任。当时战后交通还没有完全恢复，船期时常更改，等我赶到欧洲的时候，他已经离欧赴美去了。我先到了瑞士，进了楚里西大学，预备下年再去德国。适值我驻欧留学生监督处的秘书曹梁厦先生到瑞士游历，他本是二哥留英格拉司哥大学的同学，和我在上海的时候也极要好，他晓得我在楚里西，就赶来看说。谈起我的情形，他就说，令兄也不是一个有钱的人，你不应当让他独任你长期的学费。照你的学历，你可以请补官费。现在教育部和江苏省都有空额，你不妨写信给令兄，请他代你设法。他和留学生监督沈步洲、教育部次长袁希涛、高等教育司司长秦景阳，都是极要好的朋友，你又合乎资格，我想你申请，一定可以核准的。我听到了，极为高兴，因此我就将曹梁厦先生的好意，写信告诉了二哥，并且请他设法帮忙。不久，接到他一封很长的复函。他这一次的语气和缓，不像上次请求军用免票的责备那样的严峻。他说，你想申请递补官费，当然没有什么不妥当的地方。照你的学历，你的勤学和天资以及我们家中的经济状况，你当然有资格去申请。再加有你上述的人事关系，我想你的申请是有希望的。不过，你应当晓得，在国中比你还要聪明，还要用功，还要贫寒的子弟，实在不少。他们就是没有像你有这样一个哥哥，来替他们担任学费。他们要想留学深造，唯一的一条路，就是争取官费。多一个官费空额，就可以多造就一个有为的青年。他们请求官费，确是一种需要，和你不同。你是否应当细细的考虑一番，是不是还想用你的人事关系，来占据这样一个官费空额？我劝你不必再为此事费心，我既然承认担负你的学费，如何节省筹款，都是我自己的事。你只应当安心的用功读书就行！

这次确实给我一个很深刻的教训。一方面我才真正了解他的为人，另一方面，使我渐渐的感觉到每个人对社会国家的责任。要想建设一个现代国家，必须有这样的抱负，有这样刻苦力行的精神，不是口头讲革命，讲爱国就行的。我一生学问事业均无成说，然而我对他这个教训，真是无时或忘，不敢稍有逾越。

回想数十年来，有多少聪明智慧之士，身居高位，本可以替国家做一番事业，可就是不能克服自私自利之心，把国家弄到现在的田地，使我如何不怀念我的二哥？

（原载 1954 年 1 月香港《热风》第 22 期）

哭 丁 在 君

胡 适

（用元微之别白乐天诗的原韵）

> 明知一死了百愿，无奈余哀欲绝难。
> 高谈看月听涛坐，从此终生无此欢！

> 爱憎能作青白眼，妩媚不嫌虬怒须。
> 捧出心肝待朋友，如此风流一代无！

二十五年二月（?）

（跋）此二诗用元微之别白乐天两绝句原韵。民国二十年八月，丁在君（文江）在秦皇岛曾用此二诗的原韵，作两首绝句寄给我。诗如下：

> 留君至再君休怪，十日流连别更难。
> 从此听涛深夜坐，海天漠漠不成欢。

> 逢君每觉青来眼，顾我而今白到须。
> 此别元知旬日事，小儿女态未能无。

民国二十五年一月，他死在长沙。我追想四年半之前他怀念我的诗，仍用原韵作诗追哭他。微之原诗不在《元氏长庆集》中，仅见于乐天《祭微之文》中。这两首诗是在君和我最爱朗诵的，我附录在这里：

君应怪我留连久，我欲与君辞别难。

白头徒侣渐稀少，明日恐君无此欢。

自识君来三度别，这回白尽老髭须。

恋君不去君应会：知得后回相见无？

明年一月是他去世二十年的纪念。我今天重写这几首诗，还忘不了这一个最可爱的朋友。

他的诗里，我的诗里，都提到"青眼"的话。在君对他不喜欢的人，总是斜着头，从眼镜上面看他，眼睛露出白珠多，黑珠少，怪可嫌的！我曾对他说，"史书上说阮籍'能作青白眼'，我从来没有懂得，自从认得了你，我才明白了'白眼待人'是什么样子！"他听了大笑。虬怒须也是事实。

民国四十四年十一月十一日　适之

（收入 1955 年 11 月 16 日台北《自由中国报·自由天地》）

丁文江与中央研究院

朱家骅

时光过的真快，丁在君先生逝世忽忽已经二十年了。本院为纪念其在总干事任内的功绩，将出一专刊。编辑委员会并以《丁文江与中央研究院》为题，要我担任撰写。无论公谊私情，都义不容辞。就题目来讲，当然应以他对本院的贡献为范围，可是执笔伸笺，怀念故人，情不能已，所以不免稍稍离开了本题，把我和他缔交之始从头说起。

我与他认识，并不很早，但其四弟月波，是我早年的同学，因此在求学的时候，已经听说他的大名。民国九年，他为地质调查所搜集有关地质学和古生物学的德文杂志图书，要我替他在德国选购，这样，才和他开始通讯。十三年春末，我第二次从欧洲归国，回到北京大学教书，他和翁咏霓为我洗尘，这是第一次和他见面，交谈之余，就觉得他是一位很能干有为的学着。从此以后，我们在北京时常见面，有时在地质学会，有时在葛利普教授家里，他的议论丰采，曾留给我一个永难磨灭的印象。他爱护后进，无微不至，只要发现可以造就的人才，无不竭尽心力鼓励扶掖。许多地质学界的后起科学家，都得到他的指导涵育，譬如李承三就是其中之一。李是他在德国所赏识的，回国以后他就介绍于中大罗志希校长任地质系主任。地质学所以能够在中国建立了学术标准，实不能不归功于在君先生的辛勤努力。

十五年夏末，张学良入关到北平，当时政治环境非常恶劣，我被迫离开北平，应中山大学的聘请，担任地质系教授兼系主任。南下路过天津勾留数日，他已经就任淞沪商埠督办公署全权总办，家眷仍留住天津，恰值他从上海回到天津，在他家里聚会一次。不久我到上海，他亦已先我到了上海，曾到旅馆来看我，适蒋梦麟先生亦在座，谈起我广东之行，他很表赞同，当时已在北伐期间，而孙（传芳）与国民政府正处于敌对地位，他是在孙传芳之下做事，却不反对我去广州，可以想见他当时对政局的看法，而且他对朋友的一番真诚，更令人感佩。淞沪总办这一段事迹，是他最受批评的地方，也可以说是他生平的耻辱，但其动机是完全出于热诚爱国，想替国家做一番事业，他也很自信有替国家做事的能力，记得他对当时中国政治混乱的看法，曾经说过："最可怕的是一种有知识有道德的人，不肯向政治上去努力。"因此他又说："只要有几个人，有不折不回的决心，拔山蹈海的勇气，不但有知识而且有能力，不但有道德而且要做事业，风气一开，精神就会一变"。他为人极富感情，孙传芳对他尤优礼有加，所以促成了担任此事。在淞沪总办任内，他想转移孙氏真正替国家打开一个光明的前途，可以说是完全失败，但是他所擘划的上海都市建设计划，却奠定了大上海成为现代化都市的基础，其功绩仍为人所称道。他不但是一位道地的科学家，而且极有行政能力，真是学者中少见的奇才。他热心政治，是完全由于爱国思想与责任心的驱使，绝非世俗一般热中利禄者所能比拟。从淞沪总办任内下来，他除掉多添一层沉重的心情，依然是两袖清风，不愧书生本色。民国十五年末，他离开上海后，隐居大连，闭门读书，不问外事。十六年我在中山大学任内，很想请他担任理学院院长，但是当时各方空气对他非常恶劣，甚至以后成为他知交的人，也极力反对，所以没有实现，如今回想，实在是中山大学一个很大的损失，他不但是一位很好的理学院长，而且是很理想的大学校长。二十一年春，我任教育部长时，曾经一度想请他担任中央大学校长。

我在广州数年，因为职务繁忙，不曾和他通讯，到了二十三年夏，他应孑民先生之邀，继杨杏佛先生遗缺任本院总干事。因此在南京，才重获会面，但当时我正在交通部长任内，又时常要参加中枢各种会议，时间不能自由支配，虽往还较频，而畅谈的机会反而不多，至于中央研究院方面，最初我固然参加过筹备工作，后来又担任地质研究所通讯研究员，却是职务上仍无直接关系，所以当时对内部的情形，不尽详悉。不过他所促成的几件重大兴革，我都很清楚的。他就任总干事之后，第一件工作是修订章则。他个人学问兴趣很广，并且极有修养，和各所长相处甚得，除掉地质研究所之外，他对历史语言研究所的工作，也很有兴趣，尤其对考古学与体质人类学，特别注意，因此，便与孟真成了知交。二十三年七月，他看到当时社会研究所人才缺乏，遂将其在北平所办的社会调查所合并过来，改称社会科学研究所，聘请陶孟和为社会科学研究所所长，分法制、经济与社会三组，将原有之民族组划归史语所，并请中华文教基金会补助经费，延揽人才，提高水准。将濒合并之时，因基金会总干事任叔永对先已谈妥的条件忽持异议，他大为生气，后经适之先生从中调停，才获转圜。他跟任叔永本是知交，但为着公家的事，却毫不马虎。他对各研究所的工作，常有其精辟的见解，例如他认为动植物研究所不应专作分类工作，而必须同时注重研究育种与病虫害，及他真正与农业生产有关的工作。他更扩大各研究所与其他研究机关，或事业机关合作的范围，除掉早经合作的继续进行外，又与教育部合作协助筹备中央博物院，与棉业统制委员会合作，成立棉纺织染实验馆。中央博物院是我在民国二十二年春所竭力主张已经发起请傅斯年先生筹备的，他对博物院事业也向来极其注意，所以到中研院以后，一面力助教育部促成并推进其事，一面更与博物院筹备处订立合作研究办法，这些合作办法后来继续扩大进行，得到许多重要的成就。因为他富有行政才干，接事后就把中央研究院总办事处加以整顿，缩小员额到十八人，减少行政经费以增加事业费，并且把各研究所的经费，都根据工作成绩作合理的调整，以提高行政效率。他自己更以实是求是的精神，夙夜匪懈，案无留牍，使全院同人为之振奋。他对人事的选择，十分谨慎，对预算的编制也非常仔细，人事定了，预算编好了，就一任主管的人放手去做。如果遇到困难，他总是尽力帮助协求解决，使大家都能安心工作。总之，自从他到了中央研究院之后，全院工作精神，显得更有生气。

在君先生对中央研究院最大的贡献，是他一手设立的评议会。诚如适之先生所说："他把这个全国最大的科学研究机构，重新建立在一个合理而持久的基础之上。"根据中央研究院组织法的规定，第一项的任务是自作研究，第二项的任务是联络指导奖励全国学术研究工作。他接事以后，觉得当时中央研究院只是专做第一项工作，对于第二项工作没有着手进行，很表遗憾。为欲稳定中央研究院，保持其学术独立性，他遂进行上述第二项工作，发动设立评议会。他对评议会组织条例的起草，和第一届评议员的产生方法，与有关方面经过不断的商讨，几次再审，补充修正，才始完成，真可谓费尽心血。那时我仍在交通部长任内，他顾虑中央不能通过，常常跑到交通部和我往复磋商，我深深为他这种办事精神所感动。最初我对评议员只限中央研究院已有的研究科目，其他学科的人员并不包括在内，颇持异议。他力劝我不要再坚持，不必再扩大范围，以免发生其他枝节，他的苦心孤诣，使我终予同意，并在中央政治会议予以支持。二十四年五月国民政府修改中央研究院组织法，同时颁布评议会组织法。规定第一届评议员之产生，先由各国立大学有关院系教授选出候选人，再由全国各重要研究机关的首长与各国立大学校长，举行评议员选举会，就候选人中票选之。并以中央研究院院长总干事各十个研究所所长为当然评议员。第一届评议员选举会于是年六月二十日在南京召开，选出评议员卅人，九月七日正式成立评议会，此卅位评议员都是各重要学术团体所选出，所以评议会可说是一个代表全国学术研究的评议机构。第二届起则就上项办法选出之候选人由评议会开会以无记名投票选举之，开会的时候，照中央研究院已经设立的科目分组，由各组委员会调查全国研究机关的成绩，与全国学者所发表的著作，以为将来联络的基础。评议会的成立，是在君先生替中央研究院立下了百年大计，有了评议会，才有后来的院士会议，有了院士会议，研究院的体制才正式完成，这是我们同人所深深感谢的。

民国二十四年底，他应铁道部之请，到湖南粤汉铁路两侧勘察煤矿，不幸在衡阳旅寓中了煤毒，延至二十五年一月五日在长沙湘雅医院去世，享年才四十九岁。我在南京闻耗，为之凄怆不已。当时我已离开交通部，蔡孑民先生自上海来函要我接任总干事，一面又请孟真与在京数位所长一再相促，我因脱离学术研究工作多年，数度婉辞未果，不得已于五月间到院，接替他的工作。

他的生平，在适之先生替他写的传记里，已有很翔实的记载。他自幼颖慧过人，有神童之称，不但精通英、德、法三国语文，而且兼谙日语，汉学造诣更不必说，所以有极优越的治学条件，可惜他死的太早，否则对国家与学术必有更辉煌的贡献，以他的才华与学力，要是生在已经现代化的国家，虽享年较浅，在学术上的成就也当不仅止此。只是中国社会环境却不容他尽全力于这一方向，所以他常很大胆的想要转变风气，造出一种进步的环境，后来学者可以享受到较好的工作机会，这也是他恋恋不舍政治的原因之一。他实在可说是中国学术界开辟新纪元的一个科学家，在他的学问事功之外，还具备完美的人格；做事完全以事业为主体，决不牺牲事业去将就人情；遇着事业上的困难，必竭尽全力设法克服，从来不肯退缩；他对自己约束很严，公私分际向极清楚，待人接物，亦甚具热忱，富有我们东方人的美德。他逝世虽已经二十周年，人们对他的景仰，却正有增无已，他治学的精神和做人的规律，必将永垂世间，留作后代楷模。

（收入 1956 年 12 月台北《中央研究院院刊》第 3 辑）

丁在君先生在地质学上之贡献

阮维周

一九三一年的秋季，我刚从北京大学预科卒业，丁在君先生返回北大任教，当时地质系的教授阵容，有葛利普、李四光、孙云铸、谢家荣及何作霖等，已是非常坚强，加上这位蕴藉渊博、学贯中西的丁先生，北大地质系的辉煌招牌，变成了一道不可抵抗的魅符，竟使我放弃向慕已久的"炼丹取金"的化学，而转攻"刮地皮"的地质学了。在君先生在北大时担任一年级的普通地质学，本是一门打基础的课程，但他却给每一个学生留下了不可磨灭的印象，也使每一个学生坚定了向学和研究的志向。使我最难忘的，是丁先生在课堂上讲学的神态：他左手持雪茄，右手执粉笔，深邃的目光、坦荡的风度和极为生动的讲词，他常用幽默的口吻来激发学生研究的兴趣，造成一种活泼愉快的学术空气。有一次他强调火山喷发的温度，三天后还可以煮熟鸡蛋，火山爆发的威力也能使火山灰飞绕地球三周，妙语如珠，真是既透澈又深入，博得学生不少欢呼。每在这种得意的场合，丁先生也不禁猛吸两口雪茄，放下粉笔，左右开弓的捋胡子。在这种自由讲学的空气中，欢笑共发问俱起，烟灰与粉屑齐飞，本来是颇为枯燥的学科，变成了人人爱好的功课。不仅激发了在学青年的兴趣，同时使旁听的助教也有了终生研究地质的决心。他首倡野外训练，常率领学生实地工作，指导范围，不仅亲授野外工作方法。并及于学生野外工作服装与饮食等各方面之指示。先生对地质的讨论与解答，善把握重点。扼要精辟，发人深思；对团体组织的处理，则极为科学，而有亲切感。众心悦服；真是一个绝好的青年导师与模范。至今日，后学者仍以先生之工作方法为准绳。

一九三五年当我从北大毕业后，考取实业部地质调查所调查员时，在君先生已离北大，担任中央研究院总干事职务，我曾为同班同学的职业问题给丁先生一信，请他在研究院设法安插，并隐含责备先生对同学漠不关心之意，丁先生本对青年极为爱护，接信后颇为震怒，回信详加训释研究院工作的性质与调查所工作之不同，何种人适宜研究院工作，何者不适，知之甚详，人量才而用。用得其所。在君先生确是极有眼光，有知人之明的，也最能认识有才干的人，他能安排适当的人在适当的工作上，这应是领袖人物必具的条件吧！当我被派赴河南伏牛山一带工作时，还未及返回南京，忽得先生逝世消息，噩耗传来，既痛良师之失，又悲学术界遽折一员健将，为之黯然经月。这是作者与先生的一段师生缘谊，今值先生逝世廿周年，谨将先生在中国地质事业及其本身地质研究工作之成就，追述于下，以为纪念。

民国元年，在君先生在上海南洋中学教书时即计划设立地质研究所，民国二年，任职工商部矿政司地质课，即借北京大学旧址，创办地质研究所，是为中国地质教育的先声。地质研究所是为养成地质调查人员而设的，丁先生极重视实地训练，倡议教授亲率学生分组野外工作，所以研究所毕业的学生都能单独工作，一部《北京西山地质志》，就是在在君先生指导下完成的，也是中国地质学家的第一部著作。

丁在君先生以为地质调查所非一般行政机构可比，须有专门设备，主改工商部地质课为地质调查所，亲任所长；其时草创伊始，先生躬亲着手实地调查，是为国人自行调查地质之始。民国十一年，先生兼任北票煤矿事，十五年正式辞去所长职，但对调查所的擘划，仍不遗余力。先生是中华教育文化基金会的董事，得该会之补助，刊印《中国古生物志》，十八年又获得罗氏基金的协助，在调查所增设新生代化石研究室，研究脊椎动物化石，自任研究室名誉主任，其后调查所办理全国土壤调查，设置土壤研究室，建筑燃料研究室及西山地震研究室，都有赖先生向各方奔走捐助，始抵于成。

民国二年至五年的工商部地质研究所，任教者，多由调查人员兼任，颇有无暇兼顾之苦，先生主地质教育与地质调查二事，分途兼进，以期各致其功，乃将研究所裁撤，由工商部商北京大学蔡元培校长，于大学内设地质科，由先生的努力于民国七年开办大学地质学科，才算纳入正轨教育。当时适欧战结束，举行和会，先生随梁启超赴欧，转道美洲返国，得参观各国研究机构并与各国科学家颇有接触。返国后，鉴于欧西学术之奋进，推动中国地质工作，益增努力，其尤可纪述的，一为捐集款项，为调查所修建图书及陈列两馆，二为延揽人才，为北京大学地质系，增聘教授，李四光氏自英返国，葛利普氏由美莅华，皆延入北京大学地质系，造就学生，更为积极，而地质调查的新进人才，亦因以有所取给。

在君先生于一九三一至一九三四年返北京大学任教，对地质系系务，多所改进，并集资筹建地质馆于北平沙滩松公府，使教学设备更趋完善，教授阵容，益形充实，室内野外分途研习，师生共任，登山临渊跋涉采取之劳，遂造成北大地质系的黄金时代。

一九三三年代表中国出席第十六届万国地质学会于华盛顿及纽约，并宣读中国石炭纪及二叠纪地层层位论文两篇，会后，再游欧州，并访母校葛拉斯哥大学，瑞典访老友安特生，往苏联访巴库油田。返国后，即应邀为中央研究院总干事。于一九三四年夏就职后，即以全力筹划推进中国研究工作的连系，及鼓励中央研究院地质研究所从事浙江明矾石的试验工作。

南京中央大学地质系于民国十九年改组后，先生亦多方协助代为擘划。二十四年春，为中大约请李承三先生任教，三月间约奥籍贝克氏(Becker)来华，借此人才的罗致，中大地质系得日有发展。

中国地质学会，系由先生的倡导，经常驻中国的外籍学者，如北大的葛利普，调查所的德日进，协和的步达生等之热心赞助，于民国十一年成立，先生任第一届会长，并发起刊印会志，会志所刊，水准甚高，得与世界各国地质专刊相比，蔚为中国地质学极重要的文献。中国古生物学会，亦由先生发起组织，于民国十八年成立。

在君先生在地质调查所任内，因系发轫工作，曾作全盘计划，其中荦荦大者，为全国地质图的测制与矿产的调查。自民国十三年开始，测制全国百万分之一地质总图，按照国际地质学会所定世界全图分幅及投影标准，每幅经六度纬四度，将全国分为五十余幅，调查所出版的"北京济南幅"，即为完成的第一幅。矿产调查一项，则注重工业原料的煤铁，并邀约农商部顾问安特生、丁格兰辅助调查工作，得有《中国铁矿志》等书的出版。先生复着手刊印《中国矿业纪要》，对于全国煤铁等矿的储量，各矿分布的情形，市场状况，生产及进口数量，作扼要记载，使从事中国矿业者，得有系统的知识。

先生欧游后，知中国地层及古生物学，须有较详尽的研究，自民国十一年葛利普教授来华，是种研究，始渐开展，中国青年受丁、葛的鼓励，加速迈进，类别门分，著述益精。先生乃倡编《中国古生物志》，自任总编辑。《中国古生物志》的刊行，原受中华教育文化基金董事会的协助，故印刷精美，为世界学术界所欢迎，亦中国地质学上最博国际声誉的学术性刊物。《古生物志》于民国十一年发行，内分四门：甲、植物化石，乙、无脊椎动物化石，丙、脊椎动物化石，丁、古人类，其中无脊椎动物化石一项，部分为在君先生在云南贵州所采，大批化石、脊椎动物化石及古人类，则为丁氏主持的新生代研究室之发掘，而震动世界学术界的周口店北京人之发见，亦赖先生领导，获得惊人的成绩。

我们写在君先生对中国地质事业的贡献时，感觉到先生的一生就是中国地质学发展的历史，换句话说，先生一生皆以发展地质事业为己任，他倡办工商部地质研究所，协助擘划大学的地质系，设立地质调查所，举办全国调查事业，扶持学术研究，组织学会，发行学术性刊物及研究报告，与友邦学人谋求合作，使中国地质学上的研究与世界研究中心，并驾齐驱，他不仅是青年的绝好模范，也是中国少有的领袖人物。

在君先生素主实地调查，对野外兴趣，特感浓厚，其亲身考查区域亦广，不仅西南诸省，为其特别研究范围，即中国中部及北部各省，亦多有其足迹。在君先生调查时讲求精密，注意系统，是以纪录图片特别丰富，化石标本，尽量采集，但对著述，则异常慎重，研究结果之发表者，为数不多，不过二十余种，而其生平最大的中国西南方面工作，迄临终时止，尚未整理发表。

先生的第一次大规模调查，为民二至民三云南之行，由安南入云南，开始调查个旧锡矿，随返昆明，又北行经富民、武定、元谋、曲靖等县，过金沙江转入会理，复由会理再渡金沙江转入东川考查铜矿，折入贵州威宁，经宣威、曲靖、陆良而返昆明。此行除研究矿产外，并作路线地质图，曾特别研究古生代地层，采集化石甚多。将法人德浦拉（Dprat）的错误，加以改正，并建立滇东地层研究的基础。

民国十七年再赴广西考查，而于广西中部及北部如南丹、河池、马平、迁江一带，调查尤为详尽，此后除考查南丹、河池锡矿及迁江一带煤田外，特注重地层系统及地质构造，而于马平石灰岩的研究尤详，马平石灰岩的驰名，全赖先生之力。

民国十八年复组织西南地质调查队，丁氏自组一队自重庆起，由曾世英、王曰伦同行，经松坎，桐梓至遵义，西行至大定，原拟会合由叙州入云南的赵亚曾队，旋悉赵氏在云南北部闹心场遇匪受害消息，因赵氏系青年地质学家中之最优秀者，先生颇受打击，但仍继续在贵作工作，并在广西边境详测古生代层位，于十九年夏遄返北平。此役为先生最大地质旅行，于泥盆纪石炭纪及二叠纪，有精细透辟的研究，其对矿产及地理上，亦有甚大贡献。

先生一生零星的地质研究亦甚多，其中较著者有太行山的调查，如井陉、娘子关、平定一带煤田及磁县六河沟煤田，北平西山调查，《西山地质志》即由先生指导出版，南京山地及苏、皖、浙三省界的调查，写成《扬子江芜湖以下地质》一书，山西三门系的研究，为先生重要发现之一，详测山东南部峄县煤田，并为中兴煤矿筹划钻探工作。当调查所于察南宣化龙关一带发见绝好铁廿处，组织龙烟铁矿公司，开发该矿，并在北平西郊石景山设置炼厂，先生为公司董事之一，对该矿的品质及附近地质，颇多贡献，并于河北昌平觅得锰矿，以为炼铁之用。其余如大同煤矿、北票煤田、鹤立岗煤田、萍乡煤田，皆曾作考查，而一九三六年先生逝世长沙时，亦系受任交通部测勘粤汉线湘潭煤矿之工作，而惨受煤毒，不治而逝，时年四十有九。先生毕生殚尽精力于地质学，亦死于是。言念及此，不胜唏嘘。

综观先生生平，除在地质学上之贡献外，于政治亦有精辟之言论，于社会于教育虽非直接亲予过问，但亦每多间接的协助与倡导。我国当代军事政治以及教育界之领袖人物亦常请教于先生之前，每以得先生之一言为快，亦常以先生之言以为圭臬。先生为学之态度贵博大精深，好学不倦。先生读书而不读死书，读书而不尽信书，发掘真理，终生不懈，也可说是知而能行——知行合一的人。世间只说不做的人太多，而在君先生不但说而且切身去做，还要别人也去做。因之为中国学术界树立一个良好的风气，也为学人树立百世的楷模。

附先生之有关地质著作如后：

1.《正太铁路附近地质矿务报告书》，《农商公报》民国三年出版。

2. Tungchwanfu，Yunnan，Copper Mines；*Far Eastern Review*，No. 6，1915.

3. The coal resources of China；*Far Eastern Review*，No. 1，1916.

4. China's mineral resources：*Far Eastern Rev.* 80—83，1919.

5.（张景澄合作）《直隶山西间蔚县广灵阳原煤田报告》，《地质调查所汇报》第一号，1919。

6. Report on the geology of the Yangtze Estuary below wuhu：Whang-poo Conserancy Board，Shanghai Harbour Investigation，Series 7. Rept. vol. 1，1—84 1919.

7.《扬子江下游最近之变迁——三江问题》，《国立北京大学地质研究会年刊》第一期，1921。

8.（翁文灏合作）《第一次中国矿业纪要》（民元至五年）1921。

9. The tectonic geology of Eastern Yunnan：Congress Geol. Intern. 13th Session. Belgique. Comptes Rendus facs. 2，1155—1160，1922.

10.《北京昌平县西湖村锰矿》，《地质汇报》第四号，1922。

11. Note on the Gigantopteris coal series of Yunnan in A. W. Gratau's *Stratigraphy of China*，pt，1，pp. 390—391，1923.

12. Geological section on J. G. Andersson's. The Cenozoic of Northern China，*Mem. East. Surv. China*，Ser. A. No. 3，1923.

13. The training of a geologist for working in China（presidential address）*Bull. Geol. Soc. China*. vol. 3，No. 1，9—11，1924.

14.（And Wong，W. H.）On the nephelite syenite of Maokou in Huili district，Szechuan（abst.）*Bull. Geol. soc. China*，vol. 4，No. 1，9—11，1925.

15.（And wong，W. H.）Ten years work of the National Geological

Survey of China，4 pp. 1925.

16.《中国官办矿业史略》，1928。

17.《外资矿业史资料》，1929。

18. The Orogenic movements in China，*Bull. Geol. Soc. China*，Vol. 8，No. 2，151—170，1929.

19. On the Stratigraphy of the Fengninian System，*Bull. Geol. Soc. China*，vol. 10，30—48，1931.

20.《中国地质学者之责任》，《国立北京大学地质学会会刊》第五期，1931。

21.（曾世英同著）《川广铁道路线初勘报告》，《地质专报》乙种第四号，1931。

22. Biographical Note，*Bull. Geol. Soc. China*，vol. 10. Grabau Anniversary Volume，1931.

23. A statistical study of the difference between the width-height ratio of Spirifer tingi and that of spirifer hsiehi，*Bull. Geol. Soc. China*，vol. 11. No. 4，465—4080. 1932.

24. (And Grabau，A. W.)The Permian of China and its bearing on Permian classification. Report 16. Inter. Geol. Cong. Washington，1933. Reprint 1934. 1—14.

25. (And Wong，W. H.)The Carboniferous of China and its bearing on the classification of the Mississipppian and Pennsylranian. Report 16，Inter. Geol. Cong. Washington，1933. Reprint. 1934，17pp.

26. Notes on its records of Droughts and Floods in Shensi and the Supposed Dicication of N. W，China. *Geografiska Annaler*，1935，Sven Hedin，1935.

27. (And Y. L，Wang)Cambrian & Silurian formations of Malung and Chütsing Districts，Yunnan：*Bull. Geol. Soc*，vol. 16，1 — 28，1936—37.

（收入 1956 年 12 月台北《中央研究院院刊》第 3 辑）

我 和 在 君

董 光

在君辞世，已经二十周年了。老朋友们发起出一本纪念册，适之兄知道我和在君相交极深，又同在天津很久，因此要我写一篇短文，我也愿意应允，借此可以补充一点传记资料。

民国十一年十二年间，我在华北水利委员会服务，并兼任《密勒氏评论西报》驻华北副主笔；在君则在北票煤矿公司当总工程师。因此我们都同在天津。当时我家居北京，在天津前意租界三马路十三号租了一个通楼作为寓所。在君和我一样，他的家也在北京，我便邀他和我同住在一起。

这通楼面不大，由中间隔为两间。我住后间，他住前间。华北水利委员会有一个工友，名叫延升，由他替我们准备早点和晚餐。我们吃得非常简单，只是一菜一饭。在君爱吃黄豆烧肉，这个菜，在我们同住在一起的一年中，几乎成了我们每天所必有而仅有的菜肴。

当时，我每周须替《密勒氏评论报》写两万多字，因此很忙。每天自水利委员会回到寓所，便埋头对着打字机做我的文章，直到深夜为止，其间除吃饭的时间外，极少有机会和在君交谈。

在君也和我一样，不爱看电影，也不爱交际。煤矿公司的事务办完，便回到寓所来，忙着翻阅各种中外典籍。他中文、英文和德文的造诣都极深，而治学的范围又极广，因之，天文地理，无不通晓。

在这一年同处的期间中，我们各忙各的工作，就在这种各自的忙碌生活中，彼此间获得了极深的默契。偶然我们抽空谈话时，他便把他的读书心得如《山海经》般地讲给我听，益加使我对他的博学增加钦佩。

他对政治的兴趣也很浓厚。我记得那时他正在从事一本关于过去五百年中国宰相的籍贯考据的著作。他所获得的结论是中国宰相出生于南方的占最多数，而其中尤其以籍隶江苏省北部的为多。

当时我认为他既是一个地质学者，何必以有用的时间来做这种无关紧要的研究，因此有一天我便劝他不如利用空余时间去找金矿银矿。但他却对我说：世界上最重要的是人事，而不是物质，如果我找到金矿银矿，而不了解人事问题，那金银仍将被偷盗以去，弄得更糟。

三十多年后回想起来，他这本著作是在研究地理与人事的关系，确是有他的价值的。可惜这三十多年中，战火赓续不断，不知道他这本宝贵著作是不是还安放在他太太的藏书楼中。

我是热中于新闻事业的人。在我和在君同处的一段时期内，我曾向他说我想办一个中文报。他很鼓励我办。但后来因故这计划却未见实行。过了些时，我们都已各自将家眷从北京迁居天津，他看见我时，仍然不断地督促我办中文报，有一次竟至说：如再不办，我实是一个没出息的人了。在他的激励之下，我便把我多年来的积蓄几千块银元拿出来买了旧的印刷机和铅字，办了一张《庸报》。于是我便常常请他替《庸报》撰写政论。

《庸报》正办得稍有头绪时，在君受孙传芳之聘，去上海当了淞沪总办。他要我去做上海交涉使。我告诉他：《庸报》虽已办得稍有头绪，但一旦离开，事功便将中途而废，因此不拟做官。但在君仍坚邀我到上海从长商量，于是我便应邀到了上海。

那时在君住在上海一家西人办的旅馆里，他乘汽车到火车站来接我同往那家旅馆；不料中途司机驾车走错了路线，以致违反交通规则。在君虽属牛津出身，英语流利，更是当时的淞沪总办，但巡捕不问表里，竟将车带人一并逮进了巡捕房问话。后来幸遇见一英籍警长认识在君，才聊表歉意后了事。

到了旅馆，我心里仍是暗自好笑，淞沪总办见了印度阿三，竟毫无办法。但从他的谈话里，我才知道在君当时的念头在急求中国的统一，他对孙传芳寄望很高，认为孙可以用兵力统一中国，因此他受聘于孙。当然，中国统一了，中国官吏的地位便自然增高，自也不会再有受辱于印度阿三的事发生。因此，在君认为对这种小事应该容忍。

我和在君谈了三天，他了解我必须继续办报而不能做上海交涉使的原因，于是他同意我重回天津。但在君对于上海交涉事务，仍随时和我商量接洽，因此，我知道得很清楚。

当时在上海除中国地方当局外，还有公共租界和法租界当局。在君受聘为淞沪总办，他的使命在以中国地方当局站在主人的立场上与外国租界联络打成一片。在一个短时期内，在君的工作颇有成绩。因此孙传芳在他督办淞沪市政以外，更将一切重要的政治及涉外事项都就商于他。在无形中，在君已做了孙的外交部长和政治顾问。

正当在君的市政办得日益进步时，北伐的国民军却已日渐逼进淞沪。前面说过，在君受聘于孙，原在期求中国的统一。后来他既发觉孙传芳也不过只是一个以割据为满足的军阀，无意统一中国，再加国民军统一全国之势已成，他为使中国人民免受涂炭起见，便决定转对国民军的北伐作重要的幕后贡献了。这一段秘史，由于有关的当事人都已相继辞世，我必须在这里把它写出来。

当年蒋总司令所统率的国民军与吴佩孚军在汀泗桥的大战，实是决定控制扬子江流域的重要战争。吴见两军苦战相持不下时，便要求孙传芳派几师生力军参加助战。这时，情势紧急，孙的态度足以影响大局。于是蒋总司令便叫他的部下蒋百里透过他和在君的私人友谊关系说动孙传芳，结果未会派兵助战，终使国民军在汀泗桥一役获得大胜。

国民军克服了汀泗桥后，便自然地和孙军对起阵来了。当时孙军缺乏军饷财力，孙叫在君和英国政府商量一千万英镑的借款，但在君眼见国民军统一全国之势已成，不愿人民多遭涂炭，因此却未如命积极进行。于是国民军便得迅速地打败孙军，终而获得了全国统一。

在君头脑冷静，博学多才，深通世界各国情形，这是大家都知道的，毋庸我再赘述。在结束这篇短文时，我只觉得在君不幸由于煤气中毒辞世太早，否则以他的才识，该可以替国家好好地做一番事。这实在是国家的一个重大损失。

（收入 1956 年 12 月台北《中央研究院院刊》第 3 辑）

我所记得的丁在君

蒋廷黻

　　我初次与在君见面好像是民国十四年的冬天，地点是天津的一个饭馆。那天请客的主人是南开大学矿科创办人李组绅，或是矿科主任薛桂轮。在君是主客，陪客者尽是南开的教授。见面的印象，照我现今所记得的，第一是他的胡子，第二是他的配有貂皮领子的皮大衣，第三是他那尖视的眼光。朋友们普通见面时那套客气话，他说的很少。

　　入席以后，在君第一件事是用绍酒洗杯筷。他不喝酒，更不闹酒，好像他不喜欢同席的人闹酒。他吃的不过多，也不过少。他的吃法不是一个讲究吃的吃法，是个讲究卫生和营养的人的吃法。对主人点的菜，他没有称赞过一门，也没有批评过一门。对饮食，他是不大在乎的。

　　我记下来在君这些生活小节，不是没有原故的。以后我和他往来多了，发现他是我一生一世所遇见的最讲究科学的一个人。我所认识的人当中，有些人在他们的专门学问范围之内很遵守科学方法，保持科学态度，出了这个范围，他们与一般人的思想方法及生活方式并无差别。还有些人在学问上面是很科学的，在生活上面则随便了。在君不但在研究地质地理的时候务求合乎科学的方法，就是讨论政治经济的时候，或批评当代人物的时候，或是在起居饮食上，他也力求维持科学的态度。他不随便骂人，也不随便作主张。写政治文章的时候，他不放大炮。这不是说，他的意见都是对的，或都是我所赞成的。对所不知道的或未加研究的问题，他拒绝表示意见。他表示的意见是有根据的，而且是有分寸的。

　　在天津饭馆的席上，在君和主人谈了一阵有关煤矿的事情。我不感兴趣，没有仔细听，只记得他谈起天来，务求准确与具体。后来大家谈到内战，由内战谈到当时的军阀和军队。关于这些题目，在君的知识简直是骇

206

人的。军阀个人的籍贯、年龄、出身、天资的高低、教育的程度、生活的习惯、彼此的关系、部队的数量、素质、配备等：在君几乎是无不知的。就是当时日本的专业军事密探都不能比在君知道的更多或更正确。

我在外国留学十年，与在君见面的时候，我回国还不满三年，对当时的军阀，我不但没有认识，普遍的认识或个人的认识；我根本讨厌他们，痛恨他们，觉得他们如不是强盗土匪出身的，也不过等于强盗土匪。照在君当时在席上的谈话，我完全错了。在君认为许多军人是爱国的，至少是想爱国的，有些实在是高度爱国的。在君并且强调的说过，许多军人具有绝好的天资，可惜他们没有受过近代式的教育。如果他们当初的教育是近代式的，他们可能对国家有很大的贡献。在他们知识及环境所许可的范围之内，他们也想救国，也想替社会造福。

在君这一段谈话是我研究中国实际政治的第一课。像学生问教师一样，我问了他：曹锟有什么长处，怎能作北洋军阀的巨头；在君叙述了曹锟的资历以后，讲了一个故事。他说曹锟在保定驻防的时候，有一次遇见一个小兵在那里放声大哭。原来这个兵接到家信，说他的父亲病重，恐怕不能医治。曹锟问了清楚以后，给了这个兵几十块钱教他回家尽儿子的孝道，以后再回营。这种小惠是曹锟作北洋巨头的技巧之一种。北洋军人多称赞曹锟的厚道。

九一八事变以后，因为《独立评论》的关系，我得了机会进一步的认识在君的思想和为人。我那时已经从天津南开移到北平清华教书，有几年还在北大兼课，所以与在君见面的机会也多了。

九一八事变发生以后，北平教育界的朋友们都受了很大的刺激，都感觉到除了教书和研究以外，应该替国家多作点事。有一天在任叔永家里吃饭。在座的有丁在君、胡适之、傅孟真、陈衡哲女士（即任叔永夫人）、陶孟和、吴宪、竹垚生、周枚生，主人和我。我提议办一个刊物。适之大不以为然，觉得我的提议完全由我没有办过杂志，不知其中的困难。孟和也是这样的腔调。陈衡哲最热心。在君和孟真没有表示。过了相当时期，我又旧话重提。出了意料之外，在君赞成，不过他主张先由筹款下手。他建议凡愿意参加的捐月薪百分之五。等到基金到了千元左右，刊物才出版。在君说，先筹款有两层好处，一则可以测量大家热心的程度，二则可以免出版以后又因经费的困难而焦急。当时我不知道，以后我听见这个先筹款的办法是《努力周刊》采用过的。

《独立评论》是九一八事变的产物。登载的文章也以讨论东北问题及其相连的和与战问题的为最多。在君对东北的政治、经济、军事及外交曾有极深刻的认识。他在东北旅行过无数次，他认识东北的主要人物，他深知日本和俄国对东北的野心和阴谋。我因为研究中国外交史的原故也已多年注意东北。大体说来，中国的外交，在道光、咸丰、同治及光绪的前半期，集中在开通商口岸，治外法权，协定关税及租界等问题，就是国民革命时代所标榜的不平等条约。从光绪后半期起，我们的外交中心逐渐移到东北，即西人所称的满洲问题。在北伐时期，我感觉东北问题的困难远在不平等条约问题之上，所以甚盼政府当局不要在取消不平等条约及完成革命和统一的过程之中，有意的或无意的加添我们在东北的困难。民国十七年，我同好几位南开同事到东北去考察了一个夏季。东北的新建设，北到齐齐哈尔，东到敦化，我去看过，并研究过这些建设所引起的对日外交问题。我的感想之一是：在东北要人之中惟独杨宇霆有整个计划。

现在我身边没有一册《独立评论》。不但在君的文章我记不清楚，连我自己的文章，也不敢说记得清楚。大体说来，当时评论社的朋友们没有一个是极端主张战的。大家都主和，不过在程度上及条件上有不同而已。主和最彻底的莫过于在君，其次要算适之和我，孟真好像稍微激昂一点。在君最露骨的一篇文章是以"我们需要一个普拉斯特立托维斯克条约"为主旨。苏联革命之初，列宁不顾同党者的反对，也不顾德国所提条件的苛刻，毅然决然与德国签订《普拉斯特立托维斯克条约》，为的是要完成革命。在君在这篇文章里劝中国采取列宁的办法去对付日本。

这篇文章，在见解上及气魄上，都是极可敬佩的。在君自己当然知道他的意见是不会受人欢迎的。在近代史上，我们的士大夫没有一次不是主战的。道光二十年左右的禁烟，咸丰末年的英法联军，同末光初的中法越南之争，光绪八九年的伊犁问题，甲午之役：在这几个紧要关头上，士大夫没有一次不激昂慷慨的主张战争。主和者简直不敢公开发表他们的主张。在君这篇文章是少数例外之一。

这篇文章没有得着任何有力的响应。在君以后也没有向这方面努力。

为什么呢？我们零星的谈过，但我不敢说我确知在君心里的打算。他没有坚持他的意见，大概不外两个原故：一是国内主战的空气日趋浓厚，一是日本军阀的横行和日本文治派的失败。在他死前的一二年，他有许多计划是以全面抗日为前题的。对于应战的预备，他很感兴趣。

我早主张国防部应该请文人作部长。有一天，我和在君谈这件事，并且告诉他应该作国防部部长。他没有说不愿意或不可以，因为在君最不喜欢说客气话。他倒说他最喜欢作军官学校的校长，这颇出于我的意料之外。他说中国的新教育，在文的方面和在武的方面，是同时开始的。在满清末年，政府对于军事教育的注意远在普通教育之上。在初期，文学堂和武学堂都是请外国人，多半是日本人作教员的。那时上课的时候，教员带翻译上班，一个钟头只能授半个钟头的课。文学堂早就超过这阶段，军官学校至今没有超过。据在君看起来，单就这一点，我们就可以看出来武教育之缺乏进步。在君切盼中国军人的军事教育能火速赶上世界水准。这是他想作军官学校校长的理由。

在君不但感觉我们军事落伍的危险和痛苦，他也深知我们在政治、经济、文化各方面落伍的悲惨。他是兼通中西学问的。他了解一切问题的复杂和连环。谈政治的时候，他最喜欢说的一句笑话是：中国的问题要想解决非得书生与流氓配合起来不可。他是想提高国家水准的一个有力份子，其成败及理由还得留待将来的历史家来研究。

表面的在君好像是冷的，实际的在君是很热心的；对国事热心，对朋友也热心。我于民国二十四年冬天参加政府工作以后，常遇着地方及中央高级人员这样的对我说："你就是蒋廷黻，在君说过，我一定要和你多谈一谈。"他在背后不知道说了我多少好话，替我作过多少宣传，但他自己从来没有对我提过一句。

一九五六年三月写于纽约

（收入 1956 年 12 月台北《中央研究院院刊》第 3 辑）

关于丁文江先生的《爨文丛刻》甲编

董作宾

半年以来，应香港大学之聘，整理我的古史年历学，在工作烦忙中接到了本院院刊编辑委员会征稿的函件，说：

> 今年一月五日，为本院丁故总干事文江先生逝世二十周年。丁先生一生从事学术研究，不仅对地质学有其特殊贡献，即对一般科学，亦热忱提倡，不遗余力。本院拟为征求学术论文，编印专刊，以资纪念。

提起丁先生来，他是我生平极端敬重的标准学者。我认识他，就在他担任本院总干事的时候。他那种庄严而又恳挚的待人态度，是没有人不佩服的。当然我非写一点文字纪念他不可，可是我写什么题目呢？

丁先生给我印象最深的就在民国二十四年，那时为了一件不愉快的事，我在北平，他在南京，他曾一再写长信去劝我，他以摆着一副老大哥的面孔，写了许多诚诚恳恳的话语，举出许多他自己的经验，谆谆教导我，使我看了非常感动，于是放弃自己的偏见，服从在他的指示之下。就在这一年，他本史语所出版的专刊之十一《爨文丛刻》甲编印成了。因此我也联想到他这一部书，现在就以此书为题罢。

《爨文丛刻》这本书，我自己有一本，早就丢了。可是在香港居然可以买得到，并且各书店还存有许多。因此使我记起了抗战时期的一件事情。是民国廿六年的下半年罢？史语所一迁长沙，再迁桂林，三迁昆明，就在这时候，傅孟真所长把存在南京的出版品，全部装箱，派员押运到香港，交与商务印书馆，存在九龙仓库中。直到三十五年，史语所复员回京，我听说存在九龙的出版品，在日本侵占港九时，全部被烧毁了。这次来到香港，有些朋友告诉我，在四五年前，史语所出版的《安阳发掘报告》、《城子崖》、《庆祝蔡元培先生六十五岁论文集》、《爨文丛刻》之类，充斥于旧书肆，后来被书估们大量收买，抬价居奇。现在买的一本《爨文丛刻》就花了港币五十元。可是十余年来，事过境迁，史语所出版品的一笔糊涂账，早已无法清算了。

《丛刻》出版于民国二十五年一月，正是史语所的极盛时代，名曰"甲编"，至少还有续出"乙编"和"丙编"的希望，可是出版之日，不幸也就是编者丁文江先生逝世之时。这本书的版面高 37.5 公分，宽 26 公分，厚 2.8 公分，据丁先生《序文》说，是为的"要保存倮文的真相，只好用罗文笔先生的墨迹石印，又因为《玄通大书》的原来尺寸很大，不能再十分缩小，所以其他各书不能不以它为准，每页分上下两页或三页，卷册未免太大一点"。这都是实在情形。我们就不能因版面太大，以为是丁先生故意摆架子了。全书的目次，分十一项，列举如下：

1. 千岁衢碑记
2. 说文（宇宙源流）
3. 帝王世纪（人类历史）
4. 献酒经
5. 解冤经上卷
6. 解冤经下卷
7. 天路指明
8. 权神经
9. 夷人做道场用经
10. 玄通大书
11. 武定罗婺夷占吉凶书

现在介绍本书的内容，分以下五节论述之：

甲、千岁衢碑记

乙、翻译的倮文经典八篇

丙、未译的两篇经典

丁、㑩人在中国民族中的地位

戊、与本书有关的研究论著

甲、千岁衢碑记

石刻汉文与倮文对照的《千岁衢碑记》，在贵州大定城南四十里。拓本是民国十九年冬季拓成的，现在印在书的前面。第一部分是全碑，第二部分是把拓本剪裁改为右行，共占六版。据丁先生在二十四年八月十六日的《序文》中所说，这块碑的拓本，曾拓了两次，第一次是找到一位书店的老板他照印书的办法，印了一张是反文，不能用。第二次在贵阳找到拓工，因为天寒墨冻，几费周折，才拓成了，仍然不太清楚。廿年五月，丁先生又到贵阳，才得到了拓本。

观全碑，额上横列大字两行，左行，上为"福寿"二字，下为"新修千岁衢碑记"七字，皆楷书。中为碑文，下面有题名一段，字皆模糊。碑文如下：

新修千岁衢碑记

《千岁衢碑记》 更□治下易棐撰文。□□治下□永书丹。

地名阿东钜，乃西域目民共由之路，曲折如羊肠，陡□如悬梯，虽剑阁栈道，险不如此，行者甚苦。我葵轩公祖，见而悯之，遂出己财三百余两，雇募石匠阿□率领□匠，协力凿取大石，堨路修整，高处挖平，低处垫砌，共六百二十丈有奇。工起嘉靖乙巳岁七月壬午，告成于次年四月己丑。垣若大道，顾今日往来之便，免此日扳援之劳，相对仰天，惟祈公寿，但云"千岁，千岁！"因改其名为千岁衢。公之可纪者，不止于此。敬贤乐善，无物玩犬（马）之好；节用爱民，无管弦歌舞之豫；克家干蛊，百废具兴，有光前裕后之谋。忠孝仁让，□□奇功，咸闻于朝廷，显著于制诰。至若青年致政，恬退林泉，亦人之所罕能也。观此修路，莫曰微事；亦抑善心之所发也。为善获庆不在厥躬，必在其子孙矣。公□□铨，字天宠，别号葵轩，任

212

贵州宣慰使司宣慰使，诰封昭勇将军。嘉靖丙午四月吉旦谨记。

碑之左方约占三分之一宽之处，有倮文对照，凡六行，上下均超出于汉文，未重录，字皆不甚清晰，从略。观碑文，在西南边地，能如此写作，已大不易，而序述捐资修路的"葵轩"先生，始终未标其姓氏，可能就是水西的安氏。书丹之某君，书写也有夺讹，如"犬马之好"夺马字，"坦若大道"，误坦为垣。据碑文所载，可知此衢乃是大定交通西方的一段道路，原名阿东钜，由蔡轩捐银三百余两，自明嘉靖二十四年乙巳，七月辛酉朔，二十二日壬午，工程开始，至明年四月己丑（即嘉靖二十五年丙午，四月丁亥朔，初三日己丑），完成工作，前后经过了二百四十八天，全路共长六百二十余丈。修成之后，改名"千岁"，为葵轩祝福寿。碑之立，在工竣未久，但书"四月吉旦"，不著其日。

乙、 翻译的倮文经典八篇

本书中翻译经典的工作，大部分均是罗文笔氏担任的。丁先生在《序文》里说得很详细：

> 民国十九年冬天，我从四川到了贵州的大定。……于是我才再着手研究倮倮，一面测量他们的体格，一面搜集他们的书籍。……其后有人介绍一位罗文笔先生，他已经七十岁，少时曾应过县考。他自己说原来是白夷家（白倮倮），本不懂倮倮文，五十岁以后，信了耶稣教，想用倮倮文翻译《圣经》，才发愤学起来。他带了一本《帝王世纪》来给我看，我请他逐字讲解，才知道大部分是水西安家的历史。大定原是水西土司的地方。所谓水西是指乌江之西，是明朝最有权力的土司，最后为吴三桂所灭。书是从开天辟地讲起，到吴三桂攻灭水西为止。

丁先生规定了翻译的办法：

> 罗文笔先生懂得注音字母，我于是给他约定，请他把所藏的七部

书，全数翻译出来。翻译的方法，是先抄倮倮文为第一行，再用注音字母译音为第二行，然后用汉文逐字对照为第三行，最后一行乃用汉文意译。他照我的方法，费了三年的功夫，才把七部书译完，陆续邮寄给我。这就是本书里面的《说文》(2)（又名《宇宙源流》），《帝王世纪》(3)（又名《人类历史》），《献酒经》(4)，《解冤经》上卷(5)，《解冤经》下卷(6)，《天路指明》(7)和《权神经》(8)七种。

丁先生《序文》中所记是十九年冬找到罗文笔先生，罗氏译文，当然要从这以后开始的，所谓"费了三年功夫"，当然指的是二十，二十一，二十二三年了。其实丁先生《序文》写于二十四年八月十六日，距离初见罗文笔，经过了六七年，他已记不清楚了。并且罗氏译文寄到之后，丁先生不但未看全文，并罗氏的《序例》文字也未曾翻过。这可以在本书中看得出来。按照罗文笔的记录，第一部《权神经》，是十九年三月初九译成的，第二部《帝王世纪》，是十九年七月一日译成的，第三部《献酒经》，是十九年八月十四日译成的，第四部《天路指明》，是十九年十月廿三日译成的。民国十九年从三月到十月，他已译成了四种经典，罗氏均有详细年月日的记录。又在《权神经》的前面，罗氏有一篇《序引》，其中记与丁先生晤面事云：

> 于去岁（按指十八年）阴历冬月十五夜，民在定邑旅馆开夜课讲福音，祷告方毕，适逢地质调查部队长丁君大委员文江大人，鸿恩广大，爱及苍生，不存鄙夷之念，特命使者召民至贵寓，试问夷族还有何种书籍？民告之曰，现存者无几矣。因民家藏古本，只有六种，分为七册。……现译成者，是此本《权神经》也。民国十九年，译于三月初九日，夷民罗文笔著。

因此可知丁先生记他到大定是十九年冬，但罗氏在十九年三月就译成了《权神经》，在《序文》说"去岁冬月十五夜"会到丁先生的。可知丁先生写《序文》时，记错了一年。罗文笔是贵州大定北乡东瓜村的人，七册经典，他前后译了三年半，也不是"三年"。罗氏以七旬高年，每逢译完了一部，必在前后记上年月日及全篇字数，可见他很细心。他译的次序是如此的：

《权神经》　民国十九年三月初九日译成，未注字数。

《帝王世纪》　民国十九年七月一日译成，共一万五千二百八十四字。

《献酒经》　民国十九年八月十四日译成，共一万二千六百四十二字。

《天路指明》　民国十九年十月二十三日译成，共一万三千五百零八字。（以上四册皆是十九年所译）

《解冤经》上卷　民国二十年六月四日译成，共一万二千三百三十二字。书后有译者序云：“此书延久之故，明列在下，因去岁隆冬严寒，不能在门外译书，因余之躯体稍有采薪，难忍风寒，目力昏花，非晴天不能动笔。时值春日融和，晴明清空，方能举笔。又因教务之事，或时奔走路程，或时对人谈道，或时写歌送人。因一人摄肩两任，方才延至于今，望乞宽恕。现开手又译下卷了。”可知罗氏译书，是在教务繁忙中加工进行的。

《解冤经》下卷　民国二十一年七月六日译成，第一行音有注云“民国二十一年四月二十五日动笔”。共一万五千三百九十四字。

《说文》　民国二十二年五月二十四日译成，共一万零五百六十五字。

丁先生编排的次序，和罗文笔译的次序不同。丁目的 2 至 8，皆是大定罗文笔氏所译的。还有第九种：

《夷人做道场用经》。此经仅占纸一张，印一版又半。上一行为倮文，下一行为汉文意译。

据丁先生《序文》云：“《夷人做道场用经》，是谭锡畴先生从川西带回来，谨文及标题，都是原来有的。”这一篇文字很简单，大意是说开坛请四方的大小菩萨，到道场上来吃各种祭品，祭品有牛、绵羊、角角羊、猪、鸡等物。又请大小菩萨同和尚都立起来，驱逐狗鬼，把各处的鬼一律驱逐出去，然后和尚休息。

丙、　未翻译的两篇经典

本书有未经翻译的倮文经典两种，即第 10《玄通大书》，第 11《武定罗

婓夷占吉凶书》。丁先生的《序文》里说，在贵州大定"第一部搜集到的是
《玄通大书》，是内地会教士斯密特小姐替我用八元钱买来的，内地会里有
一位倮倮'师傅'能读经典，可惜他不通汉文，不能翻译"。又说"《玄通大
书》的译名，也是罗文笔先生定的，但是他说没有经过师傅，不能翻译全
书。因为要保存倮文真相，只好用罗文笔先生的墨迹石印"。

> 《玄通大书》 影印原书，共占 115 版，无译文。由全书看来是很
> 有趣味的，文字类似汉文的行书，且附有许多图表，这的确是边疆文
> 化在民俗学上最可珍贵的资料，所惜的是一点也不能了解。原文间有
> 界画，文例是下行而右的。

《武定罗婓夷占吉凶书》，也见于丁先生《序文》，他说："我第一次看
见倮倮文，是在民国三年，那时我从云南到四川，经过武定县的环州，李
士舍的夫人送了我一本《占吉凶书》，书是先用朱墨写在草纸上的，以后朱
字又盖上一层黑墨。我屡次请教倮倮的'师傅'，他们说是占吉凶用的，但
是他们只会读，不会讲。到丁先生在民国廿四年编入《爨文丛刻》的时候，
仍然没有找到翻译的人。

> 《武定罗婓夷占吉凶书》 影印原书，共四版。每版分三栏，文字
> 粗壮，文例亦下行而右。无汉译。

丁、 爨人在中国边疆民族中的地位

在丁先生的书发表了十八年以后，本院的凌纯声先生把《中国边疆民
族》(刊入《边疆文化论集》第一篇，民国四十二年十二月出版)作了一次总
括的叙述，把"爨人"列入了中国民族的汉藏系藏缅群中的"罗缅群"(罗就
是罗罗，丁先生书中作猓猓，今作倮倮)，凌先生说明"罗缅群"云：

> 此群分为罗、缅二组。罗罗在东，缅族在西。罗组又可称为"羌
> 罗么组"。所包括的部族，在西康的东南，贵州的西北，云南的东部，

有罗罗；在云南的西北、西康的西南，有么些；又在四川西北有羌人；在云南的南部有窝泥；西部有栗粟；西南有阿卡与保黑。（缅组从略）

这已经比十八年以前在民族学上的研究精密得多了。凌先生全部中国民族的分类，附在下面：

中国民族（五系，十一族）

1. 汉藏系　A　汉掸族　汉人群、掸泰群。

　　　　　　B　苗傜族　苗人群、傜畲群。

　　　　　　C　藏缅族　罗缅群、藏番群。

2. 金山系　A　蒙古族　喀尔喀、察哈尔等、额鲁特、布里雅特。

　　　　　　B　突厥族　萨尔特、朵兰、布鲁特、哈萨克、乌梁海、西喇古尔、萨拉尔

　　　　　　C　通古斯族　满洲、赫哲、奇楞、索伦、锡伯、鄂伦春、毕喇尔。

3. 南岛系　A　高山族　台湾高山群：泰雅、赛夏、布农、朱欧、排湾、鲁凯、卑南、阿美、亚美。

　　　　　　B　黎　族　本地黎族、美孚黎族、岐族、侾族。

　　　　　　C　洞僚族　仡佬族、土僚、民家族。

4. 南亚系　A　瓶崩龙族　蒲蛮、崩龙、卡瓦、卡拉。

5. 伊兰系　B　塔吉克族　塔回。

凌先生此种分类的标准，是以语言与文化并重的。1系C族"罗缅群"中的"罗罗"，即本书的"爨人"。

戊、 与本书有关的研究论著

我在北京大学读书时，参加过民俗学会的调查工作，也编过《歌谣周刊》，加入过方言调查会，所以在民国十三年我编过一本《看见她》歌谣集

（北京大学《歌谣小丛书》之一），十四年我在福建协和大学教书，写过一本《歌谣通论》。民族学方面，我写过一篇《福建畲民考略》（登在中山大学《语言历史学研究所周刊》），一篇《说畲》（登在北京大学《国学门周刊》）。丁先生《爨文丛刻》出版之后，我根据《帝王世纪》篇中父子联名制，参考么些文字典，写了一篇《爨人谱系新证》，二十九年登在《民族学集刊》第二期。因为丁先生在《序文》中提到东汉时代的白狼王歌诗，于是参考了闻在宥氏发表在《图书季刊》三卷四期上的《读〈爨文丛刻〉》。其中有论列白狼文的问题，于是我就又写了一篇《汉白狼王歌诗校考》，登在民国二十六年六月出版的《边疆半月刊》。

可以说这都是受了丁先生本书启示而作的东西。近十余年，为了从事古史年历学和甲骨学的研究工作，就不再作民族学方面研究了。

本院的历史语言研究所，民国十七年成立，即设有第二组，专门从事语言学之研究，继之，又设第四组，研究民族学，所以在语言学民族学两方面，贡献颇多。研究论文，调查报告，见于《集刊》及《专刊》中的共有廿四种，后来关于倮倮文专门之研究，则有马学良《倮文作斋经译注》刊入《集刊》十四本，是民国三十七年出版的。

一九五六年四月卅日写讫于香港大学东方文化研究院

（收入 1956 年 12 月台北《中央研究院院刊》第 3 辑）

现代学人丁在君先生的一角

罗家伦

一位学人对于他所学的科学，像丁在君（文江）先生这样的尽忠，真是很少；而且对于朋友能实践其在学术上帮忙的诺言，像他所采取的这般作风，更是少见。

我和在君以前并不相识。民国十一二年间国内发生科学与玄学的论战，我在美国才看到好几篇他的文章。虽然他的论点大体是根据德国的马赫（Ernest Mach）和英国的皮尔生（Karl Pearson）的学说，可是他思想的清晰，笔锋的犀利，字句的谨严，颇有所向无敌之概。后来我在英国的时候，正遇着上海发生五卅惨案。由于华工在日本内外纱厂被杀酿成风潮，而英国派大军在上海登陆，演变为更大规模的惨剧。当时我激于义愤，和英国国会里工党议员联络要他们纠正上海英国军警的暴行。他们在国会会场不断的提出严厉的质询。可是国内来的文电，都是充满了感情发泄的词句，而缺少对于事件真相平情的叙述和法理的判断，所以极少可用的材料。此时恰巧有一个三千多字的英文长电转到我手里。这电报是由胡适、罗文干、丁文江和颜任光四位先生署名的，以很爽明锋利的英文，叙说该案的内容，暴露英方军警的罪行，如老吏断狱，不但深刻，而且说得令人心服。每字每句不是深懂英国人心理的作者，是一定写不出来的。于是我集款把它先印行了五千份，加一题目为《中国的理由》（China's Case）分送英国朝野。我由友人代约亲访工党后台最有实力的英国职工联合总会（Trade Union Congress）秘书长席屈林（Citrine）和他详谈，并将此电原件给他看，结果争取到他的同情。他并且要我添印若干份，由他分发给他工联中的小单位。因此工党议员加入为中国说话的更多，在英国国会里发生了更大的影响。事后我才知道，这篇文章是在君起草的，他真是懂得英国人心理的人。

我初回国时，旧同学卢晋侯在上海请我吃饭，我于席上初次和在君见面。那时候他是淞沪商埠的总办，督办是孙传芳。我是反孙传芳的人，所以不便多谈。民国十七年我到北平任国立清华大学校长。那时候在君一手经营的地质调查所，有半年以上不曾领到经费，所里为地质学工作的人员，几乎无以为生，所长翁文灏也不在例外。其中最困难的是一位著名的美国地质学权威葛利普(Grabau)教授。他本来是哥仑比亚地质系主任，负国际间重望，抱了移植地质学到中国来的热忱，来到北平教学和研究。他本职是北京大学教授，同时负指导研究的责任，而不兼薪。那时候北大也和地质调查所一样，薪水欠得一塌糊涂。他早把美国的生活水准，降得和中国教授一样，但是半年以上的欠薪，使他真活不下去了。我平素对于科学的地理学，颇为热心；初长清华时，即添办一个地理学系，聘翁文灏任该系主任。为了我素来尊重葛利普教授的学问和人格，于是致送月薪六百元的聘书请他在清华地理系担任教授。果然葛利普真值得我尊重，他答应到清华来教课，但是他拒绝接受六百元一月的专任教授全薪。他的理由是北京大学虽然若干个月不送薪水给他，他都不能因北大穷了，就丢了北大，而来清华做专任教授。经再三解说，他仅接受二百八十元一月的车马费。这种外国学者的高风亮节，及其所持道义的标准，不但值得我们佩服，而且应该为中国学术界所效法。以上这些措施，都出乎我的自动，因此在旁边看冷眼的在君，颇为欣赏。他继续看见我对于清华一联串大刀阔斧的改革，和对于学术事业的见解，在背后也常有好评。大概他最初以为我是一个具有暴徒性的革命人物，缺少英国式绅士的修养，估计很低，后来偶然发现我有比他所估计的较为不同一点的成分，所以又待别高估一点罢。果然我有一次使他几乎又回复对我的旧观念上去。我长清华半年之内，不曾和他会过面。有一天晚上我到北海静心斋历史语言研究所去看老友傅孟真，我一进他的卧室，看见他顿觉高兴，乃以手杖向他弥陀佛典型的肚子上扣了一杖，这是我们老同学相见常闹的玩意儿。想不到在君正在房里和孟真谈天，我不曾看见，于是在君大惊失色，瞠目而起，后经孟真解释，知道是我们少年时期的故态复萌，于是彼此大笑。这一件趣事，是孟真以后常对人讲的。略记于此，以纪念两位亡友。

当我做中央大学校长的时候，他正做中央研究院的总干事。有一天他特地来看我，他很郑重的和我说，他认为中国大学里至少应有三个很好的地质学系：一个在北方，一个在长江流域，一个在珠江流域，分别造就各地的地质人才，并且就地发展地质考察工作。他说："北方已有了北京大学的地质学系，而且成绩很好，不必担心了。广东的中山大学当时的主持者恐怕无此兴趣。现在你主持中央大学，我希望你能兼中央大学的地质系办成第一流的地质学系。我想你一定有这魄力能够做到的。"我当时明白的告诉他，我非常愿意。并且立刻对他说："若是你能到中央大学来做地质学系主任，我正是求之不得，现在可否请你答应下来？"他告诉我他接受蔡先生的聘书担任中央研究院的工作，不但不能辞，也不能兼；他情愿从旁帮忙。我于是说道："中国人开口就说从旁帮忙，实际上这四个字就是推托的话。试问你自己不参加，如何可以从旁帮忙？"他说："我答应你从旁帮忙，一定可以做到实际帮忙的地步，决不推诿。"我说："那也总得有个方式，才能使你与闻系务。"经讨论后，我聘他为中大地质学系名誉教授，出席系务会议，关于该系应兴应革的事宜，随时和我直接商量，因为当时中大地质系主任李学清是他的学生，所以我们考虑的结果，认为这样安排，也可以行得通。这个办法，他接受了。

我最初以为他在中央研究院是个统赞全局的忙人，恐怕不见得能分多少心力到中大地质学系上面来。想不到该系每次系务会议，他一定参加。而且凡是他有所见所闻足以改善地质学系的，无不随时告诉我。那时候国际联盟送给中央大学有三位客座教授，一位是瑞士人叫巴理加斯（Parijas）是地质学家，一位是德国人叫韦思曼（Wissmann）是地理学家，另一位是教英文学的。聘任期间均将届满，他不但劝我把前两位留下来，并且为我写信给他所认识的外国朋友，在国际联盟中任职的，请他们设法帮忙。这些通信都是他自动为我写了，事后才告诉我的。结果巴理加斯因为他本人的原因不曾留住，韦思曼则由中大自己出薪水留下来了。有一次我到中央研究院去看在君，想不到他打了赤脚正在为我写信给一位德国地质学教授斯提莱（Stille），问他是否有好的中国学生，经他指导研究而学有成就，可以回国教书的。在君对我说，斯提莱是德国构造地质学的权威，以严格著名的，在他手下训练出来的学生，水准一定不会差。所以他先写信去探询一下，如果有此项人才，他再告诉我。这件事很值得称许，因为这表示在君对于在国外留学的青年人才是何等的注意。他对于国际间地质科学这一门的人事情形很熟悉，对于其研究的动态当然也很明了。在君的这种举动，有过好几次，其目的总是要吸收新的血液，来加强这个学系。

更有一件事使我所忘记不了的，就是他对于原在该系一位教授的忠告。中大地质学系有一位郑原怀教授，曾在哈佛大学研究经济地质学，得有博士学位。自从南京改为首都以后，房地产的价格大涨，郑先生和他的太太对于房地产的经营发生兴趣，因此对于地质研究工作松懈下来了。在君为此亲自去看郑先生，开门见山地对他说："我知道你在哈佛学得很好，经济地质这学问，是中大也是中国所需要的。可是你为什么两年以来毫无研究的成绩表现出来？你知道一个学科学的人，若是不务本行分心在其他工作上，便很快的就会落伍。我为你，并且为中央大学地质学系，很诚恳的劝你不能再是如此。若是你不赶快改弦更张，我便要请罗校长下学年不再聘你。"他这番爽朗而诚恳的话，把郑先生感动了，欣然接受了他的忠告，教学从此认真，在下学年内便有二篇论文发表，而且是相当实在的；可惜一年多以后，他因为犯伤寒症去世了。郑先生能受善言，勇于自反，使我佩服。他不幸早逝，也是学术界一个损失。至于像在君这种的作风，则绝对不是中国士大夫传统的乡愿习惯里可以产生的。这决不是霸道，因为王道也不该养成乡愿。这是西洋科学家按照原理原则来处事的方式。这种爽朗忠诚的格调，实在足以挽救中国政治社会乃至学术界的颓风，最应该为大家效法的。在君在这个角度上的表现，特别值得佩服，应当尽力提倡。

在君作古了！"我思古人，实获我心"！

（收入 1956 年 12 月台北《中央研究院院刊》第 3 辑）

对于丁文江所提倡的科学研究几段回忆

李 济

　　还是在美国当学生的时候，忽然看见纽约自然历史博物馆的《馆刊》有一期在"扉页"的地位，印了一位中国地质学家的半身照片；他的锐利的目光与侧出的两钩胡尖，均给了我鲜明的印象。那时在美国留学，要是真想学点"什么"的话，常常地不免有寂寞之感；寂寞的是，同道的人太少了；譬如在无数的科学杂志，所看的无数的科学新发明新发现及论文，与中国人有关的，差不多见不着。因此，有时在这些刊物内要碰着一个中国名字，那中心的喜悦，就有点像在科举时代，家里出了一位状元公似的。

　　我与丁在君先生的接触，在我这一方面，可以说是从那一次认识他的照片开始。民国十二年回国后，在天津教了两年书；那时他正在北票煤矿公司作总经理。有一天下午，带了一封介绍信，我跑到"义租界"北票煤矿公司总办公处去拜会他。一见面他就说："老兄回国了，好极了，你可以多作点研究工作。像我这个人，又要作生意，又要办行政，剩下的工夫太有限了；虽说想作点研究，也作不了多少。"他随即以对话的方式考了我一阵子，大概是想测验我的肚子里究竟有多少油水。一个初回国的留学生，好像初出笼的包子似的，总带了些热气。那时他的兴趣，有一部分集中在人类学，恰恰是我学的一套，所以虽是初见，两人很谈得来；一谈就谈了差不多两个钟头。我记得临别的时候，他把开始说的话，又重复了一遍。到现在回忆，这一次当面接触的印象，除了他的两钩胡尖，及一双锐利的目光外，最深的就是他的爽朗气象。他的谈话的恳切与热忱，使我感觉一种舒适；他的恢宏的见解，更提高了我对于中国学术的希望。他鼓励我作研究工作，是非常切实的。收藏家们大概还记得河南新郑县出过一大批铜器，就在这一时期；他知道了这个消息，就要我去新郑作点发掘工作，并筹了两百块钱作工作费，调派了地质调查所谭锡畴先生帮助我。后来因为土匪攻城的谣言以及当地人的不合作，这工作并没完成。唯一的收获就是在出土铜器的坑中找到几块人骨。

以后他又直接地或间接地帮助我进行了几件别的研究。十四年的春天前后，有两件事情发生，决定了我的三十年来的工作方向：一件事情是清华学校成立清华研究院，约我作讲师；另一件事是美国佛利尔艺术陈列馆约我加入他们派在北平的田野考古工作队。第二件事情的开始远在第一件事情以前。我虽说是在美国作过五年学生，但与外国人没共过事。所以当我收到这一美国学术机关住华代表来信谈此一事时，我很踌躇了些时；最后，我就决定请教"丁大哥"去。我很清楚地就两点疑问向他请教：（一）是否应该放弃教书的职业去作专门的研究工作。（二）如何与外国人合作。他对这两个问题的答复，都很直截了当。他说：教书固然是很好，研究更为重要。所以他主张我选研究工作；他并且举了几件很显豁的例，证明他如此看的理由。与外国人合作，他说：最好开始就把条件讲清楚；至于与他们如何相处，他的劝告是"直道而行"。他用了一个英文字"Straight"来说他的意思；我这一释法，我想是不错的。这一点，我三十年来每每回味，深感到的，是：在君给我的这一箴言，不但是他的经验之谈，并且确实证明，他已认清楚了东西文化及人生观的基本分别。中国古圣人提倡的礼教，原是想培植一般人内心的谦德，结果大部分人只注意了虚伪的外表；把"求真"，"求直"的本能，仰制到下意识里最下层去了。两千年来的礼教，到现在只养成了一种超等的阿世取容的技术；对于真理与直道，都当着精神上的玩弄品，没有任何严肃尊敬的气象，或者根本不承认它们对于人生的价值，儒家与道家，就这一面看是没有什么分别的。

我离开天津后，在君也随着从事政治工作，因此也没有常见面的机会，直到他从上海卸任，在大连住的时期，因为一家日本报馆在报纸上造谣，说他已在大连购了地皮，预备在那里建筑房子作寓公，我有点信不过，就写了一封信去问他。他很快的答复了我的信，绝对的否认有此类计划。那时正是北伐时期，河南成了战场，平汉铁路截成数段；我住在北平，因为想到陕西去作点调查工作，必需从海路绕道上海到汉口再往西北，因此坐了一条日本船由天津南行往上海。船停大连时，就便看了在君一次。那时他的太太有病；济瀛（文治的太太）尚没结婚，与他们同住作伴。我进门时正看见她替姑父画地质图。与在君谈了数小时，我没有感觉到他作了一任大官的味道，也没有感觉到他有任何失意的气象。他仍是我在天津与他初见面的那个样子；想法子帮忙我完成旅行调查的计划；替我写了好些介绍信。

北伐将完成时，在君迁到北平去住家；十八年的春天，成立不久的历史语言研究所也由广州迁到北平。那时他与中央研究院没有什么正式关系，但他对于这一研究机关，却寄予极大的同情并予以极大的注意；虽说是他最感关切的工作属于在南京成立的地质研究所，但历史语言研究所近在北平，而主持史言所工作的傅孟真先生与他在北平一见如故（他与傅孟真缔交，是中国近代学术史上一段佳话），所以他能对史言所的工作计划帮助的机会还多些。据我所经验的以及所知道的，他的影响，并不以工作的设计方面为限；连人事方面，孟真都常向他请教，并听他的劝告。史言所那时的工作，分为三组：我所负责的考古研究，在他的广泛兴趣中所占的地位也是很重要的；他是最先介绍我们到关外作田野工作的；梁思永十九年到齐齐哈尔与热河之行，就是他的建议；最初所筹备，本是一个比较持久的计划，但因为九一八事变随即发生，这一成绩甚好的开始，就没有继续下去。从我们所计划的考古立场上说，这是一件无法估计的损失。由于最近田野资料初步整理，东亚的细石器时代与新石器时代早期的文化，很可能地在蒙古及满洲一带有若干重要的中心。日本的鸟居与法国的桑志华以及德日进、美国的纳尔逊、瑞典的贝格满都在这一带作过工作，而思永在齐齐哈尔以及热河的成绩，与这些人相比，是有他特别的贡献的。在这一区域，我们若能继续下去，有好些悬而未决的中国古史问题，到现在也许不成问题了。

杨杏佛暴死时，教育文化界一班的反应都认为继杏佛中央研究院的职守的人以在君为最适宜。嫉妒他的人，讥笑他是"超科学家"；但是这些流言，对于他却没有丝毫的损害。支持他的，并不完全靠钦佩他的几位朋友；最实质的理由，是他留在社会的及教育文化界的若干成绩：地质调查所的工作，以及北京人的发现（他是新生代实验室的名誉监督），与张君劢玄学与科学的论战——都可使人相信，他不但是一位有成绩的科学家，并且是一位有理想的科学家；以他作中央研究院的领导设计人，岂不是一种最适宜的安排吗？在君在中央研究院的工作，已有朱骝先先生的记载。在这时间因为职务的关系，有几件事，我知道略为详细，想藉此作点补充说明。

在君死在中央研究院总干事这一职务上。当他最初接到研究院的聘请时，他非常的踌躇；据他自己对人说，最使他迟疑的，是他的身体；所以他就到协和医院作了一次澈底的检查。他有点迷信遗传学的若干假设；他常自己计算他的寿命，说他不会活过五十岁；因为他的父系血统的上三代人，都没有超过这一大限。结果，他的预言，是不幸而中了。

但他任中央研究院的职虽是短短的一个时期，他却为科学工作者作了几件示范的工作：大的如创置评议会，改组总办事处及若干研究所——是大家周知的事，没有在此处重提的必要。我想特别提出的是他坚守的几个作事的原则。

他是最相信分工合作这一原则的，他认为现代所谓"知识"，只有科学的知识，才算是"真知识"。而科学知识的取得：（一）必须有一群受过实际训练的人作基础工作，（二）必须有一个健全的组织，作一个神经中枢，负安排调度的责任。那时的中央研究院，对于他的寄望，虽不是条件全备，但至少也是具体而微了。他到了研究院后，初期努力的目标，为就原有的基础加强这两点。由一件事，我们可以看出他努力的方向所透出的精神：第一他是绝对地要避免浪费的；他常说中国是一个穷国家，无论根据什么理由，浪费金钱都是罪恶。他作总干事的最早的两件事，为将社会科学研究所与中基会所办的社会调查所合并，请社会调查所陶孟和到中央研究院来作所长。将科学社的生物研究所与研究院的自然历史博物馆合并，请生物研究所的秉农山来中央研究院作动物研究所所长。前一事他作成了，后一事他却失败了。不过两件事，都是根据他的避免浪费说发动的。他的理由详细说来是很动听的。他说，中国的科学人才不多，而金钱更少；我们现在化一个钱，就应该有一个化这一个钱的意义。现在中国的学术机关，往往以科学研究的名义买了很多仪器，却常常地没人用；等到上了锈，糟塌了，也没人管，岂不是浪费？这毛病就是有责任的人不但对于金钱的价值没有真正的认识；对于人的价值也没有真正的认识。而这种损失，不特是金钱的、人才的浪费；更难估计的，为那追求的目标将愈离愈远。

不过他并没有悭吝的习惯，若是一个显然有价值的工作计划拿出来，得了他的同意，他可以全力以赴为此一目标筹款的。他为化学研究所筹款研究明矾，为工程研究所设置棉纺织染实验馆，为历史语言研究所发掘侯家庄，都是这一类的例。

关于侯家庄的发掘，丁在君的很大的贡献，外界知道的差不多没有。原来历史语言研究所虽设了一个考古组，但对于田野考古工作，是向来没有特别预算的，每年的经常费也只同别的工作单位一样。最初几年，田野考古工作经费，差不多全由中华教育文化基金董事会捐助；但每季不过三五千元。还要再东拼西凑一下，史语所方能把田野工作的经费打发下了。到了第十一次安阳发掘的一年——那时正是梁思永在侯家庄工作——田野工作的经费到了必须增加的一次。思永作了一个预算，数目在二万元以上；比早期的要多加五倍至十倍。他说，不如此作，我们就等于毁了这一遗址；这责任可大了！据我的经验，思永说的句句是实话，而所要的钱又是从最经济处打算；但同时，我更知道，除非总干事特别注意，钱是无法出的。我把思永的预算送给总干事看（那时傅孟真所长不在南京），他不加任何条件，就答应了。到现在中央研究院最为国际所羡的一部分成绩，就是思永用这笔款得到的结果。

在君的决定，却是有他自己的根据的；他有丰富的田野工作经验，因此他知道得清楚田野工作的正当需要，他看见过考古组的成绩以及思永对于考古的贡献；他便知道思永的工作能力，所以他的这一决定，是一种科学的判断。以后得到的结果，可以说超过了他的期望。

但是这一笔款子是从那里来的呢？这问题的答复，牵涉到在君提倡科学研究工作的另一计划，而是没有完成就被日本侵犯所破坏的一件计划。

远在杨杏佛作总干事的时代，中央研究院就与英庚款会及教育部商量好了，中央博物院的筹备由中央研究院来担任；代表中央研究院作这件事的为历史语言研究所的所长傅孟真先生。他的名义是：中央博物院筹备处主任。但是研究院与博物院具体合作的计划是在君到职后方才完成。合作的要点为：（一）博物院不重复研究院的工作，研究院采集的科学标本（如生物、地质、考古等）研究完成后均交保管及陈列。（二）研究院尚未成立的学科之研究工作，博物院可独自或与研究院合作进行之。（三）博物院对于研究院进行中之采集工作得派人参加并补助其经费。中央研究院在侯家庄第二、第三两次发掘的经费，大半出自中央博物院的补助费。那时在君是中央博物院的理事，我继傅孟真之后为中央博物院的筹备处主任，所以这问题就得了这一种满意的解决。

归纳前后十余年与他接触的经验，我觉得在君所提倡的科学研究有几点值得纪录下来：

（一）他最注意的第一件事是培植人才及选拔人才。他确具有量才使用的能力。他说：科学工作并不是天才人物的专利；大有大的工作，小有小的工作。但是作领导的人，就非头等人不可了。若是领导的人不适宜，这机关不但等于没有，并且是一种逆流的影响。他到中央研究院后，为了坚持这一见解，就获罪了不少的朋友；但是他的立场，却没人能反驳他。

（二）他认为一个机关的领导人，固然自己要作研究工作，尤其紧要的是延揽人才，并帮助下一代。他常责备物理研究所所长丁西林，不留心争取头等物理学家。因此他的这位本家就感觉不安而萌了求去之意。大家都同意在君对西林的责备是很公道的，但同情丁西林的，也大有人在；要是在英美的社会，了解在君这一见解的人，或者可以更多了吧！

（三）他是一位民族意识很敏锐的人；他要把中国研究工作的水准提高了与世界最高的标准相较；他是绝对地不甘心于第二等品质的。他欣赏朋友的与青年的成绩同自己的一样。他怜惜人的愚蠢，好像是自己的过错；他也不护自己的短；他认为一个科学家有了错误，应该自己承认。对于中国科学家的真贡献，更是极力的宣扬。他的骄傲——假如可以用此一词的话——是骄傲自己的民族与自己的文化。他提倡科学，正是要补中国文化的缺点。他最厌恶的，是一种假科学名义，开空头支票的人们。

一九五六年七月卅一日于台北

（载 1956 年 12 月台北《中央研究院院刊》第 3 辑）

忆丁文江先生

—— 并记其对于铁路的意见

凌鸿勋

丁在君先生以地质专家，负一时学术界重望，对于国事复独具其怀抱，乃方将大用之际，突以意外致疾而死，死时年才四十有九，而其意外致疾又系出于我所招待之行馆。今先生殁二十有一年矣，追怀往事，自不胜其悲怆。

在君先生长余约五六岁，余等订交乃在民国十一年同旅居北平之时。其后先生出主沪政，余方长上海交通大学（其时称南洋大学），乃得时相过从。民十七，余于役于广西之苍梧，先生适在西南勘察事毕，道出苍梧，班荆道故，乐乃无极。当其由梧搭乘轮船赴港，已将所采集各种标本数十箱送至码头，乃为关吏所留难，时距轮船开行只半小时。余为驰赴梧州关解释，始及时取得签证放行。嗣后每与先生晤及，辄道其当日邅遽与狼狈的情况。自后余远处关中，从事于陇海铁路之西展，偶与先生晤及，辄纵谈铁路建设之事，以筑路成本甚重，而国家经济枯竭，必须以最小之资本，先筑经济能力最大之路。先生对于铁路经营深感兴趣，此中乃有两个原因：第一，先生为地质专家，足迹所经遍及长江流域与西南各省，于山川形势，民生情况，了如指掌。先生每与余晤及，必与谈今后新路路线选择之事，若者为山川所限，若者值得测勘，若者为经济所不许，尝予测路队有极具价值的启示。第二，先生研究地质甚注意于煤矿之蕴藏与其开发，而大量之煤矿必须藉铁路以求输出，同时铁路路线亦须开发煤藏，俾得廉价的燃料与大量的货运，两者不可分离，于是先生一面探矿，一面即连带想到铁路问题，对于铁路之兴趣自无怪其然。

余于民国二十四年主持粤汉铁路之兴筑，行将告成，以湘南矿产素丰，究何者宜于开采经营，应先有专门研究，方可公诸国人，俾利用此新运输大干线，以开发沿线资源，曾与先生讨论之，拟请其代觅专家莅临探勘，先生欣然允为助。是年十二月初，余在衡阳得铁道部顾部长孟余先生来电，谓已约在君先生赴沿线探查可以开发之煤矿，嘱妥为招待。余对于其能亲自莅临，至为兴奋。十二月八日先生自谭家山矿场行抵衡阳，欣然道故，愉快之状为苍梧以后第一次。是日为星期日，相约于翌日同赴耒阳马田墟一带勘察。余馆先生于工程局之招待所，即邀其视察耒河桥工，旋憩于苗圃之嘉树轩，两人对茗，相与讨论沿线煤矿之情况。先生以为湘南虽多煤，然苟非靠近路线者，则运输成本较重。举其距路最近，而又较有开采价值者，则湘潭有谭家山，耒阳有马田墟，宜章有杨梅山，乐昌有狗牙洞等处。其中谭家山煤可以炼焦，马田墟一带为华南最大之煤田，距路至近，惟系无烟煤，杨梅山与狗牙洞两处情形则尚待研究，嘱余将此四处产煤各取十数吨试用以资参考。先生于讨论煤矿之余，即转而纵论国家之事，以为吾辈亟宜有以自奋，趁此盛壮之年急起苦干，为国家建事业，为后学树楷模，每以岁月蹉跎，新路不能多展为叹，言下颇致责备贤者之意。余自识先生以来，其态度之诚挚，谈锋之雄健，无逾此者。

八日晚间先生留余家便饭，九时送其回招待所。招待所为一小洋式房屋，所以备宾客往来者。是晚同住尚有中国旅行社港、粤两经理，此两君定翌晨赴长沙，而在君先生则约于翌晨八时与余同赴耒阳。翌晨七时半余扣先生户，知尚未起，招待所工友则谓已久撼而未醒也。时天甚寒冷，卧室中有壁炉，曾于先一日下午生火，工友谓先生睡时曾嘱多加煤，并将所有气窗关闭，于是同人决为中毒，且察其枕下之安眠药瓶少去三片，想系夜睡过熟中毒不觉。因一面由铁路医院医师施以急救，一面召教会仁济医院美籍布医师诊治，并电知长沙教育厅长朱君经农觅一良医来衡。九日午间先生由招待所移往仁济医院，是晚长沙湘雅医院杨济时医生赶到，而在君先生尚昏迷不醒，至翌日始醒转过来。时翁君咏霓已偕医师自南京飞长沙转车到衡，在君先生已能言语，且尽忆前事，相与大慰。同人以衡地医院设备不周，因商定俟其稍痊即移长沙湘雅医院休养。十五日先生身体已大有进步，杨济时医师复来衡，以为可以移居湘雅，因由杨医师与铁路医院陈医师陪同先生赴长沙。余以工程逼迫，于先生赴长之翌日即南赴工次，旋在广州得杨医师书，谓先生进步甚好，肺部经 X 光检查甚为健全，数日后即可就愈，并知丁夫人已到长沙，余为之大慰。讵意先生于十二月廿三日起忽牵动旧恙，情形恶化，二十五年一月五日竟尔不起，殊出意料之外。余自先生迁长沙后，未及再与一面，世界少一学者，中国丧一导师，岂独个人哭一良友而已。

丁先生对于铁路之兴趣已如前述，而其实际参加工作并有具体的意见者，则为兴筑川广铁路的建议。民国十八年春间铁道部曾组织西南地质调查队，原意在调查西南各省所拟兴筑铁路附近的地质矿产。其时丁先生即建议，除铁道部已经决定必勘的湘滇、滇粤两条铁路路线之外，应同时测勘从四川重庆到广西边界的路线。先生曾于民国十七年由广西南宁经过贵县、迁江、宜山等地到达河池，认为此一带修筑铁路并不困难。其时贵阳所修的公路干线向南已过独山以南，向北已到桐梓。贵州修路完全是征发民工，所用工具亦极简陋，既可以修公路，想来要修铁路也不至困难。假如重庆、桐梓之间，和独山、河池之间，工程上没有重大的障碍，从重庆经过桐梓、贵阳、独山、河池到广西广州湾就是一条四川出海的天然路线。当时得到铁道部的同意，于调查地质之外，同时测勘上面所说的路线。所以组织调查队的时候，除丁先生及地质调查所的技师外，还约了一位土木工程师和一个测地夫的班长同行。计由重庆起经綦江、松坎、桐梓、遵义、贵阳、独山、河池、宜山、大塘，以至迁江，均经实地踏勘，由迁江经贵阳到广州湾的西营则以地势极为平易，且株钦铁路测量队曾经测过，所有地形及里程都有详细的记录，丁先生一行遂未亲往复勘。

此路沿线的详细情形及建筑费预算与营业估计见民国二十年地质调查所所刊丁先生之《川广铁路路线初勘报告》，兹不赘述。惟在君先生对于西南铁路的海港问题，颇有其卓见，以为广东省境内的海港可以供铁路出口的，研究计有四处：一为广州附近的黄埔，一为中山县的唐家湾，一为钦县的龙门港，一为广州湾的西营。此四处港口中，唐家湾和黄埔相距不远，为研究铁路出口起见，两港可认为一港。唐家湾岸边有四十英尺深的水，埠头长有两公里以上，但是离港十六公里以外，水深不过二十英尺，如要筑大港还要时常挖浚。黄埔平均有三十英尺以上的水，但是港外三十多公里，水深不过二十五英尺，也须常年挖浚。龙门港港口有很浅的滩，水深不到十英尺，港内水亦很浅，远不如唐家湾与黄埔。广州湾里面水深在四十英尺左右，港外浅滩也有二十五英尺以上的水，所以单以港水的深浅论，广州湾是广东境内最好的海港。从前株钦铁路的计划原以龙门港为终点，后来研究结果，知龙门港不适用，所以也把路线改为从贵县到西营。

丁先生还以为黄埔与唐家湾都是在计划中的新港，若由四川出海的铁路也以此两港之一为终点，则路线到了贵县以后，须沿着西江东行，路程比较贵县到西营要远到一倍以上。而且肇庆以上西江的支流很多，桥工繁重，且有许多削壁如羚羊峡等处，必须大量凿石，颇为困难。肇庆以下到了西江三角洲，处处遇见洼地，桥工又必较多，所以贵县到黄埔或唐家湾的工程费比贵县到西营一定要贵到四五倍，而且使重庆到海港的距离要远到二百公里以上。黄埔应是粤汉铁路的终点，是供给湖北、湖南、广东三省的海港，而且所建议的路线则是供应四川、贵州、广西三省之用，所以不必要与粤汉铁路用同一个终点港。至于西营的港将来与黄埔或唐家湾之发展两不相妨，正如有了上海，不妨再有海州一样。丁先生认为广州湾当时虽然还在法国手中，但迟早一定可以收回，且正可以指出广州湾与西南铁路的关系，引起国民注意，促进收回的成功。

丁先生认为铁道部对西南各省的铁路路线虽预拟有几条，其中且有订过借款合同的路线，今若加以比较，须先认识几个前提：（1）要开发西南几省，首先要使这几省有一条通海的铁路。在海口未通以前先修联络该区的内地路线是不经济的。（2）云南、贵州、广西三省人口很稀，出产不多，且多属山地，无论修任何一条铁路，建筑费一定很大，单把这几省和海口联络起来决不能获利。滇越铁路以一公尺狭轨，尚且费巨大的建筑费，而营业余款不够应付利息，可为殷鉴。所以经过这几省的路一定要一头通海，一头通一个富庶的省份，方为经济。（3）四川是西南惟一的富庶省份，如有一条铁路直通海口，一定可以获利。此路所经如贵州、广西比较穷苦的省份，也可以连带发达起来。（4）要使四川有出海口的路，当然要找一条与海口距离最近，而工程比较容易之路，先行修筑。所以丁先生以为为开发西南计，川广铁路是惟一的经济路线，并相信西南几省将来没有铁路则已，要有铁路必定是他所建议的川广路。丁先生对于西南一区的路线从整个经济的打算及其对于出海港口的建议确有其卓见。

先生殁于民国二十五年一月，其后一年湘桂铁路之衡阳桂林段先动工。未几，抗战事起，桂林至柳州，柳州至南宁，及南宁至镇南关各段均先后动工，以期接通越南，利用海防港口。其时余正主持此路之修筑，特由柳州、南宁间之黎塘站筑一支路至贵县，以为他日由贵县展筑至广州湾之先导。同时黔桂铁路开始在柳州兴筑，先后通至宜山、独山与都匀，所有黔桂省界一段困难工程已克复。先生殁后不到十年，中法两国政府在重庆签订交收广州湾租借地条约，我国收回广州湾以后，设湛江市，交通部因决将黎塘至贵县之支线延长，设黎湛段工程处，继续兴筑由贵县经兴业、郁林而至湛江之铁路，并在西营建筑港口与码头，其计划乃与在君先生所建议者完全相符。

至于重庆至贵阳之路线，亦经于民国三十三年根据先生之建议，再有川黔铁路测量队的组织，为渝筑线的踏勘初测。以桐梓至綦江一段路线非常曲折，工程颇为困难，故又测一隆筑线，由成渝铁路以隆昌起，接至泸县，过长江，在桐梓之南与渝筑线会合而至贵阳。此两线虽各有其局部的意义，然皆联接四川腹地与海港；此段路线将来势所必筑，是丁先生之川广计划不难全部完成。将来天成铁路接通以后，此川广铁路更为由西北通至西南出海的大动脉之一大段，其重要性更可想见。

在君先生学问渊博，思想敏锐，谈锋雄健，为识者所习知。其对于地质学上的贡献自有其地位与记录，惟对于铁路路线的见解与其曾参与的工作，则不但识者所少知，即交通界人士恐亦不尽深知，及今忆述，则余何能辞其责。

（原载 1957 年 2 月 16 日《畅流》半月刊第 15 卷第 1 期）

丁文江先生最后遗墨之一

凌鸿勋

竹铭吾兄：

  弟受铁道部委托，于今晨西行，计十二月二日可抵长。在省尚有二三日之勾留，即赴衡相晤；晤后拟赴湘潭之谭家山煤矿一观。如时间来得及，或至丰阳。弟恐在长各学校或请讲演，故旅行不用真姓名，有信乞由教育厅朱经农先生转（丁在君）为荷。此颂

近安

弟 丁文江顿首
二十四年十一月廿九日

  此为丁在君先生于二十四年十一月底赴衡阳前由南京致余一信。时余正在兴筑粤汉铁路，驻在衡阳工次，相约于到衡后再南赴耒阳（原函误作丰）。在君先生旋于十二月九日行抵衡阳，住在余寓庐旁之招待所。翌早正待一同出发南下，乃发现其于夜间烧煤取暖，窗户紧闭，致吸受毒气，神智昏迷。经急救后一日半始清醒，旋移往长沙湘雅医院休养。乃于翌年一月五日竟因牵起旧恙，逝于长沙。此信殆为其最后笔迹之一。展览之余，曷胜于邑。

（载 1967 年 11 月台北《传记文学》第 11 卷第 5 期）

纪念丁在君先生

陈伯庄

第一位走到台前肃穆而沉重地仰视遗像之后深深一鞠躬致祭的即为今总统蒋介石先生。遗像栩栩如生。脸形尖削横着一匹浓厚的"仁丹"胡子，双目炯炯，向人谛视，仿佛还要断然无疑地向人发挥他的伟论似的，令人感觉到他手上还捻着一枝吸到一半的大雪茄烟呢。这就是张君劢先生常说"在君总是那么 dogmatic 的"丁文江在君先生的遗像。当年蒋先生自任行政院，预先约定了在君当铁道部长，未发表前他不幸地在粤汉路株韶段工程局衡阳官舍一夜间中了煤炉炭气的窒塞，医救无效竟作古人了。他死的一年前曾对我说："伯庄，我们学科学的，该重视统计平均 Statistical average。我丁家男子，很难过五十岁的，而我快到五十了。"谈到生活需要，他曾说："凡要一个机器充分发挥它最高可能的效率，便该给以充分而适当的保养。人为社会服务，应该于可能最长期内发挥他的效能。起居饮食虽不可奢侈，尤不可过于自菲，损削了这机器的保养维持。伤害到摄卫的自菲是对社会不起的。"有一次论到中医，我坚持中药具有实验效用，长江船赴九江。途中悠闲，谈话最多，有一下午泛论到人性问题，不记得是怎样的，两次给他抓着小辫子。一次在君说："伯庄，我们都是过了四十多岁的人，难道还不知道，人们做事，没有百分之百绝对为公的吗！还不知道君子小人截然分作两型，只是两个理想型而已吗！"又一次他说："你天生的是富于情感的诗人型，你不能够理智而客观的。"真的，我常常为理想愿望蒙蔽了理智，而又不够真敢做一个好诗人，只是一个乱世之饭桶而已。

在事务上的接触，我和在君只有一次。那是一九二八年孙哲生任铁道部长的时候，派我当建设司长，负新路计划与建筑的责任。我觉得计划新线除工程上的研测之外，首先要研究它的政治上军事上和经济上的功用和价值。沿线资源是要敦请专家研究的。在此前几年我早已领教过在君对西南地形和地质基于实际经验的伟论，于是我向孙先生建议请在君来担任西南川黔滇，和东南浙赣闽沿计划线作地质调查。哲生厉色向我说："为什么推荐一个反革命的脚色！"（在君于国民革命军未到江南前，在孙传芳统治下当上海市总办。）我说："建设要请教技术领袖高明专家才是。"我终于胜利了。在君一到南京，哲生请他吃饭。在君的才华议论即席光焰夺人。一时宾主如鱼水之欢。这是在君先生的伟大，也是哲生先生的伟大。"白头宫女谈天宝"，话不愿说下去了。

只有一句话还没有交代，君劢先生说："在君总是那样武断的！"这话，又令我回忆到当年他们两位老友的科玄激战，各抒鸿文的盛事。

（原载陈伯庄：《卅年存稿》，1959 年 8 月出版）

丁文江、黄郛与大上海

朱沛莲

民国十五年的初夏，丁在君先生文江，以名学术家就任浙闽苏皖赣联军总司令孙传芳所颁命令设立的淞沪商埠督办公署总办，主持督署政务，为时八个月，政迹昭彰。明年七月，黄膺白先生郛，以前北京政府国务总理摄行大总统职务的崇高资历，出长上海特别市，在职两月，规模初具。二先生在沪任职，为时虽都甚暂，但均以建设大上海为目标，时代背景虽有不同，志趣则无二致。兹略述二先生治沪事迹如次，以供关心近代史者之参考。

孙传芳礼聘丁文江

上海在民国十三年齐卢战争以后，曾一度归奉军掌握，及孙传芳兴师驱逐奉军，势力范围奄有江苏、浙江、福建、安徽、江西五省，于是组织浙闽苏皖赣五省联军，自为总司令，设总司令部于南京，手握东南行政、军事、财赋大权，宣布不受北廷命令，俨然孙仲谋再世，并有伺机问鼎中原之势。他以上海为东亚巨埠，国际观瞩所系，而上海华界办理市政的机构，并不统一，闸北有沪北工巡捐局，南市有市公所，另有淞沪警察厅兼办卫生事务，政出多门，显有不能适应时代需求之处。他很想在上海方面有所表现，以新中外人士的听视。于是他毅然决定组织淞沪商埠督办公署，统一办理上海的市政（北京执政府于民国十四年六月六日，曾特派孙宝琦为淞沪市政督办，并派虞和德、李钟钰为会办，时当"五卅"惨案发生之后，上海局势紧张，孙与虞、李均未就职，督署亦未成立），于十五年五月四日成立，并延聘丁文江博士，委为督署总办，主持督署一切事务，至督办一职，则由孙自遥领，以示隆崇，而利进行。

丁氏江苏泰兴人，字在君，世居泰兴黄桥镇，光绪十三年（公元一八八七年）生，早岁留学东瀛，后又转学英国，先后在爱丁堡、剑桥、格拉斯哥三大学，专攻动物学，兼习地质，凡历七载，于宣统三年（公元一九一〇年）学成回国。他是一位脚踏实地的学者，轮船到了越南河内，便登陆取道滇越铁路前往云南，在昆明附近考查云南的矿产，后经贵州、湖南诸省，沿途跋涉，实地勘查，到了北京，历任国立北京大学地质教授，及地质调查所长等职，旋任世界闻名的北票煤矿（在热河省东南边境，与奉天接壤）总经理。学问渊博，国际驰名，雅负时誉。他正因北票已在奉军势力范围之内，以后经营，必将遭受无理干扰，难以顺手，乃于十五年离职，并因出席在上海举行的中英庚款顾问委员会南下至沪。先是乙丑浙军驱奉之役，丁氏和陈陶遗事前曾与孙传芳有所接洽，原系旧识。孙知丁氏莅沪，特由杭电邀其赴杭恳谈，坚邀其出任艰巨，丁氏表示，如孙能畀予全权，愿意负责担任建设大上海的重任。孙氏当时正在全盛时期，颇能注视民瘼，亦能嘉纳人言，于是决定提前设立淞沪督署，而以总办一职，委请丁氏充任。

未几，故总统蒋公中正，已统一两广，由设在广州的国民政府特任为国民革命军总司令，于十五年七月九日就任誓师，动员北伐，分向湖南、福建二路进军，势如破竹，时仅三月，已达武汉，并分兵入赣，德安一战，孙军败绩，其时东路义师，亦已由福建攻入浙南，孙军四面楚歌，一筹莫展，乃竟于十二月十九日，微服赴天津，卑颜屈膝，哀求张作霖央请出兵南下（孙氏谒张时，行跪拜大礼，自数去秋兴师驱逐苏皖奉军的不是），并扬言宁愿将苏浙皖所存土地，拱手奉送奉张，而不愿任由革命军占领，表现极为恶劣，军阀祸国殃民的形态，表露无遗，丁氏以孙倒行逆施，大拂民意，谏劝既属无效，知已不复可为，适午夜由宁返沪后，乘坐汽车返家途中，汽车肇事，撞伤鼻梁，住院疗治，不能视事，遂请辞职。孙氏日暮途穷，见丁氏意见和自己相左（丁劝孙与国民革命军合作），既已受伤住院，短期内不能复原视事，乃准其卸职，另派外交部特派交涉员兼督署外交处长许沅（字秋驺，江苏丹徒人），代理总办之职。丁氏于是年十二月三十一日终止职务，移交许氏。自五月四日至此凡二百四十有二日。

为大上海规划市政

丁氏就任伊始，即与江苏省公署洽定，以闸北、南市、浦淞、洋泾、高行、陆行、塘桥、杨思、三林、陈行、引翔、法华、渭泾、颛桥、北桥、马桥、塘湾、闵行及宝山县属的吴淞、江湾、高桥、殷行、彭浦、真如等二十四市乡为商埠区域。所有区内一切市政、建设、警察、教育、财政各项庶政，概由督署统一办理（南市公共工程包括道路、桥梁，暂由市公所负责，归督署指挥监督），市公所总董为李钟钰，字平书，为沪南巨绅。本署设于龙华旧护军使署原址，分设总务、财政、工务三处及秘书室，总务处在龙华本署办公，财政、工务二处，则在闸北民立路旧沪北工巡捐局原址办公。总务处掌理机要、人事、文书、庶务等事项。财政处掌理岁计、征榷、制用、出纳等事项。工务处掌理都市计划、公共建筑、公用管理、路桥修养等事项。秘书一人，则在本署办公，负责审核文稿及办理特交事宜。七月，上海霍乱流行，市民因饮水不洁，及夜间露宿，传染广，贫苦市民，死亡相继，丁氏乃命将预定于次年成立的卫生局提前组设，办公处在南市毛家弄，为推行尽利，局长一职，规定由警察厅长兼任，局务则设副局长一员，负责处理，除将原由警察厅管理的卫生行政，和清道工作移交接管赓续进行，有关市区内环境卫生、防疫、中西医师、药剂师、助产士、护士的登记和管理，不良医药的取缔，以及肉类和一般食品的检验，都是卫生局的职掌。卫生局成立后，一面督同市内各医院对时疫患者，尽量救治，一面在平民区施行霍乱伤寒预防注射，收效甚宏。八月间，署内又加设政务、外交、保安三处。政务处处长，系由沪海道尹傅强兼任，在枫林桥道尹公署办公（即上海特别市政府的办公处）。外交处处长，由外交部特派江苏交涉员许沅兼任，办公处亦在枫林桥交涉员公署。保安处处长，由淞沪警察厅厅长严春阳兼任，严于是年冬卸职，改由新任厅长刘嗣荣继任，办公处则在大东门警察厅内。至此督署组织，日渐健全，十一月，督署又会同江苏省公署委派原任督署经界室主任徐韦曼（字宽甫，武进人，美国留学矿冶专家）为上海县知事，各项事权，更趋统一。九个月后的上海特别市，其基础实已由此奠定。

督署各主管，大多是丁氏所物色的。如总务处长温应星（美国留学，后任上海市公安局长，宪兵司令），财政处长崔季友（字霖生，曾任江苏铜山县知事），工务处长程文勋（字伟度，无锡人，比国留学，后任市府第五科科长、运河工程局长、浙江公路局长、淮南路矿局总经理），卫生局副局长胡鸿基（字叔威，美国霍浦金氏大学公共卫生博士，后任上海市卫生局长），都是一时之选。他如秘书经家龄，科长瞿钺（字绍伊，上海名律师）、胡为和（字克之，贵州独山人，曾任江浙县知事多任）、盛开伟、冯宝鉴（字剑星，武进人，北洋大学毕业，曾任北票科长，运河工程局秘书）、李昌祚（字耘荪，上海人，留美工程专家，后任江苏水利局局长）、郑肇经（字权伯，泰兴人，德国水工硕士，后任青岛市港务局局长）、王兆麟（无锡人，美国兽医博士，后任市卫生局科长）、黄宝潮（台山人，美国工程硕士，后任台山建设局长），经界室主任徐韦曼（美国留学，后任淮南路矿局副理）等，或系老吏，或为专家。其余科员、技士、助理员、技佐、测绘、监工、征收等办事人员，亦多具有大专资格，经公开考试录用的。在北洋时代，丁氏能实行人事公开，量才录用，不讲关系，颇获时论的赞许。

督署成立之初，即经体察实际情形，制定会计则例，并编列岁入岁出预算，公布施行。凡是未经列入预算的税捐，不得征收，其未列入支付预算的经费，也不得支付，经列有预算的岁入不得短征，费用则不准超支，也不准拖欠，剔除中饱，涓滴必须归公，严禁侵挪，分毫不许肥己，同时革除陋规，减轻人民负担。十五年度岁入岁出经临预算，各列银币一百八十万元。平均每月十五万元（警饷由省库支拨，不在督署预算之内）。除由五省联军总司令部于督署成立时，一次拨发银币十万元，以作开办费外，每月并拨付协款银币二万元，以补岁入之不足。其时临时岁入预算之中，列有赛马税银币三十万元，系江湾跑马场赛马的税收，对象则为赛马的洋人。往年西人在该处赛马，中国官厅向无征税之举，督署初次课征，西人表示不服，纷纷向领事团请向督署交涉免征，丁氏接获抗议书后，郑重向首席领事表示，如果租界的住民，对于租界当局的法令，可以不遵守，则督署可以考虑停止此项赛马税款，领事团无法反驳，洋人始渐就范，而当年征获之数，竟达四十万元以上，此次交涉，督署可说获得全胜；遂使上海市民对督署的权力，另眼相看。而丁氏本身尤能以身作则，不贪污，不滥支公款，不用公款应付人情，财政公开，普遍获得市民的敬佩。

向租界收回司法权

丁氏另一重大的成就，为租界司法权的收回，此事虽不在督署总办职权之内，但却由他在任总办时所完成。按上海租界的司法权，基于不平等条约的束缚，早已由畸形的会审公廨行使，而会审公廨虽亦设有华员，参与审判，但是都惟领事团及租界当局的鼻息斯仰。此项依据领事裁判权所产生的畸形机构，不特严重影响租界市民的法益，抑且有辱我国国体。丁氏莅沪后，即于五月二十一日代表江苏省公署，督同外交部特派江苏交涉员许沆，与租界当局及上海领事团交涉，据理力争，且表示不达到目的不止，屡经折衷，由于领事团的让步，即于七月二十六日经双方协议，自民国十六年一月一日，将会审公廨撤销，由中国政府在租界内设置临时法院，及上诉院，院长、推事、检察官等人员，均由我国政府依法任命，依照我国法律，审理民刑各案，遂不再唯洋人之命是听。当时上海公共租界的管理权，操于英人之手，丁氏早岁游学英国，和英国朝野人士，夙多结纳，且以名学者受英人的尊敬，因此交涉进行之际，颇能收事半功倍的效果，而顺利的达成任务，在我国司法史上写下了重要的一页。

十六年元月一日，督署总办改由许沆代理，萧规曹随，各事如旧。孙传芳自从在江西和国民革命军接仗败绩之后，为镇压上海方面的革命地下分子，和反对孙军的工人、学生，渐采高压手段，十六年一月间，特遣派杀人魔王李宝章为上海戒严司令。二月十九日起，李宝章派大刀队，巡行马路，遇有散发传单之工人及学生，立即斩首示众，杀害多人，造成全市恐怖状态，此事与丁氏毫无关连，因其早已卸职。亦无补于挽回孙氏失败的命运。三月廿二日国民革命军克服上海，甫经就职的新任淞沪商埠督办吴光新，总办许沆，随即停止活动，督办公署亦即自行解体。

未几，国民革命军东路前敌总指挥白公崇禧，颁令恢复沪北工巡捐局，并委该部副官王和为局长，以资过渡，南市则仍由市公所维持现状，惟前归督署管辖的淞沪商埠卫生局，改为总指挥部直辖，委由上海执业医师刘绪梓为局长，前此统一局面，至此又不复存在了。

黄郛出任特别市长

国民革命军底定京沪之后，五月十六日中央政治会议议决以黄郛为上海特别市市长，经国民政府依法任命，黄市长奉命积极筹备，于七月七日就职，同时成立十个局，发表秘书长及各局局长如次：

秘书长吴荣鬯，字震修，无锡人，办公在枫林桥旧道尹公署。财政局局长徐鼎年，字青甫，杭州人，局址在枫林桥。公安局局长沈谱琴，字毓麟，湖州人，在南市大东门旧警察厅办公。工务局局长沈怡，字君怡，嘉兴人，在南市毛家弄旧市公所办公。教育局局长朱经农，宝山人，在南市大吉路办公。卫生局局长胡鸿基，字叔威，无锡人，在南市毛家弄旧商埠卫生局办公。土地局局长朱炎，字炎之，上海人，在南市也是园办公。公用局局长黄伯樵，字异，太仓人，在枫林桥办公。农工商局局长潘公展，湖州人，在南市毛家弄旧市公所办公。公益局局长黄庆澜，字涵之，上海人，在南市新普育堂办公。港务局局长奚定谟，字仲谋，武进人，在南市外马路办公。

以上十局，规模的宏大，为广州，南京二市所未有，可见黄市长对建设大上海的决心。至于上海特别市的区域，除因袭前淞沪商埠区域外，又复增加了宝山县属的大场，杨行二乡，及南汇县周浦乡之一部，松江县莘庄乡之一部，青浦县七宝乡之一部，较前更为扩大。黄市长以他以往崇高的资历，纡尊降贵，屈就简任的特别市市长，完全是应蒋总司令的邀请，为建设大上海起见，后来唐绍仪的以内阁总理资格，屈就中山县的县长，和黄氏的就任上海，颇相仿佛，完全是以做事为目的。所可惜的是黄市长就任甫经五个星期，蒋总司令忽因政局发生重大变化，离京去沪，宣告下野，黄市长闻讯亦即向中央呈请辞职，遗缺乃由中央任命白总指挥的参谋长，曾任国民革命军总司令部参谋处长的张定璠继任。黄氏自就任到交卸，为时仅有二月，鸿图未能施展，时论惜之。张市长就职后，以公益局的业务，多属救济性质，没有专设机关，负责其事必要，可由市府本身办理，港务局的唯一任务在建设新港，但兹事体大，非有详细的计划，和巨额的经费，是无从着手。而当日大局尚未稳定，北洋军阀如张作霖、张宗昌等势力甚为坚强，即孙传芳的残余部队犹有数万之众，盘踞苏皖北部及鲁南一带，正待国军进剿，予以歼灭，况又当龙潭血战之后，无论军事、财政，都处于极端艰困之境。因此在他下车伊始，立即将公益、港务二局撤销，其业务则归秘书处及有关各局接办。直到抗战复员之后，犹维持这一建制。

误会之来，平心之论

关于丁氏就任督署总办一事，多少人（包括他的至友）对他都不免有些误会，但我们论事论人，必须先要了解时代的背景。当民国十四五年的时候，国内的局势混乱到了极点，除了两广由初成的国民政府治理外（国府当时的政策是容共联俄，所以被中外人士误会是在试行赤化），东南五省有孙传芳，直鲁有张宗昌，中原及两湖有吴佩孚，东北有张作霖，西北有冯玉祥，西南有唐继尧，四川省内则有大小军人割据，时局发展，动荡不定，幻变莫测，丁氏以苏人应孙氏之邀（孙氏自鄂西调至福建，而浙江，而江苏，声誉一直很好，与齐燮元及奉军张宗昌相比，胜过齐张多多，故其时江南有民谣曰："杀人放火张宗昌，爱民如子孙传芳。"称颂孙氏的功德），主持上海市政建设事宜（上海其时为亚洲第一大埠，位居世界第四，仅次于伦敦、纽约、柏林，而在东京、巴黎之上），果能按照他的计划（他在交涉收回租界司法权之际，探悉英法诸国，无意放弃上海租界，便依照他早年的构想，计划在黄浦江下游建设新市区，并自真如另筑铁路，以江湾为终点，以夺取租界的繁荣）；也可算是一件极有意义的事情。况其时国民政府尚未实行北伐，上年的秋天，国府还有电报拍给孙传芳、杨宇霆、萧耀南等，要他们与国府合力，打倒吴佩孚、张作霖两大军阀，彼此往还的电报，都表现得友好的姿态。因此丁氏的就沪职，既非利欲熏心，附丽军阀，亦非反对革命，与民为敌。孙传芳在赣北一战败绩，自知不是国民革命军的对手，拟赴天津乞援于张作霖之际，丁氏曾力劝其不要以人民为孤注，与张作霖勾结。所可惜的是孙传芳这时已失去理智，完全意气用事，不听劝止，铸成大错，所以丁氏便决心摆脱，适逢车祸，便借重伤请辞，孙氏亦即复电照准。丁氏的态度，光明磊落，所持的立场，尤为严正，盖此时丁氏既已不赞成孙氏之所为，孙氏亦已不满意丁氏的主张，分手已属必然。然外界不察，对丁氏就任沪职的动机，以及劝谏孙氏的经过，不明底蕴，于是对丁氏发生误解。当时国父哲嗣孙哲先生，对丁氏误解尤深，他总认为丁氏是军阀的走狗。就是政府其他要人，对丁氏亦多隔阂，发生偏见。但是日子久了，丁氏就任沪职的种种，才渐渐的由当日事实予以澄清。后来政府非但没有认他的不是，还任用他做中央研究院的总干事，主持院务，这是学术界极重要的一个职位。不佞与丁氏有一日之雅，对丁氏就任沪职的动机及经过，约略知之，故特简单的附带说明，以期一般人对于死去已达四十余年的丁氏减少不必要的误会。大雅君子，幸指正之。

（载 1978 年台北《中外杂志》第 23 卷第 4 期）

在君先生行谊

——丁文江先生百年诞辰纪念文

阮维周

先生江苏泰兴县人，一八八七年四月十三日生，五岁就傅，寓目成诵，十六岁离家去日本，在日本仅一年有半，于一九〇四年离日去英，曾进英国剑桥大学，一九〇八年改进葛拉斯哥大学（Glasgow），专修动物学，后又举地质学为主科，地理学为副科，一九一一年以双科动物学与地质学毕业。

民国元年先生在上海南洋中学教书，用生物演化的观点写成动物学教科书。二年二月任北京工商部矿政司地质科长，由工商部开办地质研究班，后改称研究所，训练地质人才，先生教授古生物学，是为中国人第一次教授古生物学。民国五年地质调查所正式成立，先生为负责筹备创立之人，并担任第一任所长，将前述之研究所毕业学生，收为调查所工作，这批人即成为以后中国地质界领导人物。先生对于地质学有个整体的认识，能使其在短期内树立成纯粹科学研究机构，为中国地质学的建立并能按步发展为领导中心。

民国五年地质调查所成立后，先生首次讨论专门地质学及相关诸学名词的用法，并彻底重新翻译。先生沿用中国矿物旧名，袭用日本的岩石新语，协助董常君编成《中英对照矿物岩石地质名词辑要》，这项工作有助于民国八年地质调查所出版《地质汇报》及《地质专报》。

民国二年先生曾偕德人梭尔格做正太铁路沿线的地质图，是为中国人自制地质图的首次，民国七年对于山东峄县煤田，亦曾作地质图，选择钻探地点为计算储量及开采之用。

民国二至三年先生独自有云南之行，他从安南入滇，除研究东川、会

245

理的铜矿、个旧的锡矿、宣威一带的煤矿外，曾作路线地质图，特别研究寒武纪、志留纪、泥盆纪、石炭纪及二叠纪地层及地质构造，建立滇东地层之基础。民国十七年又往广西工作，除考查南丹河池锡矿及迁江一带煤田外，特别注重广西中部及北部诸县之地层系统、地带煤田及地质构造，而于马平石灰岩研究尤详。民国十八年又作大范围之贵州调查，全部计画分段进行。先生偕同曾世英、王曰伦由重庆入黔，北起桐梓，南尽桂边。赵亚曾与黄汲清由叙永入黔，担任贵州中部及西部工作，赵亚曾行至昭通遇害，先生哀痛非常，但仍竭尽心力，勇猛前进，完成工作。此役为先生最大规模地质旅行，而于泥盆纪、石炭二叠纪更有精细透辟的考查。

地质学中先生对古生物极有倡导之功，他曾在工商部办理的地质研究所教授古生物学，又于民国七年力促北京大学敦聘葛利普（A. W. Grabau）古生物教授，在调查所创办《中国古生物志》，为世界有名的科学刊物。他又担任新生代研究室名誉主任，推动中国原人及其相关科学的研究。调查所在纯粹科学研究方面，不但建立中国地质与古生物学研究中心，且领导史前考古的研究。调查所为顾及国家社会有关矿业、石油、土壤等实用需要，兼办燃料研究室、土壤调查及设置地震台于北平西山。此皆在环境不安定而多依赖私人捐献努力下的成果。

北京大学地质系，创办于光绪末年之京师大学堂时代，后因故停办。先生借用设备，组织研究所为调查所储备人才，五年毕业的学生，担任调查工作，形成中国地质界的巨人队、学术界的前辈。这一期学生毕业后，民国七年先生建议北京大学恢复地质系，葛利普教授民国九年来华，任教北大，造就出中国古生物学界各门专家，为数达十一人左右之数，包括脊椎动物、无脊椎动物、古植物学等，皆为葛氏高足，实亦丁博士之所培植。民国二十年先生支持北大改革计画，受聘为研究教授，至二十三年接任中央研究院总干事止，三年的教学，给予学生不只是知识与治学的训练，其活泼的精神，任事的勇敢，无形的感化，更为重要，他为北大地质系设计课程，扩充设备，筹款建造地质馆。

丁博士心目中的地质学，极为广泛，其研究对象，不仅构成地球的材料及其动力，并涉及自亘古以来，地球陆上海内生物演进的程序。先生主编古生物志，为印证中国古生物的遗迹，在十五年期间，出版了近百册，此种成绩实非他国所能匹比，他造建了中国地质学的基础，且擘画了发展的途径。

地质学以外，先生对地理学与人类学，亦极关注，特别注意地图的整理，他劝申报馆发行表明地形高度的新地图。他曾作徐霞客的年谱与游记附图，另主张重印《天工开物》，一部十七世纪奇人宋应星所著奇书。

先生的西南游记中，最富文学趣味的是他写金沙江的几篇文章，他特别推崇三百年前的徐霞客是首先指出金沙江是扬子江的上游之人。他曾登上金沙江东面南北向的大山古牛寨高峰，高出海面四千一百四十五公尺，与金沙江支流小江高度相比，相差三千公尺，在君先生说："这可算是中国最深的峡谷，比美国著名的大峡谷（Grand Canyon）还要深一千公尺。"维周有幸也曾游过这两处名胜，非常佩服先生的锐敏观察，穷江河之渊源，山脉之经络。我们如读先生的《漫游散记》、《苏俄旅行记》、《川广铁路勘查记》，可想见其记述的周详及推断的丰硕。人类学方面，先生曾作中国人体质的分类研究，亲测黔、滇等省诸原始民族体质指数，此项数据，非常可贵，在国际享有相当地位，为此英国人类学泰斗斯密思氏（E. Smith）讲到中国人类学时，赞不绝口。先生之《爨文丛刻》甲编，于民国二十五年中央研究院历史语言研究所专刊印行，本刊乃为保存倮文真貌，包括由夷民罗文华翻译的倮文经典八篇。此刊发表后，引起多人对中国边疆民族文化之研究，如凌纯声将爨人列入民族汉藏系，董作宾之爨人谱系，以及马学良之倮文斋经注等。

民国二十三年六月先生接任中央研究院总干事，仅不过一年有半，先生对院务有不少贡献，第一，组织评议会，第二，草拟基金保管委员会，第三，为各所处预算重新核定。三项皆为研究院百年大计，评议会成立后才有院士会，完成院的体制。基金保管之设置可使院方有特殊讲座与研究生名额，有利于事业以及特别设置等之投入。所处预算则本业务幅度而定，打破平均分配之旧例。先生兴趣广泛，认为当时社会学方面人才缺乏，遂将社会研究所与中华基金会所办之社会调查所合并，改称为社会科学研究所；又将科学社主办的生物研究所与研究院的自然历史博物馆合并，改为动植物研究所。先生对有价值的工作，全力以赴，他为化学研究所筹款研究明矾，为工程研究所设置棉纺织染实验馆。先生极注意人才培植，慎选所处领导人物，及对提升中国研究工作水准，策动民族意识，异常敏感而努力。

大家都晓得丁文江先生是地质学家，是受科学训练最深，成为一个最有动力的现代科学领袖。其实他对国学、语文、哲学、政治学尤具修养，且多领悟与独到之处。他读中国经史诸书，旁及宋明语录，年十一就能写《汉高祖明太祖优劣论》这样的政治性文章。先生在语文方面，中、英、德、法国语文，造诣颇深，维周亲睹先生与葛利普教授、德日进神父闲谈，而能转口德、法语句，顺口流畅的交谈。

先生的为人最可敬爱的是对朋友最热心，对家庭、社会、国家，他有一个舍己耘人的天性，完全支配在服务的信心之下。先生说"科学是教育同修养最好的工具，使人有求真的能力，爱真理的诚心"，所以先生是个优秀的教师。他有政治信念，自信是"治世的能臣"，所以能在极困难的环境下，创办地质调查所，而成为一个全世界知名的科学研究中心。他做不到一年的淞沪商埠总办，建立了大上海现代化的基础，一年半的中央研究院总干事，使这个机关建立在合理而持久的体制上。

先生是《努力周报》和《独立评论》创办人之一，他在《努力周报》曾论"玄学与科学"，因他受过严格的知识训练，使他的信仰，含有知识与情感两个成分，他不相信上帝与灵魂，但他有宗教特别丰富的情感，使他相信"为了全种万世，可一时牺牲个体"的宗教信念。先生就以这种信念，一九三三年在苏俄旅行，看到苏俄三千地质学家，二千队做田野工作的地质探矿技师，他们牺牲了一点物质享受，甚至牺牲了个人的自由，而可以帮助国家做到世界一流工业国家的地位，正是最富宗教性的牺牲。他曾严厉批评苏俄的无产阶级专政，他说："自由是人类最近所得到的幸福，很容易失却，很难取得的。……苏俄的首领相信科学，但是自由是养活科学最重要的空气。"

他讨论政治经济的时候，也维持科学态度。《独立评论》是在九一八事变以后的产物，登载的文章也以讨论东北问题及其相关的和与战的问题为最多。蒋廷黻说："在君对东北政治经济军事及外交，曾有极深刻的认识。"他的意外去世，《独立评论》先后刊有二十几篇纪念文，胡适曾根据这些纪念文，写成《丁文江的传记》，胡适说："使我追念这一个最有光彩、最有能力的好人；这一个天生的能办事、能领导人、能训练人才、能建立学术的大人物。"葛利普教授说："丁博士为中国科学界最伟大人物之一，他具有过人的能力，远大的眼光，弘毅的魄力与勇气，识见所及，均能力行而成事实。"傅孟真又说："在君以强劲不息的精神，祈求一个理性——经验——实用的哲学，而实现进取而不保守的人生，是新时代最有用的中国人之代表，欧化中国过程中产生的最高的菁华。"

他的《实行统制经济的条件》和《科学化的建设》两篇政论，可认识出他爱国的苦心。他曾提倡"有计划的政治"，他是能计划又能执行的科学政治家。

先生之事功，可举列者，如举办地质研究所、恢复北大地质系，以储备人才；倡办地质调查所，发展为科学研究中心；为新式大上海市之规划；为我国最高学府中央研究院完成体制，皆属不朽之作。他如参加龙烟铁矿厂之建设，创办热河北票煤矿，热心西南铁路之建设，亦皆昭然在人耳目。

民国二十四年十二月先生在湖南勘查谭家山煤矿，中了煤气毒，在许多因素的凑合下，二十五年一月五日在湖南长沙去世。胡适说："在君是为了求知死的，为了国家备战工作死的，是为了工作不避劳苦而死的。"

先生以地质专家，负一时学术重望，对国事复独具怀抱，方将大用，忽竟意外而亡。今值先生百年诞辰，谨作先生生平事功之简述，崇敬亦追思。维周愿本先生此一贯的爱国纯诚的情操，与地质界同仁共勉，踏着在君先生树立的基础，一齐为国家的建设迈进。

（原载 1987 年 4 月台北《中国地质学会专刊》第八号，页301—304）

丁文江与史语所

潘光哲

丁文江（1887—1936）在二十世纪的中国知识分子社群（intellectual community）里的角色与地位，值得多方面的深入探索。本文描摹他与史语所（及其成员）的关系和互动，或能补充既有成果未曾多所着墨之处，[①] 亦或能勾勒史语所发展历程的一个面向。

一、开　　端

在朋友圈里被敬称为"丁大哥"的丁文江，[②] 在史语所工作的朋友本就不少，如傅斯年、李济、赵元任等，早都有密切笃厚的交谊。[③] 因此，即

---

① 引征：《傅斯年档案》（简称《傅档》）。

在探索丁文江的既有成果中，胡适的《丁文江的传记》（《胡适作品集》23，台北：远流出版公司，1986）与 Charlotte Furth, *Ting Wen-chiang：Science and China's New Culture*（Cambridge, Mass：Harvard University Press，1970）是最重要的专书；王仰之的《丁文江年谱》（南京：江苏教育出版社，1989），提供基本的事迹编年（此书亦囊括相关纪念研究文献目录）；台北《传记文学》杂志编印的《丁文江这个人》（台北：传记文学出版社，1967）、雷启立编辑的《丁文江印象》（上海：学林出版社，1997），都是搜罗回忆丁文江生平与事业之文章的专书（但两书收录之文章间有重复者）。这些著作都并未特别着重于丁文江与史语所之关系和互动。

② 傅斯年，《我所认识的丁文江先生》，《丁文江这个人》，页 17。

③ 李济回忆，他早在一九二三年即结识丁文江（李济，《对于丁文江所提倡的科学研究几段回忆》，《丁文江这个人》，页 201—202；并参见：李光谟，《李济先生学行纪略》，收入：王元化主编，《学术集林》卷十〔上海：上海远东出版社，1997〕，页 35）；赵元任与丁文江定交的时间不详，惟一九二五年赵家到天津时曾事先打电报给丁文江，要他来接船，可想见在此之前双方已有相当交情；赵妻杨步伟回忆道："我们向来有几个人见面必争的，就是丁在君、傅孟真和李济之，不过和济之争的还少点"，更可想见彼此间的交谊（参见：杨步伟，《杂记赵家》〔台北：传记文学出版社，1978年再版〕，页 44、79）；傅斯年自己则回忆，他在一九二九年初夏始与丁文江初见（傅斯年，《我所认识的丁文江先生》，《丁文江这个人》，页 22），李济曾说傅斯年与丁文江间的交谊是"中国近代学术史上一段佳话"（李济，《对于丁文江所提倡的科学研究几段回忆》，页 204），丁、傅交谊当另行描摹，暂不详述。

便他个人原先与中央研究院并没有密切的关系，但同史语所成员早有互动，理有应然。即如李济回忆，一九二九年史语所自广州北迁北平之后，当时在北大地质系任教的丁文江，就对史语所的学术事业提供过意见，像一九三〇年九月起梁思成到昂昂溪与热河进行考古调查与发掘，[①] 即出于丁文江的主意。[②] 丁文江本人对人类学、民族学研究夙有兴趣，关注已久，[③] 与史语所本即开展的民族学研究，自有交涉，一九三一年二月十日，他更被聘为史语所的特约研究员。[④] 然则，到一九三四年丁文江出任中研院总干事后，在公事方面也开始同史语所成员有所交还，彼此互动，就不仅限于私人领域的交往了。

这个关系的起始点，或许可以溯源于傅斯年联合中研院的部分所长给丁文江的一封信。一九三三年六月十八日，中研院总干事杨铨遇刺逝世，蔡元培有意请丁文江继任其职，消息传出，傅斯年就展开了劝说的行动：[⑤]

> 蔡先生决定请兄任总干事，我们也想趁这机会，说说我们的意思。我们这封信是见到你的两个电报，而未见到你的信时写的。自杏佛先生故后，我们百感丛生，悲愤无状。有人以为，事业为重，研究院不可由我们而拆台；有人以为，管不了许多，不如一哄而散，各自奋斗去。但三星期的回想与讨论，我们已在最重要一点上同意，即不论后来各人如何证果，我们目前总当把研究院撑持起来。蔡先生想到我兄，也正为此。我们之在旁奉赞，也是为此。
>
> 有几点可以分说的。

---

① 参见：石璋如，《国立中央研究院历史语言研究所考古年表》（台北：中央研究院历史语言研究所，1952），页1，11；陈星灿，《中国史前考古学史研究（1895—1949）》（北京：三联书店，1997），页104。

② 李济，《对于丁文江所提倡的科学研究几段回忆》，页204—205。

③ 参见：吴定良，《丁在君先生对于人类学之贡献》，《丁文江这个人》，页48—49。

④ 《国立中央研究院十九年度总报告》（上海：国立中央研究院总办事处，无出版年），页412；在《国立中央研究院历史语言研究所二十二年度报告》中，丁文江则列名为第三组（考古组）通信研究员（《国立中央研究院二十二年度总报告》（上海：国立中央研究院总办事处，无出版年），页125）；目前并不清楚史语所聘丁文江为特约研究员之一经过。

⑤ 《傅档》，档号：III：210；本函系年为一九三三年六月；此函为傅斯年手稿，信末原有署名"弟丁 李 周 唐 李济 傅"数字，但被杠去，"丁"应为丁燮林（物理所所长），"李"应为李四光（地质所所长），"周"应为周仁（工程所所长），"唐"应为唐钺（心理所所长），"傅"即傅斯年（史语所所长）。

一、在蔡先生下边做事，是一种幸福、快愉与光荣，这是不消说的。而兄之事蔡先生也，亦必敬必恭，必以惯习成规矩，这也是不消说的。蔡先生必给任总干事者以责任，何况我兄？

二、研究院对外事项以要钱为第一。然此事今已成自然的手续。□将来有山高水低，似不至如当年之困难。其他对外事项，也用不着过分周旋。只要学术上站得起，总有方便处。地质调查所之冷落，乃偏于一隅之故，政府不曾深知。如在京、沪，将为人之偶像矣。兄尽能不失身分，不过费时间，而对外裕如也。

三、论到研究院之本身，颇有凭借，财产值二、三百万，黄金数十万，常年经费百二十万。若欲有为，大可有为。且院中各所，半数以上颇有成绩，亦多他处无可替代者。"北平为中国文化中心"一说，是非且不论，北平之有学术空气，他处无之，乃是实在。今华北局面不可测知，而东南物力所集，如不成一文化中心，即不有学术空气，成何国家？此一责任，中央大学无能为也，洋泾滨尤无能为也。如欲有之，非自研究院启发不可。院中各部分若能为若干科目建立一个较高之标准，各大学不得不奔从；若成一种讨论讲演之环境，不患不成风气。然则研究院之将来，关系于国家前途者不少也。

四、兄年将五十，而事业无归宿，若干学术工作未有结束。结束之法，一人独办，恐势有未能，如在院中为之，乃真方便。地质、史语皆在北极阁下建屋，地质所年底可成，史语所初春可成。史语所之屋子尤多。兄可在其中开若干工作之室，参考资料、辅助人员，皆易接近。总干事一职，初任时自然甚忙；数月之后，必能腾出甚多时间，自己作工。此吾等就事实考量之言，决非虚语也。

五、目下研究院之局面，自有其困难处，非振作一下不易保得住。不保得住，则以前所费之国帑，吾等所用之心血，皆付流水矣。环顾学术界人士，更无他人有此魄力。见义不赴，非所谓"丁大哥"也。

竭诚申说，兄必谓然。蔡先生所命，兄必不拒绝也！

行旅中如看些欧美研究机关，特别是 Kaiser Wilhelim's Gesellschaft 之类，当有益处，甚盼留意。

当时丁文江正准备赴美参加第十六届国际地质会议，[①] 一时之间，他也未被傅斯年等人说服。[②] 在一九三四年三、四月间，丁文江与蔡元培有过几次当面沟通长谈，[③] 至迟于一九三四年三月十三日，他即已表达到中研院任职的意愿了。[④] 不过，丁文江虽答允到中研院来，却开出了两项条件，一是希望傅斯年、李济、赵元任、李四光、丁燮林等人都要留在院中帮忙：[⑤]

> 弟乘机向济之声明一种原则——即弟去年向元任声明者，即兄、济之、元任、仲揆、巽甫皆不可言去，否则弟先辞职。以弟之来院原出兄等之意，苟非弟有罪过，兄等有援助弟之义务，果弟有罪过，则弟应先引咎也。对于此条，则济之亦未有异言。

他的另一项条件是"不愿居总干事之名，而愿为副院长"，蔡元培也同意修改院组织法，以备其来。[⑥] 此议后虽抽回，[⑦] 丁文江终于还是走马上任了。[⑧]

---

① 丁文江于一九三三年六月三十日离沪去美，参加第十六届国际地质会议，会后又访问欧洲及苏联（王仰之，《丁文江年谱》，页 57—59），返回中国的确切时间不详。

② 至少到一九三三年十一月底以前，丁文江仍未允就研究院事（见：蔡元培，《复许寿裳函（一九三三年十一月廿九日）》，高平叔主编，《蔡元培文集·卷十二·书信（下）》〔台北：锦绣出版事业股份有限公司，1995〕，页 212；原文是："丁在君兄尚未允就职，聘书可从缓预备"）。

③ 蔡元培，一九三四年三月九日日记："与在君谈。属致函孟真。"又，蔡元培，一九三四年四月四日日记："午后，在院，与在君详谈。"（《蔡元培文集·卷十四·日记（下）》，页 65）；不过并不清楚蔡、丁谈话的内容。

④ 蔡元培，一九三四年三月十三日日记："致季茀函，属备聘书致在君，由子竞携去。"（《蔡元培文集·卷十四·日记（下）》，页 62），是则丁文江于此时已明确同意到中研院任职；但目前尚不清楚促成他愿意到中研院任职的因素及详细过程。

⑤ 《傅档》，档号 IV：515（本函系年为一九三五年六月廿九日）；本函所云"兄、济之、元任、仲揆、巽甫"分别指"傅斯年、李济之、赵元任、李四光、丁燮林"。

⑥ 蔡元培，〈致许寿裳函（一九三四年春）〉，《蔡元培文集·卷十二·书信（下）》，页 279。原文是："再，在君虽允来院，然不愿居总干事之名，而愿为副院长。请备一上国民政府呈文，修改组织法之第四条为……"。

⑦ 蔡元培，〈致许寿裳函（一九三四年春）〉，《蔡元培文集·卷十二·书信（下）》，页 281。原文是："总干事改副院长事，前呈业已抽回，各方均谅解，亦复甚佳"。

⑧ 丁文江正式就任中研院总干事的时间是一九三四年五月十八日（蔡元培，一九三四年五月十八日日记："在君到。四时，本院开会欢迎。"见：《蔡元培文集·卷十四·日记（下）》，页 69）。

二、 与史语所成员的互动：
公务私谊的交涉

丁文江与史语所成员本即熟稔，往来互动频繁。在他未正式就任中研院总干事前，就已然开始处理与史语所相关的事务，公务私谊，兼处并理。

首先他面对着如何解决傅斯年的个人出处问题。早在一九三三年十月，身兼数职的傅斯年，[①] 就向蔡元培表达辞去史语所所长的意念，一九三四年二月，蔡元培出马说情，[②] 显然并未说服他打消辞意，极思摆脱身兼各职的傅斯年，仍然向丁文江表达辞意，与之共谋接手人选，丁文江的反应是：[③]

兄个人关于博物院职务，不成问题，此次如能来，一切解决，可移交济之，彼已同意。

社会科学研究所六月前拟请孟和兼任，惟俟弟到后方可接洽。

历史语言研究所所长事，则在兄自觅替人，弟意，至少一年，一有替人，决不勉强也。弟已口头同意研究院事，但此以兄暂不辞为条件，故千万乞勿变卦。

傅斯年虽有辞意，但始终未成事实；此后，他对丁文江在中研院推动

①　一九三三年三月，中研院院方决定史语所与社会科学研究所合并为"历史语言社会研究所"，以傅斯年为所长，但在未奉国民政府核备前，两所名称仍旧，傅斯年兼为社科所所长（参见：王聿勤编，《中央研究院历史语言研究所大事年表》，收入：《中央研究院历史语言研究所四十周年纪念特刊》〔台北：中央研究院历史语言研究所，1968〕，页6），一九三三年四月，教育部设立国立中央博物院筹备处，以傅斯年为筹备处主任（《国立中央博物院筹备处概况》〔出版地不详，1942年3月编印；台北：中央研究院历史语言研究所傅斯年图书馆藏〕，页1；并参见：谭旦冏，《中央博物院廿五年之经过》〔台北：中华丛书编审委员会，1960〕，页384），是则，傅斯年在一九三三、三四年之际，至少身兼史语所所长、社科所所长与中央博物院筹备处主任三职。

②　参见本书中潘光哲，《蔡元培与史语所》。

③　《傅档》，档号Ⅲ：1498（本函系年为一九三四年三月十五日）。

的事务，更全力以助。① 我们并不知道傅斯年的辞意是如何被化解的；然由此例即可想见，当丁文江还未正式出任中研院总干事前，就已开始处理史语所的事务了。约略同一个时期，史语所学术工作（特别是考古方面）的推展，因外在环境的变动可能遭受打击时，丁文江也被视为能化解此等困局的人物之一。事情的起因是戴季陶于一九三四年四月十一日发表"真电"，要求"通令全国，凡一切公然发墓取物者，无论何种理由，一律依刑律专条严办"。② 这等主张，对考古工作必然带来伤害，史语所正居其列。十三日，李济闻悉此事，迅即致函丁文江，倡论抒怀之外，也冀望丁文江能起带头作用，提供舆论方面的帮助：③

> 今日有一怪事发生，蔡先生收到戴季陶自西安拍来一长电，此电兼致汪、蒋及雪艇等，大反对我们的考古工作，照他的意思，似乎我们应该得一凌迟的处罚；此电已遍载上海各报，看后实感觉此事之严重。戴某个人不足道，但其所居职位实是号召一部份潜势力，从此考古工作恐将永无太平之日。蔡先生处拟等孟真来上海时覆一电，作一申明。

> 适与孟真通长途电话，他说雪艇已覆一电，措词颇妙。不过南昌将如何响应，不得而知。他大概尚有两、三天才来上海。弟甚觉此事

---

① 如丁文江草拟《国立中央研究院基金暂行条例》，即得傅斯年之助（丁文江致函傅斯年表示："……兹先将基金事略答如左：兄所拟各项办法均极是，丑媳妇免不得见公婆，为此亦无可如何。乞即照兄所开各条分别办稿，先与王雪艇一阅，然后再抄一份送秦景阳，托其先交主计处一阅。如以为可，再行正式发出。……此稿原应弟自办，然因不悉基金经过，细项，且左臼牙为牙医锉括，牵动神经，头痛不安，故请兄代办，偏劳之处，容后面谢。"《傅档》，档号Ⅲ：675；本函系为一九三四年十二月十一日；另有相关函件，不详举）；又如丁文江拟聘庄长恭为化学研究所所长，引起罗家伦不满，丁亦请傅斯年代为向罗说项："……弟闻叔永来言，志希对于弟约请庄长恭长化学研究所事，至为不满，且云决不放行。弟拟请兄婉为转达：第一、庄之表示欲入研究院，远在一年以前，本年一月，弟又从其亲戚处知，彼不但不愿继续任理学院长，而且不愿继任教授，故弟非弟拆台也。第二、凡事均须承办者愿意，不可勉强。往往见近来各学校拉人争执，至为无聊，甚至强人以不愿担任之事，至再至三，于事，于人，均无益有损。志希达人，当不致出此下策也………"（《傅档》，档号Ⅲ：199；本函系为一九三四年五月一日），庄长恭于一九三四年七月起担任化学研究所所长（《国立中央研究院概况（中华民国十七年六月至三十七年六月）》〔南京：中央研究院，出版时间不详〕，页93）；举此二例，即可推想傅斯年对丁文江处理中研院事务的助力。

② 引自：《蔡元培文集·卷十二·书信（下）》注释①（页263）。

③ 《李济致丁文江函》，收入：耿云志主编，《胡适遗稿及秘藏书信》（合肥：黄山书社，1994），册二八，页111—113；本函系年为一九三四年四月十三日。

非官样文章所能了事。戴氏所代表者为旧社会中之乡愿势力，假道德以行其私，且又欲以此欺天下，对近代之文明全为门外汉，此种人社会中并不罕见，不过他现在握权甚大，说不定有些人要抬他作偶像。这种危险时时可以发生。可否请兄约适之先生把北方的舆论唤起一下，作一公开的讨论？

此事关系较之白话文言之争与科学玄学之战，似更为具体也。如何之处，当盼赐教为感。①

不过，蔡元培得到戴季陶这封通电后的第二天，由傅斯年拟稿，经李济修改，由蔡元培出面来驳斥戴季陶言论的公开信函，便已发出。② 是以，由丁文江联络胡适造成舆论的行动，可能并未实现。③

丁文江就任中研院总干事后，他和史语所成员之间的互动往还，在友朋之伦外，亦涉公务。彼此的交谊，固仍浓厚，但涉及公事往还，彼此意见、观念或有差异，磨擦、冲突即在所难免。

在丁文江就任总干事未久的一九三四年夏天，他致函史语所，禁止史语所成员外出调查工作时携眷。此令一下，立刻引发赵元任、李方桂的反弹，竟都有求去之意：④

元任自青岛有长信来，因闻济之(?)⑤言，弟前有函禁止携眷，颇怒，云不收回成命，彼必去。弟已有恳切信慰之，同时在某种件之下，允收回成命，或可有效。兄暂作不知可已。

面对反弹，丁文江只好"与元任当面细谈两次，一切已有比较满意之

---

① 原件页末有附语："近日南京之创中医研究院，提倡讨论金刚法会，与戴氏之拜班禅作号召，及此次之通电，均一系统之事也。济注。"
② 蔡元培，一九三四年四月十四日日记："巽甫自南京来，携有孟真代我覆季陶函，与济之稍增改几句，抄寄季陶，并送各报发表。"(《蔡元培文集·卷十四·日记(下)》，页66)；又，蔡元培，《覆戴季陶函(一九三四年四月十四日)》，《蔡元培文集·卷十二·书信(下)》，页261—263。
③ 笔者目前阅见所及，均未发现丁文江或胡适对戴季陶的言论有何反应。
④ 《傅档》，档号Ⅲ：1499；本函系年为一九三四年八月十八日。
⑤ 原稿如此。

解决"：①

> 弟允将先前致史语所之正式函撤回，彼允函方桂，力劝其不再辞
> 职，望兄在平斟酌设法（元任云，适之拉方桂甚力，此恐不确）。

后来丁文江曾解释他有此令的原因是：②

> ……田野工作原系苦事，甘苦须大家共之，挈眷与携女友皆足使
> 同事有苦乐不均之感……

丁文江的这道命令遭受如此激烈的反弹，或为事前料想不及，然他不为己甚，并不坚持执行，还愿与当事人之一的赵元任诚意沟通，可以想见他的为人与作风。不过，"禁止携眷"的风波，偏又与另一当事者：李方桂的学术活动及其个人的生涯出处夹杂在一起，以致情况更形复杂。先是，李方桂有计划往云南调查，即可能因此（及其他不详原因）暂而裹足，对此，丁文江向傅斯年明白表达他的态度：③

> 云南调查事，弟始终主张。其所以中途变计者，在兄方面以为借此调停，在弟方面则完全因为兄引"法律"，一事未了、不添事之原则而放弃。目前弟未进行者，（一）仍固尊重兄意，（二）不欲再使方桂发生任何误会。故如方桂肯行，弟依然赞成。否则弟不主张。

偏巧八月的时候，胡适又邀请李方桂到北大任教，继承刘复逝世后遗下的"语音学讲座"职位，④ 这等倡议，显然让丁文江相当不悦，竟"以去就

---

① 《傅档》，档号 III：205；本函系年为一九三四年九月三日。
② 《丁文江致徐中舒函》，《胡适遗稿及秘藏书信》册二三，页248；本函系年为一九三五年四月十一日。
③ 《傅档》，档号 III：202；本函系年为一九三四年八月廿九日。
④ 刘复逝于一九三四年七月十四日；据，胡适，一九三四年八月三十日日记："到此大。访李方桂。"《胡适的日记（手稿本）》〔台北：远流出版事业股份有限公司，1990〕，册十二，无页码），可以推想胡适想邀请李方桂到北大任教此事，或当约起自此际。

争之"，蔡元培亦出面阻止胡适的行动，最后改请罗常培出任，[①] 事情才大体告终。

整体而言，这些事本不应引起如此的风暴，让当事人动了气，甚至都萌生辞职以去的念头。显然，对进行田野工作这等公务之际，应该有些什么样的禁制，彼此观念大有差异，是风波的导火线。

李济与丁文江之间，也有类似的事例。由于李济要先挪动经费，但前此的帐目不清，丁就提出清理旧帐的要求，加上一句玩笑话，竟引发李济的脾气，造成双方间的磨擦。兼及傅斯年一直滞留北平，未南下处理所务，李济代理其职，事繁责重，不免略有怨言，丁文江就这些缠结不清的情况发一长信给傅斯年，望他善为处理：[②]

（一）史语所挪下年款事本无甚问题，不谓济之乃有误会，且牵及毅侯，尤为冤枉。本院现无丝毫余款可以挪动，所挪动者厥为基金，而现基金暂行条例已备案，委员会亦成立（院长、弟、毅侯、子竞、藕舫、教育部、审计部代表为委员）。照条例，此后基金□须按目送审计部，故毅侯要求史语所来一函，声明暂借，且于下年度扣还。此原办事一定之手续，即无基金关系，亦应如此，而无所谓"写字据"，更不料济之会因之而生气也。且弟曾告济之，凡弟所已允办法，当然一定照办，但史语所应列一表来，究竟安阳过用多少，云岗〔冈〕过用多少，其他试用多少，然后可以解决。至今日止，济之尚不能以数目告我，以生气之结果，至今尚未细查帐目也。

弟细察济之生气其原因有三：（甲）因吴定良逐事直接来弟处开口，弟不得济之同意，先斩后奏。（乙）因为兄代理，而损失自己工作，且所中人免不了以为凡事仍可直接向兄请求，事权不能统一。（丙）济之来告毅侯办法时，弟戏言此一定史语所"信用不佳"之故，此为弟随口戏言，不谓济之乃认真且迁怒于毅侯也。

---

① 参见本书潘光哲，《蔡元培与史语所》。
② 《傅档》，档号Ⅳ：515（本函系年为一九三五年六月廿九日）；字下加——着重号者为原有；又，本函所称之"毅侯"，指中研院会计主任王敬礼（《国立中央研究院职员录》〔出版时地不详〕，页1）。

　　<u>此皆过去事</u>。昨日济之来，弟已与之说明：（一）以后吴来弟处请求时，一切请其先与济之接洽，弟并向济之认错（其实，弟之所以未如此办者，一来以为济之已接头，二来不欲使吴觉得上司太多耳）。幸济之极口赞颂吴之工作，以后或不成问题。（二）代理所长事由弟向兄商量，以半年为限，明年一二月，兄来京。（三）由济之查明弟所订办法以外，究过用若干，以便解决一切。今日济之来函，奉上一阅。兄阅此即知济之自己至今尚未知帐目真相也。

　　（二）弟乘机向济之声明一种原则——即弟去年向元任声明者，即兄、济之、元任、仲揆、巽甫皆不可言去，否则弟先辞职。以弟之来院原出兄等之意，苟非弟有罪过，兄等有援助弟之义务，果弟有罪过，则弟应先引咎也。对于此条，则济之亦未有异言。

　　（三）第一组办法，弟原不必遥制，惟希望于半年内移来，并希望兄于半年后迁京，其原因则一来济之<u>极不愿再代理所长</u>，博物院建筑一开工，彼亦实在过忙，且彼眼见吴定良、思永等工作日有进步，极为"眼红"。二来为兄个人，亦以早来为是。"临难毋苟免"是不用说的，但"君子不言乎□情之下"，目前危险已过，已无"难"可言，[①] 尤其尽迟至明年一二月，则更不成问题，而来此后，兄不必再教书，私人工作固不无相当好处也。

　　评议会九月初开会，届时兄当然得来京参加，前函所言皆可于会中解决。……

　　观乎此二例，可以想见，这一群彼此相稔的朋友，因着处理公共事务观念上的差异，竟不免爆发磨擦、冲突。一时之间，他们愿戮力共赴的学术志业的前景，不仅因此蒙上一层翳影，也多少伤害了彼此的友谊。公务私谊之间如何拿捏分寸，对这一群知识人的同处共事，带来严重的考验。

---

　　① 原件本行行首空白处有附语："此后在北平刺激必过多，兄前函已自言之，在南京何尝无刺激，然究竟比在北平好点。"

三、 史语所内风波的化解者

另一件同样起源自处理公共事务观念的差异，从而酿成的风波，也对史语所内的知识人带来考验。丁文江则是化解这桩冲突的和事佬。

风波的起因是这样的：一九三五年四月，董作宾离婚后，"另外追求一个女学生。事前未向孟真和济之说明，就把这位小姐带到彰德去，并且住在史语所办事处里面"。① 徐中舒自彰德返北平，告诉傅斯年这件事，傅斯年大怒，发出自请"革罚"的电报：②

> 中舒自彰返，始通知彦堂此行携女友往，并住办事处。弟汗流浃背，痛哭无已。追思本所风纪至此，皆弟之过，应即请革罚。弟今晚赴京，办理交待，并候惩处。乞陈在君、元任。

得到傅斯年电文的李济，则揽咎于己，致函丁文江，自请处分：③

> 昨得孟真兄一电，弟为之惶恐万分，已托元任兄转呈，想已早在鉴中。惟弟对此事真象现在未得任何报告，详情如何，容探明后陈报，现在严重局面之演成，弟实不能辞其咎，孟真兄殆无责任可言，其理由如下：
>
> （一）此时孟真如在假期中，代理所长职者，弟也；（二）彦堂此行，孟真事先已表示反对，弟实允许之；（三）此事之发生又在考古组之工作站，为弟主持之事业。据此，则此不幸事件之责任，一切均应由弟负，孟真兄殆无责任可言。理合陈请准予免去弟考古组主任一职，并交付惩戒，以维院纪而儆效尤。

---

① 《丁文江致胡适函》，《胡适遗稿及秘藏书信》册二三，页181；本函系年为一九三五年四月十三日。

② 《傅斯年致史语所电》，《胡适遗稿及秘藏书信》册二三，页261；本电系年为一九三五年四月十日。

③ 《李济致丁文江函》，《胡适遗稿及秘藏书信》册二三，页245—246；本函系年为一九三五年四月十日。

当事者董作宾对此事也甚感歉咎，致电傅斯年与李济，表达辞意：①

> 宾因招待女同乡参观工作，致干本所风纪，无任惶愧，谨请即日辞职，以谢贤明。

丁文江得到消息后，即充调人，请傅斯年、李济与董作宾都不要辞职，他先透过徐中舒说项：②

> 兹奉上致彦堂兄一函，乞为转交。兄致孟真书有"为彦堂终身幸福"云云，弟意，"终身幸福"云者乃即终身工作之谓，有室家之乐不过工作必需之条件，本兄前书意，望兄善为弟等解释，使彦堂勿负气求去也。去岁弟反对元任、方桂挈眷旅行事，与此似异而实同，田野工作原系苦事，甘苦须大家共之，挈眷与携女友皆足使同事有苦乐不均之感，孟真谓为"风纪"，实不如谓为"风气"之为得也，一切统希兄善为说辞为荷。

在这封给董作宾的信里，丁文江如此殷切劝说：③

> 昨晨接孟真来电辞职，济之卧病亦有书来引咎，今晨复由所转来兄自彰德所发灰电，孟真亦自平来，略悉一切经过。兹略就弟个人所见，为兄陈之。研究院为纯粹研究科学机关，对于其职员之私人行为无干涉之必要，且无干涉之可能。但职员行动牵设〔涉〕研究院时，则公私方面均应极端慎重，此原则也。持此原则以衡此次之事实，则兄招待女友赴彰德，事先当然应得孟真或济之同意；何况兄之女友又同寓彰德之办公所乎？孟真之所谓"风纪"问题当即指此。孟真、济之皆

---

① 《董作宾致傅斯年、李济电》，《胡适遗稿及秘藏书信》册二三，页244；本电系年为一九三五年四月十日。

② 《丁文江致徐中舒函》，《胡适遗稿及秘藏书信》册二三，页247—248；本函系年为一九三五年四月十一日。

③ 《丁文江致董作宾函》，《胡适遗稿及秘藏书信》册二三，页249—252；本函系年为一九三五年四月十一日。

极爱兄，恐兄不谅，故不肯相责而自引咎辞职，并非欲以此逼兄，此意兄当能知之。弟意，请兄善自反省，即致孟真、济之一函，对于事前未征同意，诚意道歉，则事即了。在中国目前状况之下，研究学术非有机关不可，求一相当之机关，谈何容易，任何人皆不可轻言辞职。弟当以此意告孟真、济之及元任。兹谨以之告兄，请兄幡然改图，勿作去意，勿以良友之忠言为逆耳也。

但是，董作宾的辞意一时之间颇为坚决，[①] 于是丁文江又动员胡适说情：[②]

今天给你一个电报，请劝董彦堂勿辞。想已收到。现在我把有关系的函电都抄一份送给你，请你向彦堂解释。

经过之事实本很简单。彦堂新与其夫人离婚，另外追求一个女学生。事前未向孟真和济之说明，就把这位小姐带到彰德去，并且住在史语所办事处里面。孟真知道就打电报来辞职（参观原电）。

此外的事实和我个人的态度，你看了抄件自然明白。

我所要函请你向彦堂说明的：（一）孟真对于他无丝毫的恶意。他本来是容易冲动的。他去年离婚的事，至今不免内疚，所以有这次的爆发，懂得他心理的人，很容易明白。（二）我给彦堂的信，是与孟真、彦堂两方面找台阶下台，并非要责备彦堂。目前孟真的冲动已经大体过去，只要彦堂不辞职，我想就没有什么问题。无论你如何忙，请你务必向彦堂解释，请他打消辞意。

然则，董作宾似乎动了气，并不领情，不但向丁文江申述、辩解自己的行止，还对傅斯年颇有怨言，丁文江于是再给他一封信，这样诚挚劝说：[③]

---

① 《梁思永致李济电》云："彦堂明早赴平，辞意坚决，决非弟力能挽留"（《胡适遗稿及秘藏书信》册二三，页260；本电系年为一九三五年四月十二日）。

② 《丁文江致胡适函》，《胡适遗稿及秘藏书信》册二三，页181—182；本函系年为一九三五年四月十三日。

③ 《丁文江致董作宾函》，《胡适遗稿及秘藏书信》册二三，页253—259；本函系年为一九三五年四月廿四日；字下加——着重号者为原有。

适之来，得奉十五日手书。适赴申开会，遂未即复，惟请适之先致一书，劝兄以工作为重，并述孟真态度，想已入览。兹请再就兄书所言各点，略为申述如下，请兄平心静气，一细思之。

孟真以"携女友在办事处"相责，弟前书已言此乃"风气"问题，与"风纪"无关，此语孟真亦以为然，故兄来书所言在彰德住宿详情，当然不成问题。弟所不能已于言者，兄以为女友"往安阳参观，此是彼自己意志之自由，宾纵是好友，不能强携之去，更不能强止其行……此次偕同友人沿途招待，并介绍其参观……当然无请示上司得其同意之必要"。又云"招待远道参观之女宾……□之住冠带巷办事处者，此为发掘团主持人思永之责。……宾此行乃是代表中央古物保管委员会监察殷墟发掘工作，亦是客人，无权支配发掘团办事处房屋"。

兄草此时当系盛怒未消。此时事过多日，仔细思之，当亦觉上列各语之不能成立。假如本院同人态度皆如吾兄，则凡本院同人之男女朋友均各本其…"自己意思之自由"，不经任何人之同意赴安阳（或其他工作处）参观，兄诚思之事实上有是理乎？

允许住冠带巷办事处者诚为思永，然苟无兄之介绍，思永何以识某女士，何以而许其住办事处乎？

兄虽为文化机关代表，同时仍系本院职员，此次不管责任若何，兄固不能卸除也。

弟上函言之，兄前信所言当系情感激刺时所发。此时当亦未必坚持此意。弟为公为私，不能不向兄解释，并非欲以此相诘责也。

至于兄与孟真个人关系，弟尚有数言欲为兄告。

第一、孟真为人极易冲动。冲动之时如火山爆发，自己不能制止。彼对于任何人（弟亦在内）皆是如此。并非彼系兄之"上司"而欺负吾兄。第二、此次孟真之冲动是否合理，姑不具论；而其冲动乃系实情（彼之出汗等等，中舒及莘田均亲见之）。第三、彼不函责吾兄而自引咎辞职，正因彼与兄私交较深之故。假如系吴定良而非吾兄，则彼必不肯引咎辞职。

关于最后一点，弟还有声明。兄等与孟真私交甚厚，平日形迹极端脱略，弟常引以为忧。因遇有公务时双方反因此而易生误会。弟每见遇有"上司"观念不应完全不顾时，大家皆只知顾全友谊。反之朋友平常忠告与所谓"上司"毫无关系者，言者常有顾忌，听者不免猜疑。此次孟真及兄之举动皆不免受此种影响。兄如信弟言之不谬，则气亦可稍平也。

弟之结论如上次。在中国今日觅工作机会，谈何容易。兄对于本院、对于朋友、对于自己，皆不可求去。即以"上司"论，欲求如傅孟真其人者，亦未必十分容易。回忆弟二十年之"上司"，不禁觉得兄等皆幸运之骄子也。余托适之面陈。

我们并不清楚这次的风波最后如何收场。[1] 从当事者的往来书函观之，丁文江显然扮演着化其于无形的和事佬角色。学界人物的人际关系与彼此往还的情境，相当复杂，后世史家亦不必为贤者讳。由这件风波，不但可以想见丁文江在史语所成员之间的折冲者角色，也更让人体认丁文江重视、关爱朋友的品格。

四、 史语所事业的支持者

对史语所的成员而言，丁文江不但是他们的好友，自他走马上任后，他的总干事身份，替他们——也替整个史语所——提供了继续开展学术事业的助力。

像是经费方面，丁文江就提供了必要的支持。李济回忆说，自一九三五年三月起，梁思成领军开始进行第十一次安阳发掘，[2] 事前估量预算多达二万元以上，史语所独力难支，丁文江以研究院与中央博物院的合作关系，经费有着，准许拨款。[3] 一九三四年四月，原属社会科学研究所的民

---

[1] 董作宾后来回忆说："丁先生给我印象最深的就在民国二十四年，那时为了一件不愉快的事，我在北平，他在南京，他曾一再写长信去劝我，他以摆着一副老大哥的面孔，写了许多诚诚恳恳的话语，举出许多他自己的经验，谆谆教导我，使我看了非常感动，于是放弃自己的偏见，服从在他的指示之下。"（董作宾，《关于丁文江先生的〈爨文丛刻〉》，《丁文江这个人》，页183）。

[2] 参见：石璋如，《国立中央研究院历史语言研究所考古年表》（台北：中央研究院历史语言研究所，1952），页19。

[3] 李济，《对于丁文江所提倡的科学研究几段回忆》，《丁文江这个人》，页207—209（并参见：李光谟，《李济先生学行纪略》，页51）；目前尚未发现可以佐证李济这段回忆的其他纪录。

族学组归入史语所改列为四组(后又改称人类学组),[①] 丁文江更同意这个新设的组临时设备费,由全院预备费项下给付。[②] 后来,人类学组工作费不足,李济提出要求,丁文江也同意另外补助三千元。[③]

丁文江在中研院总干事任内,对中研院的整体发展有巨大的贡献。[④] 史语所做为中研院的建制之一,他提供的助益当不在少,可惜,史料有阙,难再多作描述。[⑤]

五、结　　论

丁文江与史语所成员情谊深厚,往来互动,立基于此。当丁文江遭难于湘时,傅斯年远涉长沙勤加照拂,史语所与全体中研院同仁,咸表关怀。[⑥] 丁氏去世后,中研院设立丁文江奖金,充分显示留启后人追思之处,傅斯年深切关怀丁文江的《爨文丛刻》的出版,也具同样的意义。

《爨文丛刻》[⑦]是丁文江在史语所出版的唯一专书,列为史语所专刊之十一。我们并不清楚丁文江将这部书交给史语所出版的来龙去脉,也许在傅斯年看来,这部书收录的倮文经典,与史语所向来开展的民族学研究领域密切相关,亦有资料价值。[⑧] 丁文江逝世后,傅斯年为使《爨文丛刻》得以早日出版,在与商务印书馆订立的合同中规定由史语所出制版费,他更

---

① 参见:王懋勤编,《中央研究院历史语言研究所大事年表》,页6,8。

② 史语所档案,档号元248—16b(本函系年为一九三四年十一月十六日)。

③ 史语所档案,档号元248—17(本函系年为一九三五年十一月十八日)、史语所档案,档号元248—18b(本函系年为一九三五年十一月十八日)。

④ 参见:蔡元培,《丁文江与中央研究院》,《丁文江这个人》,页52—54;朱家骅,《丁文江与中央研究院》,《丁文江这个人》,页153—159。

⑤ 在丁文江担任总干事任内,也解决了早先史语所与社会科学研究所合并为"历史语言社会研究所"的纠葛,仍各自分立(唯原属社会科学研究所的民族学组并史语所四组),由此观之,这件事对史语所的建制自有影响。不过,此事的最后解决之道,涉及广泛,如丁文江、陶孟和与任鸿隽之间为此事而起的笔墨官司即包括在内(参见:朱家骅,《丁文江与中央研究院》,《丁文江这个人》,页156),暂难详论。

⑥ 傅斯年到长沙后,屡屡发函将丁文江的病情详细告知中研院同仁(如:《傅档》,档号Ⅰ:94〔本函系年为一九三五年十二月廿六日〕、《傅档》,档号Ⅲ:211〔本函系年为一九三五年十二月三十日〕)。

⑦ 丁文江,《爨文丛刻》甲编(上海:商务印书馆,1936);此书丁文江之《自序》系年为一九三五年八月十六日。

⑧ 关于《爨文丛刻》内容之简介及其意义,参见:董作宾,《关于丁文江先生的〈爨文丛刻〉》,页183—194。

致函商务总经理王云五，要求务必助之早日出书。[①] 这部书初版印了五百部，[②] 不过究竟花费多少，不得而详。自傅斯年个人的这项决策观之，可以推想他对已死之友的追怀。

丁文江与史语所成员的友谊，是他们互动往还的基础。然而，当他出任中研院总干事后，彼此相处之正道，非仅友朋之伦所能涵摄。一旦涉及于公众事务者，观念不尽一致，想法也有差异，磨擦、冲突自所难免，丁文江与史语所及其成员的互动，往往因此横生波折。我们可以推想，对二十世纪的中国知识分子而言，"公"、"私"之交涉及其分界，是很费思量的。这段故事，值得即将步入下一个百年的知识分子，深加玩味。

（收入《新学术之路——"中央研究院"历史语言研究所七十周
年纪念文集》，台北：中研究史语所，1998 年 10 月出版）

---

① 史语所档案，档号元 339—5—2A(本函系年为一九三六年一月廿三日)。
② 史语所档案，档号元 339—2—3(本函系年为一九三六年二月十五日)。

第四辑

第四章

关于丁文江

翁文灏

丁文江对具有政治性质的活动，从不对地质同人谈及。因此我对他的政治生活并不知道，朱庭祐自也如此。

丁文江死后，我因要略知他跟孙传芳的经过，曾往上海访问我原不相识的陈陶遗。陈曾做江苏省长，他所说似乎有些根据。

陈是同盟会会员，辛亥革命后，军阀把持政权，他就拒绝做官。孙传芳也是一个军阀，但他打到南京，自封为苏浙皖赣闽五省联军总司令，声明决心整肃军纪，拒绝北方侵犯（指奉天派），保安地方，重用地方贤达。他曾亲往南通访问张謇，优礼章太炎等人。当时孙在江苏想要注意的人是：陈陶遗、丁文江、张嘉璈、张君劢等。这些人原本对孙没有交情，孙却殷勤罗致。因此大家认为孙是军阀中一个比较好的人，盼他来保障这个财富之区。结果是陈做省长，丁做淞沪商埠总办。

淞沪商埠的官制是当时一个新制度。孙传芳自做督办，管辖军队并管理有关鸦片烟的事。丁文江是总办，其地位性质与市长相似。丁文江曾盼望对外国人在上海的治外法权有所挽回。孙曾声言决不容许奉军开入。

当蒋介石从广东统兵北伐时，曾派人分出联络。往南京向孙传芳游说的是张群，由陈陶遗从中介绍。张群说孙可走的路有三条：一是响应北伐，发兵北攻，那便是功臣；二是保持中立，不妨碍北伐军的行动，那还是朋友；三是反抗北伐，那便要兵戎相见了。孙传芳毕竟是一个旧式军人，终至兵戎相见，而且还向奉天派求援。那时，陈陶遗与丁文江便决定脱离职位了。丁文江还曾经电告孙务必停止接受奉援、过江反攻的计划。

丁文江因为做过上海总办，曾被初成立的国民政府下令通缉，只好避居大连，等到风声缓和，丁到北京大学，做地质教授。中央研究院院长蔡元培、总干事杨杏佛都是反对蒋介石的。杨杏佛被蒋派特务暗杀后，蔡元培坚决要求丁文江南行，接受总干事地位。丁就死在任上。

一九六五年十一月二十八日

（载 1982 年《文史资料选辑》第 80 辑）

我所知道的丁文江

朱庭祜

（一）丁文江简历

　　丁文江字在君，江苏泰兴人，早年留学英国格拉斯哥大学，习地质。辛亥革命前一年，曾到云南省东部嵩明、曲靖、沾益等县试作地质旅行，搜集古生物和地层标本，准备论文材料，是为国人做地质工作的开端。毕业后归国，初在上海南洋中学担任理化教员，一九一二年民国成立，入北京政府工商部为技正，兼主地质科科长。当时政府需要培养地质人材，因鉴于清末京师大学堂办地质学系的成绩不佳，乃创设地质研究所，由工商部直接领导，丁负责筹备。一九一三年夏季，该所招收中学毕业生二十五人。秋季开学，丁又往云南继续地质考查，约一年后回到北京，在地质研究所兼教古生物学及地文学。一九一六年夏季，地质研究所学生将要毕业，是时工商、农林二部已合并为农商部，地质科扩大为地质调查局，由矿政司长张轶欧兼任局长，丁为会办。不久，又改组为地质调查所，丁任所长。在任约五年，除掌握地质调查业务，培养青年地质人员外，曾与曾世英合编一本中国地图，并对北方几处煤矿地质，做过实地考查研究，尤以对山东峄县枣庄煤矿，计划钻探，有良好成绩。一九二一年北票煤矿公司在天津成立时，该矿董事会约他担任总经理，从此对地质调查所，不再做具体工作，而以翁文灏为代理所长，遇到重大问题时，二人共同商决进行。

　　第一次世界大战后，一九一九年在巴黎召开和平会议，他随同北京政府特派员梁启超前往巴黎。历时虽短，但认识了许多中外有名人物，美国威斯康新大学地质学系主任利斯（C.K.Leith，是随威尔逊总统到和会的）

亦于此时相识。在进一步联系后，利斯表示对培养中国青年地质人才，愿予帮助，丁乃介绍其学生谢家荣、朱庭祜、谭锡畴、王竹泉先后去该系进修。又在北京与美国人宾福士（Foster Bain 后为美国政府矿务局局长）取得联系，得其协助，使另一学生徐韦曼到美国芝加哥大学地质学系习古生物学。一九二○年前后，在北京的地质人员创立中国地质学会，丁实主持之，京内外各地的外国人对研究中国地质有兴趣的也都可参加。又曾与张君劢作学术论辩，提出科学与玄学的论战，并在报刊上发表论著，一时对南北各地的学术界，影响颇大。他又把在云南搜集的古生物标本进行研究，编成论文，送去格拉斯哥大学，因此得该校授予之博士学位。

中华文化教育基金会成立，丁亦列为委员之一。以此种种，丁的学识和工作能力，在当时回国的留学生中，有了卓越的表现，遂为北洋军阀所重视。约在一九二六年，被任（传闻由蒋方震推荐）为东南五省联军总司令——北洋军阀头子孙传芳直辖的淞沪商埠督办。

一九二七年革命军北伐，北洋军阀政府垮台，丁受到通缉，曾避往大连。后与时在北京的国民党桂系军人白崇禧联络，得白的介绍，一度到广西考察地质，希望与国民党政府发生关系，企图再起。但国民党南京政府对丁无起用之意，丁乃转赴苏联考察。归国后，不轻谈游苏观感，恐惹国民党当局之忌（作者曾以对苏联的观感问丁，他顾左右而言他）。后来听说财政部长宋子文出国时，有某国人（美或英）提了意见，谓国民党政府不能容纳像丁文江这样的人才，而让他闲散，甚为可惜。宋归国后，乃欲任丁为全国经济委员会秘书长，而那时中央研究院亦欲聘他为总干事，结果于一九三一年担任了后一职务。在该院时，除掌握了一般业务外，还在南京筹建了中国地质学会会址一所。

一九三六年顾孟余任铁道部长，以粤汉铁路沿线的煤矿亟待查明，以备开发，乃约丁赴湘南考察。到衡阳时，住车站新宿舍，因天寒，室内生了火炉，夜间中煤气。第二日早晨经人发觉后，急救得醒，乃送至长沙湘雅医院疗养，由于急救时肋膜受伤发炎，不数日去世。年仅四十九岁，葬于岳麓山。丁生前写有遗嘱，交北京律师林行规保管。遗嘱载明："死在那里，葬在那里。"故其遗体没有运回北京或原籍。

（二）我与丁文江的关系

一九一三年夏季，我在上海制造局兵工学堂附中读书，因在二次革命时该校为炮火轰毁，乃与同班同学谢家荣、刘季辰、唐在勤报考北京工商部创设的地质研究所。到期，我因病未考，而谢、刘、唐三人均被录取，于是我要求赴北京补考。到京后就在工商部内由丁主试，试毕，他对我说："你的国文和算术程度已够，英文尚差，应在暑假期中好好补习。"这是我认识丁的开始。当时我才十九岁，丁亦不过二十六七岁。我看他态度庄严，言语爽朗，于尊敬之中有畏惧之意。及秋季开学，丁去云南完成其地质考察工作，由农商部技正章鸿钊担任研究所所长。

一九一四年夏季，丁由云南回到北京，在地质研究所兼授古生物学及地文学。同学们对他的印象是：（一）记忆力相当好。对很难记忆的古生物名词，记得很熟，讲解时没有发生错误；（二）科学知识很丰富。教地文学是要分析宇宙间一切自然现象来推论地球历史如何发展的，他讲起来，左右逢源，还要讲一点天文和气象知识，以为做野外工作如测量地形及方位等方面之用。当时国内各种科学均落后，多学一些与地质工作有关的科学，是有用处的。

（三）注重实地考察

到一九一五年春季，师生分队去北京西山一带作地质旅行，我和同学七人跟他到斋堂附近。山高路险，同学们初次锻炼，多叫起苦来，丁用种种方法，鼓励大家，每天必要达到目的地为止。如将到目的地，而时间尚早，则多绕一点山路，多看一点地质，沿途还要考问。

同年夏季，又往山东旅行，翁文灏教师亦同往。先到泰安，登泰山绝顶，沿途研究泰山变质岩系，就是地史学上所称最标准的太古界杂岩层。以后又出发到新泰、蒙阴，登徂徕山，转向大汶口。这一路多荒僻山陬，徂徕山的高度，比泰山相差不多，同学们因连日登一千四五百米的高山，甚感疲劳，膳食仅带几只馍馍。这类生活，向不习惯，加以精力不济，故爬山落在后面；独丁精力充足，迅步前进，还常歌唱或背诵诗句来鼓励同学们上前。

（四）对学生要求严格

秋季开学后，更加强野外实习。因此时还没有较为精确的地形图（一般通用地图，多参考各种志书及其他杂图编制的，根本不准确），对地质调查不利，如遇重要矿产，非自测地形图不可。乃挑选少数同学，练习地形测量。有一次，我被派到京西三家店北面测地形，出发后第三日，丁和其他同学来校核，即用来填制地质图。我因初次做野外测量，虽出发前丁曾指导过用平板仪测地形的方法；但到了山区，茫无头绪，急忙中把一片山头河谷，描了一张地形图，冀可以免于斥责，不料丁到后，拿此图对照地形，认为图上表示的不准确，面色不愉，说："你在学校里已经学了一年测量，出发时又经过一番指导，为何测成这样不准确的图来？你将来想凭这样不成熟的本领出去骗人吃饭吗？"我当时满脸通红，对他说："这是我生平第一次做野外测量，一到广大的自然界中，不能把室内所学的结合起来，造成了卤莽草率的毛病，以后当再努力练习，以求成功。"这样，才免了再责。

一九一六年夏季起，毕业同学均在农商部地质调查所工作，丁为所长。冬季，派谢家荣和我去湖南省调查地质矿产。我们分道到了湘东及湘中某些矿场。但因系初次作长途考察，水平又低，不能领略许多。翌年春季，我到湘南，测成耒阳地区的煤田地形地质图，编了报告，丁认为满意，予以刊印。

一九一七年春季，斋堂煤矿由北京政府筹备开采，农商部请瑞典人安特生担任顾问，负责调查设计。安特生认为我和王竹泉上年所测的图幅，不够详细，要求再测一万分一比例尺的地形地质图，丁乃派我和李捷前往。安特生领导我们实地工作一星期后，完全让我们去做，经过三个月时间，才告完成。回京后，我整理好平面图和剖面图，安特生十分满意。他向丁介绍后，丁不待安特生词毕，就嘱人邀我去问话，一见面就说："安顾问说你这次测的图，好得了不得，你快取来给我看。"我立刻把图送去，他和安特生讨论良久，把地形地质平面和剖面图对照，没有什么错误，表示欢喜。安特生对他说："朱庭祜现已成为很好的地质人员了，我们国内年青地质人员的工作，也不会超过他的。"这是安特生带点客气口吻的话。当时他们二人很高兴。

接着，龙烟铁矿又要开发，农商部以安特生对铁矿的调查和设计，有些经验，仍请他主持。他提出要我做助手，得到丁的同意，另派谭锡畴一同参加，还坚嘱我们要跟安特生好好学习，不能因生活习惯上有所不同，或在工作中有些麻烦，就发生别扭。

三年后，我感到自己虽在实际工作中有些心得，但终觉得理论水平不够，因此，就提了出国进修的意见。丁以我已有了些微劳绩，允予赴美留学。由农商部地质调查所与龙烟铁矿公司各任一部份费用。当时农商部财源枯竭，掌握财务的大员对丁说："部里正在闹穷，何必还派人去留学？"丁作色答道："我们江南人有句俗语，'包脚布可以进当，书不可不读'。"人多笑他迂阔。丁平生做事，与人接触，有争执时，语调直爽，有人说他是直道而行的。

当年地质研究所毕业的同学们在地质调查所开始工作时，待遇低于一般大专毕业（最高约每月四十五元，低的二十五元），仅够起码的生活费用，年龄渐长，欲娶妻成家，是有困难的。丁尝谓：做地质工作的人，最好不要娶妻，以免室家之累。否则，也应迟婚；婚后以不生孩子为最好，即生孩子，愈少愈好（丁本人没有儿女），同学们闻之，觉得不好接受。我有一次问丁："我们要做野外工作，有了家眷，当然麻烦。所得工资又少，要想安家，更为困难。我们不如组织一处公共宿舍，互相合作照顾生活，设一个食堂，大家到食堂吃饭，可以减省餐事工作，你看如何？"丁摇首答曰："这是异想天开。各人的性情习惯不同，那能合作得起来。仅膳食一端，就不允许这样做，其它更不必说。"他认为中国社会有几千年的传统生活习惯，要提倡集体生活等是不可想像的。

一九一九年冬季，我出国了。在美国留学约一年后，农商部不能按月寄到经费（六十元美金），龙烟公司已停工，每月美金三十元，完全停止。我节衣缩食，又维持了半年。暑期内去工厂里做杂工，得点津贴。后在米乃苏太大学请准了每年二百五十元的奖学金，就转该校继续求学。不到一年，农商部所给留学费，积欠达十个月。我因费用不够，屡次写信，请丁追索，他认为我不体谅他的困难，通知正在哥仑比亚大学地质系求学的叶良辅同学，声明与我脱离师生关系，不再给我回信了。

一九二一年冬季，我接到地质调查所汇来的回国旅费，回到北京，在地质调查所照旧时一样工作。这时丁已任北票煤矿公司总经理。会见时，我不得不先承认自己有急躁情绪，信中触犯了他，表示歉意。他说："我们既往不咎，以后还须努力做好工作。"适浙江实业厅要成立地质调查机构，他与翁文灏代所长商定后，派我前去，使我可以得到省方的补助。

从此时起直到广东革命军北伐全国统一为止，在相当长的一段时期里，我们几个地质工作者与学校教师和部分机关人员一样，受北洋军阀混战局面的影响，生活不得安定。我在浙江一年，因齐卢战事关系，经费不可靠，又不能继续，乃由地质调查所联系到云南去。当时，丁与翁为应付这样混乱的局面，维持地质业务的进行，确费苦心。

一九二八年，我在两广地质调查所和中山大学地质学系工作，这时丁得到白崇禧的介绍，去广西调查矿产，经过广州时，找我一谈，他看我甚忙，曾对我说："多做些工作是好事，你现值年壮力强，正好做事的时候。"似对我在广东革命政府领导下工作，微露欣羡之意。因他自上海淞沪商埠督办下台后，尚无适当地位，不免愤慨。以后我和丁接触的机会很少，约到一九三五年后，丁在南京中央研究院担任总干事时，才又会面。其时丁发起由中国地质学会会员们捐资建立中国地质学会会址（忆在南京鸡鸣山西侧），得到多数会员的赞同，我时在南京中央大学（即南京大学）地质学系任教，与该系教师数人酌量捐献，以佐其成。

丁死之后，曾由中国地质学会部份会员，写了许多科学论文，印成巨册，以纪念他为中国地质科学奠基人之一的功绩。

我从一九一三年投考北京工商部地质研究所时与丁认识，做他的学生；一九一六年后，在农商部地质调查所工作，又受他的领导多年。一九二五年他去云南以后，接触机会渐少，故所了解的只是在学生时代和受他领导时期及以后偶尔接触中与他相处的一些情况。唯相隔四五十年，记忆难免有错误或遗漏，希当年的同学和同事们能予以纠正和补充。

（载 1982 年《文史资料选辑》第 80 辑）

记中国地质调查工作创始时期

朱庭祜

（一）

十九世纪中叶，来到中国的外国人觊觎中国丰富的矿产资源，思欲染指以自肥。外籍地质和地理工作者，借游历为名到内地考察，最著者如德人李希霍芬（Von Ritchthofen），在十九世纪四十至五十年代里旅行所及，南北达十余省，著有《中国》一书，记录一些地层古生物岩石等外，对煤炭等矿也多注意。他回国后就说："山西一省的煤矿，蕴藏之富，可供当时世界工业百年之用。"由此更引起列强对中国侵略的野心。美人庞泼来（Pumply）是清廷为了建设海军约他调查北京西山一带煤矿的。美人威廉士（Belly Willis）及威尔特（Black Welder）在河北、山东、山西等省对地层做了有系统的分层，均有专业报告出版。一九一二年前后，还有美孚石油公司与当时北京政府合作，派劳特拨克（C. D. Louderback）、克拉伯（F. C. Clapp）及富勒（M. L. Fuller）等到西北及西南省份考察石油矿。同此时间，英法等国人士也有在西南省份，作了不少地质调查。英人欲从印度经云南以达扬子江上游，修通铁路，使运往远东的商品可以直达。法国则在原滇越铁路沿线找寻矿产。以上种种，皆是与兵舰大炮分不开的侵略手段。

清季国人有了警觉以后，曾在京师大学堂设地质系，培养人才，约请德国人楼尔格（Solgar）为教师，并从德国购买了一批仪器标本。到开学时，学生人数寥寥。约一年后，因辛亥革命，清廷告终，大学停顿。民国初年复学，仅将王烈等二人资送德国学习，一九一四年，留德学生归国，二人中又有一人改业，仅有王烈来地质研究所及北京大学地质系工作，历三十年之久。

（二）

清末出国的留学生中，习地质学的为数极少。吴兴人章鸿钊在日本东京帝大毕业回国后，先在南京临时政府担任职务，提出设立专门学校，为地质调查培育人才。不久北京政府成立，章转入农林部任职。同时泰兴人丁文江由英国格拉斯哥大学地质系毕业回国，在工商部任职（丁于毕业前曾在云南做过地质旅行，是中国人搞野外工作的开始）。此时，由工商部设立地质研究所。一九一三年，在北京、上海两地招生，定额三十人，实际仅得二十五人。秋季开学，借北京大学马神庙的一部房屋，由章鸿钊任所长，棱尔格仍任教师。

北京政府农林工商合并为农商部，原任矿政司长何遹时（何字燮侯，日本留学生）任北大校长。新任矿政司长张轶欧留比冶金系毕业，他们所学均与地质有关，故能相互协助，地质研究所的工作，有了初步收获。

地质研究所修业期限为三年，招收中学毕业生入学。国文、英文、数学三门及格，即可录取。一九一三年秋季开学时，丁文江赴云南继续做地质调查。一九一四年第一次世界大战爆发，德籍教师棱尔格集中青岛，为日军所俘，亦不能授课。学校功课多请北京大学理工科教师兼任，章鸿钊自任矿学教师，学生以地质为冷门，陆续退学。到三年毕业时，仅有叶良辅、王竹泉、谢家荣、刘季辰，朱庭祜、徐渊摩、徐韦曼、赵志新、谭锡畴、李学清、李捷、卢祖荫、周赞衡、赵汝钧、仝步瀛、陈树屏、马秉铎、杨佩伦等十八人。

地质教师，除丁文江任地文及古生物学外，翁文灏自比国归来，担任光性矿物、岩石及矿床学教授，王烈任构造地质学，章鸿钊又担任地史学。

一九一五年有了所址，迁到北京西四丰盛胡同及兵马司北京师范学校校址内。一九一六年，就在此地成立农商部地质调查所，聘瑞典人安特生（T. G. Andersson）为顾问，修建古生物研究所。在第三学年，增设冶金及采矿二专业，学生分赴矿山实习（庐山、磁县等地），编写了《农商部地质研究所师弟修业记》一书。北京西山地质图及地质志亦在这一年先后完成，是为中国人首次发表的地质工作成果。

为今后培养人才，农商部与教育部合商结果，一九一六年成立地质调查所，由北京大学恢复地质系，地质调查所就告结束。

（三）

第一次世界大战期内，农商部成立矿政局，由杨廷栋为局长，安特生为顾问，为袁世凯在河南巩县兵工厂扩建调查红山铁矿。地质调查所内增聘丁格兰、新常富调查长江中下游铁矿，找到龙关、庞家堡、辛窑及宣化烟囱山等几处铁矿。一九一七年，对河北、山西、河南等省煤、铁矿测制详细地质图，估计储藏量。于北京设立钢铁基地在三家店的石景山。自一九一七年开始，到一九二〇年，石景山钢铁第一座高炉建筑成功。烟囱山日产铁矿石二三百吨。

地质调查所外籍人士只剩了安特生，他编完《中国铁矿志》后，就搜集中国新生代化石及石器等运到瑞典皇家博物院，作为回国进行研究的材料，一九二二年去世。我国地质专家丁文江技正兼所长，章鸿钊技正、翁文灏科长及叶良辅技助十余人均在所内工作，并选刘季辰、谢家荣到美国斯丹福，谢又转学威斯康新，徐韦曼到芝加哥大学习古生物，周赞衡赴瑞典习古植物，叶良辅去哥仑比亚学岩石学，朱庭祜到威斯康新学习变质及构造地质学，王竹泉、谭锡畴到威斯康新习沉积学。十年之内，地质调查所有了适当的专业人员，在此同时，还派赵汝钧到山东峄县中兴煤矿学习钻探，陈树屏到井陉煤矿专习采煤，对于当时建设起了一定作用。

（四）

一九一六年北京大学恢复地质系，师生两缺，不久聘到葛利普(Grabau)教古生物及地层学，兼地质调查所古生物及地层研究，编辑了《中国地层》一书。一九二〇年，李四光教授自英回国，专任北大地质系教授，对构造地质及第四纪冰川作了研究，并与在京的外籍专家长期作了学术辩论，写有论文发表。一九二〇年第一期毕业生，仅有孙云铸等。不久，丁文江出任北票煤矿总经理，所长让给翁文灏担任。江苏、浙江、云南三省成立地质机构。南京东南大学成立了地质系。广东亦成立两广地质调查所。

旧中国从事地质工作的不过二百余人。

（载 1982 年《文史资料选辑》第 80 辑）

丁文江——二十世纪的徐霞客

黄汲清

丁文江先生1911年学成回国，他和一般留学生不同，不是从欧洲搭轮船直航上海，而是先到海防，从那里搭火车到昆明，然后步行通过贵州、湖南到长沙，再搭轮船回江苏老家。这样他就得以观察西南诸省的山形水势、地貌景观，为以后的正式地质调查作准备。

1913年他会同梭尔格、王锡宾调查正太铁路沿线地质矿产，填绘分幅地质图，这是中国人开展系统的野外地质和地质填图的开端，是值得大书而特书的。1914年他独身去云南，花了整整一年时间，调查、研究滇北、滇东和四川会理，贵州威宁一带的地层、地质构造，还专门调查了东川铜矿和个旧锡矿。这是中国人第一次开展边远地区的大规模地质工作，是地道的探险工作。他所经历的艰难困苦，从他写的《漫游散记》中可以窥见一斑。1928年的广西之行，以及1929—1930年的贵州、四川之行，虽然说不上是探险，但这些地区大部分是地质勘探的处女地，他的开创性工作是值得我们永远记取的。

丁先生从事地质工作的时间不过二十年，其中差不多一半是做行政管理工作，但是他的科学成果丰富多彩，许多方面是奠基性的。他平生最佩服徐霞客，而他自己就是二十世纪的徐霞客。当然他处的时代不同，所以他的成就远远超过徐霞客。此外，丁先生在发现人才，培育人才，爱护人才，提拔人才和使用人才方面付出了大量精力和心血，成绩很大，影响深远。他是二十世纪的伯乐，这一点更是徐霞客所不及的。

丁先生为什么能成为二十世纪的徐霞客呢？我所知道的有这样几个方面：

（1）他读过徐霞客的书，对徐十分崇敬。——丁先生曾面告本人，他的老家泰兴县黄桥镇与徐霞客的老家江阴县仅长江一水之隔。

（2）在英国留学时他读过德国地质学家李希霍芬（Von. Richthofen）写的《中国》几本大书，后者断言中国人不能成为地质学家。丁先生受到了刺激，接受了挑战，下决心要证明李氏的说法是错误的。

（3）丁先生在格拉斯哥大学学习地质学时，主要教授是格里哥里（J. W. Gregory），是一位有名的探险家型地质学家，对丁有较大的影响。

（4）丁先生在欧洲学习时期正是法国帝国主义者全力经营印度支那时期，并建成了滇越铁路，势力正在伸入中国云南省。在这之前一批法国地质工作者已在云南、四川南部和贵州之一部分做了工作，其中戴普拉（Deprat）的著作，可能刚刚发表，引起了热爱祖国、不甘落人后的丁文江的注意，后来实事证明丁先生的地质科学成果，否定了戴氏的一些推论的虚构性。

令人遗憾的是丁先生的许多野外观测、记录、图件，以及所采集的大量标本化石，他都还来不及整理就与世长辞了。不过其中之一部分已由黄汲清、尹赞勋等人整理付梓，这就是现存的七百多页的报告和图册《丁文江先生地质调查报》（大部是英文）。

（载 1987 年 4 月《泰兴文史资料》第 4 辑）

追忆丁文江先生两三事

曾世英

丁文江先生不仅学识渊博，而且善于知人、善于用人，乐于育人、乐于助人。地质学界公认对古生物研究作出杰出贡献的葛利普教授，就是由丁先生从美国罗致，终生参加我国地质工作的。不少知名的地质学家大都出自丁先生门下。丁先生不仅是我国地质事业的创始人，而且是广义的地学推动者。地质调查所在抗战以前，除和地质直接有关系的分支学科外，就有地震、土壤、石油等学科的专业部门。现在中国科学院的学部委员中，出自原地质调查所的就占相当大的比例。这和丁先生创办和参与原地质调查所的领导，从而培育人才是分不开的。

我随丁先生工作仅五年，只做了两件事：（1）初勘川广铁路的川黔部分；（2）编纂《申报地图》。现就这一段时间和丁先生的接触，追述一些琐事。

我原在天津顺直水利委员会（后改组为华北水利委员会）测量处工作了十年。当时正年青，不甘于支高薪，安居城市，希望到各地走走，扩视野、长知识。经丁先生的留英同学吴思远介绍，一九二九年去找丁先生寻求出路。当时丁先生正计划去四川、贵州进行川广铁路调查，需要有一个测绘工作者参加。我在进水利会以前，参加过地方性的铁路初勘工作，在水利会期间参加过天津经纬度测点的天文观测工作。丁先生赞同我的愿望，而这两项工作正符合他的要求，就豪爽地要我同行。

当时称作川广铁路的这条路线，就是现在的川黔、黔桂、黎湛三线的结合。当时西南诸省交通阻塞，货物运输靠人背马驮，非常落后，影响国计民生。而广州湾不仅是对外贸易的咽喉，而且利用海运还是国内运输的要道。在此行以前，丁先生已对两广部分进行了调查，此行则为了解川黔部分。在二十年代就提出这条铁路线的建议，足见丁先生的远见卓识。

在丁先生领导下，我们一行有谭锡畴、黄汲清、李春昱、王曰伦诸人。丁先生沿途一面和大家共同欣赏三峡风光，同时实地讲解地质问题。有时也谈一些他的往事，谈到在他任淞沪商埠总办时，从西文日报得知有人进口为数达两吨的毒品吗啡、海洛因、可待因。他愤恨之极，执意追查这一案件。起初以为是一姓顾的知名人士搞的，传讯此人。此人供认知有其事，但系黄某某搞的。经审讯黄某，他完全承认。当责令追回毒品时，却称已完全卖出，用以抗拒。丁先生毅然上报当局，请判黄某死刑。据说当时胡适知道了，认为这和当时的所谓法不合，劝丁先生追回原议，丁先生坚持未从。我们听了都非常钦佩丁先生在这个问题上是大义凛然，非当时常人所能及的。

丁先生非常爱护人才。我们在到达贵州大定的当晚，我正在院内观测星象定经纬度，忽闻丁先生在屋内放声痛哭，乃知传来了赵亚曾在云南昭通遇难的噩耗。我对丁先生多方安慰，无济于事。等我测毕回屋，他还在哭，几乎哭了一整夜。以后丁先生一直为这位在地质研究上已作出贡献并大有前途的科学家赵亚曾罹难而婉惜。丁先生对赵氏遗孤松年、竹年兄弟两人的培育，关怀备至。除嘱地质调查所的同人在教育上和生活上多方照料外，还要松年常到他家晤面。

丁先生对青年的知识培育也非常重视。他常说学生对教师的不满意，以至罢课，往往由于授课方法失当，其过不在学生。有一点他是非常明确，并身体力行的。丁先生主张大专院校的专业入门课程应由教授开课，广思博引，多所启发，改变一般由教师以至助教照本宣科的习惯。他在北京大学任教，讲地质学时就承担了普通地质学这一课程。听过丁先生课的人，有的迄今还追忆得起丁先生在讲到火山时，旁征博引说某次维苏威火山爆发，岩流上升多高，尘埃漂流多远、多久，可环绕地球多少周，使听者对地质学产生很大的兴趣，而终身孜孜不倦地对这门学科的研究。

丁先生在繁忙的工作中，对职工的关怀仍很细致。举个例来说，有个青年绘图员家庭负担较重，丁先生希望他节制生育。但生育关系到夫妇双方，他告诉我要有妇女向他的妻子进行说理和指点，可谓无微不至。

我随丁先生完成了川广铁路的调查工作，回到北京整理材料，还在起草工程部分的初步报告，自己尚未想到个人以后做些什么工作，丁先生已为我打算了。当时地质调查所在中华文化教育基金会的要求下，由刘季辰编纂一本中国地图，尚未完成而刘他去。丁先生征询我的意见，可否代为完成未了工作。同时告诉我上海《申报》主持人史量才、黄炎培等为了纪念该报创刊六十周年，采纳了他的建议，决定出版一本中国地图作为纪念。我说基金会地图应当完成，我可协助，但体例已定，不便变更。《申报》纪念地图体例尚待商订，希望有所革新。丁先生毫不犹豫地同意我的说法。基金会地图完成后命名为《中国分省新图》，以刘季辰、李庆常绘制名义，由商务印书馆出版。《申报》纪念地图有两个版本，正编本称《中华民国新地图》，缩编本称《中国分省新图》。两者通称《申报地图》，特点之一为采用分层设色法表示地形，破除当时流传的龙脉旧说。丁文江和翁文灏两先生都认为龙脉旧说不科学，而丁先生在为调查川广铁路作准备时，早在一本地图上试用等高线表示地形。所以如果说《申报地图》对读者在我锦绣河山认识的提高上起过一些作用的话，则是在体例订定以后，丁先生相信群众，放手让我们工作，这也是丁先生在用人上有他杰出的领导方法。正编本《中华民国新地图》在欧美被称为丁氏地图（V. K. Ting Atlas），这又很能说明丁先生在国外的声誉。

《徐霞客游记》现在有好几个版本。这一杰出的科学文献，今天受到广泛的重视，和丁先生首先的发掘是分不开的。丁先生对《徐霞客游记》不仅在文字上作了整理，而且撰写了年谱，并附加了地图。这是相当繁重的任务。去年为纪念徐霞客，商务印书馆将丁编本《徐霞客游记》重印。这可以说一方面为了纪念徐霞客，另一方面也为纪念丁先生。丁先生其实是现代的徐霞客。丁先生由英留学回国时，只身取道云南、贵州，湖南返乡，途中进行地质考察。有过这么一件趣事，似乎也可一谈。我们在川广铁路调查时虽备有乘骑，但丁先生为了实地考察，测地层倾斜走向，敲岩石标本及化石，绝大部分行程都是步行。有人笑说丁先生是上山不骑马，下山马不骑。当他快到贵阳时，贵州当局为了远迎上宾，派人远探何时到达。探者只见步行的老者，轻于放过而未速报，以致失礼。

在筹备纪念过程中，有同志问我有无丁先生的遗书或遗物可资展览。遗憾的是抗战以前中国地质学会曾为纪念，铸有丁先生的半身铜像，抗战后我找到石膏的原型，一度陈放在我的办公室内，不幸随着在运动中个人受到批判而不知去向。我从丁先生到重庆时，他曾为剃去"威廉式"胡须，要我给他照相留念。他认为照得很好，亲自签名送我一张。我一直珍藏，也在动乱中丢失。

丁先生逝世的噩耗，是我在华盛顿时由美国人从报纸上看到相告的。国外报纸及时作了报导，这说明丁先生的科学造诣在国际上也受到重视。不幸丁先生过早去世，是我国科学事业上的一项重大损失。

（载 1987 年 4 月《泰兴文史资料》第 4 辑）

怀念丁文江先生

李春昱

丁文江先生非常关心对青年人的培养。对此，我有亲身的体会。我是河南省人，一九三四年考取河南省公费赴英国留学。其时丁先生在南京任中央研究院总干事。在我动身之前，他发了一个电报到北京地质调查所，嘱我去上海上船时到南京去见见他。我遵嘱于一天早晨到南京成贤街中央研究院宿舍去看丁先生。丁先生一人住在那里，他正在吃早饭，边吃边与我谈话。他劝我改赴德国，其理由：一是我们地质调查所学英语的人比较多，而学德语的人比较少，为着地质调查的前景，应该多学几种语言；第二个理由他在一九三三年美国召开的第十六届国际地质会议上见着H. Stille，是德国著名构造地质学家，他辅导学生，极其认真，他不同意他的学生在他不能亲去指导的地方作学术论文。丁先生问我有没有勇气学一个新的语种？怕不怕困难？一个青年人在长者面前，怎能说没有勇气，怕困难呢？我便回答说："不怕困难。只有几个问题须待解决：第一，河南教育厅初试和教育部的复试派遣留学生名单中都是英国，现在改换留学德国，须得到教育部和教育厅的批准；第二，我的护照签证是签的英国入境证，现在要改签德国入境证；第三，我的用费都已汇到英国，进德国手中无现款。"丁先生说："这都容易解决。第一个问题，我替你办理；第二个问题，你到欧洲下船后，先到瑞士去找汲清（黄汲清同志）。瑞士是不需要签入境证的；第三个问题，写封信给伦敦中国银行，请他把款转汇到柏林就可以了。"他又问我乘坐哪国的船和船名，我作了回答。船行至新加坡时，我接到丁先生电报，说教育部已同意改往德国，一切可按原计划进行。我便经瑞士进德国直往柏林，径投 Stille 处。丁先生怕我初到德国，不免感到困难，他另外写信给中国驻德国公使（一九三四年还是公使级外

287

交关系，公使的名字我记不起了，丁先生和他有友谊）托他照顾我。丁先生对青年人的培养，真算是无微不至了。谁料到一九三六年一月的一天，地质调查所的陈恩凤先生告诉我，他从 Frankfurt 丁文渊先生处得到消息，丁先生不幸逝世了，这真是一个晴天霹雳。丁先生对我如此地关怀，我却永远没有机会向丁先生汇报我的学习成果了。一九三七年冬初我回国到了长沙，我到花圃买了两棵小树，请一位工人带着铲锹，到丁先生坟前，在墓的两侧栽上两棵小树。我伫立在丁先生墓前，默默地向丁先生汇报学习成绩，我明明知道丁先生已听不到我的汇报，看不到我的身影，但我感到丁先生就在我的眼前。

丁先生对事主要抓关键问题，敏捷果断，不纠缠于细节。

有一次在兵马司地质图书馆举行地质学术讨论会，有一篇论文在下午宣读，让我掌管放幻灯。吃过午饭我检查幻灯机有无毛病，一看灯泡的灯丝断了，这在当时市面上是买不到的。我不免紧张，立即向领导上汇报。丁先生来了，他不问是谁弄坏的，也不问什么时候坏的。立刻向协和医院步达生大夫打电话，请他取一只幻灯灯泡，派人坐汽车送来。不一刻时间灯泡拿到了，下午的会议照原议程进行，未受任何影响。

还有一次是一九二九年冬初，我们跟随丁先生去西南几省调查地质。从宜昌到重庆坐的美国船彝陵号，丁先生坐的是大餐间（即一等舱），谭锡畴、曾世英、王曰伦和我都是坐的二等舱。船进入宜昌峡，丁先生招呼我们上船顶观赏峡谷风景并照相。这时突然来了一位美国人，据说是船长，带着一名翻译，轰我们下去，态度很蛮横。丁先生问为什么不能上船顶照相，那位洋人讲船顶只准一等舱的客人上来，坐其他舱位的人，不能上船顶。丁先生说那很简单，我们都坐一等舱好了。我把补交的船票钱，白花花的银元拿上来，那位洋人立刻改变态度，笑脸相迎。在这场风波中，我们赢得了胜利。我很担心这笔钱的报销问题，丁先生说："没关系，我替你们报销。"

（载 1987 年 4 月《泰兴文史资料》第 4 辑）

我所敬佩的老师丁文江先生

张作人

　　一九一三年，我在南京江苏省立第一中学读书。动物学教科书是丁文江先生编写的。当时我已经知道丁先生是同乡前辈，对这本书极感趣味。在书的序言上，他指责我国科学只知道"拾人牙慧"，不知深究真理，使自己有所创新的见解。当时我尚在童年，莫名其妙地感触很深，竟决心读书不能专"拾人牙慧"，一定要获得新的知识，从而产生新的见解。一九一七年我进了北京高等师范博物部读书，才知道他是地质调查所的主持人，北京大学地质学系的创办人。内心很奇怪，他怎么写动物学呢？后来经同乡介绍我去拜见了他，他笑着对我讲："你读的是博物部，首先要知识广博，首先要锻炼用眼睛、用手，才可以得到真正的知识。书是要读的，更重要的是用自己的眼睛和手，从大自然获得的知识去检查书上的东西。"这对我一生治学，起了极其重要的启发。我们博物部有一次举行达尔文纪念会，他竟自动地来做报告。谈到达尔文的"生存竞争，适者生存"确乎是生物界在大自然界相互关系中的真理，我国一般人把它理解为"强弱斗争，优胜劣败"完全错了。生存竞争不仅是食物竞争，它是有机界无机界相互关系中的矛盾斗争。食物竞争仅是其中一部分，其他如生活环境、温度、湿度，生物对之都有与之竞争的必要。生物为着生命的生存，首先要求身体内部的一致，更要求与外部环境的一致，所谓"适者"是相互一致的意思，并无优劣之区别。同时他对达尔文全部的理论进行深邃地解释，精确地分析，正确的、不对的、欠缺的，都进行了叙述。同学听了都非常地高兴。接下去谈到当时的遗传学，他说生物首先要有创新的进化，然后才有功能继承的遗传。由于时间关系，他竟提出："我可以来教你们遗传学。"同学们当然很欢迎。而且当时国内搞遗传学的确乎很少，立即向学校当局请求聘请丁先生来担遗传学讲座，学校也立即聘请。丁先生来上第一课时，同学们都有点惊奇的神情，以为一个地质学家怎么来教遗传学。丁先生似乎也感觉出来了。第一句话："我不是遗传学家，我很高兴来替你们讲这门课，但是我不是来教你们遗传学知识的，要学知识，你们自己读书就可以了，我是来教你们如何获得遗传学知识的方法的。"我当时恍然大悟求学的真正道理，于是静心恭听他的讲课。他在讲课中提出了三个遗传学研究的方法。第一个是实验生物学，要先注意遗传性质，计划研究的方法，他认为孟德尔遗传法则所研究遗传性质不能代表生物体上全部遗传性质，要按系统发生、进化历史、胚胎发育史研究生物体上各种不同的性质。第二个是细胞遗传学。孟德尔遗传定律关系着生殖细胞的结构，当然也是遗传学基础研究方法之一。第三个是谱牒遗传学，利用可靠的家谱，统计学的方法，取得某一遗传性质的遗传数据。他认为我国各家族都有家谱，是很可利用的材料，可惜，对于女性一般记载不详。

六十年来国际上关于生物遗传的研究大都是根据生物进化史、胚胎学、生态学，生殖细胞杂交结果，谱牒材料的统计三方面；确乎是在丁在君先生的三条路线上。当然学派不同，争论难免。如果着眼宏观，各派都是只占生物体上遗传性质的一部分，如果将丁先生的看法综合起来，对遗传学的前途确乎是光明灿烂的。

丁先生不仅一般人所认为的仅仅是一个地质学家，中国地质学的开创者。他学识广博，亲身探索，科学哲学，中国的古代文化无不精通，他是学术综合的学者，不仅是专家，是推动中国科学前进的领导人。我读过他的《中国历史人物的地理分布》，是根据我国历史资料运用统计学进行的。南通张季直先生曾特别为文深为赞许。二十年代初期，我国兴起一阵科学与玄学之争，丁先生是站在科学理论方面的，另一派是唯心的，形而上学方面的，竟反对科学的哲学理论和科学工作的方法论。丁先生对于科学事实提高到科学理论运用中国传统文化，综合起来阐明宇宙真理。他曾提出一个口号："拿证据来。"作为对付玄学者无敌武器。最后这批玄学鬼也只好沉默无声地退下去。三十年代我在广州中山大学任教，曾采集过南海许多岛屿上的动植物标本。他当时是中央研究院的总干事，忽然寄来一信，命我将全部标本赠送研究院。后来我知道他想研究南海各个珊瑚岛的形成史，所以要这批标本，我当即奉命照办。一九三四年春，我到南京去拜见他，又一番很热情地教育我："要努力用眼用手创建自己的工作。"我也笑答他：童年我就接受了先生的教导，决不"拾人牙慧"，他也哈哈大笑。当天他因公要去上海，立即打电话通知南京的许多科学家，要他们好好地招待我。真令我感激到无地自容。

丁先生已仙游几十年，他对我的教育，和毛泽东主席对国人的指责"只是留声机器的作用"时常在我脑海中起着重要的鞭策意义。

（载 1987 年 4 月《泰兴文史资料》第 4 辑）

忆丁文江先生二三事

郑肇经

　　丁文江先生是我的同乡，我们曾经在一起共事，有过许多接触，因而对他比较了解。文江先生是中外著名的地质学家，他自英国格拉斯哥大学毕业回国后，不畏艰难险阻，到祖国大西南地区进行地质和矿藏调查。通过实践，创办了我国第一个地质研究所，这个研究所是我国地质研究事业的先驱，也是文江先生对祖国的最大贡献。

　　辛亥革命的第二年，我在民国法政大学预科毕业，第一次在上海见到了文江先生，那时他是南洋中学教师。他问起我所学专业，我告诉他想改学理工，将来为祖国做点实事。他告诉我说：对！应该学理工专业，当今德国科学进步，上海有德国人新办的"同济医工大学"，设备新颖，你可报考。于是我在他的鼓励下考入同济，直至毕业留德。这是我第一次和他接触。

　　一九二六年，文江先生任淞沪商埠督办公署总办。一天，他忽来南京找我，要我协助他办理上海市政工程。那时我在南京河海工科大学主讲水利课，怎么可以离开呢！他说：你是德国市政工程和桥梁工程教授费尔斯特和耿司曼的弟子，力劝我前去襄助。而河海工科大学则认为水利课不能没有教授，但又考虑到淞沪商埠公署是新单位，需要建设人才，为了河海毕业学生有就业的机会，故同意我去上海兼职。经过再三协商，文江先生提出：可以星期六夜车回南京，星期天上课，当夜再赶回上海。学校的人一旁插说：如此两头跑，怎能吃得消呢！文江先生说：这很方便，商埠有两张免费头等卧铺票，火车上留有铺位，随时可以上车睡觉。事情就这样定了，我两处兼顾，往返于沪、宁之间。由我介绍去上海工作的河海毕业生有十多人，至今还有健在的，他们都已年届耄耋了。这是我第二次去上海，与文江先生接触更多了。

一九二六年的上海，由于帝国主义的侵略和北洋政府的无能，使它沦为半殖民地的境界。表现在帝国主义"租界"林立，他们乘军阀混战时机，肆意越界筑路，扩大租界范围。帝国主义分子还在租界路口修筑铁门，时常检查中国人民的进出，隔断了上海南市和闸北的交通。我初到上海，文江先生和我谈到市政工程规划，我感到如此现状怎能建设大上海呢？之后，我到上海巡视，向他提出了看法和初步建设意见，文江先生支持了我的建议。当时我们计划先办几件事：

一、沿租界边缘修筑南市接闸北的公路，切断越界私筑的路，并收回警权。

二、鉴于上海人口激增，而闸北——吴淞一带地面空旷。拟在江湾——吴淞间开辟新的市中心，将僻处枫林桥的商埠公署迁入新址，并在附近发展商业中心，与"租界"相抗衡。

三、上海的轮船码头多在租界外滩一线，水深不足，万吨海轮须停泊在吴淞口外。拟在江湾虬江口至吴淞镇附近开辟深水码头，发展海运。

四、上海铁路总站在闸北，停泊外滩的商船货物不能水陆联运。拟将闸北铁路延伸到吴淞、张家滨、虬江路口一带的深水码头。改革水陆货运设施，减少搬运的劳力。

五、利用浦东地区逐步发展工业，改善黄浦两岸之间的交通，筹建桥梁。

六、改进市政管理制度。

今天看来，我们那时规划的以上蓝图，在北洋军阀统治年代是很难实现的，但作为一个市的主体工程布局来说，提出这样的方案，不能不是一个进步。文江先生作为北洋时代的上海总办，他没有收回租界的权力，但他反对列强，为我中华挽回主权的心愿，采纳工程人员的建议，意图达到限制帝国主义扩张政策，这在当时是难能可贵的。

一九二六年底，文江先生坐车被撞，至鼻梁骨折而中途卸职。北伐军进入上海后，成立上海特别市政府，留我在市工务局工作，按原计划修筑了连接南市——闸北的"中山路"；兴建了上海市中心区的建筑；闸北铁路延伸到张家滨附近的江边；筹划了吴淞——虬江口的深水码头。至一九三二年，上海市中心区的建设已具规模，上海市政府迁到江湾新区办公。所有这些，文江先生虽然没能参加实施，但他看到了大上海的建设在前进。

一九三三年底，全国经济委员会调我来南京工作。那时文江先生是中央研究院总干事，同时兼全国经济委员会评议员，我们常在一起开会，研究全国水利建设计划。一九三五年，我主持全国经济委员会水利工作和中央水利科学研究业务，在选拔出国留学生和科学技术协作方面，他都给了我大力支持。一九三五年，国民党政府拟推文江先生出任要职，他藉口赴湘探矿，不幸在湘逝世。今天，在纪念文江先生诞辰一百周年的时候，特撰此回忆，以缅怀他为反对列强，为我中华挽回主权，为开拓祖国地质事业而建立的不朽功绩。

（载 1987 年 4 月《泰兴文史资料》第 4 辑）

忆丁文江先生

张祖还

　　丁文江先生是我国地质事业的开拓者和主要奠基人，对我国地质科学和地质教育做出了很大贡献，受到国内外学术界的尊重。据悉美国哈佛大学曾出版过一本《丁文江科学与中国新文化》，胡适先生也在台湾写过一本《丁文江的传记》，其声誉之隆，可以想见。可惜我没有机会读到这两本书。值兹先生一百周年诞辰之际，引起我们后来从事地质工作的人对他深切的怀念和崇敬。现就个人记忆所及，略志一二，以资纪念。

　　丁先生字在君，江苏省泰兴县人，出生于晚清末季。当时帝国主义列强正阴谋瓜分我国，形势险峻。丁先生抱科学救国思想，于十七岁即远涉重洋，赴英国求学。在英攻读七年，毕业于格拉斯哥大学地质系，于一九一一年辛亥革命之际学成回国。在他未回本土之前，就经越南迳往云南个旧锡矿，自带仪器进行地质测绘考察，然后再经昆明、贵阳回到上海，时年仅二十四岁。先生回国后，先在上海南洋公学（即交通大学前身）教授英语和生物学，深受学生的爱戴，并编著《动物学》一书，由商务印书馆出版。一九一四年，先生再次去云南，独自考察滇东和滇北地质历二百余天。国人长期在野外进行地质调查研究，实以先生为第一人。

　　辛亥革命后，在日本东京帝国大学留学归国的章鸿钊先生任职于农商部。在章先生的创议下成立地质调查所，并邀丁先生共同负责。章、丁二先生均认为在国内开展地质工作，需要有一批地质人材，因此首先筹办地质研究所，培养我国自己的地质技术人员，是为我国地质教育的开端。地质研究所招生二十余人，由丁、章二先生亲自任教，不久翁文灏先生从比利时学成回国，遂一同分担教学工作。至一九一六年该班学生毕业，是为我国自己培养的第一批人材，他们毕业后就成为我国地质事业的主要技术骨干。因此章、丁、翁三先生一直被认为是我国地质事业的奠基人。

在筹办地质研究所时，距辛亥革命不久，当时青年学生受旧式封建教育思想影响很深，大多想走读书做官的老路，不愿从事艰苦的地质工作，因此难于吸收才华出众的青年。当时北洋政府聘请的外国专家也认为中国知识界虽然不乏才智过人之士，但体质文弱，在地质学方面难以有所成就。丁先生以自己深入西南各省从事地质工作的亲身体会，极力反对一些洋人的错误看法。他利用在南洋公学时对学生的影响，动员一些成绩优秀的学生报考地质研究所，对我国培养的第一批地质人材能有很高的业务素质，起了重要作用。例如谢家荣、叶良辅、李学清、朱庭祜、徐维曼、徐渊摩等都是丁先生在南洋公学时的学生，在丁先生的影响下投身地质事业，后来都成为著名地质学家。丁先生一贯关心地质教育，在他担任中央研究院总干事时，工作十分繁忙，但他还乐于兼任中央大学地质系（现为南京大学地质系）名誉教授，代为延聘外籍教授贝克（Hans Baker）来系任教，帮助地质系提高教学质量，起到了作用。

丁先生对我国早期地质科学的发展，作出了很大贡献。他除领导地质调查所外，一九一一和一九一四年两度去云南进行地质调查，以后又在一九二九年率领赵亚曾、黄汲清、王曰伦由四川进入云南、贵州，对滇东北、黔北、黔南进行地质调查，对云南、贵州两省古生代地层系统的建立奠定了基础，特别是对中国下石炭系地层有深入研究，丁先生当时建立的很多地层名称还一直沿用到现在。他对加里东运动和华力西（海西）运动在中国的表现也有精辟的研究，所发表的论文受到国际地质界的重视。在他去世的前夕，为了解决新建成的粤汉铁路用煤的需要，还冒着严寒亲自到湖南湘潭谭家山煤矿视察，深入井下研究地质问题，晚间回到衡阳铁路宾馆住宿时，因煤气中毒引起肋膜炎，在长沙湘雅医院不治逝世，葬于岳麓山，时年仅49岁。综观丁先生自英回国后的二十五年中，对于中国地质科学事业，倾注了极大的热情，不辞辛苦，深入穷乡僻壤，调查研究，为中国地质科学发展奠定了基础。我于一九四四年在黔南调查地质时，曾重复走过当年丁先生的调查路线，当地群众对丁先生还留下深刻的印象。

丁先生不仅对基础地质工作非常重视，而且密切联系国民经济发展的需要，做了很多开创性和探索性的工作。例如他对北方煤矿的开发非常关心，曾对山东枣庄煤矿进行过很多工作。他看到当时中兴煤矿公司用很高代价聘请德国技术人员进行钻探工作，认为应当培养我国自己的钻探技术工人，他代中兴公司物色好学有为的青年杨金介绍给德国人学习钻探技术，杨悉心钻研，迅速掌握了全部钻探技术，在他的带领下培养出我国最早的一支钻探工人队伍，代替德国人承包中兴公司的钻探工作，并就此发家致富，后来成为一位民族资本家。他带领的钻探工人后来也成为北方煤矿最早的钻探工程骨干力量。又如一九三四年丁先生继杨杏佛先生出任中央研究院总干事后，因地质研究所李四光所长赴英国讲学，丁先生代为指导地质所工作，我才有机会得到他的指导。他鉴于当时我国还没有发现可资利用的铝土矿资源，而浙江和安徽的明矾石资源丰富，其中铝含量很高，他提出利用明矾石炼铝的计划，由上海化学研究所聘请德国专家指导试验工作，派我去浙江平阳矾山采集矿样四十吨，运至上海供化学研究所试验之用。我当时从大学毕业不久，缺乏实践经验，丁先生亲自向我布置工作，详细地指导我如何采取能代表全矿区平均品位的各种不同矿石样品，如何从矿山运至上海，并亲自替我写介绍信给温州和平阳县地方上有声望的人士，请他们帮助我完成这一任务。在一九三五年冬我完成任务回到南京时，丁先生已经去湖南视察，未能向他汇报，遂成永别。这一试验工作也因抗日战争爆发而中断。

丁先生是中国地质学会的创始人并多次担任学会会长，对学会工作也做出了很大贡献。当时学会经费困难，仅靠会员缴纳少数会费无法维持经常学术活动和会志印刷费用。丁先生利用他在社会上的声望和地位与翁文灏先生一起向各方面募集学会基金，使学会活动和会志出版得以持续不断，在国内外造成很大影响。为了使学会能有固定活动场所和储藏历年与世界各国交换的大量地质书刊供会员参考利用，在丁先生任中央研究院总干事时与翁文灏先生等一起募集基金建筑会所，而以丁先生主其事，这在国内其他学会中是少有的。后于南京北极阁山后（即现在的峨眉路）选地一方，建成两层楼房一座作为地质学会会所。当时丁先生曾派我去测量土地范围，绘图登记产权。解放后该会所房屋被其他单位占用，至今学会未能收回。

丁先生也是对明代伟大地理学家徐霞客研究的创始人。徐霞客名弘祖，江苏省江阴县人（去年是他四百周年诞辰），一生致力于旅行考察，对自然地理和地貌学进行了实地观察和研究，尤其对西南各省山川形和岩洞成因有精辟论述，所著《徐霞客游记》一书，在我国科学史上有很高学术地位。丁先生于一九一四年赴云南考察时就详读该书，惊叹徐氏"精力之富，观察之精，记载之详且实"，对他十分钦慕。回到北京后他就利用工作余暇，收集有关徐氏资料和访问各种版本，写成徐霞客年谱，并组织地质调查所同事按游记所述编制旅行路线图，并对不同版本进行订正，与年谱一同出版，为研究徐霞客奠定重要基础，至今仍为地学界所推重。三十年代初，丁先生还和翁文灏、曾世英先生等利用地质调查所收藏的全国实测地形图编制了按经纬度分幅的中国地图集一巨册，由上海中华书局彩色精印，由申报馆出版，为我国出版的第一本现代地图集，达到了当时国际水平，至今还作为我国新出版的各种地图集的重要依据，是丁先生对我国地学方面的又一重大贡献。

丁先生善于培植人材，对年青一代的地质学家非常关怀和爱护，为他的学生和晚辈所称道。地质调查所早期的业务骨干很多都得到他的指导和提携。举一事为例：一九二九年青年地质学家赵亚曾随丁先生由四川去云南、贵州考察，他们分为两路进入云南，赵先生在云南昭通境内遇匪不幸被杀害。丁先生得讯后万分悲痛，后为文在报刊上发表，感情深挚，读之令人泪下。赵先生是北京大学地质系第一届毕业生，成绩突出，在国际地质学界已崭露头角，深得丁先生器重，逝世时年仅三十一岁，死后遗下孤儿寡妇，生活无着。丁先生约集友好，多方努力，募集"赵亚曾子女教育基金"和"赵亚曾纪念奖金"（由中国地质学会颁发），使赵先生二子一女能够受到良好教育，成为有用人材，纪念奖金也对当时我国优秀青年地质学家提供了奖励和资助。

丁先生一生热爱祖国，为发展科学、教育，振兴中华，提高国家地位不遗余力。虽然由于历史的局限性，使他在政治上走过一段曲折的道路。但在他出任淞沪商埠总办时，为了维护国家权益，在与帝国主义租界当局进行周旋时，仍然作了有益的工作。在国民党统治时期，他长期隐居北平，对当时官僚资产阶级贪污腐败，十分痛恨。他除了继续从事学术研究外，还和翁文灏、胡适等一般友好组织和出版《独立评论》周刊，对国民党政府的腐败无能进行了揭露和批判，并提出"好人政府"的主张，在当时知识界中有很大影响。虽然他们的言论带有浓厚的改良主义色彩，但也反映出他的强烈爱国主义思想。

丁先生为人正直，精明干练，长于交际，是一位不可多得的领导人材，可惜去世过早，未能为国家做出更多的贡献，非常令人惋惜。丁先生一生廉洁奉公，不谋私利，身后无子女和个人积蓄，丁夫人是家庭妇女，也无工作收入，景况萧条。在丁先生辞去淞沪商埠总办后，生活比较艰难。出身于钻探工人的民族资本家杨金感激丁先生过去对他的提携之恩，曾以金相赠，丁生生拒不接收。杨就用丁先生名义代为存入银行。丁先生逝世后，丁夫人没有收入，就赖以维持生活，一时传为佳话。由此可见丁先生廉洁无私的高尚作风。

丁先生离开我们已经五十一年了，他的崇高品质和道德情操以及他对我国地质科学的重大贡献，将永远铭记在今后广大地质工作者的心中。

（载 1987 年 4 月《泰兴文史资料》第 4 辑）

丁文江与北大地质系

孙荣圭

一八九八年的戊戌变法虽然失败，但是，在文化上却保留了两个变法的后果，一是京师大学堂(一八九八)的成立，另一个是派少年学子出国留学。丁文江(一八八七——一九三六)就是生活在这样一个时代。

京师大学堂早在一八九八年刚成立时，在拟设立的十科之中就有"地学科"，内附设矿学。一九〇三年又改设八科四十七门，在格致科大学(正科)中设六门(相当系)，含地质学门，设地质学、矿物学、岩石学、古生物学、矿床学等主课十四，补助课五，在中国第一次开设了地质学课程，但没招生。就在此前后，一九〇二年丁文江东渡日本，一九〇四年又转入英国，一九一一年毕业于格拉斯哥大学，当年取道越南归国。

一九〇九年，京师大学堂开办第一批分科学门，在格致科只有化学和地质两学门，在工科只有采矿冶金和土木工学两学门。当年地质学门有王烈等三名学生入学，一九一三年，王烈去德国留学，其他两名学生毕业，当时地质学主教是德国博士 F. Solgar。

一九一一年，丁文江回国时，恰值辛亥革命。一九一二年，京师大学堂改称北京大学堂，严复任校长。格致科改为理科，下设地质、化学两门，工科下设土木、矿冶两门。当年理科只有四名学生入学，其中二人选送德国留学，其他二人没毕业。这样，迄一九一三年，北大理科地质门名存实亡了。

一九一三年，丁文江就任临时政府工商部矿务司地质科长，他上任伊始，就在司长张轶欧支持下，呈工商部将职能机构的地质科改组为工作机构的地质调查所，丁任所长。为了培养急需的地质人材，后又成立地质研究所。

地质研究所名义上是工商部出资兴办，实际上其校舍、设备、课程乃至部分教授都继承了北大地质门的衣钵，初期 F. Solgar 也参与其事，只是在第一次世界大战爆发后，他才离开的。

由于丁文江作为地调所所长要从事地质调查，所以他只在地质研究所兼课，而由从日本帝国大学获理学博士的章鸿钊（一八七七——一九五一）主持地研所所务，由从比利时鲁文大学学成归国的翁文灏（一八八九——一九七一）任主任教员（系主任）。

章、丁、翁三位通力合作，在三年（一九一三——一九一六）之中，为中国培育出二十二名地质学家：叶良辅、谢家荣、朱庭祜、李学清、刘季辰、赵汝钧、赵志新、徐渊摩、徐韦曼、王竹泉、李捷、仝步瀛、祁锡祉、马秉铎、陈树屏、杨佩纶、张蕙、周赞衡、卢祖荫、谭锡畴、唐在勤、刘世才。其中，大部分充实了地质调查所，有的成为中国地质各领域的科学奠基人。他们可以说是出自北大地质门的第二届毕业生。

需要特别指出的是丁文江的地质教育思想的两个突出的要点：一是以野外地质观察为主课，二是地质工作要联系矿业。丁不仅将这两点作为地质教育的方针，而且将它们作为地质调查的指导方针，在两所加以贯彻。

Von Rechthofen 有言：中国的文人学士，历来好逸恶劳；因此，中国科学的其他部门尚且有望，唯独地学一门，前景暗淡。对于这种偏见，地研所师生合著的《地质研究所师弟修业记》（一九一六）给予了有力的回答。"我国地大物博，而生息休养于斯土者，不自研求之，自考察之，而坐待他国学者之来游！""三年之中从事于实地之观察者，北抵朔漠，南涉鄱阳，往来奔走而不敢以室内之普通讲义及外人之已得成说自封。""上下山谷间，纵横及六七省，于京畿方数百里以内，足迹无不遍归，而为报告者六十有九，举如上下地层之系统，南北地质之异同，类能发其大凡。"

翁文灏说：虽然在此之前，中国已有了几位地质学家，"然而，以中国之人，入中国之校，从中国之师，以研究中国之地质者，实自兹始。"叶良辅（一九四七）回忆道："就学术而言，这班人是调查本国地质矿产的先锋队。""领导我们的老师章、丁、翁三先生，他们极少用言辞来训导，但凭以身作则来潜移默化。""我们老师，作育后辈，确是十分成功。"

在地调所出版的《地质汇报》的最初四年刊出的论文中，发表了章、丁、翁和他们的学生测制的大量地质图，其中矿产地质图占三分之二，纯地质图只占五分之一，充分说明两所地质学家的地质调查大都是为开发矿业直接服务的，这是与丁文江等人的以身作则、为人师表分不开的。

一九一六年十二月，教育部任命蔡元培为北大校长。一九一七年，北大理科重新招收地质门学生，有八名学生入学。北大地质门在何杰、王烈教授主持下，以岩矿课目为重点，而中国地质学奠基的关键在于建立地层系统，这方面的教授缺乏。丁文江在一九一四年西南考察中，曾采集大量化石，由于中国没有古生物学家，只有海运到美国哥伦比亚大学，请A. W. Grabau教授鉴定，由于标本被"野蛮装卸"而弄乱层位，丁文江的工作成果遭到莫大损失。一九二〇年，丁文江借与梁启超出访之际，兼受蔡元培校长之托，聘请Grabau来华长期工作，任地调所古生物研究室主任兼北大地质系教授。从此以后，确立了地调所与北大地质系的协作体制，地调所所长丁文江及其他地质学家在北大地质系兼课，北大师生也参与地调所的工作。

地调所与北大的密切关系，从中国地质学会的创立可见一斑。一九二二年一月召开的筹备会上，被推选的五名筹备委员，章鸿钊、翁文灏出自地调所，王烈、李四光出自北大地质系，Grabau则二者兼之。丁文江虽不是筹备委员，但是，这五名筹委却是他提名的，实际上，他才是建立地质学会的关键人物。

自一九二〇年以来，北大地质系源源不断地向地调所输送了许多地质人材，包括钱声骏、王绍文、杨钟健、田奇瑪、王恭睦、赵亚曾、张席褆、侯德封、俞建章、乐森珣、王恒升、王炳章、徐光熙、裴文中、黄汲清、李春昱、季荣森、潘钟祥、高振西、王钰、李连捷、高平、阮维周、卢衍豪、叶连俊、岳希新、杨敬之、陈恺等著名的地质学家。

丁文江以地调所所长和北大地质系教授的双重身份，长期有力地支持了北大地质系，曾筹巨款为北大地质系建地质馆，并充实、更新图书设备，使北大地质系在抗战以前已成为亚洲著名的大学地质系，并招收了日本、苏俄的博士研究生。

丁文江的一生虽然是曲折而坎坷的，但是，他为中国地质事业的创建和中国地质教育，特别是北大地质系的创建和发展，做出了巨大的贡献，谨以此文纪念丁先生百年诞辰。

（载 1987 年 4 月《泰兴文史资料》第 4 辑）

丁文江与湖南

彭肇藩

（一）

  湖南有两位著名的乡先辈——龙砚仙璋、胡子靖元倓，都对丁文江先生有过影响，特别是龙璋。龙璋于光绪初年以举人分发至江苏候补，历任沭阳、上元、泰兴等地知县。他和戊戌六君子之一谭嗣同是表兄弟，志同道合，主张维新。他任各县的地方官时，注意奖掖后进，培植人才。在泰兴任内，主持一次县试，出了个策论题《汉武帝通西南夷论》，丁文江引经据典，文章做得淋漓尽致，得中是科秀才。龙璋极是赏识他，接他进衙门与自己的子弟同堂共读。那时有志之士，去日本留学成风，学习日本的先进科学和军事。龙璋竭力帮助这位聪明的弟子去日本学习，恰好龙的表弟胡元倓由湘赴日，便道到泰兴看望他表兄，龙便托胡挈丁同行，时为一九〇二年（一九〇四年又去英国留学）。

  丁文江于一九一一年学成归国，五月初，由海防登陆入云南考察，七月去长沙，拜谒了恩师龙璋。考察后，发表了《云南东川铜矿》。一九二八年起，丁在贵州、广西考察地质，时间颇长，因战乱，没去云南。他不仅对我国西南地区的地质，不辞辛苦地进行考察，而且对西南少数民族的文化，也感兴趣，他的著作《爨文丛刻》及《徐霞客年谱》，就是属于这方面的。他常对人说这是受了砚仙老师出的那个题目《汉武帝通西南夷论》的影响，他做过一首诗：

    十五初来拜我师，为文试论西南夷。

半生走遍滇黔路，暗示当年不自知。

龙璋于一九〇七年丁忧回湖南，以后不再宦游，专心致力于地方教育。他倡办铁路学堂，并和胡元倓协力创办著名的私立明德学堂（现为明德中学），明德学校培养出不少的人才，如刘永济、任弼时、周小舟、胡庶华、辛树帜等，还有后居海外的一些知名人物如陈果夫、陈立夫、黄少谷等。至少有三百该校毕业生，现在各大学担任正副教授。胡、龙两先生在湖南的教育史上写下光辉的事迹。

龙璋为人清廉公正、勤劳奉公。丁文江一生行事，是受了他恩师一些熏陶作用的。丁对龙璋终身怀念，他最后一次到湖南时（一九三五年），去明德学堂看望他的引路人胡元倓，并在明德校区内的龙璋纪念亭徘徊瞻仰，时龙已去世十七年了（龙逝于一九一八年）。他感而作诗：

海外归来初入湘，长沙拜谒再登堂。
回思廿五年前事，天柱峰前泪满眶。

（二）

丁文江在北洋政府时代，担任过工商部地质调查所所长。一九三四年，任南京中央研究院总干事。他在这两次任职期间，充分表现他具有很强的行政能力。加之他是有名的学者，正是南京政府准备组织的名流政府中的适当人选。他的至交翁文灏担任了行政院秘书长，丁内定为铁道部长。这是一九三五年的事。那时粤汉铁路刚好通车，与京汉路衔接上，是我国内地一条南北大动脉，在军事上至为重要。湖南的有色金属矿蕴藏甚富，是战略物资，丁为地质学家，当然对此非常重视。他在就任铁道部长之前，于一九三五年冬来湖南考察粤汉路沿线各矿，对供应火车燃料的煤矿，特别注意。

湖南地质调查所所长刘基磐，是丁的友人，省政府委托刘负责招待他。丁在地质调查所调阅了有关的资料，数日后，所里派技正王晓青（现北京地质科学院研究员）及工人盛贵荣（已故）陪同他外出视察。湘潭谭家山煤矿，煤质好，离铁路近，供火车用煤，很是理想。他们到达谭家山，丁兴致很高，听取生产情况的汇报并踏看矿山地面区域，并要求下矿洞去。这矿里瓦斯多，发生过爆炸，乃选一个通风较好的洞子下去。矿洞深近两百米，往下走还容易，上来就困难多了。丁年近五十，大概下了一半的光景，大家怕他累了，力劝他不再往下走，由王晓青单独下到挡头，实测厚度并取样，丁不肯，坚持走到底。矿局留他们过夜，丁为了赶时间，浴后，即驱车到衡阳，住衡阳铁路局。

丁即将出任铁道部长的消息，局方当然知道了，这是他们将来的顶头上司，接待上非常殷勤，住单间，有壁炉设备，火旺得很。王晓青主张打开窗子的顶格，丁说壁炉里的煤气会从烟囱逸出，开窗怕浴后伤风。窗格子便没打开了。

次晨，盛贵荣去敲门叫醒丁，不料又敲又喊，房里毫无动静，只得喊来王晓青及局里的人，破门而入。房里一股煤气味，丁已昏迷不醒。原来半夜里刮起了大北风，煤气从烟囱倒灌进来了。马上叫来铁道医院医生，进行人工呼吸，随即送衡阳医院。铁路局立即打电报去南京，王晓青也打电报给刘基磐。次日，翁文灏乘飞机来长沙，一下飞机，就由刘基磐陪往衡阳。此时丁已略省人事，尚未脱险。几个人会商，认为长沙湘雅医院（现湖南医学院附属第一医院）医疗条件较好，决定转院。丁在湘雅住院几天后，病势稍好转，翁回南京。

丁的煤气中毒症象，虽逐渐消除，但体温老是在 39℃ 左右，并发现胸腔积水，几天之后，始由内外科医生会诊，经 X 光摄片检查，原来是铁路医院医生做人工呼吸时，用力过猛，压断了几根肋骨，刺破胸膜，引起炎症。因治疗延误，回天乏术，这位为我国地质学作出了巨大贡献的丁文江先生，于一九三六年一月五日与世长辞，时年四十九岁。

丁的死，引起了全国学术界的震悼，翁文灏、蒋梦麟（北大校长）、梅贻琦（清华校长）以及不少名流学者，专程来湖南参加追悼会。墓地选在岳麓山南坡，那片山地是省政府划作教育公墓之用的，刚批准不久，丁是进葬到那里的第一个人。送葬那天，执绋的近两百人。照当地惯例，执绋的送到江边为止，但丁的许多老友翁文灏、蒋梦麟、刘基磐等，都过江步行十余里，一直送到墓地，经过湖南大学校区时，有该校一些师生参加执绋，可见人们对丁先生尊敬之心。我那时正求学于湖大，五十年前情景，深印脑际，犹如昨日事。

丁墓在"文革"中被破坏，后由刘基磐（解放后任中南矿冶学院教授，一九八五年去世，终年九十一）、陈国达等地质界学者呈请修复丁墓。湖南省政府拨专款修复，于一九八六年二月竣工。湖南是"有色金属之都"，丁先生满腔热情，来湖南考察矿产，刚开始即赍志以殁，身后没有照旧俗归正首丘，而埋骨于异乡湖南，魂如有知，会注视着这里的地下宝藏，希望能被开发出来造福于人类的。

挈同丁文江去东瀛就学的胡元倓（比丁年长十一岁），于一九四一年在重庆逝世，归葬岳麓，墓与丁坟相距仅十米左右。他二位生前同伴远适异国，身后又相邻于地下，真是很难得的遇合。在墓地的山坡下面，于一九五二年，建立了中南矿冶学院，三十多年来，这学校培养了三万多地质、矿冶人才。这里还有教育学院和湖南师范大学南院，作育了数以万计的教育工作者。有这么多的后来人，继承先辈未尽的事业，并加以发扬光大，这可以告慰长眠于此地的丁、胡二公了。

注：（一）是根据尤伯坚《龙璋事略》及明德中学复印的《胡元倓传》。

（二）是根据刘基磐教授生前口述及本文作者所知道的事。

（载 1987 年 4 月《泰兴文史资料》第 4 辑）

回忆丁文江先生

史济瀛

丁文江先生（一八八七至一九三六年）是我国地质事业奠基人之一，是本世纪初在国内外享有盛誉的著名科学家。我在青年时代曾有一段较长的时间在丁文江先生身边度过，很幸运能有机会接受他的教导。今年四月十三日是先生诞辰一百周年，许多往事仍然深刻地铭记在我的心中。

丁文江先生是一位学识渊博、孜孜不倦的学者。先生最初留学日本，想学海军救国，因鼻子有病，嗅觉不灵，作罢。一九○八年他二十一岁时进入英国格拉斯哥大学，先攻读过动物学（地质学为副科之一），后来，又添了地质学为主科，地理学为副科。他是一九一一年格拉斯哥大学的动物学和地质学双学位毕业生。

丁先生认为人的一生能学的东西很多，他自己是这样去做的。先生具有多方面的知识，对天文学、古生物学和人类学都做过深入的研究。他不仅是个自然科学家，在文学、中外历史方面也有很深的造诣，能阅读俄、法、德、日、英的书籍，能说英、德、法三国语言，英语口语说得尤其流利。

先生的广博知识，也经常显露在日常生活的举止言行中。在休息聊天时，他常以幽默风趣的谈吐，深入浅出地向人们解释自然现象，讲解文学作品。记得在夏夜乘凉时，他和亲友的小孩们一起兴致勃勃地仰望着星罗棋布的夜月天空，对着闪耀的繁星，指出它们的名称、星位和与之联系的神话故事，以及地球怎样绕太阳旋转，四季之由来等等，滔滔不绝，在座的人无异于上了一堂生动活泼的天文课。他还为大家背诵唐诗、宋词，尤以唐诗三百首他最喜欢，他说背诵时一定要把诗人的感情与当时的客观情景联系在一起。他朗诵起来抑扬顿挫，有声有色，认为这是一种文学的享受。

他虽然经济不宽裕，但很爱置书，私人藏书不下五千余册之多，包括社会、自然、科技以及不同语种的许多文学名著。在南京地质学会二楼一间面积达四十余平方米的室内，安放着一排排高大的满载的书架，的确可称为一个具有一定规模的图书馆。只要你走进这屋里，就有一股力量，把你引入了知识的宝库。先生那时只不过四十多岁，而在这有限的岁月里，除了工作，还阅读了这么多书，真是难以想象。可惜这批宝贵的书籍，在抗日战争时遗失了。

丁先生手不释卷，全神贯注的学习作风，在当时传为佳话。他脚上有湿气，天暖时为了防止细菌的感染，总是光着脚，经常坐在书桌旁看书，每当思考问题时，他嘴衔便宜的雪茄烟（这是他唯一的嗜好），脚架在椅子扶手上，若有所思，同时脚趾不时地在空中画写着字的样子，久而久之，对他这种悠然自得、全神贯注的神态，亲友们送了他一个"赤脚大仙"的雅号。

还在丁文江的青年时代，他的名字已列在外国名人传上。起初我难以理解，现在看来他在学术上的贡献，他在日常生活中所显示出的广博知识、非凡能力，都表明他的确是一代英才。

丁先生在世时总是想为国为民多做些贡献，而对自己则考虑甚少。他在地质工作中非常重视实践，为了寻找祖国地下宝藏，他的一生中有相当长的时间是在艰苦的地质考察中度过的。在旧中国，交通不便，盗匪横生，在边远地区进行考察，不仅生活艰苦，而且还要冒生命危险（他的学生赵亚曾就是在一九二九年随同他进行西南地区大规模地质调查时，走到云南昭通县被土匪杀害的，这使他极为悲痛）。但他总是亲自率领考察队，跋涉在崇山峻岭之中，处处以身作则，其足迹遍及广东、广西、云南、贵州、四川、湖南、湖北、山东、山西、河南、河北、热河、江苏、江西、陕西、浙江、安徽等省。在野外探矿时，伴随他的除了测量用的器械外，就是铝制折叠盆碗。他穿着俭朴，总是穿一条褪色的棕色的灯草绒马裤和一双补了又补的宽头黄皮鞋。

丁先生十分重视培养地质人才，无论对他的同事或学生，凡是有才能有培养前途的，他都要选拔培养，指明努力方向，为他们创造条件，将一批又一批的年轻人送到国外深造。他这种诚恳的关心，使受益者深为感动。

一九三三年他和美国古生物学家葛利普一起参加华盛顿举行的第十六届国际地质学会，接着由纽约经欧洲去苏联参观访问，约一个月之久，他耳闻目睹苏联社会主义建设的成就，颇为惊讶，对大规模开展的地质勘测印象极深，他曾亲自对我说："苏共有他的一套政策、方针、组织和信仰，并不象国内一些人说的是土匪。"

丁先生作风正派，从不以权谋私。一九二六年任淞沪商埠总办时，亲友们找上门来谋事托人情的很多，他都一一拒绝了。同年年底辞职以后两袖清风，居住大连生活困难，适遇故友杨某，此人不识字，曾在美国学得钻矿术，经先生介绍他到云南个旧锡矿工作，不几年积蓄了一些钱，后在徐州开办一面粉厂致富，当时得知先生情况窘困，曾赠先生五千元，先生被他的诚意所感动，勉强接受，经济上才较宽裕。先生兄弟七人，他排行第二，四个弟弟的教育经费均由他一人负担，因此生活一直是量入支出，省吃俭用，科学性、计划性很强。一九一二年在上海南洋中学任教时，曾因家中过年经济拮据，写过一本中学适用的动物学教科书，所得稿酬全部接济家中。他的四弟丁文渊，留学德国多年，全部费用均由他负担，朋友劝他申请官费，但他宁愿自己出钱，不为其弟申请，以让他人出国深造。

一九三五年十二月二日，丁先生由南京去长沙考察粤汉铁路一带的煤矿，他特别重视湖南湘潭谭家山煤矿，坚持在该处下井，由于劳累过度，十二月八日在衡阳某宾馆中不幸遭受煤气中毒，于一九三六年一月五日以身殉职，享年四十九岁。他的一生虽然是短暂的，但却为我国地质事业的发展做了奠基性的工作，他以赤诚爱国之心，为祖国的繁荣昌盛贡献了自己的全部精力、智慧和生命，同时也为我们留下了一个正直科学家所应当具有的优良作风和高尚品德。

（载 1987 年 4 月《泰兴文史资料》第 4 辑）

怀念丁文江伯父

翁心钧

　　民国初年，丁文江、章鸿钊和我父亲翁文灏曾共同致力于开拓我国的地质事业。自那以后，二十多年来，丁伯父与我父亲始终是"披肝沥胆，生死不渝"的至交，他对我父亲在事业上和思想上的影响，至深至巨。

　　丁伯父去世时，我才十二岁。但有几桩事在我脑海里仍留有对他深刻的印象。回想在我初进小学的时候，丁伯父已经离开地质调查所，但仍时常来我们家中做客，每次来时，总是在我父亲那间三面满放书架的书房内，坐在家中唯一书桌前的一张破沙发上，娓娓而谈，一谈就是半天。由于我从小就欢喜看《三国演义》和《水浒传》，碰到高兴时，他喜欢将我抱在膝上考问我"三国"上的人物和故事。我的母亲对丁伯父也非常钦佩，拿他比做诸葛亮一流的人物，认为他非但满腹经纶，而且精于韬略，说他在上海任总办时，曾以三千兵众，击溃张宗昌数万来犯之师。

　　一九三四年初，我父亲正在西北考察，忽然听说浙江省的长兴煤矿出现石油，便与他的学生王竹泉同往考察。在阴历年初二那天，由于司机醉酒，所乘汽车在武康境内冲撞桥柱，父亲头部受重伤，被送往杭州广济医院治疗，生命垂危。祖父与母亲闻讯，首先赶往探视。随后，二姐也带我同往。当时我们家上老下幼，骤遭此难，不知所措，全仗丁伯父和父亲的一些老友热心奔走，大力照应。专程来杭会诊的协和医院脑科主任关大夫和广济医院医生都认为父亲已经毫无希望，要求家属赶快准备后事。我家自祖父经商失败后，全靠父亲一人薪俸度日，子女繁多，家境清寒，当时除大姐早已出嫁，大哥即将大学毕业外，兄弟姐妹中尚有三人在读中学，三人在读小学，若是有个万一，家庭真是不堪设想。但是，那时我还少不懂事，对家中的这种严重情况竟毫无所知，后来才听母亲说起，当时父亲的几位好朋友已经作好收养我们中几个年幼者的打算，丁伯父准备收养的就是年纪最幼小的我。后来父亲的病情有了好转，丁伯父和杨公昭伯父还曾带我往游绍兴，谒禹陵，细雨下乘脚划船，沿运河西至东湖，那徜徉山水、凭怀古迹的往事还历历在目。可惜岁月流逝，又屡经流离，当时一些珍贵的照片都已散失无存了。

世界上的事情有些是变幻莫测的，当年我父亲的伤势竟然奇迹般地突然好转，并逐渐康复。但两年以后，丁伯父为粤汉铁路寻找煤矿，在往湖南的考察途中，却中了煤气。父亲闻讯后，立刻偕同戚寿南医师飞往营救，但抢救无效，竟于一九三六年一月五日逝世于长沙。中年殒殁，未能亲睹国共合作和抗日胜利的到来，真是令人遗憾的事。

丁伯父学识渊博，气度宽宏，富具崇高的理想和赤诚的爱国热忱，在那军阀混战的时代，一心想为国家的富强和现代化干出几件实事。他不仅具有科学的头脑，百折不挠的精神和踏踏实实的工作作风，还具有干练的行政才能和非凡的社会活动能力。他对事忠，与友信，思虑周详，行事果决、廉洁奉公，不治私产，在当时的中外知识界中享有崇高的声誉，决非偶然。蔡元培先生对丁伯父十分看重，在杨杏佛遇刺身亡后，坚决邀请他担任中央研究院总干事一职。他当时刚从美、苏参观讲学归来，目睹苏联建设的辉煌成就，衷心佩服，原拟回国后投身舆论界以推进国家的根本改革，故不愿从事此类机关工作；在蔡的坚邀之下，才勉为担任。他在短短两年不到的工作期间内，大刀阔斧地对中央研究院进行了体制改革：财务上根据研究所的科研任务制定预算，在组织上则组设评议会，院内重大事项均须经由评议会讨论决定，这样就为当时这一全国最高科学机构奠定了科学与民主的基础。这一件事，许多老一辈的科学家都是熟知的。

地质调查所在它成立以后的很长时间里，政府所支经费极为菲薄，真是维持也难，全靠从社会上征集资助，才得以开展多种调查与研究工作。这其间，丁伯父以其巨大的声望和出色的工作，贡献尤大。一九五九年我父亲随同全国政协视察团访问上海时，曾去访问过他的老上级，民国初年曾任农商部次长的刘厚生老先生。刘告他一桩往事：在刘任次长的时候，由于赏识丁伯父的人品学问，曾变卖了自己旧藏的古玩，得款五万元，资作地质调查所的开办费用。此事知者可能甚少，特作提及，以表敬意。

最后抄录丁伯父去世后，我父亲所写的悼念诗句作为文章的结束。

追念丁在君 (1936 年 1 月)

踪迹追随廿载前，一朝分袂最凄然。鸡鸣共涉浑河渡①，鹞势同翻云水边②。创造艰难犹昨日，殷勤论讨忆当年。为师为友终生约，未老何图去竟先！

携斧曾经汗漫游，西南山谷最清幽。碧鸡金马云南路③，漓水藤滩黔外州④。霞客遗踪追绝域⑤，粤湾车路达江流⑥。搜罗多少详图籍⑦，整理端须子细求。

一代英才一代师，典型留与后人知。出山洁似在山日⑧，论学诚如论政时⑨。理独求真存直道⑩，人无余憾读遗辞。赤心热力终身事⑪，此态于今谁得之！

古国岿存直到今，艰危此日已非轻。救时大计行难得，欺世空言愤不平⑫。国士无双君已往，知心有几我何生！临终话别衡山侧⑬，若谷虚怀语足惊。

① 余曾随丁君共研宣化鸡鸣驿区域地质。浑水宏流，褰裳共渡。

② 同游房山，云水洞内有鹞子翻身。

③ 君在中国人中最先勘研滇省地质矿产。

④ 对于广西、贵州地质，亦研究特详。

⑤ 君深佩徐霞客，著有《徐霞客年谱》，附地图。

⑥ 君以为渝钦铁路不如改道至广州湾，亲勘路线。

⑦ 申报馆六十年纪念地图由君主持编绘。

⑧ 君著《麻姑桥晚眺》，有句："红黄树草争秋色，碧绿琉璃照晚晴。为语麻姑桥下水，出山要比在山清。"

⑨ 君善论著，在《努力周刊》中与张君劢论战，力崇科学而不信玄学。自日本侵攻东北，君在《独立评论》详研日政，并刊《漫游散记》。

⑩ 章演存挽词："能让难，能争非易。"

⑪ 君故后，上海西报社论称为爱国人。

⑫ 君历游欧美并考察苏联，深感吾国须从实际彻底革新。

⑬ 君在衡阳，因煤气中毒，余曾飞往省视。

（载 1987 年 4 月《泰兴文史资料》第 4 辑）

纪念伯父丁文江

丁明远

今年四月十三日，是我的伯父丁文江诞辰一百周年，谨此撰文，以志纪念。

我国近代自然科学起步较晚，但地质科学在本世纪三十年代初即已在国际上享有盛誉，大有后来居上之势，这与我国几位地质学先驱者的辛勤创业，呕心沥血，奋发图强是分不开的，我的伯父丁文江也是其中之一。

伯父于一九一一年在英国学成后，毅然回国，致力于祖国的地质科学事业，在他最后一次来湖南湘潭谭家山煤矿进行实地调查时，不幸因煤气中毒，抢救无效，于一九三六年一月五日逝世在长沙湘雅医院。他为了国家的兴旺，为了科学事业的发展，献出了自己的宝贵生命。享年只有四十九岁。当时还处在壮年，正是大有作为的时候，然而他过早地逝世了。他的以身殉职是值得我们纪念的，这也是我国科学家感到自豪的。

今天我们伟大的社会主义祖国正处在改革和开放的崭新时代，出国留学的学者将越来越多，他们也会像老一辈的许多科学家那样，为了祖国的科学事业，学成归国，投身四化，为振兴中华奋斗！

伯父的一生事业中，有着严谨的治学态度，讲究实效，勇于创新。例如伯父于一九一九年在地质调查所出版的《地质汇报》第一号的一篇序文中，针对德国地质学家李希霍芬的《中国》一书中，谈到中国知识分子安坐宝内皓首穷经，不能体力劳动，中国人自己作地质调查是毫无希望云云的一种谬论进行了反驳。伯父指出："现在可以证明此说并不尽然，因为我们自己已经有了一批登山涉水、不怕吃苦的地质学家。"伯父本人既是实地勘查的倡导者，也是身体力行者。伯父的一生有相当一部分时间是在野外考察中度过的。他的足迹遍及大江南北，登山必到峰顶，转移必须步行，已成为他的工作习惯。即是在当时交通不便的云南、贵州、四川和广西一带前后进出多次，大有"不入虎穴焉得虎子"之气概，所以他的学生们，也就是中国首批地质学的骨干，都养成了吃苦耐劳、不畏艰险、踏实肯干的作风，这种光荣传统一直保持到现在，他们在社会主义建设中发挥了巨大的作用。

伯父认为：要发展地质科学事业，非先培养地质人才不可。他不遗余力地参加创办地质研究班（后改为地质研究所）、复建北京大学地质系，并亲自授课，在教学中很重视实习，常常带领学生到野外作实地调查，培养出一批又一批的地质人才，有的学生被称为我国地质界的巨匠。

伯父很重视教学方法，我在上海特地访问了我国著名生物学家、国际原生动物学家协会名誉会员、华东师大生物系名誉系主任张作人教授，他已八十几岁了，当我一提起伯父丁文江时，他非常热情而兴奋地告诉了我：他之所以能在学术上有所成就，是与丁文江先生的教学方法的启发分不开的。张教授年青时曾攻读于北京师范大学生物系，当时该系的遗传学这门课开不出，伯父自告奋勇地担任了这门课程的讲授，对第一课的印象特别深刻，使他终身难忘。他说你伯父上课时首先讲到："我不是来教你们遗传学的，主要的是教你们如何学会科学研究方法的。"随后他举了一个八仙之一吕洞宾和一个叫化子的故事，叫化子向吕洞宾要东西，洞宾拿了一块石头，用手一指就变成了金子，给叫化子，他不要金子，而他要吕洞宾的那个点石成金的指头。因为金子总是用得完的，而有了那个宝贵的指头，就不愁没有金子了。伯父又说："希望你们同样不要那块金子，而要的是那个能点石成金的指头。"

伯父的办学思想和教学方法，在今天看来仍旧感到亲切，充满活力。对当前教育界强调培养学生能力，发展智力，造就科学人才同样是可以借鉴的。

（载 1987 年 4 月《泰兴文史资料》第 4 辑）

纪念丁文江先生百年诞辰

钱昌照

今天我作为丁文江先生生前的老朋友，来参加他百年诞辰纪念会，感到非常荣幸。

丁先生是我国从事地质工作最早的科学家之一。我本人虽然不是学地质的，但由于工作关系，不但同丁先生本人有过密切的接触，还接触过他的不少同事和学生，因此对丁先生有一定的了解。

丁文江先生在地质学方面的贡献，在座的同志们比我知道的更多，不过我还是想把我的看法谈一谈，有不对的地方，请指正。

首先，丁先生在研究地质学方面是理论和实际并重的。在以前，我国学者一般讲究闭户读书，可是搞地质非重视野外调查不可，丁先生在这方面是身体力行的。就在1911年，他从英国大学毕业，搭船回国，他不是急急忙忙赶回家乡与阔别七年的家人团聚，而是在越南上岸，乘滇越铁路火车入云南作地质调查，一路经贵州、湖南、湖北等省回到家乡。1913年他参加工作以后，又先后到山西和云南、四川、贵州调查地质矿产，在云南除调查锡、铜等矿产外，还调查了金沙江水道，并注意搜集人类学的材料。他是我们中国人第一个进行大规模野外调查的先驱。以后在1928年，他又去广西调查地质，1929年秋他还组织西南地质调查队，深入贵州各地进行系统的填图和采集工作。因为他强调地质科学的研究必须与野外调查相结合，所以当他在大学教书时，他总是要利用假期，组织学生到附近各地去作野外调查。多年来他的足迹遍及云南、四川、贵州、广西、湖南、安徽、江苏、浙江、山东、山西、河北、辽宁等省。他这种重视野外调查的工作方法，为后起的地质工作者，树立了良好的榜样，对中国地质科学的发展起了很大的作用。

第二，丁文江先生对我国地质科学发展的另一个重大贡献是他非常重视人才的培养。1913年2月他在北洋政府工商部任地质科长后，立即办起了一个地质研究班，以后，改称地质研究所，请章鸿钊先生任所长。这个研究所不但是个研究机构，也是个教学机构，是中国最早的一个专门培养地质人才的场所。丁文江先生和章鸿钊先生都亲自教课，并请了德国人梭尔格(Solger)和刚从比利时留学回国的翁文灏先生担任教授。三年以后，第一期学生毕业，因为图书设备要归还北京大学办地质学系，这个研究所就停办了。研究所虽然只办了一期，但这一期的毕业生成了发展中国地质科学的骨干力量，在地质研究、调查和教学方面作了卓越的贡献。为了帮助北京大学办好地质学系，丁文江先生1920年初乘出国之便，在美国聘请了葛利普(A. W. Grabau)先生来中国在北大地质学系作教授，同时在地质调查所主持古生物的研究工作。丁文江先生之所以这样重视培养人才，是因为他充分认识到，没有人才，地质科学在中国就无法发展。他自己像伯乐一样，善于发现千里马，当他发现可造就的人才时，他总是不遗余力设法培养，他担任过管理美国庚款的中华教育文化基金董事会董事和中英庚款顾问委员会委员，他尽量利用这两个机构派人出国留学。丁先生本人还数度教书，言传身教，除了上面所说在地质研究所教课外，1918年他还在北京高等师范兼课，1931年到1934年又在北大地质学系做过专任研究教授。他教书认真负责，对学生循循善诱。丁先生自己曾经说过，在北大做地质学教授的三年，是他一生最愉快的三年。可见，丁先生真是一位诲人不倦，十分难得的老师。

第三，我亲自感觉到，丁先生是既重视地质科学的发展，又重视把地质学应用在资源开发方面的一个人。1932年11月国民党政府成立了国防设计委员会(资源委员会的前身)，丁先生是委员之一。他认为要进行国防设计工作，必须了解全国资源情况，在丁先生的大力协助下，由国防设计委员会出钱，地质调查所出人，做了不少工作。地质调查所在丁文江做所长和1922年以后翁文灏继任所长时期，一直重视矿产资源的调查，出版了许多关于煤矿、铁矿、铜矿、钨矿、锡矿等的报告，对于资源的开发起了很大的作用。总而言之，丁先生是一位既重视学问，又时时以祖国的经济建设为怀的人。在他担任前中央研究院总干事的时候，他已经脱离做具体地质工作的岗位了，但在受到当时铁道部的委托，请他派人去粤汉铁路沿线调查煤矿时，他却自告奋勇，亲自出马奔赴湖南进行调查，结果以身殉职。于此可见，令人敬爱的丁文江先生对地质科学的发展和应用，真正做到了鞠躬尽瘁、死而后已。

我和丁先生是 1929 年认识的，到他 1936 年去世，前后八年，不算很长，可是丁先生是我最佩服的朋友之一，他的死我是很悲痛的，1936 年 1 月，在我得知他去世的噩耗以后，我写了一首诗，以寄托我的哀思。诗是这样写的：

> 未尽经纶未老年，
> 斯人斯疾太凄然；
> 惊心声断衡阳雁，
> 泪逐江流雪满天。

现在我们在他百年诞辰之际，举行这个纪念会，丁先生九泉有知，应该感到安慰。在解放后的三十年里，地质科学和事业得到空前的发展，地质人才得到大力的培养，这都是丁先生生前所梦寐以求的，如今充分实现了，这是我们的安慰，正是丁先生在天之灵的莫大安慰。

（收入王鸿桢主编：《中国地质事业早期史——纪念丁文江 100 周年章鸿钊 110 周年诞辰》，北京大学出版社 1990 年 7 月出版）

贵 在 奉 献

郑肇经

　　丁文江先生是我的同乡，比我大七岁，我们之间曾经有过许多接触。在上海，他任淞沪商埠总办，我当工程师；在南京，他当中央研究院总干事，我任全国经济委员会简任技正、水利处副处长、处长。那时，我们常来常往，直到他去世前的长沙之行，还对我谈起他参加人寿保险和不愿当铁道部长的想法，因而我对他还是比较了解的。

　　丁文江先生以他短暂的一生，为发展中国地质科学作出了很大贡献。他首创地质调查所，不辞辛劳，跋山涉水，走遍祖国大地，勘察地质和矿产资源，在地学理论、大地构造和标本采集等方面富有创造性的成果，成为我国地质事业的光荣开拓者。

　　中国历史上的许多人，虽说处身旧社会，但在文明中华的传统意识指导下，有所作为，成为举世瞩目的华夏科学家。文江先生也是如此，他心怀大志，爱我中华，在人生的征途上奋发进取，多作奉献，为祖国为人民作出了实际的贡献。但是，在封建社会，真想做件事，是艰难的，而文江先生大智大勇，不仅在科学事业上敢于攀峰，同时在政治见解方面也堪称有识之士。有几件事对我印象很深。

一、　勇于担起建设"大上海"的使命

　　一九二六年的上海，由于帝国主义的侵略，租界"林立"，特权"至上"，加上北洋军阀政府的无能，使它沦为半殖民地的境界。帝国主义者还趁军阀混战的时机，肆意越界筑路，扩大租界范围，任意侵犯中国领土主权；他们还在路口修筑铁门，检查中国人民的进出，隔断了南市和闸北

的交通。丁文江先生就是在这样的条件下出任建设"大上海"总办的。他还特地到南京邀我同去参加建设"大上海"。当时我们计划先办几件事：

1. 沿租界边缘修筑连接南市、闸北的公路，切断越界私筑的路，抑制租界扩大范围，并收回警权；

2. 鉴于上海人口激增，而闸北、吴淞一带地区空旷，拟在江湾、吴淞间开辟新的市中心，将僻处枫林桥的淞沪商埠公署迁入新区，并在市中心发展商业区和住宅区，与"租界"相抗衡；

3. 上海的轮船码头多在租界外滩一线，水深不足，万吨海轮须停泊在吴淞口外。拟在江湾虬江路口至吴淞镇附近开辟深水码头，发展海运；

4. 上海铁路总站在闸北，停泊黄浦江外滩的商船货物不能水陆联运。拟将闸北铁路支线延伸到吴淞、张家浜、虬江路口一带的深水码头，改革水陆货运设施，减少搬运的劳力；

5. 利用浦东地区和闵行一带逐渐发展工业；改善黄浦江两岸之间的交通，筹建桥梁；

6. 改进市政管理制度。统一南市、闸北、吴淞、浦东、沪西的行政，整顿旧区的建设。

今天看来，我们那时规划的以上蓝图，在北洋军阀统治年代是很难实现的，但作为一个市的主体工程布局来说，提出这样的方案，不能不是一个进步。文江先生作为北洋时代的上海总办，他没有收回租界的权力，但他反对列强，为我中华挽回了治外法权，采纳工程人员的建议，意图达到限制帝国主义扩张野心，建设自己的大上海，这在当时是难能可贵的。后来，这个总体规划为上海特别市政府所采用。

二、 关心水利建设事业

三十年代初，水利事业萧条，水旱灾害频仍。全国经济委员会调我去南京工作，水利处长茅以升亲到上海邀我襄助办理水利事业。在这期间，丁文江先生是全国经济委员会评议员，他给了我有力的支持。一九三四年国民政府通知全经会办理统一全国水利行政及事业，遇到的阻力是相当大的。首先是水利工程学会意见分歧；导淮会负责人说，该会隶属国府，导淮委员长是蒋中正，怎样向全国经济委员会行文？实际是想不在统一之列。再一个问题，全经会水利处作为水利事业的一个具体办事部门，我们虽然争取到水利经常事业费每年六百万元，由国库直接拨发，但这个数字能不能落到实处，大家心中无数。当时，我把这些情况向文江先生说了，他立刻说，统一水利的问题，实质上是个争取国库拨款的问题，你们怕财政部说话不算数，可以组织一个监督班子，把一些权威人士，敢于讲话的人请来作证就可以了！他的话切中要害，启发了我，于是我找主管财务和人事的全经会秘书处处长秦汾商量，提议组织一个"全国水利委员会"，作为水利工程计划和经费分配的审议团体。并提名内政部、交通部、财政部、外交部负责人参加，让大流域水利机构的负责人也来，又把河南、河北、山东的省主席和丁文江、钱昌照、韩国钧等请来当委员。当我把这个意见向丁文江转达时，他满口答应，"行，这个委员我当！"

委员名单定了之后，总要有个召集人，开始大家推宋子文为主任委员，宋答应了，但过了一夜，第二天到办公室说："这个主任我不当了。"宋子文毕竟是个精明人，一年前行政院批准给黄河委员会补助冀、鲁、豫三省河务局修黄河堤的工费一百万元，直到如今分文没有领到。现在每年要六百万元，他深知说了也是不算数的。在一次会上，他突然袭击，推举孔祥熙为主任委员。孔是财政部长，于是一致通过。自此以后，统一水利行政事业顺利实现，每年分配各水利机关的六百万，虽然数目微乎其微，但来之不易，三十年代就靠这点钱做了一些水利工程。通过此事，我十分敬佩文江先生的深谋远虑。

还有一件事也使我难以忘怀。文江先生不仅在培养地质人才方面竭尽全力，而且他十分关心和支持水利人才的培养。一九三五年文江先生是前中央研究院总干事，我那时主持中央水利科学研究事业，负责选拔水利人员出国进修，在科技协作和选拔人才中，他同样给予大力支持。记得那时挑选了两批人员分赴德国、荷兰、美国、印度、埃及、安南和印尼，这些人学成回国后，为祖国水利事业作出了重大贡献。

今天，在纪念丁文江先生诞辰一百周年的时候，我有机会参加大会，特撰此文，以缅怀文江先生为反对帝国主义侵略，为开拓中国地质事业，为支持中国水利事业，所作出的无私奉献。

（收入王鸿桢主编：《中国地质事业早期史》，北京大学出版社 1990 年 7 月出版）

缅怀忠于发展中国地质科学
事业的丁文江先生

夏湘蓉

丁文江先生(1887—1936)于 1911 年毕业于英国格拉斯哥大学地质系，随即取道越南回国，历经云南、贵州和湖南等省，沿途考察地质。廿五年后，1935 年 12 月间，南京政府铁道部委托先生查勘湘潭煤矿，不幸在衡阳煤气中毒，于 1936 年 1 月 5 日在长沙逝世。

先生是中国地质事业创始人之一。"筚路蓝缕，以启山林"，他为中国早期的地质教育事业、地质矿产调查和地质科学研究等方面的发展，做了许多开创性和奠基性的工作，贡献卓著。

1913 年 7 月，先生在北京与章鸿钊先生共谋创立"地质研究所"。事成，章任所长，翌年，丁任古生物学教员，为我国培养了第一批地质学家。1918 年，北京大学恢复地质系。"1919 年，丁文江到欧洲考察，知道李四光是专学地质的，特地找李四光，希望他回国教书，并且指出，培养地质人才是当务之急。这虽然和李四光原来的志愿不尽相符，但他还是同意了。不久，李四光接到北京大学校长蔡元培发来的聘书。请他回国担任北京大学地质系教授"[1]。1920 年，先生又为北大地质系聘请美国葛利普教授来华任教，教授古生物学。当时，先生本人虽未与北大发生关系，然此古生物及岩石学等科之两大教授，皆系先生所罗致。其热心于地质教育与事业，于此可见。1923 年，先生当选为中国地质学会会长。[2] 1924 年，先生在中国地质学会第二届年会上，宣读了以"中国地质工作者之培养"为题的会长演说。认为"在国立北京大学地质系中所开设的课程，比起那些外

---

[1]　陈群等，《李四光传》，第 32 页，人民出版社，1984 年。

[2]　翁文灏，《丁文江先生传》，1941 年，《地质论评》，第 6 卷，第 184、188 页。

国学院来要好。但有一个很大的缺点，就是完全没有严格的生物学课程。学生们除非加以补修，是难以期望了解地史学的基础原理。还有，中国学生必须学习一些测量课程，特别是地形测量，这是因为中国境内只有很少地区是测过图的，而这些地图往往不适用，这就要求地质工作者来测制自己所需要的地图"①。"1931—1934 年，先生任北京大学教授，担任地质学通论之讲授。在此课程中，被充分使用中国地质实例，借以解释各种侵蚀、沉积、火山、地震诸现象。先生并亲自率领学生作野外旅行，所有地质问题均就地商讨。"②

中国地质调查所于 1913 年在北京成立，1916 年正式开展工作。先生任所长，章鸿钊和翁文灏分别担任室主任。

1920 年《地质汇报》之刊行，为地质调查所专门著作正式出版之始。第一篇即为先生所著《蔚县广灵阳原煤田报告》，并载先生中英序文各一篇。英文序文首引前德人李希霍芬书中曾言："中国士人资性聪明，在科学上可有造就，但其性不乐跋涉，不好劳动，故于地质学当无能为。"先生即谓学者风气已大转移，即如北京至蔚县之行，即在严冬，冒风踏雪为之。中国人在地质学上定当有所贡献。要此努力野地查勘之风气，实赖先生以身作则，认真倡导而成。③

先生任地质调查所所长期间，事必躬亲。关于先生的办事能力，章鸿钊先生说，"丁先生是偏于实行的。往往鸿钊想到的还没有做到，丁先生便把这件事轻轻的做起了。这不单是鸿钊要感激他，在初办地质事业的时候，这样勇于任事的人，实在是少不得的"。④

先生"素来主张实地调查，故曾经他考查过的区域甚广。不但西南诸省为其特别研究的地方，即中国中部及北部各省亦到处有其足迹。又因他调查时讲求精密，注意系统，所以他存留下来的记录及图件，特别丰富。他所采集的化石及标本，动辄以吨数计。但是他对于出版报告，十二分慎重。所以他已曾发表的地质论文，比较不多，恐怕还不及实地工作之十分

---

① 夏湘蓉、王根元，《中国地质学会史》，第 61 页，地质出版社，1982 年。
② 翁文灏，《丁文江先生传》，1941 年，《地质论评》，第 6 卷，第 184、188 页。
③ 翁文灏，《丁文江先生传》，1941 年，《地质论评》，第 6 卷，第 184、188 页。
④ 章鸿钊，《中国研究地质学之历史》，1922 年，《中国地质学会志》，第 1 卷，第 30 页。

之一。"①

丁先生于 1913 年至 1914 年间，曾在云南进行大规模的地质矿产调查，认真考察寒武系、志留系、石炭系和二叠系等地层。从而纠正了法人德普拉的错误，为后来滇东地层的深入研究，建立了基础。此外，还调查了东川、会理铜矿、个旧锡矿和宣威一带的煤矿。1928 年先生赴广西考查，重点研究了马平灰岩，采集标本化石甚多。还考查了南丹河池锡矿和迁江一带煤田。1929 年先生组织西南地质调查队，对川黔两省境内的泥盆系、石炭系和二叠系进行了精密的考查，为西南各省这三个系的进一步研究奠定了基础。李四光先生说："丁文江、田奇瑰和葛利普的研究，为我们了解中国西南部泥盆纪的海陆变迁，作出了许多贡献。"②

1922 年中国地质学会在北京成立，先生是主要的组织者。他为《中国地质学会志》的创刊号，写了题为《中国地质学会组织历史》的发刊词。又在学会成立后第一次常务会上，发表了以"中国地质学会之目的"为题的演说③。

丁先生逝世后，中国地质学会以《中国地质学会志》第 16 卷（1936—1937）为《丁文江先生纪念册》。又以《地质论评》第 1 卷第 3 期为《丁文江先生纪念号》。章鸿钊先生在纪念号中发表了《我对丁在君先生的回忆》一文。文中当谈到丁先生在中国地质科学事业上的贡献时说："诚然，这种艰难缔造的事业，譬如一座大厦，不是独木支得起来的。前前后后许多地质学者相互不断的努力，都是值得称颂的。但要回想到筚路蓝缕披荆斩棘的时候，便不得不推丁先生为第一人了。"文章的结束语如下："我只好衔辛带酸写几句挽语，留作我对丁先生永远的追忆：认责任内无处可放松，治学然，治事亦然，识君以来，始信自强在不息。数交游中惟真最难得，能让易，能争非易，从今而后，几疑直道与偕亡。"此后，章先生又在 1943 年所撰《六六自述》中，再次提到："予与丁氏共事日久，知其为人甚悉。后丁氏虽暂离地质学界，但在中国开办地质调查时，所举功绩实多。中年粗

---

① 黄汲清，《丁在君先生在地质学上的工作》，1936 年，《地质论评》，第 1 卷，第 241 页。
② Lee, J. S., *The Geology of China*, London, 1939, p. 12.
③ 夏湘蓉、王根元，《中国地质学会史》，第 61 页，地质出版社，1982 年。

谢，良深惋惜。"

李四光先生在他的《中国地质学》(英文本)的"自序"中说："正当我的原稿整理工作将告结束时，传来了我的朋友和最尊重的同事丁文江博士不幸逝世的消息。如果我借此机会来对这位如此忠心致力于发展中国地质科学的人表示钦佩之意，或许不会是不合适的。"[1]

在丁先生逝世将近两周年之际，"1937 年 12 月 19 日，李四光参加了在长沙留芳里四号召开的中国地质学会理事会。这次是在战乱中召开的会议，出席会议的理事只五人。李四光还到岳麓山左家陇去看了一下丁文江的墓地。"[2]

李四光先生非常关心丁文江遗稿的整理、编辑和出版工作。对此，黄汲清先生曾说："民国三十三年(1944)春，李四光先生来北碚讲学(那时地质调查所在北碚)，便中曾向黄汲清提及整理丁稿的事情，并且说丁先生的兄弟文渊先生也曾向他谈过这件事，他们都希望负责整理的人早点把遗稿整理出来。汲清个人亦觉负债太久，应从速偿还。随与尹(赞勋)君商议开始整理工作，同时写信告诉李、丁两先生。记得丁先生曾为此事特来北碚相访，并曾约地质调查所所长李春昱先生及周赞衡先生一起洽谈，对于编辑方法和出版方式等问题都曾讨论到。编辑工作就在那年五月里正式开始。"[3]

先生的地质调查报告遗稿的整理工作，由黄汲清和尹赞勋两先生负责主持。整理成书后，于 1947 年 6 月在南京出版。书名《丁文江先生地质调查报告(民国二年至民国十九年间已故丁文江先生在冀晋鲁滇桂黔川各省实地考察结果)》。全书 746 页，其中滇桂黔川部分共计 716 页，占全书篇幅的百分之九十六。另有附图一函共 45 幅。[4]

丁文江先生的一生，治学治事，自强不息，做了许多工作，是在中国近代和现代文化史上有重要影响的人物。他的生平业绩，还有待于中外史学界进行深入的探讨，作出全面的和历史唯物主义的评述。至于先生作为

---

① Lee, J.S., *The Geology of China*, London, 1939, p.12.

② 陈群等，《李四光传》，第 32 页，人民出版社，1984 年。

③ 黄汲清、尹赞勋，《丁文江先生地质调查报告》，南京：经济部中央地质调查所，1947 年。

④ 黄汲清、尹赞勋，《丁文江先生地质调查报告》，南京：经济部中央地质调查所，1947 年。

中国地质事业的创始人之一，他忠于发展中国地质科学的事迹，自应彪列史册而永垂不朽。

（收入王鸿桢主编：《中国地质事业早期史》，北京大学出版社 1990 年 7 月出版）

中国地质调查所新生代研究室的建立

贾兰坡

我是 1937 年参加中国地质调查所新生代研究室工作的。新生代研究室是现在中国科学院古脊椎动物与古人类研究所的前身。当时中国地质调查所隶属农商部，所长是翁文灏。新生代研究室是 1929 年建立的，由下列人员组成：

名誉主任：丁文江、步达生(Davidson Black)

顾问：德日进(P. Teilhard de Chardin)

副主任：杨钟健

古生物学家和周口店田野工作负责人：裴文中

助理：卞美年

我当时是练习生，另外还有技工 10 余人。裴文中、卞美年和我每年大约有半年在周口店进行发掘，半年在北京研究室工作。经常到周口店去的是杨钟健，其次是德日进和步达生，翁文灏去的次数较少。1931 年春季，我参加新生代工作没有几天，在西四兵马司九号西楼见到了翁文灏先生，可能是在这一年的夏季从周口店回来才见到了丁文江先生，都是由杨钟健先生介绍的。大家都很尊敬丁先生，这不仅仅是因为他是地质界的权威，而更大的原因是他乐意助人。他雪茄烟吸得很多，人们只要在楼里一闻到雪茄烟味就知道他来了。

丁先生在三十年代前半期，常带领北京大学地质系的学生到周口店参观和实习。由于我经常在那里，也就常常由我来接待。1931 年为了发掘方便在周口店北京人遗址附近建了一座四合院。房子并不缺，可是丁先生虽然一般只住一夜，但他从来不享受一点特殊待遇，总是和同学们挤在三间南房居住。当时周口店的伙食还是比较好的，我们为了要招待这位上级，晚餐便准备得丰富一些；但我们怎样请他，他也不和我们一起吃，要和同学们吃那一汤一菜，他这种不脱离群众的高贵品质是很感人的。

说丁文江先生是"我国近代地学的奠基人之一，是地质学界和地理学界的前辈"，他是当之无愧的。他留英7年，1911年初登国门，即乘滇越铁路到云南等地调查，这种急如星火为科学事业献身的精神是非常宝贵的。他不仅对地质矿产做了大量工作，对第四纪地质也做出了可贵的贡献。1918年，他建立了早更新世的三门组，把它从中更新世的黄土划分开来，而在过去是在一起的。

丁文江、翁文灏和步达生等对中国新生代的研究起了很大推动作用。他们对周口店地层和埋藏物都有高度兴趣，才使新生代研究室作为中国地质调查所的一个特殊部门于1929年得以建立，以进行全国新生代地质、古生物以及周口店堆积的研究。

新生代研究室的工作是和北京协和医学院解剖科合作的，经费由美国洛克菲勒基金会提供。所提供的经费一直使用到珍珠港事变，尚有结余。有一个时期，葛利普先生的薪金也是由新生代研究室支付，在国民党政府接收中国地质调查所北平分所之前的经费，都用这笔钱来维持。

在新生代研究室成立之前，丁文江、翁文灏和步达生进行了长时期的筹划，他们彼此不仅在私下商谈，还有多次书信来往，现在我们还保存了不少有关这方面的记录。在1926年10月18日翁文灏给当时北京协和医学院解剖科主任步达生的信中说："我收到你的16日的信，对我们过去所讨论的合作，做了概要的安排。对这具有高度科学兴趣的计划我很满意，并感谢给予中国地质调查所很大的支持。我同意你在信中所提的大纲，为了比会谈的更清楚一些，再略为申明几点：关于周口店的研究，我完全同意你的计划。为这项研究，中国地质调查所将派一位现在德国学习的中国古脊椎动物学家(指杨钟健——作者注)，到瑞典了解从前发现的材料和研究情况，以便将来和你所提议的从事这种工作的其他同行更好地合作。必要时，为了地形和地质调查，中国地质调查所还可以提供一二位地质学家。中国地质调查所可能资助一小部分工作经费，但是我们都赞成最好是由洛克菲勒基金会的研究部门答应资助全部费用。关于人类和其它遗物的研究成果发表于《中国古生物志》，还要明确交给你的人类骨骼当永远保存在中国，是否由人类生物学研究所来实现此事？……"就在这封信里，翁文灏还提出，把"大量从河南、奉天（今辽宁——作者注）和甘肃发现的人骨架，已得到发现人安特生的同意，归中国地质调查所所有"的问题。谈到博物馆计划时，还提到了丁文江，因为他对这项工作给了很大的支持。

从翁文灏给步达生的信中不难看出，最初商谈的是中国地质调查所和北京协和医学院解剖科共同成立"人类生物学研究所"，步达生还有把北京东单三条北京协和医学院对过的小礼堂改为"人类生物学研究所"的建议。

据说"新生代研究室"这一名称是丁文江和翁文灏建议更改的，作为中国地质调查所的一个分支机构。这个名称改得好，因为它包括的范围较广。从1927年到1937年日军侵占北京为止的11年中，该室在新生代地质学、地貌学、古脊椎动物学、古人类学和考古学等方面做了大量工作，在世界上享有盛名。我约略计算，在《中国地质学会志》、《地质专报》发表的文章不计在内，仅发表的《中国古生物志》丙种和丁种即达65种之多。后来研究的范围已不限于新生代，杨钟健在古脊椎动物学的项目下也研究了中生代的恐龙。

1927年2月间，双方经过通信的方式签订了《中国地质调查所和北京协和医学院关于研究第三纪及第四纪堆积物协议书》。其中共四款，节译如下：

1. 从1928年开始由洛克菲勒基金会资助22000美元，作为到1929年12月31日为止的两年的研究专款，中国地质调查所拨4000元补贴这一时期的费用；

2. 步达生在双方指定的其他专家协助下负责野外工作，二至三名受聘并隶属中国地质调查所的古生物学家，专门负责与本项目有关的古生物研究工作；

3. 一切标本归中国地质调查所所有，但人类学的材料在不运出中国的前提下，由北京协和医学院保管，以供研究之用；

4. 一切研究成果均在《中国古生物志》或中国地质调查所其它刊物，以及《中国地质学会》的出版物上发表。

丁文江先生特别关心周口店的发现，由于发现了一颗人的牙齿，他于1927年4月20日在北京崇文门内德国饭店为安特生的荣誉和送别举行了一次宴会。他请的客人有：斯文赫定（Sven Hedin）、巴尔博（G. B. Barbour）、德日进（P. Teilhard de Chardin）、安特生（J. G. Andersson）、翁文灏、葛兰阶（W. Granger）、葛利普（A. W. Grabau）、金叔初和李四光。

信笺和菜单我们还都保存着，菜单是为这次会议特印的，不仅印上了菜名，还印上了一个形似猿人的、被名为"北京夫人"（Dame Pekinoise）的头像，所有的客人和东道主都在菜单上签了名。

谈到丁文江为周口店发现人牙所举行的宴会，我在此还得交待一下人类牙齿的发现。1920 年前后师丹斯基（O. Zdansky）和安特生合作研究时，在周口店洞穴中发现了脊椎动物化石，由于中国当时没有这方面的专家，都携至瑞典乌普萨拉大学古生物实验室研究。在 1926 年从中发现了两颗人形的牙齿，一为下左第 1 恒前臼齿，一为上右第 3 臼齿，经步达生研究定名为"中国猿人"。（*Sinanthropus pekinensis*），原意为"北京中国人"。1940年继步达生研究北京人的魏敦瑞才正名为"北京直立人"（*Homo erectus pekinensis*）。周口店大规模的发掘，实际上是从 1927 年开始的。当年，中国地质调查所派李捷先生为地质师兼事务主任，步林（B. Bohlin）博士调任为古生物研究专员；1928 年杨钟健回国接替了李捷，同年裴文中参加任助理；1929 年杨钟健和德日进到山、陕调查第四纪地质，周口店发掘任务即交裴文中负责，就在这一年的 12 月 2 日他发现一具完整的北京人头盖骨。

丁先生为人刚正不阿，富有民族自尊感。他在 1920 年 12 月 9 日曾给美国纽约自然历史博物馆馆长奥斯朋（H. F. Osborn）写信，对安竹斯（R. C. Andrews）在《亚细亚杂志》上发表的文章提出抗议。因为这位曾参加中亚科学考察团的探险家曾在这杂志上说过：中国没有国立的机构能用新方法来研究、览展自然历史材料，没有能促进、指导科学工作的人。丁先生见了以后很生气，给奥斯朋的信中说：我要给《亚细亚杂志》写信，对这种说法提出抗议，同时谴责安竹斯，要他了解并作出没有恶意的声明。他那种大义凛然、坚定不移的精神，是值得我们学习的。

（收入王鸿桢主编：《中国地质事业早期史》，北京大学出版社 1990 年 7 月出版）

追忆川广铁道考察和《申报地图》编绘

曾世英

丁文江先生是我国地质工作创始人之一和多种科学工作的推动者。我在丁先生指导下工作了六年，深感他善于知人，善于用人，乐于育人，乐于助人。

我原在天津顺直水利委员会（后改组为华北水利委员会测绘处）工作。因为不甘于长期安居城市，希望到处走走，扩大见闻。1929年秋，经丁先生留学英国时的同学吴思远先生介绍去北平（北京）访问，试寻出路。当时丁先生正在为完成川广铁道的建议而筹划西南之行，需有测绘工作者随行，并主张用天文测量速测经纬度定方位。当他得知我在水利机关工作，参加过天津的经度测量，并在早期随我师李谦若先生为长兴煤矿勘测和设计轻便运煤铁路时，他欣然决定邀我随行。这是我有幸在丁先生直接指导下工作的契机。现就两项工作追溯点滴，以缅怀丁先生。

一、 川广铁道考察

丁先生认为四川人烟稠密、物产富饶，对外交通虽有长江水运之利，但吞吐有限；而贵州地瘠民贫，交通阻塞，物资运输依赖牲口驮、人力背，限于价昂质轻的货物，如进布匹、出鸦片。对发展经济需要的重型设备，则无法引进。为此，丁先生主张兴建通海的铁路，即利四川物资的运输，又有助贵州的开发。当时西南各省的交通计划，铁道部所预定和曾经订有借款合同的虽有九条铁路，其中为开发四川的只有三条，即同成（由山西大同经潼关、西安、宝鸡、汉中、广元到成都）、信成（由河南的信阳经襄阳、兴安，穿大巴山过达县到成都）和钦渝（由重庆经叙州、昭通，绕道昆明、兴义、百色、南宁到钦州）。前两条是内陆交通，后一条虽然通海，但绕了一个大弯，放过了贵州，而且丁先生认为钦州湾并不是良港。于是，丁先生建议建设川广铁道的通海路线，即现在川黔、黔桂、黎湛三线的结合。半个世纪以前就能提出这一建议，足见丁先生的远见卓识。

我参加丁先生提出的川广铁道考察，只是川黔部分，广西部分丁先生已于1928年进行了调查。这次调查丁先生不仅要亲自考察工程上的可能性，而且还要调查较大范围的地质矿产。为此，除已先去川滇进行地质调查的赵亚曾、黄汲清外，1929年10月由北平出发时，除丁先生外还有谭锡畴、李春昱、王曰伦、曾世英及向水利委员会商调的两个测工。到重庆后经丁先生细致的策划，谭、李去川西，王曰伦和我及两个测工由丁先生率领去贵州。以下是这段行程的回忆。

这次考察是行军式的，不是驻扎式的。丁先生依据亲自的经验，计划每天前进五十里左右。除个别地点外，沿途只求过夜，不作停留。这在当时除了技术工作外，每天还要安排住宿、运输装备、准备膳食等，这既需人力，又占时间。为此我们一行在行动上作了分工。丁先生、王曰伦和我及测工孙德霖，每晨进餐后即各携考察工具和午间干粮出发；而由另一测工老李担任事务工作，如宿店结算账目、同驮工收拾行装，随后前进。他们到达预定的宿站后，觅店投宿、准备膳食，等待我们傍晚陆续到达。晚间丁先生还和我们交换白天考察的情况，整理记录，而我则在"天无三日晴"的贵州，期待星宿出现，测量经纬度。第二天大家又是这样循例前进。这样在"鸡声茅店月，人迹板桥霜"的景色下，丁先生始终孜孜不倦，以身作则。这是这次考察胜利完成的关键之一。

我们三人虽都备有乘骑，但丁先生为了实地考察，随身携带罗盘、放大镜，手不释铁锤，亲自测地层倾斜、走向，敲岩石标本及化石，绝大部分路程都是步行。有人笑说丁先生是"上山不骑马，下山马不骑"，确是实景的描写。当快到贵阳时还闹过一个趣事。贵州当局为了郊迎上宾，派差役远探。探者只见步行的老者，轻于放过没有速报，而致当局失礼。有人鉴于地质调查需要跋山涉水，非常艰苦，而丁先生已年近知命，以他的博学，劝他改变工作，发挥更大作用。他的回答，我记忆犹新，只有四字："乐此不疲"。只此四字再好不过地反映丁先生对地质学的无比热爱，对后起青年起着表率作用。

当时西南治安欠佳。由于丁先生的声望，考察活动受到地方当局的重视，川境一路派兵护送，其中川黔交界一段距股匪所在不过二十里，先派兵一连登山放哨，始得通过。入黔后也有团丁随行。本来计划离重庆后直奔贵阳，我们三人途中有分有合，不料王曰伦到宿站的晚上就遇到土匪，他本人虽幸免劫掠，但护送的两名团丁却被掳去。到桐梓以前又遇两个土匪，幸有团丁护送，不但未受损失，反把土匪捕获。到遵义后听说毕节、威宁一带土匪很多，又接不着赵、黄两人的消息，丁先生极不放心，乃电知他们改变计划到大定相会，再作安排。丁先生和王、曾两人分途前进，到大定后我正在院内观测星宿定经纬度，忽闻丁先生在屋内痛哭，乃知接翁文灏先生由北平来电报，告知赵亚曾在云南昭通遇匪被害。我对丁先生多方安慰，也止不住他泣不成声。当我较长时间继续观测完毕回屋时，他还在哭，几乎哭了一整夜。以后丁先生一直为这位在地质学研究上已作出贡献并大有前途的科学家丧身而惋惜，并对遗孤的教育关怀备至。由此可见丁先生对后起的爱护和教育有过常人。

丁先生的学术研究和活动非常广泛。众所周知，《徐霞客游记》引起近人注意，应当归功于丁先生的挖掘和首次整理，《梁任公年谱长编》的完成也是丁先生辛勤劳动的果实。在大定处理赵亚曾的遇难工作和等候黄汲清的会合期间，丁先生虽然哀悼懊丧，但还从事有关少数民族的调查研究。他指点方法，除要我帮助他进行彝族的体格检查外，尤其重视旧彝文的调查。1936 年商务印书馆出版的《爨文丛刻》就是由丁先生搜集资料、经物色兼通汉彝两种文字的学者翻译讲解而整理出版的。近年中央民族学院马学良教授在《增订爨文丛刻》的序文中说："在少数民族语文和民族本身同样是受歧视和被压迫的黑暗时代，象丁先生一位著名的科学家，竟然不畏艰险毅然深入彝区，收集整理彝文经典，在那时为保存彝族文化，到今天为发扬彝族文化。如果这部珍贵的文化遗产当时没有丁先生收集、整理、付印，仍留在彝族呗耄（司祭）手中，即使不毁灭于国民党大汉族主义同化政策下，也难逃极左主义的摧残。"可见丁先生备受崇敬的广泛。

在取道长江由汉口去重庆途中，一路登上船顶欣赏三峡风光。丁先生除为大家就地讲解地质外，也谈一些往事。他告诉我们，当他任职淞沪商埠督办时，一天从西文日报得知有人进口大量毒物，吗啡、海洛因、可卡因。他深知这是祸国殃民罪大恶极的事件，很气愤。在其追询下当事人初认为是一姓顾的知名人物搞的，就传询这人。此人供认知有其事，但说是一姓黄的人搞的。经审讯，黄姓完全承认。当责令追回毒物时，却以全都卖出而抗拒。丁先生毅然上报当局请判死刑。据说胡适先生知道了，认为这和当时的所谓法不合，劝丁先生追回原议，丁先生未从。我们听了都非常钦佩丁先生在重大问题上大义凛然，非常人所能及。当我们到川黔时，那里吸毒之风盛行。据说接待宾客时为了表示亲善，往往不避烟榻。在重庆和贵阳我们访当局时，听说刘湘和毛光翔为免贻笑大方，不得不另作布置，亦见丁先生反对毒物影响的深远。

二、 《申报地图》编绘

《申报地图》为《中华民国新地图》和《中国分省新图》的习惯统称。我随丁先生由西南北返，在起草《川广铁道路线初勘报告》的测绘部分期间，前地质调查所应中华文化教育基金会的要求，由刘季辰编纂的一本中国地图，尚未完成而刘他去。丁先生问我可否完成未竟之工作；同时告诉我，上海《申报》为创刊六十周年原议设边疆旅行团作为纪念，后在他的建议下决定改为出版地图；他问我愿否参加。我说基金会地图应当完成，我可协助。但体例已定，不便变更。然而《申报》纪念地图的体例尚待商订，希望在他指导下有所革新。丁先生同意我的建议，乃由丁先生、翁文灏先生和我三人作为编纂人和《申报》订约，进行《中华民国新地图》的工作，时为1930年秋。

长期以来坊间流行的我国地图，大都以乾嘉年间的《大清一统舆图》为蓝本，资料陈旧，成品简陋。当时全国各地已有或多或少、或详或略，国人自测或外人窃测的地图。但这些地图或为秘藏或被忽视，未得利用。地质调查需赖地图定位，因之前地质调查所图书馆当时存图之富在全国居首位。丁先生之所以有编纂地图作为《申报》纪念的建议，这不是凭空设想而是有物质基础的。此外，我国地形复杂、多样，既有平原、高山，又有丘陵、盆地，在地图上如何科学地予以显示，关系到爱国主义教育中对我锦绣河山如何认识。而历来囿于龙脉旧说，认为山岭脉胳相互通联，源出葱岭。因此，图上出现蜿蜒曲折的毛毛虫式符号而违反了地理的科学性。这是丁先生创议于前，翁先生赞同于后，冀图改现的科学依据。

我在制图上虽然工作过十年，但接触的只是区域性的大比例尺地图，对全国性的小比例尺地图如何设计施工，当时对我来说则是初生之犊不怕虎，而在丁先生既关心又放手的指导下进行的。丁先生首先要求方位要准确，地形要表示。这两个要求，我随丁先生在西南调查时就有所体会。那时测了20个经纬点，虽然速测精度不高，但对旧有资料的订正起了作用。又见丁先生在一幅没有表示出地形的贵州地图上亲自试画了等高线，地势高下、山岭走向均相当清楚。为此深信丁先生要求的科学性，一面搜集古今中外经纬度测量成果，进行分析对比，择优用以订正各地的方位；一面考核上述各图海拔的依据。经过订正，据以描绘等高线、并采用分层设色法，取代晕滃法，排除龙脉说。这是《申报地图》在地学上有所贡献的主要方面，这必须归功于丁先生的原则性指示。

《中华民国新地图》的普通地图部分采用人文（行政区划）和地文（自然地理）分幅的办法是依据丁先生的地理要求决定的。地名是地图的主要要素之一，如何详略适当，需因图而异。丁先生认为小比例尺地形图上，如果地名密密麻麻，势必影响地形的清晰性。分幅绘印，使这一矛盾得到解决。又该图的普通地图部分按经纬线不按省区分幅，也是请示丁先生决定的。因为按省分幅，势必重复较多，不仅增加编绘工作量，影响出版日期，而且提高印制成本，增加读者的经济负担。此外按省分幅，又必比尺各异，不便相互对比。当时前地质调查所已编制出版几幅百万分之一的中国地质图，采用国际分幅法，认为可以效法。所以该图采用经纬线分幅，并且只用两种比例尺：东部不仅人烟稠密，而且资料比较详细，所以用二百万分之一；西部相反，则用五百万分之一。这一比例求同，而且采用整数的办法，对以后地图的出版还起了示范作用。

纪念地图原来计划只有一种，即《中华民国新地图》。在编绘和筹备付印过程中，鉴于篇幅较巨，售价必昂，乃有缩编的建议，得到丁先生的赞许。《申报》主持人史量才先生早年从事教育工作，认为历史和地理两课是爱群爱国观念的基础，而地理尤负特别使命。缩编本和大本一样，除普通地图外还有专题性的全国总图，服务面较广，可供学校教学和一般读者使用。这正和史先生的宿愿相符，所以又有了《中国分省新图》，也把它作为《申报》六十周年纪念的刊物。

此外，还有一事值得一提。《中华民国新地图》完成一部分图幅作为样张招商承印时，上海商务印书馆印刷厂和北平财政部印刷厂都认为由于内容精细，需要雕刻铜板，两家都有雕刻条件，但都不接受。1931 年春，《申报》当局乃趁黄炎培先生等去日本调查职业教育之便，邀我同去了解印刷情况。东京有一家以印地图为主，名叫小林又七株式会社的胶印工厂，也认为需要雕刻铜刻而可承印。经黄先生决定交这家工厂印刷。缩编本《中国分省新图》的原图将要完成而筹划付印时，《申报》方面主张仍去日本印刷，理由是成本上当时外汇便宜，技术上驾轻就熟。我认为地图印刷不宜依赖外国，必须在国内自己培植力量。丁先生支持我的想法，鼓励我去上海想办法。经接洽，有两家愿意承印。一为中华书局的印刷厂，一为老前辈的地图著作者和出版者童世亨。童采取转包办法，即由他承包后转让某一工厂工作。比价为二比一，中华厂估价高一倍。我认为中华厂是个专业厂，长期工作的可能性较大，而转包者可随时易手，失去培植作用。史量才先生同意我的看法，乃由中华厂承印。后来几版《中国分省新图》都是由中华厂承印，取得较好成绩。解放迄今印刷质量要求较高的地图还大都由该厂承印。这支印刷力量的培植应该说和丁先生的支持和鼓励是分不开的。

《申报地图》，包括《中华民国新地图》和《中国分省新图》，出版后受到国内外地学界的重视，影响深远，被誉为划时代之作。饮水思源，必须归功于丁先生的创议、领导和多方面的关心。作为丁先生亲自领导下工作者之一，我现仅就直接接触所及，缅怀往事，以示钦敬。丁先生作古的噩耗，我是在华盛顿由美国友人读了报纸告知的。他的去世国外报纸都及时报道，说明丁文江先生各方面的活动，都受到国际上的重视，不幸过早谢世，至少是我国科学事业上的重大损失。

（收入王鸿桢主编：《中国地质事业早期史》，北京大学出版社 1990 年 7 月出版）

丁文江的贵州地质调查和
对地层研究的贡献

傅　锟

　　丁文江先生早在 1911 年从英国格拉斯哥大学学成归国时，就直奔云南调查地质，他穿越贵州去湖南，这是中国地质学家第一次在贵州省从事地质调查。

　　本世纪初期丁先生曾三次在贵州省进行地质勘察。第一次是在 1911 年毕业后，他利用由海外回国返家的机会，中途在越南海防登岸，于当年 5 月 12 日抵达昆明。然后按其地质旅行路线从昆明出发，沿古驿道经杨林、易隆、马龙、曲靖和平彝（现称富源），从亦资孔之西进入贵州省境。他继续东行，经过安顺、贵阳、贵定和镇远，横穿全省而入湘境。沿途他饱览了大好河山和美丽的风光，为我国地质学家在贵州的第一次野外工作。这次属漫游踏勘性质，仅对贵州地质及地理特征做了粗略的观察，涉及地质记录的内容较少。

　　两年后，丁先生于 1914 年初春到达昆明，开始了他第二次西南之行。先完成个旧锡矿和乌格煤矿的勘查，而后北上，到川滇交界的金沙江两岸进行考察，特别对会理、东川一带的铜矿作了较详细的调查。此后，于同年 8 月 8 日从宣威倘塘出发，跨过可渡河进入贵州西部边缘的威宁地区展开野外工作。先对南部的铜厂河铜矿（矿石产于玄武岩内）及外套山煤矿做了调查，转而北行，于 8 月 10 日抵达威宁县城。然后，他在县城以北地区继续其野外工作，从威宁到上板房，经过混水塘、麻姑和铁矿山做了路线调查。沿途测绘地质图和剖面图，采集了丰富的化石，并特别注意矿产调查。他考察了著名的铁矿山铁矿、麻姑附近的铅锌矿及沿途几个煤矿，例如小鸡河、腰站、二铺煤矿等，于 8 月 17 日返回威宁。

表 1　Table 1

丁文江划分方案 Ting's Classification			目前通用划分方案 Current Classification		
三叠系 Triassic	中统 M. Tria.	可渡河组 Kotuho Formation	永宁镇组 Yongningzhen Formation	下统 L. Tria.	三叠系 Triassic
	下统 L. Tria.	小鸡河组 Hiaochiho Formation	飞仙关组 Feixianguan Formation		
二叠系 Permian	上统 U. Perm.	麻姑河煤系 Makuko Formation	宣威煤系 Xuanwei Coal Series	上统 U. Permian	二叠系 Permian
	下统 L. Perm.	铜厂河玄武岩 Tungchangho Basalt	峨眉山玄武岩 Emeishan Basalt		
石炭—二叠系 Perm.—Carb.		大坪子灰岩 Tapingtzu Limestone	茅口灰岩 MaoKou Limestone	下统 L. Permian	
			栖霞灰岩 Qixia Limestone		
		外奎山煤系 Waitaoshan Coal Series	梁山煤系 Liangshan Coal Series		
石炭系 Carboniferous	莫斯科统 Moscovian	威宁灰岩 Weining Limestone	马平灰岩 Maping Limestone	上统 U. Corb.	石炭系 Carboniferous
			达拉组 Dala Formation	中统 M. Corb.	
		新官厅灰岩 Hsinkuanting Limestone	滑石板组 Huashiban Formation		
		十里铺灰岩 Shilipu Limestane	摆佐组 Baizuo Formation		
	狄南统 Dinantian	簸箕湾页岩 Pochiwan Shale	大塘组 Datang Formation	下统 L. Carboniferous	
			岩关组 Yanguan Formation		

　　对贵州高原的明珠——草海，他也曾探求其成因。由于时间紧迫，于19日离开威宁，22日返回倘塘。因此饶有兴味的草海成因问题就留待后人去解决了。

　　通过两周来在威宁地区的地质旅行，丁先生认为在考察过的矿产方面大都属于小规模的，令人有些失望。但沿途对地质的观察是颇饶兴味的，它对正确划分地层和识别构造轮廓是大有帮助的。倘塘与铁矿山之间，主要构造为两个向斜（即可渡河向斜与小鸡河向斜），分踞南、北，中间为威宁向斜。轴部地层，向斜为中、下三叠统，而背斜为石炭系，两翼均为二叠系。他对沿途所见的石炭系、二叠系和三叠系都作了认真的观察，并采集了丰富的化石。根据其中的标准化石把上述各纪地层划分为不同的组，并各予组名。现将丁氏命名的各组名称和相互顺序与当前通用的划分方案中的相应名称和相互顺序做一对比。由上而下，列于表1。

　　由表1所示，虽然当前通用的划分方案对各组时代的划分精度较丁氏的方案为高，但在二者间难以找出本质上的差别。因为两个方案都被认为划分量级是适宜的，只是精度、详略不同而已。所以1914年丁先生对威宁地区各组的命名和层序的建立都是正确的，奠定了日后研究的基础。

　　1929—1930年期间，地质调查所组织了西南地质调查队，丁先生任总指挥并亲自率领一个分队偕同王曰伦和曾世英等，于1929年9月从北平出发前往重庆。然后由重庆南行，于11月14日进入贵州省桐梓县酒店垭，开始了他的第三次贵州之行。这次调查的内容除地质、矿产、古生物外，还涉及地理和人种等学科，范围较广。他入黔后由桐梓到遵义、折而向西，经打鼓新场（金沙）、白腊厂（百纳）至大定（大方）。与黄汲清会合后，转头向东，经黔西跨过鸭池河到清镇县，于年底（12月28日）抵达贵阳。翌年，他开始进行黔南地质调查。自1930年1月13日从贵阳出发，经龙里、贵定、麻哈（麻江）的谷峒到都匀县。在县城附近调查矿产后东行，经八寨（丹寨）、三合（三都）县境的邦寨，于元月29日到达独山。沿途观察了古生代及三叠纪地层。2月4日从独山南下，经革老河、上司、下司、南寨到达黔桂交界的小镇泗亭，然后出贵州到广西南丹考察锡矿，耗时一周。返回贵州境内后，由南寨经黄后、拉坳，到达荔波县。转而北上，经过方村、鸡场，在2月27日回到独山。这次历时近一个月的旅行完成了黔南桂北交界地区的路线地质勘测任务。除考察矿产外还采集了丰富的化石，研究了地层和沿途所见的喀斯特地貌。3月2日由独山西进，经摆卡、平舟(平塘)、老千寨、牙州、旧司、大塘(西关)、斗底、摆金到达定番(惠水)。沿途考察了晚古生代地层，特别是石炭系。最后从定番经花格老(花溪)，于3月14日返回贵阳。这次历时两月的黔南地质调查路经11个县，此外尚涉及广西南丹。从地层方面而论，除贵定、麻江、都匀、三都等北部县境可见早古生代地层外，以独山、平塘为中心的黔南腹地，包括惠水东部和黔桂交境的地区都以晚古生代地层出露为主，尤以石炭系分布广泛，露头良好，化石特别丰富。因此，丁先生将此丰硕的收获整理研究后，于1931年撰文发表，将这一地区的下石炭统称为丰宁系，自上而下划分为上司石灰岩、旧司砂岩、汤粑沟砂岩和革老河石灰岩。这个层序至今仍被地质工作者所使用。中石炭统命名为老千寨灰岩，上统引用马平灰岩。他也详细观察和研究了独山地区的泥盆系，划分为茅寨统(上泥盆统)和独山统(中泥盆统)。按由上而下的顺序，前者再分为尧梭灰岩和望城坡组；后者划分为鸡窝寨灰岩、宋家桥砂岩、鸡泡灰岩和邦寨砂岩。丁先生的上述分层基本上为后来的地质工作者所采用，只是由于研究的不断深入和新发现的增加，对底部地层的划分更详细一些了。

黔南的野外工作结束后，3月24日离开贵阳，经扎佐、息烽，过乌江抵遵义。在遵义附近调查数日后，经板桥越娄山关到达桐梓，在板桥采得寒武系化石。由桐梓经楚米铺、夜郎坝、松坎而入川，于4月20日抵重庆。至此，丁先生第三次贵州地质调查的野外工作便宣告结束了。

从1929年11月计起，这次调查时间已逾半载，是他在贵州勘测时间最长的一次，也是收获最多、意义最大的一次。全队共完成二十万分之一比例尺的路线地质图14幅。丁先生亲自参与测制的达10幅。由此可见他对贵州地质调查在野外作业中的卓越贡献了。

他从重庆回到北平后，积极投入室内整理工作，将野外获得的丰富材料进行加工提高。热烈的与葛利普、尹赞勋、黄汲清、俞建章等讨论地层问题，提出了中国的丰宁系可与西欧的狄南系(Dinantian)对比，也可和北美的密西西比系(Mississippian)对比的观点。此外，通过这次大规模系统的地质调查，沿途测制了精细的地形地质图，对地层研究给予了充分的重视。除上述对黔南泥盆、石炭系的著名研究成果外，对黔北早古生代地层和三叠系的划分方面也多有建树。例如寒武系娄山关灰岩和奥陶系马蹄石石灰岩、仰天窝页岩的命名；志留系三分的划分方案，由上而下为：韩家店页岩、石牛栏灰岩和酒店垭页岩；三叠系划分为三桥灰岩、松子坎页岩、茅草铺灰岩、三道河页岩、玉龙山灰岩等。这些地层单位有的按照命名优先法则的规定早已弃而不用，有的经过半个多世纪的深入研究划分更为详细了。但是它们在地质工作的初始阶段对层序的建立和填图单位的确实都发挥了极其重要的作用，有的地层单位至今仍在使用。因此，丁先生三入贵州调查地质，为地层的划分和层序的建立打下了坚实的基础。他是一位名副其实的贵州地层研究的先驱和奠基人。

（收入王鸿桢主编：《中国地质事业早期史》，北京大学出版社 1990 年 7 月出版）

丁文江与中国煤田地质学

韩德馨

丁文江先生是一位杰出的地质学家，也是我国地质调查所创办人之一。1911 年他从英国学成返国，前往西南地区开始地质调查生涯，直到 1936 年煤气中毒病逝长沙，廿五年中，走遍大江南北，深入边陲险阻地区，做了大量工作，尤其对我国含煤地层以及矿产资源有深入的研究，一生为我国地质事业的创建和发展发挥了重要作用。在煤田地质领域，他从煤田的勘查直到煤矿开采均有丰富的经验，是我国第一位进行煤田地质详测并拟定钻探计划的地质学家，也是我国煤田地质事业的开拓者和奠基人。他对煤田地质的贡献是多方面的。

一、 重视实践， 深入煤田地质的调查研究

1913 年丁文江和德人梭尔格等到太行山地区的井陉、平定、阳泉、寿阳、榆次、太原等地做地质工作，调查正太铁路沿线煤、铁矿产，并深入调查煤铁在山西地区分布的特点和开采得失和利弊，最后撰写的《正太铁道沿线地质矿产》被誉为我国经济地质的第一份报告。1914 年往西南调查地质矿产，综其云南、四川之行，除研究东川、会理的铜矿，个旧的锡矿，并考察了滇东宣威一带的煤矿，编有《调查个旧附近地质矿务报告书》一本，附有乌格地质煤矿报告。1915 年与翁文灏考察平绥路鸡鸣山煤矿。同年，又进行了河北蔚县、广灵、阳原煤田的调查，刊出有《直隶山西间蔚县、广灵、阳原煤田报告》。华东地区是我国工商业最发达的地方，长期以来煤炭供应十分紧张。丁先生应生产部门邀请，详细调查山东峄县枣庄煤田，测制五万分之一地质图，阐述了含煤地层层序、地质构造，煤质

343

评价，并做出煤层分布的预测，各布置了三口钻孔位置等，为中兴煤矿的发展作出了贡献。1916 年有长江下游之行，调查皖南、浙西地质，基于具有调查煤矿的经验和认识，于同年发表《中国之煤矿》。1917 年，丁调查河南六河沟煤矿，又去江西、湖南一带，调查江西萍乡煤田及上株岭铁矿。1933 年去苏联，曾考察莫斯科盆地、顿巴斯煤田及油田，归来作苏联顿巴斯煤田的地层报告。为纪念《申报》六十周年，与翁文灏、曾世英合编新地图，并运用多年积累的资料制成全国重要矿产分布图，特别是对煤、铁，作出各省煤铁储量比较图。1935 年为解决粤汉铁路用煤问题，受铁道部委托，丁先生亲自前往，作沿线地质矿产调查研究。先去湖南湘潭一带了解沿途小煤窑开采情况，随后下井考察煤层赋存与地质构造。据当时一位铁路工程师说："在君先生以为湘南虽多煤，然非靠近路线者，则运输成本较重。举其距路最近，而较有开采价值者，湘潭有谭家山，耒阳有马田墟，宜章有杨梅山，广东乐昌有狗牙洞。谭家山产烟煤，且可炼焦。马田墟一带为华南最大之煤田，距铁路至近，惟系无烟煤。杨梅山、狗牙洞两处有无开采价值，则尚待研究。"丁先生原计划沿铁路线作煤田地质广泛调查研究，并以丰富的考察材料为依据，做出开发煤矿的切实可行的规划，可惜只调查了谭家山一处煤矿，他就病倒了。事后据医生研究，丁先生上山下井过度劳累，致使脑血管受到损伤，又经煤气中毒，以致一病不起。长期以来他对待地质事业一贯深入扎实，既做就力求做好，他平日最喜欢的话是"明天就死又何妨，只拼命做工，就象你永不会死一样！"他对地质事业其可谓无限热爱，鞠躬尽瘁，死而后已。

二、 积极从事煤矿的研究， 锐意开发

丁先生长期从事地质工作，密切注意把地质学应用和矿产开发二者紧密结合起来，他先后调查过不少煤矿，并针对煤矿过去存在的弊端提出建议。1919 年，丁发表《中国矿产资源》，其中对煤阐述特别详细，并对煤田的地质背景有扼要的叙述。1920 年，丁文江与翁文灏发表《矿政管见》，附《修改矿业条例意见书》；其后，丁又相继发表《外资矿业史资料》、《五十年中国之矿业》、《中国官办矿业史略》等著作，提供我国矿产开发的历史

资料，指出我国矿业的种种弊端，提出必须管理科学化，提高效率，从事矿业的人应具有高度的责任心。丁文江详细研究了办矿的方式，比较其利弊，认为中外合营是个好办法。他在山东中兴煤矿地质报告中指出："中兴公司据津浦之下游，专煤田之大利，开采百余年无缺乏，锁路则千里内无竞争，有矿如此而不能获利，则天下将无可以获利之矿矣。虽曰断层水患，损失踵至，而及时补救，弃旧维新，亦仅手间事耳。抑又闻之，地利不如人和，然则公司之有今日也，地之处乎，人之处软。既往不谏，亡羊补牢，鄙人不敏，于公司执事诸君子有厚望焉。"

1921 年，丁文江与翁文灏合著《中国矿业纪要》（第一次出版），该书详列 1912 年以来，各种矿产有关的记录和统计，对各地质时代煤层（以一千米可采深度为准）厚一米以上者进行核算，得出我国煤炭储量为 2343 亿吨，这是我国地质界首次用科学方法估算储量。

过去我国矿业存在着严重浪费现象，资源保护是迫切需要解决的问题。丁说："吾人与此一方面当谋所以开发，使大利勿弃于地，一方面又当知所以珍惜而爱护之，勿使有限勿竭之矿产枉受消废，则虽不甚丰固亦未尝不足以雄视于远东也。"1921—1925 年，丁先生任北票煤矿公司总经理。该煤矿为当时北方重要煤矿之一，其产量多寡对于附近工业发展具有重要的影响。丁先生整顿煤矿公司，采取有效措施，经营得法，使一蹶不振的北票煤矿日产煤炭超过两千吨，为矿业界做出榜样。

二十年代，我国西南交通十分困难，对工矿发展十分不利，丁先生曾建议兴建川广铁路，亲自踏勘川广铁路沿线地质矿产，对广西南丹、河池、马平、迁江、柳城、罗城、贺县等煤田进行煤系地层及矿产研究；他与曾世英合著《川广铁道路线初勘报告》（1931），对此国内外学者给予很高的评价。

三、 深入边陲研究含煤地层与地质构造

1929 年，丁文江亲自组织西南地区地层古生物和地质矿产调查，在滇东曲靖、沾益一带早泥盆世沉积中首次发现陆生裸蕨植物群，它标志着早泥盆世植物已经登陆。丁先生从泥盆纪、石炭纪、二叠纪采得大量植物化

石，由赫勒教授鉴定、研究和发表。这些成果纠正了前人的地层时代等错误，有助于标准剖面的建立和生物地层学的研究。含煤岩系大羽羊齿植物时代问题，过去争论十分热烈，根据地层和古植物的证据，丁将大羽羊齿定为晚二叠世，从而使我国南部一套含煤岩系的地层问题获得解决。

丁先生在贵州独山一带石炭纪地层中又发现丰富的海相化石，首次确立了我国下石炭纪地层分类。丁文江和俞建章(1931)总结了贵州、广西、云南等地下石炭世生物地层的分布，由于下石炭世是华南重要聚煤期之一，这对于了解聚煤期古地理景观具有重要意义。1933年，根据我国石炭二叠纪研究材料，丁文江与葛利普发表《中国之二叠纪及其在二叠纪地层分类上的意义》和《中国之石炭纪及其在密西西比与本薛文尼二系地层分类上的意义》。丁、葛二氏认为，下石炭纪动物群，亚洲来自印度—太平洋，美洲来自北冰洋，而欧洲则同时来自太平洋与北冰洋。这些迄今仍是研究我国石炭纪含煤地层的重要文献和依据。

地质构造是控制沉积矿产的重要因素之一。晚古生代地壳运动产生的坳陷和隆起，往往影响含煤沉积的分布。丁先生在西南地区发现泥盆纪莲花山系与下伏龙山系呈不整合接触。1929年，丁先生在《中国造山运动》中第一次提出"广西运动"即我国的加里东运动及其在华南的影响。

丁文江先生一生在煤田地质方面做了大量工作，为我国煤田地质学奠定了基础，他的贡献是永远令人怀念的。

（收入王鸿桢主编：《中国地质事业早期史》，北京大学出版社1990年7月出版）

丁文江和商务印书馆

洁　甫

丁文江（1887—1936），字在君，江苏泰兴县人，是我国地质科学的开拓者，1911 年从英国留学回来以后，历任上海南洋中学教员、工商部地质调查所所长、北京大学地质系教授、中央研究院总干事等职；二十年代中叶，一度出任淞沪总办。丁文江先生从 1912 年与商务印书馆建立联系起，到 1936 年在长沙不幸去世，与商务印书馆保持二十多年的良好关系，他的一些有影响的书籍和论文是在商务印书馆出版和《小说月报》、《东方杂志》上发表的。

一

1911 年，丁文江在英国格拉斯哥大学毕业后回国，次年，在上海南洋中学执教，讲授生物学，同年，《张元济日记》记载："十一月二十日，编译：请丁文江在君编动物学，全书计润四百元。住西门外斜桥公兴里三十号。"这是商务与丁文江联系的最早记录。当时，商务准备出版一套植物、动物、矿物、几何、代数、化学等方面的国民新教科书，供中学师范学校之用，动物学一书就约请丁文江编撰。丁撰《动物学》于 1914 年出版，它是丁文江的第一部著作。

丁文江自幼有"神童"之称，他才气横溢，兴趣广泛。他对我国地质事业固然有突出的贡献，对政治、历史、地理、民族方面也喜欢研究和颇有造诣。在《动物学》一书以后，他在商务印书馆还出版了《民国军事近记》（1926）和主编的《徐霞客游记》；在《东方杂志》上发表过《中国历史人物与地理之关系》（1923）、《中央研究院之使命》（1935），在《小说月报》十七卷号外上发表过介绍徐霞客的文章(1926)。丁文江主编的《徐霞客游记》卷首附有他撰述的《徐霞客先生年谱》，这是第一本比较系统翔实的徐霞客年谱，把徐霞客的家史、生平事迹、旅游活动等叙述得十分清楚。同时，这本《徐霞客先生年谱》又是国内外首先用近代地学观点来认识、分析和评价《徐霞客游记》这一巨著的科学价值的文献。

二

徐霞客，名弘祖，是我国明末伟大的旅行家、地理学家，他一生旅游、考察祖国山川地貌所逐日记下的《徐霞客游记》，在他逝世以后，就受到人们的赞扬和推崇，争相传抄。丁文江十四岁出国留学，在国外"十年未尝读国书"，1911年回国才"知有徐霞客其人"，此后，他研读《徐霞客游记》"凡十五年"。徐霞客的历次旅行，以滇游最为重要，被誉为我国近代野外综合考察先驱的丁文江，也几次深入云南调查地质、地理，他根据自己的科学考察与徐霞客的记录对照、印证，"始惊叹（徐霞客）先生精力之富，观察之精，记载之详且实。"丁文江在研读《徐霞客游记》中，对徐霞客以大地为床，以穹天为被，不怕艰险，不怕虎狼，甚至不信鬼怪，为科学"求知"、"死而后已"的精神，十分钦佩，感到这是激励青年奋发有为的一个很好榜样。德国的地质学家李希霍芬曾经讥笑中国的学者只知道安坐室内，怕到野外吃苦，丁文江对此十分激愤，他也想借徐霞客的事迹来驳斥这种诬蔑。同时，他看到当时各种版本的《徐霞客游记》，都有这种、那种不足之处，于是决心编撰《徐霞客先生年谱》和重编《徐霞客游记》，他的设想得到商务印书馆张元济先生和当时其他著名学者罗振玉、梁启超、胡适等支持和鼓励。丁文江先"发愤尽两月力，成数万言"，编成《徐霞客先生年谱》，同时，"复集十三人之力，为《游记》作校对、标点及绘图，历时达四年之久"，编成一本新的《徐霞客游记》。

丁文江主编的《徐霞客游记》与先前出版的各种《徐霞客游记》版本相比较，有如下四个特色。

（一）丁编《徐霞客游记》得到"罗叔韫、梁任公、张菊生、胡适之诸先生之助，故所参考之书籍，若《晴山堂帖》，若《徐氏家谱》，若明人诗文集及地方志，胥为不易经见者"。因而，丁编《徐霞客游记》除了《游记》本文以外，还编入散见于别书的众多的徐霞客诗文和有关徐霞客的生平资料，等于一本《徐霞客文集》，内容丰富远远超过其他版本，为他人了解徐霞客和研究《游记》提供了第一手资料。

（二）以前，《徐霞客游记》的各种版本都没有地图，丁文江认为"舆地之学，非图不明，（徐霞客）先生以天纵之资，刻苦专精，足迹又遍海内，故能言之如指掌。后人限于旧闻，无图可考，故仅知先生文章之奇，而不能言其心得之所在"，于是，丁文江请人协助，对照《徐霞客游记》，画出地图，把徐霞客的游踪再现在地图上，"使读者可以按图证书，无盲人瞎马之感"。丁编《游记》附有一本地图集（三十四图，三十六幅），这点与上述第一点一样，都是创新之举。

（三）丁编《徐霞客游记》能博采众长。当时的各种《徐霞客游记》版本，只有"咸丰年印本，卷首加（徐霞客）先生小像"，由胡适在上海购得，丁文江把它置于自己所编的《游记》卷首，使得这张珍贵的徐霞客像得以广泛流传。

（四）丁编《徐霞客游记》所附的《徐霞客先生年谱》集中了丁文江的研究成果，具有筚路蓝缕之功。在丁文江以前，人们赞扬《徐霞客游记》"笔意似子厚"，"叙事类龙门"，"或仅爱其文章，或徒惊其游迹"，以柳宗元和司马迁相比。评价只局限于这个界限，最后以明末清初文人钱谦益的两句话："千古奇人"和"千古奇书"作为对徐霞客及其《游记》最恰切的定评。《徐霞客游记》的文笔优美，文学价值之高是毫无疑义的，但其科学价值却应当居于主导地位。徐霞客是世界上认真研究石灰岩地形的先驱，要比欧洲人所作的同类研究早一二百年。成书于十七世纪的《徐霞客游记》，对野外自然事物观察之精细，竟然类同一篇近代的野外考察报告，这一点使专门研究中国科技史的英国学者李约瑟博士都十分赞叹。"千古奇人"和"千古奇书"这两句话看来评介虽高，其实是很空泛的，在我国悠久而光辉的历史中，奇人辈出，奇书也辈出，以旅行家说，将这两句话移用于法显及其《佛国记》、玄奘及其《大唐西域记》，也十分合适。所以，"千古奇人"和"千古奇书"这种评语，并没有对具体事物进行具体的分析，当然也没有指出《徐霞客游记》的独特价值。丁文江并不因袭前人这种笼统的评价，他以近代地学的观点来认识、分析、评价《徐霞客游记》，指出它的许多记述"与地理地质均合"，指出《游记》中有许多石灰岩地形的描述，等等。例如，丁文江说："'江流击山，山削成壁，流回沙转，云根进出'，即近世地质学者所谓河流侵蚀之原理也。"丁文江又评价《盘江考》说："文章详尽翔实，乃我国言地理学最重要之文字也。"丁文江的研究才真正揭示出《徐霞客游记》的主要价值，并且使徐霞客在中国科技史和世界科技史上的崇高地位确立起来。丁文江是徐霞客逝世以后二百多年中第一个文字知音，他对徐霞客的研究，代表了一个时期的重要成果，并为后继者开拓了道路。这样，丁文江主编的《徐霞客游记》也就成为以近代地学观点来研究《游记》的一本开山之作。

1928 年丁文江主编的《徐霞客游记》出版以后，以内容丰富、新的观点、印刷精美，引起了学术界的注意与推崇。竺可桢说："近人丁文江谓：'故凡论(徐霞客)先生者，或仅爱其文章，或徒惊其游迹，皆非真知先生者也。'旨哉言乎。"(《徐霞客之时代》)方豪在指出丁编《游记》内容丰富和《徐霞客先生年谱》"确有其独到之处"后说："《徐霞客游记》虽踪迹限于国内，唯其书之价值，亦至巨且大，然三百年来，仅三五人为辑刻行世而已。起而作较详细之研究者，殆莫先于丁文江先生。微先生之功，吾人今日恐仍只能手一卷蝇头细字之旧刻本，或并此亦不可求，遑论其他，丁先生之功不可泯也。"(《〈徐霞客先生年谱〉订误》)

到了 1963 年 3 月，翁文灏重读丁文江编《徐霞客先生年谱》时，曾有诗说："后世长游客，追踪先进人。按年探旅迹，读记长精神。同履西南险，深明岩洞真。登临看物质，攀涉越嶙峋。盘水传闻误，江源考订辛。……至今重诵读，历久尚长新。"又加注说明："丁文江所作年谱，详考地方志书，并查各种地图……对于盘水分合及长江源流尤多指正，对于灰岩、潜水、火山、浮石等亦分别穷源探流……诚年谱中之具有学术价值者。"

三

除了上述诸书以外，丁文江还曾经与商务联系过其他书稿，如注释明代另一巨著宋应星的《天工开物》。1923 年 9 月，丁文江在致张元济的一封信中谈到："《天工开物》注释，年内当有以报命，特先将原书托人带上，请先饬人将原图照相制版，以省时日。至于书之大小，似不妨仍以涵芬楼秘笈为范。"据此，我们知道，在此以前，商务印书馆已与丁文江有了注释《天工开物》的约稿关系。

也是丁文江首先评价了《天工开物》的重要价值，他说："三百年前言农工业书，如此详而备者，举世界无之，盖亦绝作也。"当代研究宋应星的学者潘吉星说："在本世纪以来，最早注意收集宋应星事迹材料的，是已故的地质学者丁文江……从此，在十八世纪以来，不被广泛注意的明代学者宋应星和他的《天工开物》，引起了国内学者的注意。"(《明代科学家宋应星》)《本草纲目》、《徐霞客游记》和《天工开物》，公认为明代三大科学名著，丁文江能标举其二，并且作了整理和开拓性研究，并加以发扬，他的见识之高，开风气之先，是令人钦佩的。

可惜的是，丁注《天工开物》没有完成。丁文江说："顾原书之一部蚀于蠹鱼，颇有残缺，且多误字，欲求他本校之，苦不可得。原书文字又颇简奥，中多术语，虽加句读，间不可解。欲为之逐一注释，并厘正其误，而为人事所累，或作或辍，竟未成书。"1976年，北京科学出版社和广东人民出版社分别出版了集体注释的《天工开物》，时间却已相距半个世纪了。

在《张元济日记》和《胡适来往书信选》所刊丁文江致胡适等人的信中，涉及到丁文江与商务联系书稿的种种情况。看来，丁文江很热心于抢救一些珍贵的近代史资料，想交商务出版，以便永久保存下来。可惜限于当时条件，难以做到。例如《张元济日记》1922年8月23日记载："编译：晚八钟过，丁在君来访……言……此次在南通晤马相伯，谈及数十年中有关中国掌故之事，如洪杨之乱、随李文忠办高丽之事、创立江南制造局之事，足备史料。马自言年已衰老，不能自记，甚愿得一人可以秉笔者，为之记述。丁君因问本馆愿否办理此事。余言此人甚为难得，果能有人自可办理。"又如，1929年7月3日和7月8日丁文江致胡适的两封信中，谈到曾与商务联系出版康有为自编的《年谱》和孙仲屿的日记。丁文江的信说："孙是李瀚章的女婿，和丁叔雅、陈伯严、谭复生齐名，当时所谓'四公子'也。……就所抄的十几张看起来，的确是很重要的史料。比如庚子年上海容闳、严又陵所组织的'国会'，是一件很重要的事件，而《申报》上没有一个字的记载。我问过了当时与闻其事的人（如菊生、楚青）都不得要领，从孙的日记得到了最详细、最忠实的叙述。余樾园说，这日记每天有几百字到几千字，关于学问的札记极多，有刊行的价值。但是我曾向菊生提过，他说商务现状太坏，决计印不出来。"

除了书稿关系以外，丁文江也曾为商务搜求地方志。

在东方图书馆的收藏之中，我国方志是一个重要的组成部分。这些南北各地的方志，是张元济多年辛勤访求的心血结晶。1929年，丁文江赴西南调查地质，就曾受张元济的委托，搜集方志。由张元济先生哲嗣张树年先生提供的一封信，为我们保存了宝贵的史料，1930年1月，丁文江从贵州寄给张元济的一封信说："前在贵阳接奉十二月十八日手书，嘱为搜集贵州县志，敬悉一切。所困难者，贵州屡遭兵祸，旧志遗失殆尽，如东方图书馆所已有之独山旧志，独山本城反不可得，在贵阳购贵阳府志，在遵义购遵义府志，均未竟（?）得，遑论其他。惟新修之大定县志当为图书馆所未有，已函托人转购，如得一部，当即邮寄，以副雅望也。"

四

丁文江与商务印书馆的关系，主要是以张元济与丁文江的友谊为纽带的。1912年，商务印书馆约请丁文江编撰《动物学》，丁文江只有二十五岁，南洋中学的一名生物教员，也没有象后来那样声名大噪，张元济慧眼识才，决定约他著书，从此与商务印书馆建立了良好的关系，成为终身的伙伴。因此，我在这里顺便把张元济与丁文江的关系简单叙述一下，可能对我们做编辑工作的人也有启发意义。

二十年代一个时期，丁文江在上海的住宅与张元济的住处甚近，"望衡对宇，时有会晤"。在此前后，书信往返，既有谈书稿的，也有谈各人生活和工作的。1927年9月下旬，张元济先生被绑票，困居匪窟六周夜，脱险后，丁文江闻讯，从大连写信到上海慰问，并告知他自己在大连的生活状况。

张元济在出版社的用人问题方面有许多真知灼见，他认为要把一个出版社办得生气勃勃，"不能不求可恃之人才"，他主张聘请、重用具有新思想、适合时代潮流的"新人";他说:"时势变迁,吾辈脑筋陈腐,亦应归于淘汰。"他以清朝为例,反对任人唯亲,他说:"满清之亡,亡于亲贵;公司之衰,亦必由于亲贵。"商务早期的发展迅速,与张元济聘请进一批人才息息相关。张元济赏识丁文江的才华,曾数次力荐丁文江进入商务印书馆工作,以使"公司事业日繁"。但是,当时任商务总经理的高翰卿在用人问题上看法相反,张元济的建议始终没有被接受。对此,张元济是很遗憾的。1926年5月18日《张元济日记》记录了他与高翰卿的一段对话如下:"余又言前荐丁文江数次,尔不置可否,此时当可知其人。余甚愧,不能得同人之信用。丁君不能招致,即到公司,亦决不能重用。"张元济是有眼力的,蔡元培也曾赞扬丁文江的才能:"在君先生是一位有办事才干的科学家。普通科学家未必长于办事;普通能办事的人又未必精于科学。精于科学而又长于办事,如在君先生,实为我国现代稀有人物。"

《张元济日记》记载:1922年8月,丁文江曾与张元济谈起,"地质调查所去年在渑池县掘得在中国史前陶器若干,又尸质数具,但现在一无经费,甚愿有志古学者集会,筹出若干,约三千元。拟确查殷墟所在,将来即从事开掘,倘有所获,共议保存。……余谓须与好古者言之,沪上恐无多人。余可担任五百元,并允备函介绍,往见罗叔蕴。丁君欣然。"1923年5月,丁文江、张元济、罗振玉、张学良(字仲平,与张汉卿将军同名)、朱启钤、章鸿钊、梁启超、翁文灏等就发起成立一个"古物研究社",这个社以"发掘搜集并研究中国之古物为宗旨","研究范围暂以三代前为限","所发掘或搜集之标本暂时寄存地质调查所,俟有相当之博物馆时再由社员酌定移赠,但不得分散或变卖。"从宗旨和规定的条款看,"古物研究社"是一个搜集和保护祖国史前文化的民间社团。这件事再次说明张元济与丁文江的友谊是很深的,也表明他们都愿意在保护祖国文物方面贡献力量。

1935年年底,丁文江到湖南考察煤矿,不幸晚间在衡阳宿舍煤气中毒,1936年1月5日逝世于长沙湘雅医院,仅虚年四十九岁。1月15日在南京开追悼会,由蔡元培先生主祭,张元济送的挽联如下:

地不爱宝而乃患贫果使克展所长必有利于我国
年及知非可服政期胡若是夺之速我还欲问诸天

从张元济与丁文江的关系看，提倡编辑要与作译者交朋友，要谈笑有鸿儒，也要善于发现人才，看来，这对编辑了解学术界动态，拓展思路，提出重大选题，出版好书，都大有帮助。这方面，张元济先生为我们树立了一个良好的榜样。

（收入《商务印书馆九十年》，北京：商务印书馆，1987 年 1
月版）

第五辑

《梁任公先生年谱长编初稿》序

胡　适

　　梁任公先生死在民国十八年一月十九日。那天晚上我从上海到北平，很想见他一面，不料我刚下火车就听见说任公先生已死了八个钟头了。次日，任公先生的遗体在广慧寺大敛，我和丁在君先生、任叔永先生、陈寅恪先生、周寄梅先生，去送他入敛。任公先生的许多老朋友，如贵州蹇季常先生等，都是两眼噙着热泪。在君和我也都掉泪了。

　　二月初，在任公先生的追悼会上，大家都注意到丁在君的一副挽联：

　　　　生我者父母，知我者鲍子。
　　　　在地为河岳，在天为日星。

这副挽联最可以写出在君对于任公先生的崇敬，也最可以表示任公先生和在君的友谊。

　　梁先生死后，许多朋友都盼望丁在君担任写任公传记的事。在君自己也有决心写一部新式的《梁启超传记》。为了搜集这部大传记的资料，在君替梁氏家属计划向任公先生的朋友征求任公一生的书札。这个征求遗札的计划的大旨是请任公的朋友把他的书札真迹借给梁家抄副本，或照相片送给梁家。

　　当时征求到的任公先生遗札，加上他的家信，总计大概有近一万封之多。这样的大成功是由于几个原因：第一，任公先生早岁就享大名，他的信札多被朋友保存，是很自然的。第二，他的文笔可爱，他的字也很可爱，他的信札都是纸精，墨好，字迹秀逸，值得收藏的。第三，当时国中没有经过大乱，名人的墨迹容易保存。

这近万封的信札，就是这部《梁任公先生年谱长编初稿》的最重要的一批原料。此外，这部年谱还充分采用了许多同时人的记录，如《南海先生自编年谱》，如任公的兄弟仲策（启勋）的《曼殊室戊辰笔记》等等。这些记录在当时只有稿本，到现在往往还没有印本流传，都是不易得的材料。（戊辰是民国十七年，梁仲策先生这部《戊辰笔记》作于任公先生死之前一年，是一部很可靠的传记材料。可惜这部稿本后来已失落了。我举仲策此书为例，要人知道在君编的这部年谱里保存了不少现在已很难得或已不可得的资料。）

在君开始聚集任公先生的传记材料的时候，他是一个很忙的人，不能用全力来写任公先生的传记。民国十八年到十九年之间，在君领导了一个大规模的"西南地质调查队"，直到十九年夏天才从西南回到北平。民国二十年他做了北京大学的地质系研究教授。从二十年秋季开学起，到二十三年六月，他在北大教了三年书。从二十三年六月起，他接任中央研究院的总干事。二十四年十二月他在湖南衡阳得病，二十五年一月五日，他死在长沙。

梁任公先生的年谱是在君先生在北京大学做教授的时期开始编纂的。在君自己是主编人，他请了一位青年学者赵丰田先生做他的助手，帮助他整理编写他在那几年里搜集的资料。因为材料实在很多，又因为在君自己实在太忙，所有这部年谱有些地方还可以看出这是一部草稿，没有经过最后的整理写定。例如页 52 引《李宣龚与丁在君书》，本文说是"李宣龚氏给编者的一封信"。这是很清楚的在君自称"编者"，但页十二引梁思成《致在君先生书》，本文说是"梁思成先生给了丁在君文江先生的一封信"，页十六也说是"梁思成致丁在君先生书"。这两处都不称"编者"了。

在君死后，他的朋友翁咏霓把这部没有经过最后整理修改的初稿本油印了几十部，分送给任公先生的家属和朋友，请他们仔细审查一遍，附加评注，然后寄回——寄回给谁作综合的整理修改，我现在已记不清楚了。我当年也收到一部油印本，后来好象是寄还给梁家了。事隔多年，我仿佛记得是由梁令娴女士，思成、思永两先生，思庄女士，各位汇集收到的油印本上签注的意见，然后由他们决定请一位老辈朋友担任修改这部初稿的巨大工作。丁月波先生（文渊）在此书的《前言》里曾提及林宰平先生"正在整理这部著作"。很可能的，林宰平先生就是梁家姊妹弟兄委托修改此稿的人。

油印本好象是题作《梁任公先生年谱长编初稿》，这个题名可能是翁咏霓改题的，也可能是在君的本意。在君最初的意思是要写一部现代式的《梁启超传记》，年谱不过是传记的"长编"而已；不过是传记的原料依照年月的先后编排着，准备为写传记之用。

油印本的底本就是中央研究院历史语言研究所保藏的这部初稿本。这部初稿本原藏地质调查所，后来归史语所收藏。

丁月波先生在他的《前言》里，曾称此本为"晒蓝本"，那是不很正确的。这部"初稿"本是一部毛笔清抄本。但其中引用的信件，或任公先生的诗文，或他种文件，都是剪粘的晒蓝本。当初编纂的计划必定是把准备引用的传记资料，如信札及他种文件，一概都用晒蓝复写，以便剪下来分粘在各个稿本里。最早的草稿本的引文必定也是晒蓝剪粘的。后来这部清抄本的引文也就照样用晒蓝的资料剪粘了。

月波又说，"其中经（在君）二哥修改的笔迹，都历历可考。"我细看全部"初稿"清抄本，上面只有涂抹的笔迹，没有修改的文字，实在无法可以指定那毛笔的钩抹是在君的笔迹。大概这部初稿清抄本的底本必是在君先生和赵丰田先生的草稿本，上面必定有在君亲自修改的笔迹。据我的记忆，那部草稿本是送还给任公先生的家属了。

这部《长编初稿》的主编人是丁文江，编纂助理人是赵丰田，全部书有一致的编纂体例。除了最早几年之外，每年先有一段本年的大事纲领，然后依照各事的先后，分节叙述。凡引用文件，各注明原件的来源。因为文件是晒蓝剪粘的，故偶有模糊不能辨认的字。又因为原料实在太多，赵君句读标点也不免偶有小错误。

但这部《长编初稿》是大致完成了的一部大书。其中最后的一小部分可能是在君死后才赶完成的（这是我的追忆，我不能断定那一部分是在君死后才完成的。最后一年记任公先生之死，以及身后情形，都很潦草，显然不象是在君看过的）。这部《长编初稿》保存了许多没有经过最后删削的原料，所以任公先生的儿女们在当时都感觉，这一大批原料应该再经一遍删削，方才可以付印流传。

但我们在二十多年后，不能不承认，正因为这是一部没有经过删削的《长编初稿》。所以是最可宝贵的史料，最值得保存，最值得印行。

世界书局的杨家骆先生受了丁文渊先生生前的委托，费了大力量把这部清抄本重抄了一部，用抄本排印流传，这件大工作费了两年的时间，这是梁任公先生的朋友们和丁在君先生的朋友们都应该诚心感谢的！任公先生的儿女们在当时也许有种种的顾虑，不愿意把这部没有经过最后修改的原料长编印行出来。但在梁任公死后二十九年，丁在君死后二十二年，还没有一部根据这部《长编初稿》写出来的《梁任公年谱》定本，或《梁任公传记》——我们不应该再等候了。我们感谢杨家骆先生把这一大部《梁任公先生年谱长编初稿》排印出来。我们相信这部大书的出版可以鼓励我们的史学者和传记学者去重新研究任公先生，去重新研究任公和他的朋友们所代表的那个曾经震荡中国知识分子至几十年之久的大运动。我们盼望，这部原料《长编》出版之后不久，就可以有新的、好的《梁启超传记》著作出来。

我们最感觉悲哀的是，为这部稿本的流传曾出了大力的丁月波先生竟不能亲自看见这部大书的出版了！

胡适。1958，6，10

（收入丁文江主编：《梁任公先生年谱长编》，台北：世界书局，1958 年出版）

《梁任公先生年谱长编初稿》前言

丁文渊

　　戊戌变政的那一年，在君二哥刚好才到了十一岁的年龄，那时他还在黄桥家乡我们家里的私塾读书，然而已经受了这个变政运动的很大影响。他在私塾里，早是一个很出色的学生，在戊戌变政失败以后，他就和他的几位同学互相约定：从此发奋努力，以图救国；不再学八股制艺，要从事实学；不再临帖习字，以免虚耗光阴。那时他们的所谓"实学"，就是要研究古人的言行，实事求是，不尚虚伪，于是乃从攻读正史着手。当时的同学，除了练秋大哥以外，还有顾甸青表叔和一位本家叔祖绣春。其中真能力行不衰的，只有二哥和甸青。大哥仅能勉力追随，而绣春叔祖却是望尘莫及矣。他以后常常说起，他的字体拙劣，就是依从他们的后果。甸青确也是博学强记，可惜他是一位独子，他的老太太——我们丁家的姑奶奶——守节扶孤，不肯让他这独子渡大江远游，只准在南通从事教育。甸青心中怏怏，又加体弱多病，未及壮年，已经辞世。

　　二哥十四岁时，想到上海就学于南洋公学，当时必需地方官保送，因经本县知县龙研仙面试，题为"通西南夷"，二哥下笔迅速，议论豪畅，大为龙知县所赏识，因劝二哥不去上海，而去日本。第二年乃成行。在日本仅住了一年，初时还须补习日语、英文，结识了许多士官学校的留学生，如常熟翁之麟、之谷昆仲，溧阳史久光等等。他们都极有朝气，以救国自任。二哥也曾从事写作，鼓吹革命。那时他已经爱读任公的《新民丛报》，每期读后，必定寄回给大哥。大哥也曾感到异常兴奋，努力于地方的新兴事业，自称为"少年中国之少年"。然而二哥在日本，始终没有认识任公先生。

　　十六岁，二哥就约了常州的李君和庄君，同往英国去留学。他当时的志愿，因为许多朋友都在日本士官学陆军，所以想同李、庄二君到英国去学海军，以为将来新中国建设国防的准备。路过新加坡的时候，曾看见了康南海先生，康先生还送了他们二十英镑的川资。可是他们到英国，才晓得非政府保送，不能学海军。同时二哥的思想，已经起了变化。他认为要使新中国成为一个现代的国家，不是革命就能成功的。一个现代国家的建立，全赖于一般人能有现代知识，而现代知识，当然就是科学，所以他辗转的就学了地质学和动物学。

在武昌起义以前的四五个月，二哥才从英国毕业，回到了黄桥家乡。武昌革命的时候，他正在苏州结婚。从苏州回家不久，南京的新军统领徐固卿，因为接受了他女婿翁之谷的劝告，起兵响应。翁之谷就做徐的参谋长，不久病殁，由他的同学史久光继任，正和南京城内的张勋相持不下。翁、史都是二哥的好友，他们都曾电函相邀，请他去南京就任徐固卿的秘书长，二哥始终没有接受。因为他认为救国莫如建设，而建设事业，又非切切实实做去不可，决非革命动乱的时候，所能为力的。他从英返国，由安南登陆，经过云南、贵州、四川，从长江顺流而下，再由南京转回家乡。在云、贵、川三省，他曾步行调查地质，并采集标本。同时曾和四川的一个矿业公司约定明年前往就职，任地质工程师。但因为革命所阻，就在上海南洋中学任教。

民国二年二哥应北京工商部矿政司司长张轶欧的邀请，就任工商部金事，兼地质科科长，因此创立地质调查所。惨淡经营，将近十年，才能建设了中国第一个在国际上有地位的一个学术机构。当时在北京的知识界，他已经负有相当的声誉，然而始终还没有认识任公先生。

一直到民国七年，任公以私人资格去欧洲游历，想借此对欧洲做一个详细的考察。因此除了蒋百里、张君劢、刘子楷三位老朋友以外，还请了徐新六作为他的财政经济顾问。到时任公仍以为不足，很想再得一科学专家同行，才能对于现代的欧洲，有彻底的认识。于是徐新六就推荐了二哥，二哥也才认识了任公先生。他并没有随任公同行，是和新六随后由美洲去欧。到达法国以后，才和任公朝夕相处。据新六告诉过我，任公在法、英两国的演讲，多是二哥替他翻译，任公对他极为倾倒。二哥素性憨直，对人极具至性，有问必答，无所隐讳。与任公坐谈之际，尝谓任公个性仁厚，太重感情，很难做一个好的政治家。因为在政治上，必须时时具有一个冷静的头脑，才能不致误事。又谓任公的分析能力极强，如果用科学方法研究历史，必定能有不朽的著作。因此劝任公放弃政治活动，而从事学术研究，任公亦深以为然，此实任公的大过人处。像他那样，早岁就参加变政大计，而又誉满中外的一位大人物，当时还正在他鼎盛的时候，居然能够听一个青年后辈的劝言，翻然改图，从事学问，终身奉守不逾，只有任公具有那种"譬如昨日死"的精神，才能确实做到。新六又言，二哥当时还曾设法协助任公如何学习英文，并且介绍了好几部研究史学的英文书籍，任公根据此类新读的材料，写成《中国历史研究法》一书。以后许多历史学术的著作，也就陆续出版，成为民国史学上的一位大师。任公以后掌教于清华研究院，据胡适之先生说，也是二哥在中华教育基金董事会所主张的。

民国廿二年，二哥到美国出席世界地质学会，再由美去欧转俄。到柏林的时候，曾和我盘桓数天。谈起任公为人，他很兴奋的告诉我，说："我现在正在替任公写一部年谱，我搜集了许多重要材料。梁府上也将他的所有私信，听我应用。我还请了一位姓赵的青年，帮我抄写和整理材料，大约再有一年，就可以完稿。我发现了任公根本不是保皇党人，有南海给他的一封责备的电报为证。可是保皇党的朋友，听见了大为反对。他们以为：'康梁的关系，天下皆知，你又何必来翻这个成案？'"二哥还说，他深恐有人要毁灭这种证件，所以他把这些文件，存放在天津一个银行的保险库里。第二年我为德国佛朗府大学的中国学院办一个中国民俗博物馆，回国搜购材料，在南京的时候，就和二哥同住，也曾问起任公的年谱。他说："大概不久就可以完成，现在赵君已经将所有的材料整理就绪，我已经随时修改了几次，现在还想再从头到尾细细的斟酌一翻，就可以脱稿付印了。"这是民国廿四年五月的话。我六月就离开了南京，取道北平、沈阳、西比利亚，又回德国去了，不期这一次竟是我们兄弟的生离死别！

这年的秋天，二哥去衡阳调查煤矿。十一月初旬，曾下矿视察，出汗很多，回寓沐浴，侍役无知，在一个经已闭塞的壁炉内生火取暖，因此中了煤毒。又为一个无知的铁路医官，急于见功，不问好歹的施行横蛮的人工呼吸，致将他的肋骨弄断。当时病人已无知觉，所以没有发现。当天翁咏霓奉命乘了蒋先生的私人飞机到衡阳去看他。至今不能理解的，翁先生没有用飞机将他顺便带回南京，而让他用卡车送往长沙湘雅医院去休养。很负时誉的杨济时医师，竟大意的没有仔细检查，根本没有发觉肋骨的断折。到十二月中傅孟真奇异他还没有恢复，赶到长沙去看他，他说肋骨常痛，孟真另请一英国医师诊视，才诊断出他的肋骨已经因伤生脓，结成了脓胸。因为时间拖的太久，虽然开刀了两次，仍然无效，到廿五年一月五日竟不治而死。

我那时正在德国佛朗府，替中国学院布置中国民俗博物馆，接到了这个恶耗以后，悲痛万分，赶快将那里的事情结束，买棹东归。我是他遗嘱的执行人，也是他遗嘱上指定整理遗著的人，然而等到我三月回到南京寓所，已经找不到他的任何遗著。据家人告我，二哥死后，所有的著作，都给翁咏霓先生拿走了。我就问之于翁，他的回答是："你老兄并没有什么遗著！在我这里的，只有他在云、贵、川三省调查的报告。这是一部专门著作，又不是你所能懂得的，还是让我替他整理代印罢！"这是翁咏霓先生在民国廿五年三月说的话。二哥这一部地质学的报告，其中他有许多理论，且早已为地质界同仁所引用。他本人也认为是一部重要的著作，所以总不肯轻易付印。他死以前，我亦曾问起这部著作，他说不久就可脱稿；他死后翁先生认为还须要整理，可是这一整理，就整理了将近十年，到了民国三十四年，仍然毫无出版的消息。那时我们都在重庆，经我和李仲揆二人的再三催促，我还坚决主张对原著不能有任何改动，才于胜利以后，由中央地质调查所将这部著作出版。

二哥的另一部著作《爨文丛刊》，是讲贵州猓猡民族言语的一部书。在二哥去世不久，已由傅孟真用历史语言研究所特刊的名义，交商务印书馆出版了。而他的猓猡人种测量的一篇论文，则由吴定良替他整理，据说寄到英国一个人种学专刊去发表了，可是我始终没有亲眼看到。

任公的年谱，以后证实确是翁先生取去的；在他行政院秘书长任内，他叫人油印了二三十部，分送任公的亲友，请他们审核。我一直到民国二十九年在柏林的时候，听到关德懋先生（行政院总务科科长）说起，才知道的。民国三十年我由德经美返国，在重庆多方探听，终于在地质调查所周赞衡先生处，看到这一部著作，就是这一部蓝晒本。其中经二哥修改的笔迹，都历历可考，正喜如获至宝，而翁先生却不肯交出。他说："在现在这种战乱的时候，我只能交给一个国立的学术机构保存，方算是对得住老朋友！"他即将此稿交历史语言研究所收藏。孟真当时因任公的大小姐曾因为年谱内引用的家信太多，不愿意太早发表，劝我少待。同时也因为战事动乱无定，无法进行。

胜利以后，在南京的时候，我有机会，曾亲自问过任公大小姐的意见，她说当初确曾反对，可是现在却希望能够早日出版了。我从南京去上海，本来就决意付印，又因接纳二哥的老友刘厚生先生的劝告，他说："林宰平先生是任公和在君的好友，他正在整理这部著作，你不妨先和他谈谈，以后再作决定。"我同意了他的好意。可是宰平先生那时在天津，而我在上海，一时无法晤面。在台北的时候，也曾问过孟真，他说此稿确已带出，惟当时藏在木箱以内，非至适当时期无法开箱寻出。以后孟真不幸因公而殁，正惧此稿或将因此而有变，中心忧忧，无时或已。去年五月来台，值中央研究院新址落成，所有图书，已经从木箱取出，陈列于历史语言研究所。这部蓝晒纸的原稿，也幸而无恙。当时正在和诸友好商量出版二哥去世的二十周年纪念册，承董彦堂先生的盛情，答应将此稿借出，又荷世界书局杨家骆先生愿出资重抄，代为出版。才使我二十年来的心愿，得以完成，这真是我流亡生活中的一件最愉快的事了。

现在杨先生要将此书于重抄完毕后付排，并嘱我将关于这部书的先后经过，一一写出，以便读者得知个中原委。在此谨向董彦堂、杨家骆二位先生致谢。

帮助二哥整理和抄写的赵先生，我始终无缘相识，也没有通过信，更不晓得他现在在什么地方，我只能在这里向他表示我衷心的谢意。

一九五六、一二、一六

（收入丁文江主编：《梁任公先生年谱长编》，台北：世界书局，1958 年出版）

《梁启超年谱长编》序

顾颉刚

　　康、梁两人为推动中国之变法运动者，其为历史人物，百世无疑也。顾未有综合当时文献为之觑理成书者，此非史家之大憾乎！一九二九年，予任教燕京大学，赵君丰田从予治古史，予察其资性适于治当代史，适康同璧女士以其父杂稿一箱畀予整理成书，遂以交赵君，尽一年之力成《康长素先生年谱稿》一篇，载入燕大《史学年报》。其文为丁文江先生所见，颇加赏誉。时梁启超没未三年，其子女辈以其书籍及稿件悉数捐献北平图书馆，为丁先生所见，慨然以梁氏年谱自任。然其所任职务弥众，梁氏稿件又繁，力不能胜，遂又商之于予，借赵君之力以竣其功。

　　自后日军侵华，人物毁乱，丁氏既没，予与赵君久不相闻，遂不知此稿之尚存与否？一九六二年，忽遇之于中华书局编辑部，时赵君正在编《梁启超集》，欲完康、梁之史迹与丁、赵之劳勋，以竟一代之伟业也。无何，"文化革命"运动起，此事完成与否又不可问，搔首问天，徒与奈何而已！

　　去年赵君偕助手申松欣同志来京，访予于玉渊潭新居，告予《梁谱长编》正在修订，即将完成，由上海人民出版社出版，今后还拟整编《康氏遗稿》。予喜其有愚公移山之勇气，在五十年离乱时间中，不负康、梁两家之悬望与丁先生不能及身完成之憾也。何意今年噩耗传来，赵君竟于岁初逝世。是则告我以成书，即示我以永别之噩耗也，痛哉！

　　顷知《梁谱长编》已由赵君助手申松欣、李国俊两同志修订完毕，并已转至沪上，出版有期，不独慰我无量，并康、梁、罗、丁诸家亦将欢喜无既。爰不辞病躯之孱弱，一吐五十年来之苦闷，后之览者倘亦与我有同感乎！

顾颉刚

一九八○年六月二十六日

（收入丁文江、赵丰田编：《梁启超年谱长编》，上海人民出版社，1983 年 8 月版）

《梁启超年谱长编》前言

赵丰田

《梁启超年谱长编》与读者见面了。我多年的宿愿终于实现，感到莫大的欣慰。

梁启超（1873—1929），字卓如，号任公，又号饮冰室主人，广东新会县人，是近代中国著名的资产阶级政治家和思想家。他在戊戌变法时期崭露头角，以后活跃于历史舞台达三十年之久。三十年中，他积极参与了各派政治力量之间的斗争，在不同的历史时期起过不同的作用，成为近代中国历史上很有影响而又较为复杂的历史人物。因此，国内外学术界都极为关注，从各方面对他进行研究，那是很自然的。

全国解放以后，随着文化科学事业的发展，学术界对梁启超的研究也日趋活跃。特别是粉碎"四人帮"以来，学术界对于戊戌变法和康有为、梁启超的研究，也出现了新的气象，取得了新的成果。不少研究者从我早年所编的《梁任公先生年谱长编初稿》（以下简称《初稿》）中引用资料，有的且将《初稿》全部翻印，供研究参考。有鉴于此，上海人民出版社编辑同志约我将《初稿》修订出版，以应学术界的需要。这部《梁启超年谱长编》就是在《初稿》的基础上修订而成的。

《初稿》的编辑工作，是在梁启超去世的一九二九年开始的。当时，梁的亲属和朋友们为了纪念这位有影响的历史人物，给后人研究评论梁启超提供基本资料，商议办两件事。一是编辑《饮冰室合集》，由梁的朋友林志钧（宰平）负责。因为梁著述甚多，生前已刊行的《饮冰室文集》多达二三十种，但均收录不全，故决定编一部比较完备的集子，这便是一九三二年由上海中华书局发行的《饮冰室合集》四十册。二是编一部年谱，为梁启超传作准备，交梁的另一位朋友丁文江（在君）负责。

编辑年谱的计划确定之后，即由梁的子女梁思成、梁思顺（令娴）署名登报，并由丁文江和梁思成亲自发函向各处征集梁启超与师友的来往信札，以及诗、词、文、电等的抄件或复制件（原件仍由原收藏者保存）。仅半年左右时间，梁家就收到了大量的资料，其中仅梁的信札就有二千多封，其他各种资料仍陆续寄来。丁文江翻阅了这些资料，刚粗加整理，又因南京铁道部的邀请，于一九二九年冬率领一个勘察队前往云南、贵州进行地质调查，次年夏天才回到北平。一九三一年秋，丁就任北京大学地质系研究教授。当时，丁既要写西南地质调查报告，又承担了北大的地质研究工作，实无余力再编辑梁谱。因而丁就托朋友从北京高等学校中替他物色助手，帮他编辑梁谱。这时，我正在燕京大学研究院学习，曾撰作《康长素先生年谱稿》的大学毕业论文，对康有为和梁启超作过一些研究。燕大研究院院长陆志韦教授和我的老师顾颉刚教授乃将我介绍于丁，丁即到燕大研究院邀聘我助他编写梁谱。

一九三二年暑假开始，我就在丁文江的指导下，到北京图书馆正式接手此项工作。当时已经搜集到的梁启超来往信札有近万件之多，这是编年谱的主要材料。此外，还有梁几百万字的著作，以及他人撰写的有关梁的传记。要把这么浩繁和杂乱的资料疏理清楚，并编辑成书，任务是比较艰巨的。好在丁文江对此已有了比较成熟的意见，向我强调了下面几个主要之点：一、梁启超生前很欣赏西人"画我象我"的名言，年谱要全面地、真实地反映谱主的面貌；二、本谱要有自己的特点，即以梁的来往信札为主，其他一般资料少用；三、采用梁在《中国历史研究补编》中讲的编辑方法，平述和纲目并用的编年体；四、用语体文先编部年谱长编。这最后一点与梁家的意见不同。梁的家属主张编年谱，并用文言文。丁文江觉得重要材料很多，先编年谱长编，既可以保存较多的材料，又可较快成书。他又是胡适的好友，很赞成胡适提倡的白话文运动，所以仍是坚持用白话文。我根据丁文江的意见，草拟了详细的编例，经丁修改后定为二十五条。现附于书首，借见当年编辑用意。

编例确定之后，我就进入了紧张的编辑工作。首先是阅读和选定所需资料，交缮写员抄录并注明出处。然后，我再将选录的资料按年分类连缀起来，定出纲目，加上说明性的或论介性的文字，显现谱主在有关年月中的主要活动。在此过程中，丁文江不定期地前来了解编辑情况，及时提出一些指导性的意见。一九三四年秋编出第一稿，抄成二十四册，约一百余万字。丁认为篇幅太大，要我大加削简后，再送给他审阅。

一九三四年六月，丁文江辞去北大教授职务，到南京就任中央研究院总干事。我也于一九三五年初随往南京中央研究院，对第一稿进行删削。这年十二月，丁因公出差湖南衡阳，不幸煤气中毒，一九三六年一月五日于长沙湘雅医院去世。之后，由丁的朋友翁文灏接替主管梁谱编辑工作。这时，我想早日结束此事，转往别的研究，工作加速进行，以致《初稿》的最后部分显得比较粗糙。到一九三六年五月，我完成了长编第二稿，约六十七万字。由翁文灏根据丁文江的原意，题名为《梁任公先生年谱长编初稿》，油印五十部，每部装成十二册，发给梁的家属和知友作为征求意见之用。

我离开南京时，只带走手抄的第一稿二十四册，原资料都留在中央研究院翁文灏处。梁的家属后来从我手里要回了第一稿，又托人转给我一部油印本长编《初稿》（编号为第 11 号）。以后的四十多年里，我都忙于在大学里教书或作别的研究工作，没有继续从事梁谱的整理与研究。直到一九七八年夏，才应上海人民出版社的邀约，重新继续这项中断了四十多年的梁谱编纂工作。

《初稿》既是三十年代初期的产物，不免带有历史的局限。在今天看来，有些观点是错误的。但既于几十年前已编辑成型，社会上又早有流传，这次重加修订，不妨保持原书的风貌。经与各地学者交换意见，确定修订原则是：在基本上保持原《初稿》内容和结构的基础上，作适当的增补和删改。增补侧重于信札和有关谱主活动的重大史事，特别是解放后发现的一些与梁氏交往的信札，如《汪穰卿先生师友手札》等；删改仅限于与谱主关系不大的极少量一般资料和原有的编述性文字。此外，还对原《初稿》作些资料性的校勘和注释。但一则因为许多信札原稿已经散佚；二则信札中用的代号隐语很多。所以不可能作全面详尽地校勘和注释，有些只好留待以后再行补正了。

现在的《梁启超年谱长编》有七十余万字，其中主要部分是谱主与其师友的来往书信，共七百余件，约占全书的十分之八。因为书信，特别是关系密切的师友之间的来往书信，较之公开言论更能真实地反映作者的思想观点和政治倾向，这对于我们研究梁启超，乃至梁所代表的政治派系与其他各种阶级力量之间的关系，是有用处的。因之，有关书信，包括有些长达六七千字的书信，一般都全函照录，虽使本书各部分之间，不很匀称，但确是保存了很多有用的资料。

早年编纂本书时，前后有一致的体例，即"平叙、纲目两体并用"。除最初几年谱主年幼事少无庸多述外，以后各年一般都有记述本年大事的综合性文字，然后按事情先后，分目辑述。这种体例，有它的优点，但也有它的局限。这次限于时间没有作较大的修改，《初稿》中存在的类似缺点，也都承袭下来了。另外，不少资料对孙中山为首的资产阶级革命民主派，以及中国共产党领导的新民主主义革命，都有许多诬蔑之词，修订时均保持原貌，未予删节，借以反映梁启超这派人物的历史面目。再则，本书各年之间资料详略不均，有的较周详，有的较简略。这是由于资料限制，在目前一时找不到可供增补的情况下，只得一仍其旧。

这里，不妨顺便提一下，一九五八年台湾世界书局曾将《初稿》排印出版，书名仍叫《梁任公先生年谱长编初稿》。胡适为该书写了序文，其中所记《初稿》编辑情况，与我的记忆大体吻合。唯他提到后来梁启超家属委托林志钧修改《初稿》一事，似不可能。梁的家属和朋友是一直重视《初稿》的修改的。从陈叔通先生赠给上海图书馆的那部《初稿》上可以看出，直到一九四八年，征求修改意见的工作仍在继续进行。这部《初稿》上面有梁启超生前友好陈叔通、何天柱、贾毅安和亲属梁启勋、梁思成、梁思顺批注的文字数十处，提出应予删改的资料数百处。这次修订时，我们将这些批注的意见都分别列入有关的事中，供读者参考。

一九二九年一月梁启超去世后，《初稿》的资料搜集工作即已开始，至今已整整半个世纪，从《初稿》编成到现在也已四十多年了。拖了这么长的时间，才有修订和增补的《梁启超年谱长编》出版，我一方面深愧自己没有尽到责任，另一方面，更感谢党的关怀，使我大受鼓舞，决心在有生之年再为社会主义文化事业作点力所能及的工作，这才有今天《梁启超年谱长编》的出版。回忆我一九三二年秋应丁文江之邀从事梁谱编纂时，还是一个年仅二十七岁的青年，这是我结束学生生活、走向社会后所从事的第一件工作。今天，我已是七十四龄一老翁，精疲力衰，今后恐怕很难有多少作为了！《梁启超年谱长编》的编纂和修订，竟然和我一生的历史研究相始相终，诚非始料所及。当年，我们的国家是国破民穷，疮痍满目；今朝，则如旭日东升，龙行虎步。正如梁启超所言："风云入世多，日月掷人急。"抚今思昔，不禁感慨万千。

本书修订过程中，我们曾得到北京、上海、广州有关单位和同志的关怀与支持；史学界老前辈、我的老师顾颉刚教授一如当年，殷勤指导；尹达同志一再关注；梁思庄同志提供了他先父的书札、诗词手稿和照片多件。在此，我一并表示衷心的谢忱。

最后应该说明的是，本书的修订工作，由于我年老多病，以致使修订工作时续时断，不能很好开展，承河南省历史研究所的关怀，派本所申松欣、李国俊两位同志直接参加了本书的具体修订工作。

赵丰田

1979 年 12 月记于河南省历史研究所

（收入丁文江、赵丰田编：《梁启超年谱长编》，上海人民出版社，1983 年 8 月版）

论丁文江所谓徐霞客地理上之重要发见

谭其骧

　　徐霞客晚年，为西南万里之游，经苗傈异族之乡，极人所不堪之苦，遇盗者再，绝粮者三，百折不回，至死无悔。丁文江为霞客撰年谱，尝论及所以使之然之故，结论曰，"然则先生之游，非徒游也，欲穷江河之渊源，山脉之经络也。此种求知之精神，乃近百年来欧美人之特色，而不谓先生已得之于二百八十年前，故凡论先生者，或仅爱其文章，或徒惊其游迹，皆非真能知先生者也。"诚者斯言。然霞客作万里遐征之志，虽在乎此，而霞客之成就却不在乎此，丁氏知其一而不知其二，竟谓霞客于西南地理上多所重要发现，一一揭示而誉扬之。其言差谬，贻误后学不浅。是丁氏亦非真知霞客者也。盖霞客之成就，仍在其游迹文章，霞客能到人所不能到，写人所不能写，此霞客之所以为"千古奇人"，《游记》之所以为"千古奇书"（并钱谦益语）也。至其论江河之渊源，山脉之经络，则于小处如辨枯柯河之入潞江而不入澜沧，碧溪江之即漾濞河下流，虽间有所获，于大处如以南盘为右江上流，大金沙为龙川江别名，反多疏失。于身所未历目所未击者，往往误前人之所不误。如谓北盘导源于寻甸杨林之水，龙川大盈会流于入缅之前是也。于所身历目击处，仅足以订正一二《大明一统志》之误耳。如言澜沧之独流南下而不东合礼社于定边（今蒙化南），北盘之东下都泥而不南注右江是也。而《明统志》一书，实为古来舆地书中之舛谬最甚者，顾亭林尝极论之（《日知录》卷三一），本不足以代表明以前国人之地理知识。以霞客所见较之《明统志》，则霞客或胜矣，若以较之古人，则尤且不及，无论有过。丁氏不加考索，遽以此等处皆目为霞客之创获。夫岂不贻误后学，岂为真知霞客者哉？吾侪今日纪念霞客，首须真正了解霞客，余故不惮烦而为之辨焉。

丁氏所谓霞客地理上之重要发见凡五：南北盘江之源流，一也；澜沧江潞江之出路，二也；枯柯河之出路及碧溪江之上流，三也；大盈龙川大金沙三江之分合经流，四也；江流，五也。自余考之，中惟最不重要之第三项，诚足以匡正前人，已引见上文，其余四项，皆断乎绝无"发见"之可言。兹依次论列如左。

僻居乏书，无论其他，即霞客所引证辨订之《大明一统志》，亦不可得见。兹所举以代表明以前之地理知识者，惟《汉书·地理志》、《水经注》二书，代表明人之地理知识者，惟《天下郡国利病书》、《读史方舆纪要》及《明史·地理志》三书而已。《利病书》等虽成于清初，惟所采皆明人旧籍，所载皆明人旧说。亭林、宛溪足迹未至西南，不容有所创获，又卒于康熙中叶以前，其时天主教教士所绘制之舆图犹未竣事也。《明史·地理志》表进于《大内舆图》竣事之后，而其误处如以澜沧为富良上流，以右江为两盘下流，与明人之说同出一辙，知修史诸臣深明限断之义，但以前代图籍为本，亦未尝受《大内图》之影响也。

（一）

崇祯十一年霞客入滇之初，自仲夏至季秋，遍历沾益曲靖越州陆凉（今陆良）临安（今建水）石屏阿迷（今开远）弥勒广西（今泸西）师宗罗平黄草坝（属贵州）亦佐（今罗平北）寻甸嵩明诸地，其游之目的，全在探南北盘江之源。今本《游记》缺自亦资孔入境至广西府一段。惟《盘江考》全文俱在。此考都二千余言，即霞客五阅月间深研穷索之总成绩也。《丁谱》誉为我国言地理学最重要之文字，并标举其"发见"凡三事。旧志（《明统志》）以"明月所火烧铺二水（出亦资孔驿西南十五里小洞岭，岭东水经火烧铺北出，合北盘江，岭西水经明月所南下会南盘江。）为南北盘江之源，至先生始知北盘尚有可渡，南盘尚有交水"，一也。"北盘下流，初无人能言其详。旧志至以郁江之右江当之。至先生始知其由安南县下都泥河，出罗木渡下迁江"，二也。"南盘发源于沾益之炎方（驿名）。然不即东南流，反曲折西南八百余里，成一大半圆，会石屏临安之泸江，始由罗江而东"，三也。而"先生之误一在以南盘为右江之上流"，"二在以寻甸杨林之水为可渡河之上流"，"前者盖误于旧志之以右江为盘，""后者则先生误信沾益人龚起潜及《一统志》之旧说。"

今按《汉书·地理志》牂柯郡夜郎县豚水东至广郁，《水经注》温水出牂柯郡夜郎县，豚水即今北盘江，温水即今南盘江，二水同出于夜郎，而夜郎故治，实在今沾益宣威之间（《云南通志》稿）正交水可渡发源之所。《元史·地理志》沾益州据南盘江北盘江之间，沾益故治在今宣威之北，距可渡尤近。至明月所火烧铺二地，汉时当属平夷县或谈藁县，元时当属罗山县或亦佐县，不得以夜郎沾益概之。是可渡为北盘之源，交水为南盘之源，自汉至元，千数百年来学者已习知之，何待霞客之发见？霞客所见，仅足以证古人之是，辟《明统志》之妄耳，安得遽谓为发见？（《统志》之妄，明人中亦非仅霞客知之。《方舆纪要》、《明史·地志》载两盘之源，皆不从《统志》之说。北盘始于乌撒〔今威宁〕较霞客知之尤悉，惟南盘始于沾益西南，失之稍近。）

北盘下流，《汉志》但言豚水东至广郁，郁水（郁林郡广郁县下）首受夜郎豚水，东至四会入海，文辞含混，莫由知其经历之详。然《水经》温水注已有较明晰之记载。豚水东径且兰县谓之牂柯水，又东南径毋敛县西，又径广郁县为郁水，又东北径领方县北，又东径布山县北，又径中留县南与温水合。且兰（故治在今都匀北）毋敛（故治在今独山南）之西。则今之安南是也，领方（故治在今宾阳西）布山（故治在今贵县南）之北，则今之迁江是也，是则北盘之经安南下迁江，六朝人已知之矣，又何待霞客之发见？（中留故治在今武宣西南，北盘下流之黔江，实经其北，郦注微误。）且《明统志》之误，在两盘江会流以后，会流以前未尝误，霞客不信北盘南下泗城（今凌云）西北者香渡会南盘之正说，乃妄谓自安南东铁桥以下东南合平州（今平舟）诸水入泗城东北境，是直以今紫云罗甸间之格必河为北盘经流，其谬岂在《统志》之下哉？（自那地以下不曰经东兰而曰出永顺，又误以刁江为北盘经流。）

南盘之自沾益西南流会泸江始折而东北，霞客未尝以此为前人所不知，亦未尝谓旧志有误，而丁谱亦列以为发见之一，更不知其何所见而云然。班《志》、郦《注》虽不载泸江，然既载俞元毋掇二桥水并东注于温，（班云毋掇桥水东至中留入潭，潭水即今柳江，桥水入温而后，温桥可通称也。）俞元之桥即今抚仙湖下流，毋掇之桥即今曲江，是班郦何尝不知南盘之曲折西南流，曲江会南盘于今华宁县东，夫既知至于华宁矣，安知其不知至于开远？《明史·地理志》于沾益以下罗平以上凡江流经行诸州县下，皆注称有盘江，无一或缺，亦载及抚仙湖曲江泸江诸水之入盘，又于曲靖府南宁县下总叙云：南盘江下流环云南澂江广西三府之境，至罗平州入贵州界，足见其于南盘之曲折西南流，知之甚悉，初不下于霞客也。

丁谱所谓霞客之发见凡三，自余考之，无一非前人所已知。而丁谱所指陈霞客之误凡二，以为皆由于误采旧志之说，自余考之，其以南盘为右江之上流，果明人之通病，至其以寻甸杨林之水为可渡河之上流，而不知其实下牛栏入大江，此则前人类多知之，《一统志》亦不误，霞客不察，误从沾益人龚起潜之妄说耳。何以知前人类多知之？班《志》、郦《注》涂水出益州（建宁）郡收（牧）靡县南山腊谷，西北至越巂入绳，涂水即今牛栏江，绳水即今金沙江，收靡故治在今会泽寻甸之境，（《志》稿）涂水上流在收靡之南山，正霞客所谓寻甸杨林之水矣。《利病书》（一〇八）引前人金沙江源流及杨士云《议开金沙江书》皆云牛栏江源出寻甸。流注金沙，《方舆纪要》亦从之。何以知《一统志》不误？牛栏江上流，自寻甸以下，实经沾益西北境。（在寻甸曰阿交合溪，至沾益曰车洪江。）《一统志》但言寻甸之水东入沾益，（《游记》九月二十三日引）未尝言其合于可渡，本是也。霞客惑于龚起潜之说，以为"确而有据"，先有成见，遂谓入沾益必合于可渡，此霞客之武断，安得以《一统志》代尸其咎耶？

（二）

崇祯十二年暮春，霞客自大理西南行，经永昌（今保山）至于腾越（今腾冲），腾越处龙川大盈二江之间，霞客既纵揽近郊山水，《游记》于四月十六日有文论大盈龙川及金沙江之经流。略曰：《志》言芒市西之麓川江，与腾越东之龙川江，源流相同，是麓川即龙川。《志》又言龙川江出峨昌蛮地，南流至缅太公城（今 Mandalay）合大盈江。又言，金沙江源出芒市西南之青石山，流入大盈江，是金沙又龙川之别名。盖峨昌蛮之水，流至腾越东，为龙川江，至芒市西，为麓川江，以与麓川为界也。其在司境（芒市）

实出青石山下，以其下流为金沙江，遂指为金沙之源，而源非出于山下可知。又至干崖(今盈江)西南，缅甸之北，大盈江自北来合，同而南流，其势始阔，于是独名金沙江而至太公城。孟养之界，实当其南流之西，故指以为界(《志》言孟养东至金沙江，南至缅甸，北至干崖)，非孟养之东又有一金沙南流，干崖之西又有一金沙出青石山西流(《志》言大盈江自干崖西流至比苏蛮界注金沙江。)亦非大盈江既合金沙而入缅，(《志》言大盈江注金沙江入于缅。)龙川江又入缅而合大盈。大盈江所入之金沙即龙川下流，龙川所合之大盈，即共名金沙者也。丁谱按云："《一统志》言大盈龙川麓川及缅甸之金沙江，讹误至不可解，先生始订正其源流"，"按今图考之，先生之言，无一不符。惟金沙江之源流，先生言之不详，盖大盈合槟榔江为太平江，再合金沙江，下流至太公城，始与龙川合。"然自余考之，则霞客此段文字，惟谓麓川即龙川不误，而此点《纪要》(云南大川)《明志》(陇川司)固明言之，知为明代治舆地学者所熟知，初无待霞客之发明。其余所论，但见其谬，不见其符。明人所谓金沙江实指大盈江之下流，(大盈江至干崖司西南，槟榔江自北来会，此下或称大盈，或称槟榔，又西南至比苏蛮界，称金沙江，即今太平江，而大盈之名不废。)而伊洛瓦底江自八莫以下通称焉。《纪要》(云南大川腾越缅甸孟养南甸干崖)《明志》(缅甸孟养)皆知之。其水在孟养之东，麓川之西，与芒市无涉。《志》于芒市青石山下云云，妄耳，顾宛溪能辨之，而霞客不能，且据以立龙川下流即金沙之说，遂铸滔天大错。夫正统间麓川(一作陇川)既平，思机发走金沙江外，窃据孟养，负固不服。其后大举进剿，总督王骥率官军及木邦缅甸南甸干崖陇川等司土兵，由干崖至金沙江。机发列阵据守于西岸。大军既济，大破之，踰孟养至于孟那。诸部皆震詟曰："自古汉人无渡金沙江者，今王师至此，真天威也。"(节录《明史·麓川土司传》)此役为明代一大武功，史载其用兵经历，至为翔实，可确证金沙江实在干崖南甸陇川诸司之西，(《孟养土司传》亦可证)《纪要》、《史志》以大盈江下流当之是也。若金沙为龙川下游，则诸司并在金沙之西，机发之自陇川之孟养，不得曰亡走江外，王骥之进剿机发焉得临江拒守？且骥于是年之前，已再征麓川，大兵数出入其地，又何来自古汉人无渡金沙江之说乎？(如霞客之说，则孟养在芒市西南，麓川之南，此蛮莫孟密之境也。弘治中孟养思陆叛，渡江

〔指金沙〕侵据其地。)明人记本朝武功之书不少,想霞客皆未寓目,而其游踪又止于腾越近郊,未尝出关一步,乃欲悬揣千里以外之山川脉络,宜其讹失矣。至龙川金沙二江之会流处,(明人以大盈为金沙之源,故此处金沙亦兼得大盈之称。)实在缅甸今之吉沙城(Katha),《一统志》龙川江条作在太公城,虽相去匪近,究同属缅地。(会金沙于太公城者,乃 Myitnge 而非龙川下流之 Shweli,丁氏生当二十世纪,竟亦有是误,此可怪耳。)霞客乃谓在入缅之前,斯则误旧志之所不误,非特言之不详而已也。(《志》于大盈江言至比苏蛮界注金沙江,入于缅,"注"当作"称",霞客不知,又错认金沙江为龙川,致有此谬。)

(三)

霞客初自大理之腾越,已历澜沧潞江,既而由腾越东返,又自永昌循澜沧绕道顺宁云州(今县),北经蒙化,还于鸡足山。《游记》于三月二十八日,四月十一日,十六日,八月初九日,俱有文论二江之出路,略云,澜沧"东南经顺宁云州之东,南下威远(今景谷)车里,为挝龙江,入交趾至海。《一统志》谓赵州(今凤仪)白崖睑礼社江至楚雄定边县(今蒙化南)合澜沧入元江府(今县)为元江"。"今按铁锁桥东有碑,亦乡绅所著,止云自顺宁车里入南海,其未尝东入元江可知也。"潞江"或言东与澜沧合,或言从中直下交南"。"以余度之,亦以为独流不合者是。""于是益知高黎贡之脉,南下芒市木邦而尽于海,潞江之独下海西可知矣。""前过旧城(云州)遇一跛者,其言独历历有据,曰潞江在此地西三百余里,为云州西界,南由耿马而去,为渣里江,不东曲而合澜沧也。澜沧江在此地东百五十里,为云州东界,南由威远州而去,为挝龙江,不东曲而合元江也。于是始知挝龙之名,始知东合之说为妄。"丁谱据此大书曰:"自先生始,始知礼社(即红河)澜沧潞江为三江,分道入南海。"

今按澜沧潞江分道入海,此元人朱思本已著之于图(《纪要》云南大川引),朱图通行明代,故李元阳(《纪要》引)、杨慎(《利病书》一〇八引)、《方舆纪要》、《明史·地志》并从其说。或人之说,果未尝见信于通人也。霞客辟之,虽有功于朱图,安得便谓自霞客始知之?且朱图绘潞江经木邦缅甸入于南海是也，霞客乃谓从中直下交南，非矣。是霞客所见，实犹不及朱思本之正确。又霞客据"高黎贡之脉南尽于海"，断言潞江独流入海，此可证潞江不西合于金沙，不可证不东合于澜沧也。（山脉本非必为分水，然此乃前人通病，不足为霞客咎。）

澜沧不东合礼社于定边而南下威远车里，此亦明代学者所公认，故《纪要》、《史志》皆直书不疑。《一统志》纂修诸臣不学，致误采东合之谬说，然亦著南下之正说（《游记》八月初九日引），又安得便谓自霞客始知之？《纪要》，澜沧江经车里九龙山下，亦谓之九龙江，九龙即"跛者"所谓挝龙矣。是则九龙之名，当亦习见于明人舆地书，不待访于"跛者"而后知。且明人皆不知澜沧直下老挝真腊，误为东南达交趾为富良江而入于海。霞客述挝龙下流入海处，不作在真腊而曰在交趾，知亦未尝真知澜沧之出路，未尝不以礼社澜沧为合流于交趾也。霞客所辨者只为礼社澜沧不合流于定边耳，丁氏遽以为霞客并二江之分道入海而知之，诚不知其何所见而云然。

（四）

崇祯十三年，霞客自丽江"西出石门金沙"取道东归，其《江源考》盖即作于是年。《考》之主旨在阐明江源当以金沙为正，而岷江特中国之支流。略曰：江源出昆仑之南"犁牛石，南流经石门关，始东折而入丽江为金沙江，又北曲为叙州（府治今宜宾）大江，与岷江之江合"。岷江经成都至叙，不及千里，金沙江经丽江（府治今丽江）、云南（府治今昆明）、乌蒙（府治今昭通）至叙，共二千余里，"世所以舍远而宗近"，良由"岷江为舟楫所通，金沙江盘折蛮獠溪洞间，水陆俱莫能溯。在叙州者，只知其水出于马湖（府治今屏山）、乌蒙，而不知上流之由云南丽江。在云南丽江者，知其为金沙江，而不知下流之出叙为江源。云南亦有二金沙江"。"云南诸志俱不载其出入之异，互相疑溷，尚不悉是一是二，分北分南，又何辨其为源与否也。"丁谱曰，"知金沙江为扬子江上游，自先生始，亦即先生地理上最重要之发见也。"

今按金沙江出吐蕃界，经共龙川犁牛石下，谓之犁牛河，南至丽江巨津州（故治在今丽江西北三百里）入境，犁讹为丽，以江内产黄金，又得金沙之名，《利病书》引前人金沙江源流载之綦详，杨士云《议开金沙江书》、《明史·地志》所述略同，知亦明人之通识，非自霞客始知之。（霞客谓江过石门始名金沙，微误，巨津州在石门北，已著金沙之称矣。）至金沙江北流至宜宾合于岷江，此则数千百年前之班《志》、郦《注》已明言之。班《志》越嶲郡遂久县绳水出徼外，东至僰道入江。《水经》若水注，绳水出徼外，南径旄中道至大莋，与若水合，自下绳、若通称，东北至僰道入江。绳水即今金沙江，僰道即今宜宾，遂久在今永胜北，隔金沙江与丽江对，旄牛在今汉源大渡河之南。是两汉六朝人，不特知金沙之出于丽江徼外，且知上流更在汉源之西之巴安一带，殆即明人所谓共龙川犁牛石矣（若水即今雅砻江，大莋在今会理西）。明人之知金沙江虽无甚逾于前人，然亦未尝并前人所知者而忘之。夫正统间王骥始议开金沙江以通川滇水道，其后嘉靖、隆庆、天启，屡绍述其说（《利病书》、《纪要》引），岂有不知金沙为叙府大江之上游者？诸臣论疏所著江流经行程站道里，至详且备，岂有不知其远于岷江者？霞客所云在叙者，不知上流之由于云南丽江，在云南丽江者，不知下流之出叙，此盖乡曲小民之见耳，不足以语乎学人者也。至金沙江与大金沙江出入之异，霞客所见云南诸志容有疑涠，自余所见明代通儒之作，固无一不辨晰昭然。（霞客谓：金沙江水陆俱莫能溯，亦非事实。元至元十四年诏开乌蒙道，所过城砦，水陆皆置驿传（《利病书》金沙江考）则自乌蒙以下，元世尝通驿传矣。明嘉靖中姜驿驿丞言木商结箄筏自本司江流六日，即抵马湖（《利病书》《毛凤韶疏通边方河道议》）则自金沙江巡检司以下，明世畅行箄筏矣。）

霞客所知前人无不知之，然而前人终无以金沙为江源者，以岷山导江为圣经之文，不敢轻言改易耳。霞客以真理驳圣经，敢言前人所不敢言，其正名之功，诚有足多，若云发见则不知其可。丁谱曰：先生之发见，"惜无继起者为之宣传，其文遂埋没于县志及《游记》中，直至康熙中派天主教士制全国地图时，始再发见金沙之出路，而欧人遂谓中国人未尝知江之真源，数典而忘其祖，亦吾国学者之耻也。"欧人之知有天主教教士而不知有霞客，盖犹丁氏之知有霞客而不知有孟坚、郦亭矣。

（载 1942 年 12 月浙江大学《徐霞客逝世 300 周年纪念册》）

丁文江与徐霞客

叶良辅

　　本校教授方豪神父告余曰，今岁为徐霞客先生逝世三百周年，能为文纪念否？张晓峰先生并为命题。吾师在君先生于一九三六年一月五日去世，至明年将届第六周年。丁师创办之中央地质调查所，成立已二十五年，将于本月在北碚开会纪念，余未必能往参加。此时作文以纪念徐霞客先生而兼及在师，非不得计，虽不能文，亦强应之。

　　丁、徐二公，可称同志，章师演存（鸿钊）前已言之[①]，"原来丁先生和徐霞客确有不少相似之点，一生不避艰难，两人相同，是第一点。霞客游迹遍国中，尤以自崇祯十年至十三年，湘桂滇黔之游为最久，丁先生前后入云南凡三次，入川黔桂亦各两三次，是第二点。霞客穷长江潇湘郴漓诸水源，和其他地理学上之贡献，可和丁先生对于西南地质学上的贡献，先后媲美，是第三点。最奇者，徐霞客携和尚静闻同行，而静闻遇病，卒于南宁，民国十八年丁先生组织西南调查队，携赵亚曾诸君同行，而赵君遇盗卒于云南，是第四点。徐霞客于静闻死后，遵其遗言，携其骨由南宁经黔入滇，凡行一年零二日，始瘗之于鸡足山。丁先生于赵君死后归葬其骨，复亲任其子教养，行必与俱，以至终身，两人之义侠，古今罕比，是第五点。霞客和丁先生，虽不同时，也真算得同志了。但丁先生的推崇霞客，还有别的用意，他一面是为外国人常说中国学者不能吃苦，要借他一雪此言，一面要借一个好模范来勉励一般青年去做艰险的工作，他的《徐霞客年谱序》说："今天下之乱，不及明季，学术之衰又复过之，而青年之士，不知自奋，徒藉口世乱，甘自暴弃，观先生之风，其亦可以自愧也

　　[①]　《我对于丁在君先生的回忆》，《地质论评》，1936年第1卷第3期。

乎。"这才把他的主意说明白了。然余尚有可以申论者。《徐霞客游记》一书，为习地学者所必读，自丁先生为徐公编《年谱》之后，更不可不读。丁先生因叶浩吾之指示，乃读此书，识其人。据《年谱》所载，徐公自幼聪颖，"矢口即成诵，搦管即成章"。"特好奇书，喜博览古今史集及舆地志，山海图经，以及一切冲举高蹈之迹。"可知于旧时史地之学，早有相当根基。十九岁丧父，先生虽出世家，而父以布衣起家致富。先生只要不慕荣贵，自可置身物外，专志独游。二十二岁开始游览，迄五十岁，二十八年之中，出游者二十年。足迹所至，尚在中州。而观察事实之精微，记载之详实，描写之工雅，分析现象之清晰，理解之正确，俱见诸游记。因此，当时虽无现代之地理学地质学，而其记述与推论，无不与地学原理相切合。例如崇祯元年，先生游闽，南下漳平，《游记》云："宁洋之溪，悬溜迅急，十倍建溪，盖蒲城至闽安入海八百余里，宁洋至海澄入海止三百余里，程愈迫则流愈急，况黎岭下至延平，不及五百里，而延平上至马岭不及四百而峻，是二岭之高，伯仲也。"丁氏《年谱》云："黎岭指建溪发源地，马岭当即马山岭，沙溪与宁洋溪之分水岭也。先生以二岭距延平之里数，与建沙二溪之夷峻相较，而知二岭之高相等，而马岭至海近，黎岭至海远，故宁洋溪流急于建溪，其卓识多如此。"此中所推论者，即分水岭之距海远近，河道纵剖面之坡度与基准之关系。在近代地质学中虽是常理，而在当时已能体会得之，先生智慧之高，可以概见。

五十一岁，先生为"万里遐征计"，携一僧一仆，漫游湘桂黔滇者四年。五十五岁返江阴故里。翌年正月卒于家。此行最大成就，为查明南北盘江之渊源，发见金沙江为长江之上游，与修《鸡足山志》是也。遇盗，绝粮，肩荷，旅险，僧死，仆逃，受尽艰辛而竟其志。丁氏《年谱》云："时先生兄……弟……俱存，长子……次子……已婚娶，三子十二岁，孙三岁，家有遗产，衣食足以自给，百年已过其半，五岳已游其四，文章受知于时人，道德见推于乡里。常人处此，必将弄孙课子，优游林下，以卒岁矣。乃先生掉头不过……奋然西行，百折不回，至死无悔。……此种'求知'之精神，乃近百年来欧美人之特色，而不谓先生已得之于二百八十余年前。凡现代科学家所仰慕所应具之美德，先生尽有之矣。"在师之推崇先生者，无疑的首在于斯。良以专心一志，吃苦耐劳，观察精细，记载详实，为科学工作之第一步。

丁先生之为人，与一身事迹，已详于翁师咏霓（文灏）所作传文，[①] 兹节录小段，即可概见。"先生之兴趣甚广，其在科学、经济、行政及政治方面之活动亦甚繁复。……先生才识敏捷，聪慧过人，故对于任何思想与事实之要点，均能迅速把握。先生为一真诚之爱国者，并极富热诚，凡所任事，无不尽力以赴。先生对于后进青年之鼓励，亦无所不至。在其领导之下，青年每能立定意志，从事一生之事业。先生信仰科学至笃，凡不合科学之一切思想及方法，均极端轻视。……先生性极富政治兴趣，但从不盲从任何主义。彼所坚决主张者为政府应为有良心及爱国心之好人。此种'好人政府'之思想，为先生及胡适君于1924年所提倡。所谓好人者，先生之解释，亦甚注意廉洁及品格，此点先生奉行维谨。……先生对于科学方面之写作，极为审慎，除非已全部确信无疑者外，绝不轻易发表。……"

丁先生之兴趣虽广，而始终不离科学。因其所专修者为地质学，故二十四岁游学返国，即考察滇黔。其后又两次考察西南。徐公观察之真切，有先生为之实地证明，徐公经历之艰险，有先生为之实地体念。志趣相同，经历相同，又何怪乎先生乐为之表彰。亦徐公之幸也。

徐公之为学既可为人师，而徐公之为人，亦多足称焉。丁氏《年谱》云："先生虽出世家，然少年丧父，且为布衣，又'不屑谒豪贵，博名高'。所交游者皆文学忠义之士，观其友以及其人，亦知人论世者所不可忽也。"同游僧静闻病死南宁，托先生埋其骨于鸡足山。《年谱》云："在途凡一年零二日，两次遇窃，几至绝粮，在黔缺夫，自与顾仆分肩行李，然卒携静闻之骨瘗于鸡足，侠义人之不轻然诺如此。"

丁先生之热忱爱国，廉洁自持，诚挚待人，亦为吾侪受其薰陶者所不忘。丁先生学问兴趣既广，以致不能专精，天又不假以时日（享年四十九岁），故其著述不及徐公之伟大精采为可惜耳。

（收入《地理学家徐霞客》，上海：商务印书馆，1948年版）

---

① 为中研院评议会作《丁文江先生传》，1940年。

《徐霞客游记》丁文江编本读后感

王成组

一、丁编本的特征与重印的意义

徐霞客（一五八九——一六四一）原名弘祖，从来以他的别号和所写作的游记闻名于世。他从一九〇七年开始出游，一九一三年开始写作游记，一直继续到一六三九年底（从鸡足山的回程还在下一年）。前后三十四年中，家居不到外地的只有十四年。晚年的西南游，连续作记的时间约三年又三个月。但是一六四〇年初，依然留在云南鸡足山修《山志》，及至病发而乘舆东归，途程约半年，又半年而去世，虚龄才五十六岁。每次留家不出的时间，一般都只一年余，惟有一六二五——一六二七的三年是因母丧守制而较久。

在我国历史上，徐霞客是通过长期旅游实践而成为地学名家的亘古一人。在他即将受到我国地学界与科学史研究团体隆重庆祝他的诞生四百周年之际，商务印书馆决定把一九二八年初次发行的丁文江编《徐霞客游记》影印重新出版，可以称之为这一项庆祝活动中具有重大意义的措施。近年来，上海古籍出版社编印的《徐霞客游记》，正文所依据的手抄本固然比较丁编本局部有些增加，而附图也有许多幅更是精细，但是五十六年前的丁编本的重要特征，仍然具有多方面的参考价值。

丁文江先生是我国地质学界最早的专家之一，留英十年，在辛亥革命前夕学成归国，取道当时兴修不久的滇越铁路游滇黔，在昆明得知《徐霞客游记》，急于阅读，竟无法购得。次年才在上海得到这部书。一九一三年北洋政府在农商部创设地质调查所，丁氏出任第一任所长，一九一四年领导考察队入滇，一路上查阅此书，特别体会到二百多年前徐氏观察之精细，记录之详实，而且考虑到收集有关地图的必要性。

丁氏编订这一套《徐霞客游记》和各种附录与地图，主要是在一九二一年开始，而持续到一九二七年七月完成，经历的时间大约六年余。获得当时的知名学者如梁启超、胡适等，和他早年培养的地质界学者，以及少数青年人的多方协助，这在丁氏的《重印〈徐霞客游记〉及新著〈年谱·序〉》中都有详细的说明，内中兼有丁氏的前辈、同辈与晚辈。例如襄助编图与标点的闻齐，是在旧制清华一九二五(?)年毕业的老同学，大概以几个暑、寒假的时间参加这些工作。

在现代地学界的学者之中，丁氏是第一个重视《徐霞客游记》这部书的人，而且采用年谱的方式以阐明这一位自学成才的明代地学专家的生平事绩。《年谱》的编制、分析，一方面依据《游记》各篇所记年月与内容，一方面也利用他收集在本书中卷二十《外编》的好多种资料。丁编本把《游记》与《外编》中所录霞客本人的诗文结合在一起，也可以认为构成《徐霞客全集》。

《徐霞客游记》的长短各篇，一部分于作者生前已经在友好中流传。从西南游回到江阴后，晚年的新稿本也就部分出借，以至发生丁著《年谱》六十七页"季梦良跋语"的问题。霞客去世四年，清兵入关，次年乙酉(一六四五)，清兵南下，徐氏家乡江阴惨遭屠城之浩劫，长子屺罹难。《滇游日记一》的失传，是由于同年七月，被季扬之从梦良处借去才两天，扬之寄居的徐虞卿家遇盗烧房，这个稿本就烧毁。开头还以为有宜兴曹骏卿的抄本可以补，及至李介立从宜兴史氏处收得曹氏借本，仍然缺此一册，以至永远成为无法补救的大损失。

关于《徐霞客游记》流传的版本，丁先生在整理这部名著的过程中，《年谱·序》的末尾说明曾经收集当年已有的好几种印本，以及蒋、叶两氏收藏的清初抄本。清代早期只有手抄本，乾隆年间由作者族孙徐镇整理，才有四十一年(一七七六)的初刻本。嘉庆年间(一七六九——一八二○)叶廷甲得徐镇刻板两次印书，旧刻因钱谦益(牧斋)的作品在晚年已经列入禁书，没有印出他所作的《徐霞客传》；又出新版，列入这篇《传》的原文，而不说明作者，丁编本《外篇》中才写明作者是钱氏。全书头上的徐氏小像，则初见于更晚出的咸丰年(一八五一——一八六一)刻本，没有说明小像的来历。至于《年谱》末段所引叶廷甲又云："闻郡城庄氏家藏钞本有六十卷，……庄之后人云，先世信有之，今已散失。"显然是无稽之谈。

配备上一本地图集，以表明徐氏历次行程的路线图，以及他所到过的部分名山风景区的详细地图，丁编本首创这一革新。虽则当时所收集的底图，制图方法与缩尺相当复杂，总还对于一般读者很有帮助。

二、 《徐霞客先生年谱》的贡献

丁编本首先冠以丁氏自著的《年谱》，这篇文献涉及徐霞客这位杰出的专家的家史、生平事迹、旅游活动、游记著述与流传，也是空前的重要贡献。卷二十《外篇》所收集的墓志与传略，都有夸大事实、先后失当之处，《年谱》基本上清理得井井有条，真相大白。徐霞客的伟大正是在他平凡、刻苦好学的一生中，以不畏艰险、不畏强暴的毅力与精神，发挥他的卓见殊识与细致观察的特长，使得他能通过日记体裁的游记和其它诗文，成为一代名家，万古流芳。原文篇幅较长，而且需要加些说明。

关于徐氏家史，北宋时在河南，随高宗南下杭州，庆元（一一九五——一二〇〇）——南宋宁宗初接位时年号——迁苏州，元初迁到附近的江阴县梧塍里。五世祖元献，在科举中得到江南乡试的经魁。其子经，弘治十一年（一四九八）与唐寅同榜。此处《年谱》称徐经亦得经魁，显然与下文引用的《明史·唐寅传》的"弘治十一年乡试第一"相矛盾，因为两人在同省。由于不久发生徐经家童贿买会试试题的疑案，以后的几代极少参加科举。但是元献弟元寿藏书甚富，筑有万卷楼，因此一直到霞客，后人都还好学通文，常与当代知名的文人交往。

《年谱》中的徐氏世系表，不但列出霞客以前的四代，还包括以下的两代，又人人注明生卒年期，个别注明学历或官职。这是作者对于徐氏《家谱》与《传志》大量分析的成果。从这些资料就可以查明霞客出生时，父母都已经四十一周岁，而比他的长兄相差二十岁。有一相差十三岁的幼弟是庶出。《年谱》下文述及各人年龄，都按周岁计算而不用解放前通用的虚龄，但是叙述逐年事迹的年份之下，所填霞客本人的年龄用虚岁。

按照霞客的年龄，叙述逐年的活动和其它有关事项，并且在他出生的一年，附录关系密切的亲友年龄的差别。关于历年旅游的地区与是否作记，以及收集遗文与诗文写作、友好往来，都详细注明。许多条文都是通过游记，与有关霞客的志、传、诗文等资料的分析。例如崇祯二年（一六二九）下，断定在是年访宗师、游盘山，正是从几份间接资料中获得的结论。附带注入为族兄雷门题《梅花堂诗》，认为作于这一年的依据。每年记述的方式，联系相当复杂，而文笔比较生动。

霞客四子不同母，一出元配，婚后因清兵屠城死于难。一出继室，一出妾金氏，前者也在西南游之前成婚。另一妾周氏，崇祯元年（一六二八）生子寄，《年谱》采录《江阴县志》与徐镇作传，都提到"不容于嫡（指继室）"，改嫁于李，其子因以李为姓而取名寄。独此子年至七十二，在亲生父去世后，曾首先整理游记的遗稿。查霞客上一年居家未出，而一六二八年三月启程游闽，又游粤东罗浮，继室逐出周氏，显然是乘霞客离家之便。寄的一生不仕不娶，著《天香阁随笔》传世。

《年谱》对于霞客在崇祯九年（一六三九）秋，毅然作西南万里游，说明年龄已过半百，长次两子已成婚，急于完成绕道深入西南的远大抱负。按丁编本的分卷，前二十余年间的短篇游记，只占两卷，而西南游共占十七卷之多，滇游的十一卷尤其是重点。《年谱》篇幅，关于西南游之前历年的记述，包括开头总叙的三页，只占二十七页又二行；而关于西南游的全程却超出三十七页，足见丁先生特别重视这最后四年中霞客游历的情况和《游记》的精华。

《年谱》的内容对于霞客西南游阶段，比较上文详细好几倍，是由于多方采用《游记》中的资料，而陪衬《外编》，更显示出丁先生的熟读《游记》。第二十八页的头一段，联系到以后四年中的"遇盗者再绝粮者三"，散见于入湘以后。"偕一僧一仆，奋然西行"，以云南鸡足山为目的地。九月十九日出发时，原有静闻师与顾仆、王奴共三人。但是下月初五日在金华一带，就记下"为王奴遁去，乃就水道……"，只不过随行半个月。引用陈函辉为霞客所作《墓志》，说到他"遂欲为昆仑海外之游"，过于夸大西南游的计划，丁先生没有加以纠正。

对于西南游阶段霞客所采取的路线和游览、考察的名山胜景，历年都有相当具体的摘要。出发的一年，出游时间只有三个多月，通过浙江到江右(江西),霞客还同静闻分道,以利于自己游历更多名山。从所记"是年陈仁锡、文震孟卒",说明霞客以布衣而通过他们结识当时许多知名的文人和达官的过程,在达官之中,除个别的例外,都以气节闻名。其中如黄道周既是文字交,又是道义交。

崇祯十年(一六三七),由武功山入湘,游衡山,使霞客得游遍五岳。不久"遇盗舟焚,顾仆、静闻皆受创(伤),行李尽失"。当时要从家里得到接济非常困难,静闻求助于桂王。三月底转入粤西(广西),仍然多走水路。抵南宁后,静闻竟因伤病去世,遵遗言终于埋骨鸡足山。以后的长途跋涉,只是一主一仆。《年谱》详述由南宁又转道遍游粤西重要河谷与名山。对于《游记》说到"非同日所记,决不能如此",是说"当日"所记。十二月十九日由南宁,北过宾州(宾阳),二十二日抵三里城度岁,有时停留一地而整理积稿。

这一年的后半部分,摘录霞客在地质、地理、植被等方面精确的观察,如右江口一带的石山、石岸,新宁一带的巴豆树、苏木。并记录霞客不畏艰险,如独自与顾仆入茶陵麻叶洞、游浔州龙洞等好几例;有时攀登悬崖,有时几遭没顶。既表明霞客之艰苦,非乘肩舆登山者所能比拟,而各地的观察往往能对较大的范围提出系统的见解。丁氏并指出霞客误认右江为南盘下流,是有先入的成见。

崇祯十一年(一六三八),首先总叙为"是年先生由黔入滇,穷南盘江源流,于鸡足度岁"。霞客在三里城得陆参戎(武职)厚待。于黔、桂边境过独山后,少数民族间时有兵戎相见,盗贼乘机劫掠。普安途中,霞客被窃于狗场;至普安州(今盘县),又遭店主偷窃。抵达滇、黔边境亦资孔后,由于《滇游日记一》的失落,缺少日记约三个月。五月九日在亦资孔,而八月初七却在广西府(今泸西),据《盘江考》和《滇游日记二》,这三个月所走的路线还有踪迹可寻。

《年谱》在说明霞客于入滇初期,两次绕道考察南、北盘江源流之后,附录《盘江考》全文,又指出他的重要发现三点和错误两点。当时的行程一再经过昆明。中间夹叙昆明名士唐大来,他诗画书法都很擅长。陈眉公早已写信给他,介绍霞客。会晤后辗转介绍当地与外县的友好,使霞客多方得到帮助。于是霞客短途出游访友,多次往返省城。十一月十一日至武定后,缺少十九天的日记。夹述"季梦良闻其从游之顾仆言,至武定留憩于狮子山……"(《年谱》第四十七页，参见丁编本卷十一末尾)，足证顾仆一年后从鸡足山潜逃，仍回江阴投旧主。其后取道大姚等地，十二月二十二日抵鸡足山大觉寺，留此度岁，游邻近诸寺。末尾加记"是年黄道周因忤旨下狱"，因为与霞客交谊最深。

崇祯十二年(一六三九)是霞客一生中游历路线最广的一年，《年谱》的叙述占十页之多，相当于霞客《滇游日记》六至十二，占《滇游日记》的一半以上(丁编本卷十三至十九)，可以认为是最重要的一年。开头的总叙说，"是年先生由鸡足赴丽江，谒木知府。返游大理、永昌、腾越，谋入缅不果。返永昌，遂赴顺宁、云州，由蒙化返鸡足"，实际上比较粤西有更多的路线。而滇西的高山深谷，尤其艰险。

《滇游日记六》绝大部分叙述鸡足山诸寺风光，并结识当地僧、友。最后赴丽江会木土府——先世为摩些酋长，明代改为土知府，已略受汉族文化，鸡足一带皆受其护法。二月去大理寻点苍、洱海之胜景。四月去永昌，过潞江、龙川江抵腾越(今腾冲)。谋出关入缅甸，不能如愿。"乃南观趺水，考大盈江之出路。……北抵固栋，穷龙川支流东西二江之源……抵阿幸厂。"此处有"迤西最著名之银矿"。然后重回腾越、永昌、鸡足山。

《年谱》详细说明"自先生始，始知礼社(即红河)、澜沧、潞江为三江，分道入南海"，纠正好几点《大明一统志》的错误。《年谱》又举论述腾越城南形势一例。对于打鹰山的山顶有潭，石皆浮石的记载，丁先生说明其为火山特征，引用《游记》"连日夜火，大树深菁，燎无孑遗，而潭亦成陆。……"关于植物，引用大理峡蝶树。《年谱》亦述霞客入滇后，时时求助于友好，"一绝粮于南香甸，再绝粮于永昌"，甚至临时出售衣物以饱一餐。九月九日，又发生顾仆潜逃之意外，附白引用季会明题字，亦指明"是顾仆盖逃回故里耳"。后附修《鸡足山志》要目。现存《鸡足山志》修于康熙二十一年(一六八二)，"人物篇载先生小传，末云，'丽江土知府木生白聘修《鸡山志》，创稿四卷，未几以病辞归。'"

崇祯十三年(一六四○)，霞客未留游记或日记，因此情况不能肯定。《年谱》引陈函辉《墓志》，"病足不良于行，留修《鸡足山志》，三月而成"。《游记》以上年九月十三日结束，因此《年谱》加以"按修志事在去年"。但此《志》未见刻印，是否全书告成，有些问题，也可能受明、清改朝换代的影响。《墓志》接上说，"丽江木守为饬舆从送归，转侧筍舆者百五十日，至楚江困甚，黄冈侯大令为具舟楫，六日而达京口（今镇江），遂得生还"。钱牧斋《传》还说"西游归以庚辰六月"。

由于陈、钱两氏都夸称霞客还到过峨嵋、昆仑，还有从川中寄信之事。《年谱》探讨了是否有过或在归途入川的问题。按《游记》早先并没有入川的形迹，归途既然是在湖北黄冈走水路，多半是取道贵州、湖南。从丽江入川，木土府早说边境上常在骚扰，当时难以通过；带病坐轿更不可能这样绕道。因此，《年谱》最后也说："信陈《志》不如信《游记》。"《年谱》接上提出"《江源考》当即作于是年"，而且引用这一篇全文。

崇祯十四年（一六四一），正月，先生卒于家。陈《志》述及"既归不能肃客"，可见将及四年连续不断的奔走劳累，撰写《游记》，终于影响健康。据此更表明《游记》并没有能另作一番整理，许多精确的地质、地理性论述，从小区的总结到系统的论文，都是野外随时的心得，见于四百年前的明末，何其难能可贵！

《年谱》最后列出关于可考的游迹及每次有无游记的总表，使读者更便于一目了然。又述及遗稿的整理与版本的演变。钱牧斋（谦益）嘱毛子晋刻《游记》的信，称"徐霞客千古奇人，《游记》乃千古奇书……幸为鉴定流通……则汲古之功伟矣"。毛氏未能早刻，似乎由于《游记》的收集整理还不够成熟。但《年谱》收尾并没有另写总结性的意见。

二、 关于丁编本的补充意见

近年来我在编写《中国地理学史》的过程中，评价《徐霞客游记》以及《盘江考》、《江源考》两文，正是采用丁编本。再加以这次应商务印书馆编辑部之约，整理上文的介绍，还要顺便提出几点补充与修改的意见。

（一）修改《年谱》第六五——六六页游迹、游记表，连带正文有关年份内容：

（1）万历四十二年乙卯　乙卯应作甲寅，正文不错。"游南京"之上可按正文加"冬"字。

（2）万历四十四年游迹　"游白岳黄山"之上加"春"字；"武夷、九曲"

之上加"夏入";下加"秋游山阴、西湖"。(据《墓志》丙辰)

(3)泰昌元年庚申 《墓志》"抵鱼龙洞,试浙江潮,至江郎山、九鲤湖而返,则庚申也"。表中"游仙游之九鲤湖"下,应加"试浙江潮"。称"试",因为期过早,按《游九鲤湖日记》时在六月,而观潮最高在八月。

(4)天启四年甲子 "游荆溪勾曲"应删,可按正文改为"母寿八十"。据正文,次年"九月,先生母王孺人卒"。《墓志》:"向固与若(指霞客)言,吾尚善饭,今以身先之";"令霞客侍游荆溪勾曲,趾每先霞客。"这两句与下文所接"天启甲子,母寿八十",不能混为一谈。《墓志》上文另有"丁巳家居,亦入善权(今作卷)、张公诸洞",丁巳在万历四十五年。这一年《年谱》正文只写"先生家居"。按荆溪勾曲,与善权、张公诸洞,同在太湖之西的宜兴一带,可以顺道连带。丁巳早七年,母年七十三,自言善饭与健步,更为合宜。《年谱》正文既不这样说明,而游迹表又列荆溪勾曲于天启四年,显然是一条失误。正文舆游迹表同样应当改正。

(5)勘误 游迹表末二行,"崇祯十二年乙卯",应作"己卯";"崇祯十三年丙辰"应作"庚辰"。又《年谱》正文五八页"崇祯十三年庚辰(一六四一)",公元年份应作"(一六四〇)"。二八页崇祯九年第五行,"偕一僧一仆",应作"偕一僧二仆"。半月后王奴先逃,果成为一僧一仆。五一页二行"分道入南海",应改"南行入海",因红水河、澜沧江入南海,而潞江入安达曼海或孟加拉湾。五六页第三行,"莫甚于顾仆之逃,八月九日……",查《滇游日记十三》,第四十页,初九日末尾涉及顾仆事,此初九是在九月,而非八月,应照改。

(6)标点的错误 丁先生曾经提到,未便详查。偶见一例,如卷十三《滇游日记六》,第一页倒数四行,"而昔之所称卓锡虎跑",对于卓锡与虎跑,同样加以专名符号,欠妥。"卓锡"只是指传说中僧佛驻留——这一条似乎指杭州虎跑泉的来由。

(二)《年谱》崇祯十一年关于《滇游日记一》问题,所缺八十七天日记的行程,第二段指出在《游记》的后文若干段提及前面曾到过,或对部分路线有所说明,足以弥补那一册的失传。在沾益一带对于北盘上源的调查,可以见于《盘江考》。不过丁先生的论述,还有不足之处。其一,霞客初入滇,重点在省城昆明。省城附近的游踪,部分在以后进行,初到时的踪迹有待细加查考。其二，现今填补在丁编本卷九《滇游日记一》的几篇短文，大致是这一阶段的日记中另外有人录出过的一鳞半爪，如《游太华山记》。但是那一次总还游过昆明附近的其它风景区，只能从以后回省的活动范围中查对。原文失落，终究难以了解全部内容。

（三）《年谱》在崇祯十三年一节，附录《江源考》，没有象上文附录《盘江考》那样申论此文的重要性。霞客写作此文，显然是由于在丽江一带对于金沙江的源远流长，在目睹耳闻中加强体会，而申论江、河在全国大形势下的差别。他既提出大江应以金沙江为主源，又指明传统观念的"岷山导江"，其岷江只相当于河的会合渭水。对于江水之所以大于河水，采用支流跨省较多的见解，带有流域观念的意味。不过河南、广东、福建、浙江边境小片，不宜计入全省。霞客提出"而不知禹之导，乃其为害于中国之始，非其滥觞发脉之始也"。最后又申论三龙（山脉）分布形势的作用。

（四）《年谱》末尾所列游迹、游记表，对于短篇游记，没有怀疑任何失落。中间有两次深疑曾经作记而亡失。一次是崇祯元年的"游闽、南至罗浮"。闽游有记，罗浮无记，恐怕是亡失。第二次是崇祯二年，"游北京及盘山"，霞客对于盘山屡次怀念，恐怕也是有记而亡失。

总之，在《徐霞客游记》的各种版本中，丁文江编的这一种，具有前所未有特色。丁先生以地质学家的观点编写《年谱》，也兼有地理观点。不过当时还偏于地表的各种特征，而对于《游记》的叙述西南石灰岩地带的许多溶洞，没有象解放以来的重视。《年谱》的内容，对于霞客一生的身世与交往，著作与贡献，采用分年叙述的方式，使得读者易于了解逐年的变化。但是由于丁先生没有使用当时已经通用的语体文的写法，仍然用文言文，再加以当时用繁体字，对于青年读者不免多一重困难。原版字体较大，这次采取影印的方式，对于中老年读者，阅读更是方便。深信这部书的重版，可以对于纪念徐霞客这位地理专家诞生四百周年发挥巨大的作用。

一九八四，八，五

（收入丁文江编：《徐霞客游记》），北京：商务印书馆，1986年1月版）

《增订〈爨文丛刻〉》序

马学良

　　《增订〈爨文丛刻〉》是在原《爨文丛刻》（以下简称《丛刻》）的基础上增补修订的。《丛刻》是一部具有彝族历史、哲学、宗教、语言、文字、文学研究价值的彝文巨著，全书连注音、释读、意译共约十余万字，可以说到现在为止它仍是中外出版的彝文经典著作中唯一的一部巨著。

　　"爨文"就是彝文。据《华阳国志·南中志》记载，诸葛亮平南中，"移南中劲卒青羌万余家于蜀……分其羸弱配大姓焦、雍、晏、爨、孟、量、毛、李为部曲。"又说："亮受其俊杰建宁（今昆明县）爨习，朱提孟炎及获为官。"可知爨原是当时这种人中大姓之一。现在所保存的大小爨碑，爨龙颜碑在陆凉，作于刘宋大明二年，爨宝子碑在曲靖，作于晋安帝义熙元年（碑称大亨四年），都是在彝族的区域以内。爨宝子碑不知道是谁写的，爨龙颜碑是爨道庆写的。从什么时候起爨由姓氏而变为族名，最早见于樊绰的《蛮书》的名类篇，记述西爨为白蛮，东爨为乌蛮，并说："第七程至竹子岭。岭东有暴蛮部落；岭西卢鹿蛮部落。""卢鹿"即旧时称彝族为"罗罗"的转音，可见唐代即已称彝为爨了。明清以来的汉文方志中多称彝族文字为"爨字"。如《天启滇志》卷三十《爨夷条》"有夷经，皆爨字，状类蝌蚪"。可见"爨文"之称，由来已久了。

　　《丛刻》于1936年由商务印书馆出版，编入前中央研究院历史语言研究所专刊之十一。编者是丁文江先生，很多人只知道丁文江当时与李四光、翁文灏都是我国著名的地质学家，但很少有人知道丁先生还是少数民族语言文字研究的拓荒者。关于丁先生收集整理翻译彝文经典的经过，他在《丛刻》自序中说的很详细，摘录如下：

　　民国十九年冬天，我从四川到了贵州的大定。因为得到了赵亚曾先生在云南被害的消息，没有心绪再做地质的工作；同时又因为约好了黄汲清先生在大定会齐，不能不在那里等他。同行的曾士英先生看见我闲居无事，哀悼懊丧，极力劝我想法子消遣。于是我才再着手研究罗罗（即彝族旧称，下同）。一面测量他们的体格，一面搜集他们的书籍。第一部搜集到的是《玄通大书》，是内地会教士斯密特小姐（Schmidt）替我用八元钱买来的。内地会里有一位罗罗"师傅"，能读经典，可惜他不通汉文，不能翻译。其后有人介绍一位罗文笔先生，他已经七十岁，少年时曾经应过县考，本不懂罗罗文，五十岁以后信了耶稣教（先在内地会，以后转入安息会），想用罗罗文翻译圣经，才发愤学起来，他带了一本《帝王世纪》来给我看。我请他逐字讲解，才知道大部分是水西安家的历史。大定原是水西土司的地方——所谓水西是指乌江之西，是明朝最有权力的土司，最后为吴三桂所灭。书从宇宙开辟讲起，到吴三桂攻灭水西为止。

　　从这段自叙中我们知道丁先生收集整理翻译彝文经典虽出于偶然的机会，但在少数民族语文和民族本身同样是受歧视和被压迫的黑暗时代，象丁先生这样一位著名的科学家，竟然不畏艰险，毅然深入彝区，收集整理彝文经典。在那时为保存彝族文化，到今天为发扬彝族文化，作出了重大贡献，这是难能可贵的。我常想，如果这部珍贵的文化遗产，当时没有丁先生的收集整理付印，仍留藏在彝族呗耄（祭师）手中，即使不毁灭于国民党大汉族主义同化政策下，也难逃林彪、"四人帮"极左路线的浩劫。

　　《丛刻》中收集的彝文经典是出自贵州的大定（今大方县）彝区。从汉文史料和彝文文献中记载，有人认为"早在蜀汉时期之前，彝族先民就已进入贵州。从时间的上限推论，也许与古代的夜郎有关"。按《大定府志》说"夜郎，盖东有今遵义，中自大定，西连曲靖，而西北包东川、昭通，南跨安顺、兴义而止乎泗城，故曰夜郎最大"，可知古夜郎的疆界实跨川、黔、滇三省部分地区。今日彝族分布主要还是在这个疆域之内，而且大定一带实为明朝时被封建王朝赐姓为安氏的水西安氏土司的世袭地。所谓水西是指乌江之西，是明朝最有权势的土司，最后为吴三桂所灭。可以推想这里曾是彝族文化盛极一时的地区。

《丛刻》中共收《千岁衢碑纪》、《说文(宇宙源流)》、《帝王世纪(人类历史)》、《献酒经》、《解冤经上卷》、《解冤经下卷》、《天路指明》、《权神经》、《夷人做道场用经》、《玄通大书》、《武定罗婺夷占吉凶书》等十一种经典。据自序中说"爨文丛刻共十一种：除去《夷人做道场用经》是谭锡畴先生从四川西部带回来的以外，都是我自己从云南、贵州所搜集的罗罗文"。可见，《丛刻》所收的彝文经典可以概括川、黔、滇彝族的重要文献，是研究彝族社会历史、民族文化的珍贵资料。

《丛刻》的翻译者是贵州大定县的彝族经师罗文笔。翻译的方法是丁先生为他设计的。自序中关于翻译的方法说"罗文笔先生懂得注音字母。我于是给他约定，请他把他所藏的七部书全数翻译出来。译的方法是先抄罗罗文为第一行，再用注音字母译音为第二行，然后用汉文逐字对照直译为第三行，最后一行乃用汉文译意。他照我的方法费了三年的功夫才把七部书译完，陆续邮寄给我"。这是四行对译法。至今犹为翻译的好方法。为我们研究彝族语言文字提供了真实可靠的彝文资料。但原《丛刻》本限于当时的条件和水平，标音和译文，多有不妥之处。尤其用注音字母标音，既不准确，又不通行，因此有必要重加增订。我们主要做了改、补、增、减、换、调几方面的工作：

1. 改：即改注音字母为国际音标，这样标音更准确，适应面更广，使中外学者都能按音标读出彝文的字音。因彝语方言差别较大，译者非一地一人，因此标音以译者方音为主。篇中除《武定罗婺夷占吉凶书》是译者张兴的云南禄劝县团街公社的方音，《呗耄献祖经》是译者岑光电的四川甘洛县的方音，其余诸篇，都是罗国义的贵州大方县响水区的方音。改译不够确切的词语，一般占原《丛刻》的百分之五十左右。这是由于彝文常有一词多义和古书中多用同音假借字，对某些词语各有不同的理解，译者认识稍有局限，就很难确切地把原文的意思译出来。如《祭龙经》彝文作《⑩廿常》〔川 ɝɔ1 tɕɔ1〕，彝文"⑩"的本义为"龙"，也有"权"的意思，原《丛刻》中便译作《权神经》，主题搞不准，全篇文意都译不对了。原译者罗文笔先生是信奉基督教的，在译文中不免附有这方面的宗教色彩，用"上帝"、"圣台"、"天国"、"天路"等词，有失彝文词语的原意，并模糊了彝族原始宗教的真实面目。改翻译体例，在原有"四行"译法的基础上，加分段意译和校注两个部分，加深对原文的理解。改篇目名称，是根据译文的内容修改的。原《丛刻》的 11 个书目名称中，更改了 5 个，有 6 个仍用原名。

2. 补：补译原《丛刻》中未曾翻译的《玄通大书》和《千岁衢碑记》。

3. 增：增编了《水西大渡河建石桥记》和《明成化钟铭文》，与原编《千岁衢碑记》编成《金石彝文选》，列为"增订《丛刻》"中的一个独立单元。

4. 减：删减内容重复的篇章。原《丛刻》已编译了一卷《指路经》（原名《天路指明》），而在《解冤经》上卷中，又插入一章与前者内容大致相同而没有结尾的《指路经》，这是旧时传抄杂入的重复部分，把它删掉。

5. 换：四川的《夷人做道场用经》一篇，文章质量较差，改换《呗耄献祖经》。

6. 调：按《丛刻》中各类经书的内容调整了篇目顺序。如《千岁衢碑记》一文，原载于原《丛刻》篇首，经与《水西大渡河建石桥记》、《明成化钟铭文》合编成《金石彝文选》之后，因其中多记载彝族罗甸水西的历史，便把它列在《古史通鉴》的后面，这样就更为恰当。

增订《丛刻》较原《丛刻》本不仅在数量上增加了三倍多，译文也较准确易懂，尤其随文注释，可以加深理解文意，是研究彝族文献较有科学性的资料。

以下简要介绍各篇主要内容：

一、《训书》即原《丛刻》中的《说文》。集古代彝族的宇宙观、人生观、政治、经济生活以及社会伦理道德、婚丧习俗等，供彝族"耄史"（歌师）和群众唱读。这部书彝名《ꀕ ꁬ》〔mba˧su˧〕，寓有训教的意义，故改译为《训书》。

本书的前三章，记叙了彝族先民对宇宙起源、人类起源的认识。他们认为：在天地还没有产生的时候，整个太空只是一团团浑浑浊浊的气体，后来发生了变化，清气上升形成天，浊气下降形成地。天上出现日、月、星辰司昼夜，分岁月，辨寒暑。"太阳一天运转一度"，一年转三百六十五度又四分余。月亮每三十天轮回一次圆缺盈亏。分出年月，定了四季，产生了彝族的天文历算。地上有鼠、牛、虎、兔、龙、蛇、马、羊、猴、鸡、狗、猪"十二地支"，配合青、赤、白、黑、黄"五龙"主管大地的东、南、西、北、中"四方五路"。人体同样由清、浊二气凝聚而成,有血有气,首先出现了"始祖希慕遮",居于"希慕古戛",吃着荣树上的荣果,喝着"荣水耀水",就变得很聪明,懂文史。这实际上是彝族先民对人类在原始时期生活的憧憬。他们还认为"人生肾先生",受着水木火金土"五行"的抚养,并将肾、肝、心、肺、脾分属五行,产生了原始的人体经络脏腑及其病理医理学说。

第四章《治国论》,讲述汉光武时代,彝族罗甸水西的开国君长勿阿纳(彝语称"纪毫阿基")和他的两位贤臣根据先师密阿迭的《治国安邦经》,论述"善政治国"的道理。

第五章《婚姻传》,以日、月、莲花、松杉、鸿雁喻男女婚配的礼仪,说明男女居室是人之大伦。是一首感情丰富、形象鲜明的婚嫁歌。

第六章《治丧吊丧》(原书题为"慎终追远"),记述彝族先民笃贤卜巧死后,他的儿、媳们给他治丧,举行祭仪,亲戚们从四方来赶祭。说明对死者举行这样隆重的祭奠礼仪,要虔诚,使凡人无可非议。

第七章《悼念父母》(原书题为"父母劬劳"),从记述彝族先民实勺家死人后请呗毫念经祭荐的故事,说明孝子贤媳要为已故的父母举行隆重的祭仪,以示对死者的悼念。

第八章《杉台记》(原书题为"圣台论"),是记述彝族先民开始制造台桌的故事,反映了彝族原始手工工匠的出现。

二、《古史通鉴》即原《丛刻》中的《帝王世纪(人类历史)》。书中记述彝族从希慕遮到笃慕的三十一代父子连名世系。笃慕约当东周末年蜀洪水时期人。原居于成都平原,当时因避洪水,率领其部族迁往滇东北的洛尼山,其后裔分为武、乍、糯、恒、布、默六个支系(习称"六祖"),分别向滇南、滇西、川南、滇东北和黔西北、黔西南以至黔中一带发展。书中除概述"六祖"分支外,着重记述其第六支系默部(德施氏)的罗甸水西从慕齐齐至安胜祖八十四代的世系。还把各代主系的母亲名字记下来,这是彝族历史记载的一个特点。书中还有专题记载彝族地方政权古罗甸水西的疆域四至以及这个奴隶制小王国对其所属土地、民奴和仓库的管理。最后一章记述了清康熙三年云南王吴三桂平水西,杀灭安坤以及其后吴三桂反清,安坤之子安胜祖率兵复仇,打败吴王,收复水西地的情况,直到康熙三十七年，安胜祖死后绝嗣改土归流为止。

据贵州《大定县志》卷五《水西安氏本末》（下）所载："安氏自汉后主建兴三年至康熙三十七年，凡千四百七十四年，世长水西。其受命于中朝，为蛮长，为罗甸王，为姚州刺史，为顺元宣抚使，为贵州宣慰使，号凡六更；而于其国，常自称为趣慕，一作苴慕。"彝、汉文史资料记载的相互印证，说明这是研究彝族历史的一部重要参考资料。书后附有王桂馥同志编的《彝族远祖及罗甸水西世系表》，对于理解这部彝文史料有所帮助。

三、《金石彝文选》这部是就原《丛刻》中的《千岁衢碑记》和新增的《水西大渡河建石桥记》、《明成化钟铭文》共三篇彝文金石铭文编译而成。这两篇碑刻和一篇铜钟铭文，都有汉文、彝文合璧铭记，一并附入。惟彝文碑铭与汉文碑铭的内容各异，汉文碑铭只记述修桥、筑路和铸钟的缘因和结果，而彝文碑铭除有此内容外，还用大量篇幅记载了本族的掌故。如《水西大渡河建石桥记》和《千岁衢碑记》都把彝族默部支系德施家的历史叙述一番。它对于研究彝族历史很有参考价值，所以在编译中按历史发展顺序把它列在《古史通鉴》之后。

四、《献酒经》是彝族呗耄在向各种神灵献酒时念诵的经文。全经22章。除首章总述献酒礼仪的兴起外，其余各章分别向21类59个神灵献酒祈福。

经文开始就用夸张的手法描绘献酒后，出现"银树花蓬蓬，金海浪滔滔"的繁荣景象。接着又对比叙述献酒礼仪兴起前后天地间和人世上暗淡与光明的不同情景，说不献酒之时，天上日月星辰不放光，地下四时反常，谷粒不成熟，果树不结实，桑蚕无收获，鱼儿不繁殖。人间君王不能施政，臣宰不能行令，祭师不能献祖，工匠口不利，心不灵，男不会打铜，女不会织锦。后来经过哎哺氏族的男女，采摘酒曲香花，作曲酿美酒，兴起了献酒礼仪。天君策耿纪喝酒获长寿，地后亥堵府喝酒得高龄，于是天上日月星辰大放光明，地下四季分明，五谷丰登，果实累累，桑茂蚕多，水深鱼繁。从此君能理政，臣能行令，师能祭祖，工匠心灵手巧，男子会打铜，女子会织布，真是献酒灾除。因而彝族家家户户常年向百神献酒。这种鲜明对比用高度夸张的描写，体现出彝族文学的特色。

以下诸章分别叙述向21类59个神灵献酒。在献酒词中，颂扬神灵庇佑人们的作用。如"年神月神"帮助人们"定了年月，分了四季"；"灵神"保佑人们"事事顺利";"武神"保佑人们"战斗胜利";"狩猎神"帮助人们多获猎物;"农时节令神"给人们保证"丰收"……我们从中可以窥探彝族古代的原始宗教以及他们的经济、文化等生活面貌。

五、《祭龙经》是原《丛刻》中《权神经》改译的。全经分九章,一至五章分别记述彝族种谷米酿酒、作祭饭、取净水、摘青枝以祀奉龙神。其中用马作祭牲,是我们今天看不到甚至不曾听过的,只有在彝文古籍中还能见到。六、七章记述彝族之所以祭龙神,是因其祖先死后,他们的灵魂是跟龙神在一起的。又说彝家的住宅要选个好屋基,人住了才长寿,才有福禄威荣,这是龙神保佑的。第八章叙述古人鲁肯舍夷带着一群女奴到沙美卧赫的海滨洗彩线,海上游来一对小金龙,鲁肯舍夷把小金龙抱回来,虔诚地设坛致祭,龙神保佑他,因此得到福禄。他的后世作了官,在武、乍、糯、恒、布、默和洛举七家掌了权,七家都当了君长,从此兴盛起来。彝家也因此世世代代都祭龙神。这个故事说明在彝族先民中,不仅有虎图腾,还有龙图腾。第九章是呗耄为主人祈福的祝词。

六、《解冤经》分上下两卷,是彝族在遭遇灾祸或碰到不祥之兆后,请呗耄来念诵的经文。旧时彝族认为不祥之兆很多,如蛙蛇进屋,蚂蚁绕房,门槛长茨,鹰落屋脊,蝉鸣柱上,甑子发响,公鸡乱叫,母鸡生铁蛋,屋角挂蜂巢……都认为祸萌先有兆,终日惶惶不安,"一年十二月,十二月不灾,只怕一月灾;一月三十天,三十天不灾,只怕一天灾;一天十二时,十二时不灾,只怕一时灾。"因此要请呗耄念《解冤经》来禳解,扫送灾祸。把作祟的鬼神扫送到从不耕种放牧的荒山僻境,叫它"千人不逢,万人不遇"。

"解冤"仪式有两种。一种是专为某个人禳解消灾的,叫"解身上"。《解冤经》上卷的经文是为此而念诵的。另一种是为全家清吉而把冤愆禳解扫送出门,叫"打扫屋内",下卷即为此而念诵。

七、《指路经》即原《丛刻》中的《天路指明》。是彝族在人死后请呗耄念经祭荐的经文之一。它指引死者的灵魂从当地起程,沿着先祖迁移路线,逐站走向本民族的发祥地云南会泽一带,和老祖宗聚会在一起,有叶落归根之意。

川、滇、黔、桂各彝族地区的《指路经》,都从本地出发,把亡魂引向共同的聚会点。如将各地《指路经》的路线联系起来,就可绘出一幅古代彝族迁徙的路线图。这是研究彝族发展史的重要资料。

《指路经》还可反映出彝族文学作品的独特风格。如其记载指引亡魂走上归途时，呗耄以“向导”的身份，告诉死者“站在甲地，看到乙地；站在乙地，看到丙地……”如此一“站”一“看”；又一“站”、一“看”……使亡魂飞度关山，不断向前驰行。有时教死者“披甲执戟”、“扬鞭策马”；有时教他如何通关越隘；有时教他卸鞍歇马，有时又教他欣赏途中景致……这些生动的描写，洋溢着视死如归的情感。听着呗耄念诵这些经文，生者为死者哀悼的心情也忘掉了。

八、《玄通大书》是研究古代彝族玄学思想的一部经书。分上下两册。上册名《[illegible]》〔su˧ se˧〕意为“金书”，有视为珍贵如金的概念。下册名《[illegible]》〔su˧ mu˩〕，意为“大书”或“通书”，也是不当一般经书看待的。上册主要就男女生辰配合“天干地支”、“阴阳五行”、“十二宫辰”、“二十八宿”等的逢值，推算一个人的“福禄寿喜”和他一生的否泰忧乐，属推算“命理”的书。下册就年、月、日、时所逢值的干支、五行、辰宿占卜人们的吉凶遭遇，或选择吉日良辰，以决定生产、生活和斗争中的各种行动。

旧时彝族认为“生死有命”，每个人都关心自己的“命”好不好，一生将过得怎样。婚配成家、子女财帛、延年益寿，莫不寄托于“命运”，总要问一问掌握《玄通大书》的呗耄。又，凡一切耕作、放牧、行猎、修建、贸易、出行和丧葬、祭祀、嫁娶、迁居……诸般行动都需事先卜问吉凶，请呗耄看《玄通大书》后才决定可否行动。这些本是唯心主义的玄学，很难找到科学依据。但它却从某种角度反映了彝族古代的政治、经济、文化生活。

九、《武定罗婺夷占吉凶书》是自云南省武定县搜集编入的，其经文不仅仅是占卜，除“鸡卦”和“作斋胛骨卜”两段外，还有“祭祖”、“播福”、“祓污”、“祓淫污入祖列”诸段。此篇由于搜集不完全，记述不够系统，有的语句表意不明确，其不能译者则付阙如。

十、《呗耄祖经》(以下简称《献祖经》)，是从四川凉山搜集编入的，用以替换原《丛刻》中的《夷人做道场用经》。

《献祖经》是呗耄在献祭祖宗时念诵的，而其内容不限于向祖灵献祭，主要是在祖灵面前背诵呗耄的历史。经书先叙述一位神通广大的呗耄名叫“倔呗”(贵州经书有同名记载，见《解冤经》上卷)，他把虎、雕、鹞来当祭牲。接着又说远古时有个名叫史兹史得的先当了呗耄，随后女里、什叟、靡莫（贵州经典作尼能、实勺、鄂莫）等彝族中也出现了呗耄，各传了十代、八代、十一代，先是心灵多智，后来却变得不聪明了，所以祈福不得福，治病不见愈。直至"邛补"即彝族"六祖"的时代，"合"（贵州经典作"糯"）家才有了真正聪明能干的呗耄。使用杉签筒、法帽，用所蒙耳合、纳补务卓两地的纸和墨写经文，于是祭了祖，祈福得了福，治病见了效。

书中还记载合（糯）家的呗耄开始出现在安宁河地方，后来有个名叫阿都尔补的呗耄，远走他乡，寻求天上降下的神铃，作为呗耄的法宝，他的神通更加广大了。其后裔仍为呗耄，并使法力招来山川妖怪，战败敌人。连续消灭了危害彝人的大雕、老熊和恶虎……这一系列神话传说，固然不能作史实看待，但他却反映出彝族呗耄出现得很早，呗耄有经文当不晚于彝族"六祖"的时代。

彝族历史文献是一部珍贵的民族文化遗产，必须做好继承发展的工作。增订《丛刻》的工作是从 1981 年春开始，由中央民族学院邀请贵州省毕节地区彝文翻译组、四川省岑光电和云南省张兴、唐承宗等同志与民院少数民族语言研究所彝族历史文献编译室和少族民数古籍整理出版规划领导小组协作。制订增订计划，分工负责，历时年余。先后参加增订和讨论工作的有果吉·宁哈、黄昌寿、王桂馥、王仕举、罗正仁等同志，始终其事者有马学良、罗国义、陈英、范慧娟。全部稿子由罗国义同志阅正。他是原《丛刻》译者罗文笔先生的长子，家学渊源，对彝文经籍有较深的造诣，是这增订本最适当的主力。王世忠抄正彝文并作部分断句，王继超绘制插图。伍文珍、宾万聪、李生福等同志担任部分注音和抄写工作。

整理彝文文献是一项新的工作，我们既限于水平，又缺乏这方面的经验，希望得到读者的指教。

马学良

1982 年 10 月于北京

（收入马学良主编：《增订〈爨文丛刻〉》，成都：四川民族出版社，1986 年出版）

《丁文江选集》序

黄汲清

  章鸿钊、丁文江和翁文灏是中国地质科学的先驱，中国地质事业的创始人。就年龄来说，章鸿钊比丁文江大 10 岁。丁于 1911 年春从英国学成返国，而章则是同年夏才从日本学成返国。不过丁回国后并未立即从事地质工作，而在上海南洋中学教了一年书。章回国后，于 1911 年秋就担任当时的京师大学堂农科大学的地质学课程。1912 年初又担任南京中华民国临时政府实业部矿务司地质科长。所以章的"资格"比丁更老一些。翁文灏在比利时罗文大学获得博士学位后，1913 年初搭船回国，同年夏到北京担任农商部地质研究所教席。翁先生为人很谦虚，自认为章、丁二先生是他的前辈。

  还有几位中国地质学人走在章、丁、翁之前，他们是邝荣光、张相文、王宠佑、顾琅。在中华民国成立之前，他们都多少写了一点有关地质学的文章或做了一点地质工作，但为期甚短，影响不大。严格地说，我们把章鸿钊、丁文江、翁文灏 3 人作为中国地质事业的开拓者和中国第一代地质学家，似乎是名正言顺的。

  丁文江知识渊博，学通中西。由于他勤奋好学，刻苦钻研，广交西方朋友，结识中国学人，因而他对西洋文化和中国文化都有深入的理解。他不但是令人崇敬的地质学家和地理学家，而且还是一位人类学家、动物学家、考古学家和历史学家。他全力提倡自然科学，特别是达尔文主义，但他对人文科学也表示极大的兴趣。要认真评论丁文江的思想、学术及其成就和影响，决非易事。希望有一天能组织一个丁文江研究会，专门从事这项工作。我们现在编辑《丁文江选集》，只能涉及到他的地质学，或地球科学方面的专业性成果。令人遗憾的是，丁文江去世得太早，他的许多笔记、图件和采得的许多化石、岩石标本，都来不及自己整理、研究，并写出系统性的报告和论文。即使已发表的文章也散见于各种不同性质、不同时代的报刊和杂志上。经过广泛收集和认真挑选，我们选出 20 篇代表性作品，其中过半数是用英文写成。这部分由潘云唐和谢广连译成中文，作为本书的主要内容。

应当指出，丁文江写的《漫游散记》和《苏俄旅行记》，其中涉及地质学和地质工作的地方很多，理应放在《选集》之内。不过，它们毕竟都是游记性文章，而且篇幅很长，本《选集》容纳不下，所以就割爱了。希望他日有机会另出专集，想必为一般读者所欢迎。

下面我们对《选集》的 20 篇论文按地球科学的分支系统，进行简单的评价。

一、地 层 学

在地球科学领域中，丁文江的主要成就，也可以说最大的贡献，是在地层学方面。这也是他在调查、研究西南四省（滇黔桂川）地质矿产过程中的主要科学成果。这里我们按地层次序进行简要的介绍。

1. 云南东部马龙、曲靖地区的寒武系和志留系

1914 年丁文江在本区做了比较详细的地层研究，发现许多寒武纪和志留纪化石。不幸，这批化石在邮寄美国请专家研究过程中，化石标签都搞乱了。因此，丁文江于 1930 年派王曰伦再去当地进行采集和测制地层剖面。他们的主要成果如次。

在易隆的关底沟，发现了以砂页岩为主的寒武纪地层，含 *Redlichia chinensis* 动物群，其时代属下寒武统。在后者之上，经过一段过渡层，出现石灰岩和砂页岩，产 *Favosites gotlandicus* 和 *Spirifer tingi* 等化石。时代属上志留统。从黄土坡到马龙一线同样的寒武系到志留系层序又复出现。在马龙黑牛山、乌沙庄、大海哨等地出露良好的志留系剖面，并产 *Spirifer tingi* 动物群。

易隆等地的寒武系和长江三峡的石牌页岩相似，被命名为沧浪铺组[①]。

①　沧浪铺组后来由卢衍豪进行了详细研究，确定其为下寒武统中部。

志留系被命名为马龙系，包括三个群，由上而下，即易隆寺群、妙高群和关底群，总厚达 600 多米，岩石以砂页岩为主，夹若干层石灰岩。整个时代认为属上志留统。直到今天，中国的上志留统仍以丁文江和王曰伦的成果为代表，其对比如下：

普里多尔阶　玉龙寺组[①]

卢德洛阶　$\left\{\begin{array}{l}\text{妙高组}\\\text{关底组}\end{array}\right.$

2. 广西和贵州的泥盆系

在他的广西和贵州[②]路线地质填图工作中，丁文江曾多次穿过泥盆系地层，并采集了丰富的以腕足类、珊瑚和层孔虫为主的泥盆纪化石，后者分别交由葛利普、田奇瑪、计荣森等专家进行鉴定、研究，分别出版了专著（见《中国古生物志》乙种）和论文。令人遗憾的是丁文江本人没有发表正式报告。我们只能在他的贵州地质图上，见到他对泥盆系地层的分层如下（从下到上）：

独山群(主要是 D_2)

①邦寨砂岩

②鸡泡石灰岩，含 *Stringocephalus obesus*

③宋家桥砂岩

④鸡窝寨石灰岩，含 *Stringocephalus burtini*

茅寨群(主要是 D_3)

①望城坡层，含 *Spirifer sinensis*

②尧梭石灰岩

丁文江也谈到莲花山砂岩，认为它属泥盆系底部地层。

3. 石炭系

前文提到丁文江在地质学方面的主要贡献是地层学的研究成果，而石炭系的分层和对比则是他在地层学方面的最重要贡献。我们选出两篇论文做为他的代表作：①《论丰宁系地层》(1930)，②《中国的石炭系及其在密

---

① 玉龙寺组应是易龙寺组。在丁、王二人的文章中是用"易隆"这一地名。"易"与"玉"的云南人读法没有分别，后人把它纠正过来了。

② 贵州工作是 1929 年和王曰伦合作的。

西西比系和宾夕法尼亚系地层分类上的意义》(1933)。

丰宁系相当于欧洲的狄南统，在贵州南部和广西有广泛的分布，产非常丰富的浅海相化石。其中之四射珊瑚经俞建章精心研究后，丁、俞二人把丰宁系进行了划分(表1)。

表1　丰宁系

（下石炭统）	大塘群 （＝维宪阶）	上司统 *Yuanophyllum*　化石带
		旧司统 *Thysanophyllum*　化石带
	岩关群 （＝杜内阶）	汤粑沟统 *Pseudouralinia*　化石带
		革老河统 *Cystophrentis*　化石带

丰宁系分布甚广，厚度甚大，其地质时代基本上相当于美洲之密西西比系，因此，丁文江把它升级，作为一个独立的系，看来是名正言顺的。在上述的第二篇论文中，丁文江与葛利普一道，把丰宁系的划分作了修改：

上丰宁系(上密西西比)，或上司统；

中丰宁系(中密西西比)，或旧司统；

下丰宁系(下密西西比)，或革老河统。

汤粑沟统被包括在革老河统中。

比较困难的问题是丰宁系以上的一些石炭系地层的划分和对比。在西欧有纳缪尔统(海相)、维斯发统及斯特凡统(陆相)；在苏联有巴什基尔统、莫斯科统、热连统和乌拉尔统。它们的关系一直不清楚。葛利普详细研究了苏联顿巴斯盆地的文献，创立顿涅茨统(Donetzian)一名。他采用了美国宾夕法尼亚系，作为密西西比系(丰宁系)以后的石炭系地层的总名称，并把苏联顿涅茨盆地的宾夕法尼亚系作为标准剖面，划分如下：

下宾夕法尼亚　　　中宾夕法尼亚　　　上宾夕法尼亚　　　乌拉尔统

（兰卡斯特尔统）　（莫斯科统）　　　（顿涅茨统）　　　（斯特凡统）

认为乌拉尔统在顿涅茨盆地和美洲都缺失。

在中国，丰宁系以上的地层有南方的威宁统、老干寨统(均为丁文江创立的名称)、黄龙统,以及北方的本溪统。这些地层过去一般被认为属中石炭统或莫斯科统。在这之上还出现更高层位的石炭系地层,那就是南方的船山统、马平统和北方的太原统等。笔者过去曾把中国的石炭系划分为三统,即下统、丰宁统,中统、威宁统,以及上统、马平统。不少地层工作者也有同样看法。但实际上广西、贵州和湖南的丰宁统,厚度远远超过威宁统与马平统之和,所以前者与后者是不成比例的。今天看来,把丰宁统作为中国(特别是南方)的下石炭统的总称是恰当的,而丰宁统以上的各种石炭系地层加在一起,作为上石炭统似乎更合逻辑。最近,杨遵仪教授[①]采用了"壶天统"来填补这一名词(上石炭统)的空白,我看是可以接受的。应当指出,壶天统即壶天石灰岩,是20年代湖南地质调查所创立的,它代表中石炭统及上石炭统,也就是下扬子地区的黄龙石灰岩与船山石灰岩之和,也大致相当于丁文江的威宁石灰岩与马平石灰岩之和。在时间上它们大致相当于美洲的宾夕法尼亚纪,后一名词当然不便在中国使用。至于葛利普创立的顿涅茨统,苏联人并不采用。

总起来说,丁文江在古生物专家的帮助下,对中国石炭系地层次序及其对比,确实作出了重大贡献。直到今天,我们虽然对他的成果做了一些必要的修改补充,但实质上仍以他的分类为基础(表2)。

表 2

	杨遵仪(1986)		丁文江(1933)		
壶天统	马平阶 达拉阶 滑石板阶			马平石灰岩 威宁石灰岩	
丰宁统	德坞阶		丰宁系		
	大塘阶	上司组 旧司组		大塘群	上司统 旧司统
	岩关阶	汤粑沟组 革老河组		岩关群	汤粑沟统 革老河统
	—?—				
	邵东组				

---

① Yang Zunyi, Cheng Yuqi, Wang Hongzhen, 1986. *Geology of China*, Oxford, Clarendon Press。

4. 二叠系

在西南四省的大规模地质调查中，丁文江对二叠系地层进行了比较深入的研究，并与葛利普一道发表了《中国的二叠系及其对二叠系地层分类的重要性》论文（1933，第 16 届国际地质会议报告）。他们的主要成果如（表3）。夜郎系的化石采自贵州，大部分为双壳类及腕足类，其中有一小块三叶虫尾巴以及今天被认为是下三叠统的标准化石 *Pseudomonotis wangi Patte*。这批化石经法国古生物学家巴特（Patte）研究，他不敢肯定，这个小动物群究竟属于上二叠统抑或属于下三叠统。由于其中出现一块三叶虫（*Phillipsia*?），丁文江坚持认为它是上二叠统，并创立"夜郎系"这一新名词。应当指出，丁氏的标准剖面位于贵州大定（现称大方——笔者注）的玉龙山。对后者，丁文江、笔者和王曰伦三人一同研究过。笔者在《中国南方的二叠系地层》（1932）专著中早已说明，玉龙山石灰岩直接盖在长兴石灰岩之上，所产化石和真正的二叠系动物群大不相同，故其时代应属下三叠统。令人遗憾的是丁先生固执己见，坚信它是上二叠统。不久尹赞勋[1]重新研究了所谓夜郎系的动物群，明确指出，"夜郎系"应属下三叠统。丁先生大概是受了前述"一块三叶虫"之骗，因而把下三叠统当做上二叠统了。今天回想起来，那块三叶虫尾巴大概是采集化石时不小心把它和三叠系的化石混到一起了。

表 3

	中国南方	中国北方
上二叠	夜郎系	不存在(?)
中二叠	乐平系 阳新系	上石盒子系 下石盒子系
下二叠	马平系	太原系

丁、葛二氏的论文虽出现大错，但其中的古地理图和地层剖面还是有可取之处的。特别是第 2 图，所示峨眉山玄武岩之分布，今天看来仍有参考价值。

---

[1] 尹赞勋，1937，Yehlangian, Upper Permian or Lower Triabsic? *Bull. Ceol. Soc. China*，Vol. 17, 289—302, 1pl.

5. 其它地层研究

三门系　1918年丁文江研究山西与河南交界处的黄河谷中地质时，在有名的三门滩发现含大型双壳类化石的沙砾和粘土层，后者被定名为三门系，其主要化石有 *Quadrula* 和 *Cuneopsis*，时代属早第四纪。后来，得知三门系在北方分布很广，它代表 Q_1 时期的河湖相沉积。

在《地层小记》中，还记录了丁文江在云南沾益龙华山发现了下泥盆统的陆相砂页岩地层，含 *Arthrostigma gracile*，在此之上出现中泥盆统石灰岩。

在云南东部丁文江在多处发现含大羽羊齿植物群的含煤岩系，后者位于玄武岩(后来定名为峨眉山玄武岩)之上和三叠系红色砂岩之下。当时有人认为此植物群属下三叠统，丁文江和赫勒一道则坚信它属上二叠统，这当然是正确的。

在本《选集》里我们选收了丁文江《贵州地质建造之划分》一文，这出自在他主编的广西、贵州、四川路线地质图中。寒武、奥陶、志留系的分层名称虽与现在人们使用的很不相同，但实质上它们和长江三峡地层剖面基本上一致。

二、 区域地质、 地质图及区域地质测量方法

丁文江的若干报告都把区域地质、矿产、矿业和矿务的记述和研究放在一起，这是因为地质(包括地层、地貌、构造和岩石)为矿产和找矿服务，而矿产的研究又和生产、管理(即矿业和矿务)有直接的联系，其最终目的还是为搞好生产。丁文江作为地质调查所所长，在地质矿产调查的初期阶段，这样做是正确的。但是在评述他的成果和贡献时我们把地质部分和矿产矿业部分分开讨论，似乎更合乎逻辑。

1. 区域地质

1913年，丁文江、梭尔格、王锡宾3人调查正太铁路附近地质矿务，认真研究了地层次序，测制了铁路沿线地质图，初步搞清了石炭系煤田地质构造。这是中国地质工作者第一次出版的区域地质图件，应该大书而特书。在本《选集》中我们重新发表这些图件。

1919 年丁文江和张景澄采用同样的工作方法，调查蔚县、广灵、阳原三县的煤田地质，测绘了地形地质图，初步确定了石炭系煤层的分布情况，并估计了煤炭储量。

1914 年，丁文江独身一人，远征云南、贵州和四川，进行广泛的地质、矿产调查，测制了许多区域地形地质图件、地层剖面和地质构造剖面，并拍摄了大批野外工作和矿山、矿场照片。这些成果集中表现在《云南与会理威宁地区的地质记录》、《云南个旧附近地质矿务报告》和《云南东川府铜矿》三篇文章中。

《云南与会理威宁地区的地质记录》是丁文江 1914 年在滇川黔三省的主要工作成果，是根据他的野外记录和一些手稿，由尹赞勋、边兆祥整理编辑而成的。其中最重要的部分是各种实测图件；地质图方面分为 A、B、C、D 四类，它们已在《丁文江地质调查报告》(1947)的附图专册中发表，我们在本《选集》中只采用了一张代表作，即《丁文江先生西南地质调查队路线图》。此外，还有许多地层和地质构造剖面图，我们也只采用了一张代表作，即《滇东地层层序柱状图》)。在文字描述方面我们选录了尹赞勋和边兆祥编辑的几节，包括：2. 个旧地区地质；3. 调查鸟格地质煤矿报告书；4. 通安州铜矿；5. 倘塘—铁矿山之地质；6. 曲靖河谷及其相邻台地。在第 2 节中，主要讲地理、岩石与地形、地层、构造、地文和锡矿的成因。丁文江认为个旧地区地层以石炭二叠系和三叠系石灰岩为主，锡矿产于三叠系地层中，矿区被大量断层所控制。在第 5 节中，对贵州威宁地区的地层和构造有比较详细的描述。那里的地层以石炭系和二叠系为主，他发现了中石炭统威宁石灰岩和覆于其上之外套山煤系，对这些地层、煤系与煤田之分布有比较详细的记录，并采集了丰富的石炭二叠纪化石。在第 6 节中，主要讲地形和地貌，其描述和分析颇有可取之处。

《云南个旧附近地质矿务报告》本身是一本专著(《地质专报乙种》第十号)，主要讲矿产、矿业和矿务(下面将予以评述)，但所附地质图是区域地质的重要参考材料。

《云南东川府铜矿》一文是丁文江用英文写成，发表于在上海印行的《远东时报》1915 年第 6 期上。文章主要讲矿床、矿业和矿务。所附一张 40 万分之一东川府铜矿区地质图，虽已过时，但它是中国人第一次测制的此种图件，颇具历史意义。

《芜湖以下扬子江流域地质报告》是丁文江关于区域地质的最重要的报告之一，记录比较丰富，讨论相当详细。野外工作是在1917年，报告之出版则是1919年。报告附有一幅全区地质图（包括扬子江以南的江苏省、浙江及皖南邻区）和若干小区的大比例尺地质图，以及许多素描地质、构造的剖面图和野外照片。野外工作还包括了丁先生的得意门生叶良辅先生的成果。可以说，他是花了大量精力和不少时间来完成这一工作和写出这一报告的。

区域地质工作之基础是地层的划分和地质时代的确定。令人遗憾的是，本区前人的工作只有李希霍芬的《中国》可供参考，后者内容比较粗糙，错误甚多。然而他的学术威望影响了丁文江，因而他的错误免不了为丁氏所继承，在地层划分方面就是这样。在第一章地层学中，丁氏的地层划分大致如表4。

表 4

丁文江（1919）	时　　代	现　　在
L_1 薄层石灰岩 S_1 砂页岩及煤层 L_2 巨厚的厚层石灰岩	二叠系 二叠系	长兴石灰岩加青龙石灰岩 龙潭煤系 楼霞、船山、黄龙石灰岩
S_2 砂页岩含煤层	石炭系	？（可能是 S_1 之重复）
L_s 灰色燧石石灰岩	石炭系	楼霞石灰岩
S_3 石英岩 （五通石英岩）	石炭系 泥盆系	五通石英岩
O 笔石页岩 ｜ 仑山石灰岩 ∈ 页岩，薄层石灰岩	震 旦 系	高家边页岩底部？ 仑山石灰岩

注：系应为纪

从表4看，丁文江把仑山石灰岩及其下伏的页岩和薄层石灰岩划入震旦系，并没有错。这个"震旦系"是维理士的震旦系，实际上就是寒武奥陶系（华北区）。五通石英岩是他创立的名词，划归泥盆系也基本上是正确的。丁氏之错误是：①把覆于仑山石灰岩之上几百米厚的志留系高家边页岩忽略了，他也见到了其底部的几米厚的笔石页岩，当然不是全貌；②L_3实际上是L_2的一部分，也就是今天的黄龙、船山、棲霞石灰岩之总和，过去李希霍芬只知道它们是石炭系，而未能把二叠系从中分出来。S_1是今天的龙潭煤系，属二叠系没有错。但S_2大概就是S_1，即丁氏把同一煤系的另一处露头当作石炭系当然是错的。L_1是最高层位的石灰岩，没有问题，它以三叠系青龙石灰岩为主，底部是上二叠统长兴石灰岩，可惜没有单独划分出来。

L_1以上地层大半为陆相砂页岩，以及大量喷发岩和红色地层，没有找到化石，因而无法进一步划分。

第二章讲构造地质学。丁文江用了相当长的篇幅来论述本区的地质构造，并常常提到李希霍芬的文章，还引用了他的几段描述。前文已说过，李氏的成果，特别是地层方面很不可靠，丁氏在这方面虽然有某些进展，但错误仍不少。如果地层没有弄清楚，就大谈构造，免不了错上加错。丁氏指出五通石英岩与下伏地层间可能有不整合，至少是一假整合的看法是对的，但他认为L_1石灰岩与大通砾岩（新第三纪？）之间的巨大不整合代表苏皖山地的最主要褶皱运动，那就把事情太简单化了。我们现在知道，三叠纪青龙石灰岩与大通砾岩（可能大部分相当于浦口组，也包括其它的白垩—第三纪红色地层）之间还有一大套三叠—侏罗—白垩纪地层，而整个晚三叠纪到新第三纪间还出现印支运动、燕山运动和喜山运动，这些当然在丁文江工作时还是完全不了解的。丁氏特别提到所谓霍山弧，并把它和大地震联系在一起。现在看来，霍山弧并不存在，而皖中"弧形构造"之形成，乃是郯城—庐江大断裂西侧（走向北西西）与东侧（走向北东，如张八岭山脉）相接合之结果。应当指出，长江下游的地质构造是非常复杂的，直到今天人们也还没有把它研究得完全清楚，我们哪能用今天的眼光去责备70多年前的地质先行者丁文江先生呢？

第三章讲地文，主要讲地形特征与地貌之形成方式和过程。特别指出，地层褶皱、走向及岩石硬度对地形高度差异和地貌形成之影响。而扬子江下游，江流方向往往与区域褶皱走向相吻合，特别值得注意。从整体上看本区属壮年到老年地貌，由于近期的上升运动，各河谷中出现不同高度的阶地。

丁氏进而讨论古气候的变迁和本区的沉陷作用问题。他指出，上海一带过去确曾有较大的下沉，但扬子江的大量沉积，往往可以填补下沉幅度，这就不一定需要海水之进侵。

最后，第四章讲扬子江口的历史。古人曾认为扬子江下游曾经出现三条江，即北江、中江和南江。中江曾经通过太湖再东入于海。丁文江特别主张太湖过去曾和大海相连，后来成为海滨沼泽地，扬子江曾经注入其中。丁氏多方考证，不但阅读了一批古典书籍，而且查阅了许多县志，认为苏北、苏南、浙东平原上的许多县城，越向东走，城市的建立越新，也就是说，在有记载的历史时期，海岸线逐渐向东移动，海滨平原面积也同步向东扩展。对太湖的起源问题和黄浦江的发生发展问题都有比较详细而生动的论述。细读本章全文，我们对丁文江治学的谨严、论述的透辟，感到肃然起敬。而立之年的丁文江，已经是博学多才的自然科学家了。至于他的论证是否全都可靠，笔者对有关问题的最新见解很少接触，不敢班门弄斧。

2. 地质图及区域地质测量方法

前文已言及，丁文江是中国地质学者中实践地质填图的第一人，其代表作是正太铁路沿线的地质图件。1914 年他赴云南进行大规模的路线地质填图，成果已发表在《丁文江先生地质调查报告》中。其成果最好，包括面积最大的是 1929—1930 年由他率领的地质队所填绘的 20 万分之一图件。这些图件连同大量的地质剖面图，也都在上述报告中出版了。当笔者主持编辑 14 幅百万分之一中国地质图(1948—1949 年出版). 时，丁氏的各种图件都曾被充分利用，这也是他对中国地质作出的重大贡献之一。

趁此机会，笔者愿意简略地说明丁文江进行野外地质填图的工作方法。在云南的野外工作中，他独身一人"单干"，成果比较简单、粗略。地质图上没有地形，只见路线经过的河流、城镇、地名、山名等。但 1929—1930 年贵州之行，所获地质图成果就大不一样，精确程度大大提高，图件内容更加丰富多彩。可以说这是丁文江晚年的杰作(当然是在他的几位助手帮助之下完成的)。

首先谈一谈，调查队所用仪器。每一位地质成员，连丁在内，都携带有：地质罗盘（美国制 Brunton）1 个，干气压计 1 个，沸点温度仪 1 套（全队），双筒望远镜 1 个，手携扩大镜 1 个，大槌 2 个（全队），钢钎若干个（全队），皮尺数个，（全队）小钢卷尺 1 个，绘图板及附件（Skelching board）1 套（全队）。地形测量员与地质员同时出发。前者，手持绘图板，用计步法测距离，用罗盘定方位，同时瞄准路线两旁的突出山峰和明显建筑物，如庙宇、宝塔等。一边步行，一边把上述事物利用铅笔和三角板绘入自己手持的绘图板上，后者，必须用铝制三角架定稳，并摆正方位。在前进中，利用罗盘瞄准前一站"前视"中的各点，获得交叉点位，再从各点所测的仰角和俯角计算出它们的高程，从而勾画出地形线；在相当长的距离内，路线上及其两旁的"山形水势"、村落庙宇等都一一呈现图中。地质员与测量员走的是同一条路，他的主要任务是：观察和研究露头，了解其地层和岩石性质，测量走向及倾角，找化石、采集标本，作详细的记录等。同时，也要把突出的地面特征，如河流、桥梁、庙宇等记入笔记中。地质员工作相当繁重，一般需要有一位工人同行，随时帮助，或用大槌及钢钎打下大化石及标本。当天野外工作完毕后，在驻地必须由地质员把地质事物搬上刚才由测量员绘出的地形图中，成为初步的地形地质草图。

用上述方法测制的地形图若没有三角网控制，在大面积内一定会出现很大的误差。所以丁文江强调经纬度的测定。后一任务主要由曾世英担任。他使用的仪器有：经纬仪一套，Omega 高级怀表一个，手携无线电收听仪一套，电池电灯设备一套。每天晚间，只要天气晴朗，曾世英必在空旷地面，安放经纬仪和收听仪，一面观测自己挑选的恒星位置，一面收听马尼拉天文台的报时，同时记录下怀表的准确时、分、秒。从这些数据即可以测算出当地的经纬度（见《川广铁道路线初勘报告》）。如要认真学习丁文江路线地质制图法，必须有更加详细的说明和必要的图件，这里就从略了。应当指出，"丁文江法"并没有完全过时，在我国的偏僻地区，特别是青藏高原，目前 5 万分之一地形图还不全，故做路线地质调查时此法还可以使用。至于新发现的矿床和矿区，有时需要填绘 2 万分之一乃至 1 万分之一地形地质图，采用此法测图也可以满足编写临时报告之用。

三、 矿床学、 矿业及矿务

首先要指出的是早在 1917 年 7 月丁文江已在《远东时报》上发表了《中国的矿产资源》这篇重要文章，当时就引起了外国企业家的注意。令人遗憾的是，该文用英文写成，没有获得当时北洋军阀政府的重视。之所以用英文而不用中文，是因为当时北京地质调查所刚成立，还没有能力出版自己的科学技术报告和论文。今天看来，该报告是中国地质学人编写的第一篇有关中国地质矿产的总结性文章，是有重大历史意义的。文章简明地阐述了煤、铁、金、铜、锡、锑等重要矿产的矿床特征，以及开采和生产情况，对各矿床的地质背景有精练的描述，特别在煤田方面讲的特别中肯。针对外国企业家的担心和意见，文章特别阐述了 1914 年的采矿章程、税务和矿产保护，以及外商投资和治外法权等问题，这些是从中国政府的立场讲话，值得注意。此外，文内还附有矿山、采矿和冶炼方面的照片多张，使读者对当时一些主要矿区的采矿活动有一个亲临其境的印象。应当指出，文章中提到的某些矿床，例如开滦煤矿、井陉煤矿、山东中兴煤矿、云南个旧锡矿、东川铜矿、山西铁矿等都曾经丁文江亲自调查研究过，是有第一手资料作证的。

丁文江的野外地质工作有一个鲜明的特点，就是地质调查必须尽可能的和矿产资源的调查研究结合，后者不但包括矿区的地质背景，而且还须论述探矿、采矿、生产、管理乃至产品出口等情况，对矿床的储量数字也尽可能准确地提供。下面将按矿床类别进行简略评述。

1. 煤田和煤矿

丁文江一生中先后调查研究了山东峄县枣庄煤田，正太铁路沿线煤矿（包括有外国人投资的井陉煤矿，蔚县、广灵、阳原煤田），滇越铁路上的鸟格煤矿。他自己曾担任总经理的北票煤矿以及他临去世之前（1936 年初）的湘潭谭家山煤矿。对这些煤田和煤矿他都测制了地形地质图，论述了煤层分布和煤田储量，以及有关的矿业、矿务问题。对正太铁路沿线的煤田和煤矿有详细的记述和评论，特别是对井陉煤田和井陉矿务局，平定州和太原西山之煤田和矿务进行了比较详细的调查研究。令人遗憾的是，他对北票煤矿的研究没有留下文字记录，对谭家山煤矿的考查，当然也来不及写报告。

丁文江调查研究得最好的是山东峄县枣庄煤田，特别是中兴公司矿区。下面将比较详细地予以论述。

山东峄县枣庄一带是一个广大的含煤盆地，在历史时期就有当地农民，顺煤层露头用土法开采煤炭。光绪二十四年，直隶候补道张连芬与德国人合作，成立"华德中兴煤矿股份有限公司"，正式开采该地煤矿。中华民国成立后，中兴公司由于有各种优越条件，经营不断扩大，煤炭产量迅速增长。津浦铁路通车，支线到达枣庄后，中兴公司业务更加发达，1914年产煤达 248421 吨。不幸于 1915 年 2 月，矿井下突然涌水，巷道被淹，499 位矿工丧失生命。经过此次灾变，公司损失惨重。"总办"张连芬吸取教训，重新投资，延聘地质、采矿专家、布置新大井。1923 年大井建成投产。从此矿业蒸蒸日上，中兴公司得以复兴。

丁文江[①] 1915 年，估计时间是在水淹灾变之后，来到中兴公司工作。他测制了枣庄煤田及其外围的详细地质图（1：50000），[②] 估算了煤田储量，并布置了三个钻孔，其目的显然是想在经过钻探之后，确定新大井的位置。随后，丁文江介绍一位钻探技师杨树诚（别名杨金）到该矿，负责钻探工程。在此期间丁氏还委派北京地质调查所技师叶良辅到矿指导勘探工作。看来新大井的建立和中兴公司的复兴与丁文江的介入有重大关系。与此同时或稍后，当时已经很有名气的采矿工程师邝荣光也被延聘来矿指导建井工程，或充当公司的采矿顾问。但邝与丁、叶是否曾有联系，这只有查阅公司的旧档案方可得到澄清。

从上述一段史实来看，丁文江不但是中兴公司的"功臣"，而且作为地质调查所所长，他充分利用自己的所长职权，把地质、勘探和采矿工程紧密地联系在一起，作出了一番非常令人钦佩的事业。丁文江确实是这方面的第一位地质学家。

---

① 此段论述是笔者参考零星资料，主观地提出的，不一定可靠。请参考：周景宏、邓晋武：《枣庄煤矿发展史》，1982 年 5 月，枣庄矿务局印制。

② 笔者阅读了此图。内容十分详细，不幸原稿遗失，未能出版。

2. 锡矿和铜矿

1914 年丁文江费了很大力气，调查了云南个旧锡矿，写成《云南个旧附近地质矿务报告》。该报告除地质部分外，对锡厂开采、洗挺、提炼、销路、课税、产额等均有详细的论述；对锡务公司和宝兴公司的组织、业务、生产等也有详尽的记载；最后对厂务之前途提出了宝贵的意见和建议，语重心长，洋洋数千言。后者虽已过时，但丁氏为国为民、为厂矿负责的精神，值得我们学习。报告中附有若干照片，显示矿山、厂矿、采矿和冶炼的活动，富有历史意义，尤足珍贵。

1928 年丁文江调查广西地质时，详细研究了南丹大厂锡矿，绘制了地形地质图和一张地层柱状剖面图，内容非常详细，今天仍有参考价值。从剖面图看，我们了解到他做野外工作的认真程度。

《云南东川府铜矿》一文对矿区历史有详细的记载，对开发内容也有比较可靠的论述。丁文江提出矿政改良办法，特别讨论引进新法的可行性。

对四川会理通安州铜矿论述较少，对矿床、矿石、采矿和冶炼方法有简略的记载。

3. 铁矿

在《调查正太铁路附近地质矿务报告书》中，丁文江对所谓"山西式"铁矿研究得较为详细。他指出，铁矿一般产于奥陶系石灰岩（冀州系）和上伏石炭系煤系（五渡地层）之间，系赤铁矿与菱铁矿的混合物，分布很广，但其最丰富者则产于石灰岩夹缝中，无一定规则。文章对铁矿之开采，冶炼、矿业和矿务均有详细的记载，也讨论了用西法冶炼之可行性。

丁文江曾于 1919 年（?）调查江西萍乡县上株岭铁矿，著有短文，发表于丁格兰著《中国铁矿志》中。他认为该矿属交代矿床（metasomatic）。笔者偕徐克勤，于 1936 年夏调查研究了同一铁矿，认为矿床产于泥盆系砂页岩中，是标准的沉积型鲕状赤铁矿；但遭受轻微变质时部分已转变成磁铁矿和镜铁矿，这就是现在已经出名的"宁乡式铁矿"。

丁文江还调查了四川会理立马河镍矿，北京昌平西湖村锰矿。

最后简略地谈谈丁文江的《上农商总长书》。此书写于 1914 年调查西南三省地质矿产之后，洋洋数千言，向北京政府汇报云南主要矿产、矿业和矿务概况，重点是个旧锡矿、银矿、铅矿和铁矿，对个旧锡矿，言之尤详。他条陈利弊，指出矿务和行政管理方面应兴应革事宜，忠心耿耿，光明磊落。从当时看，丁文江已显示自己不单是一位地质专家，而且是潜在的企业管理人才。只是书中没有提东川铜矿，令人不解。

四、 中国的造山运动

早在 1922 年，丁文江就写了一篇短文，讲中国的造山运动，发表于第 12 届国际地质会议（比利时）的会议记录中。1928 年在北平召开的中国地质学会第 6 届年会上丁氏发表了题为"中国的造山运动"的会长演说。

文章首先讲加里东运动。在回顾了俄国人在中亚细亚的工作后，他说，在广西朱庭祐首先发现一套含中泥盆统化石的石英砂岩和页岩的莲花山组，不整合地覆盖在杂色砂页岩组成的龙山组之上。他自己在几个地方、特别是在昆仑关附近见到泥盆系以一底砾岩不整合在一套杂色砂页岩之上，后者与滇东的志留系非常相似。同样的情况，也出现在修仁县北的三江村山谷中。他继而谈到长江下游的五通砂岩和千里冈砂岩应属泥盆系，其层位与莲花山砂岩相当，不过没有见到前五通砂岩的不整合。总的看来，丁文江肯定广西存在加里东造山运动，而长江下游该运动则为造陆运动所代替，这当然是正确的。这一运动被名为广西运动。但他把长沙附近的岳麓山砂岩和莲花山砂岩对比，则是因为泥盆系中出现不同层位的两套砂岩，在 20 年代的科研水平上，还无法把它们区别开来。

丁文江继而谈到海西运动。他再一次回顾了俄国人在中亚细亚、特别是在新疆天山的工作，认为海西运动确实存在，而且可以分为两幕，第一幕出现在泥盆纪与早石炭世之间，第二幕则出现在早石炭世或中石炭世与晚石炭世之间。但这些说法都缺乏古生物根据。丁文江自己在西南几省，多次穿过泥盆、石炭、二叠系地层。他在广西河池地区见到水平二叠系石灰岩，覆盖在直立的含 *Stringocephalus* 的泥盆纪石灰岩之上。由于弗罗马热在印度支那也发现两次海西运动，其时代大致与天山的两次运动相近，因而丁氏深信广西和越南均有重要的海西运动，并创立了一个新名词——越南运动。

丁氏继而讨论越南运动在华南，特别是在广东湖南所谓南岭地带是否存在，从他所能涉及到的文献来看，答案是否定的。只是过去李希霍芬调查了广东韶关煤田，给出了一个剖面，二叠系煤系覆盖在强烈褶皱了的石灰岩之上，后者产蜓科（这是 20 年代找到的）。所以，韶关附近存在海西运动是可以肯定的了[①]。

最后，丁氏论述了翁文灏创立的燕山运动。在重新回顾了翁文灏根据的基本资料并讨论了全国范围内新出现的论文和报告之后，丁氏把燕山运动进行了修改补充，内容如下：

燕山运动

第一幕	东京—云南			侏罗纪
第二幕	华北	蒙古 天山中亚	中国沿海	白垩纪
第三幕	华中	华南 蒙古		晚白垩纪—第三纪前

应当指出，丁氏所说的燕山运动，其分布范围比翁氏所指广泛得多。翁氏认为南岭之形成属第三纪之南岭运动。丁氏则不同意，并指出南岭运动是燕山运动最后一幕。翁氏似乎把南方的红色地层全部纳入第三系，而丁氏则认为后者包括白垩系。今天看来，丁氏是正确的。至于侏罗系或瑞替克煤系之下出现明显的不整合，翁、丁二人均未给予特别注意，模糊地认为它不过是燕山运动第一幕的一种表现。殊不知这一运动在中国南方，尤其在青藏高原非常重要，这就是笔者提出的印支运动。

五、古 生 物 学

在老一辈的地质学家中，丁文江所受到的古生物学训练比较扎实，在农商部地质研究所中，丁氏担任古生物课程。据学生朱庭祜称，丁氏讲课尚能胜任。后来的许多野外工作证明，丁氏采集的化石不但种类繁多而且保存完好，这当然和他受到过良好的古生物学训练有密切关系。令人遗憾的是，他没有时间研究自己采集的化石，而把它们交给古生物专家鉴定，

---

① 笔者于 1937 年曾到过韶关煤田，也曾看到这个不整合。现在看来那里的海西运动可能是局部性的。

并著书立说，大放光彩。

但是，丁文江也写了一篇古生物学论文：《丁氏石燕（*Spirfer tingi*）与谢氏石燕（*Spirifer hsiehi*）宽高率差之统计学研究》。前者的标本来自云南曲靖的上志留统妙高组（丁文江及王曰伦采集）。在同一剖面中，在妙高组下几百米的面店组中也发现了 *Spirifer tingi*。于 20 年代在三峡地区谢家荣等在志留系的新滩页岩中发现大量的 *Spirifer hsiehi*。后一种化石丁文江在黔北也有发现。实际上两种化石非常相似，很难区分。于是，丁氏采用统计学方法，主要是测定两种化石的宽高比率来决定它们的不同性。在作了大量的统计学计算之后，丁氏认为："*Spirifer hsiehi* 与 *S. tingi* 属于不同的种。它们可以很容易地以其宽高比率（表示为百分比），特别是茎瓣的宽高比率来加以区别。如果这个值在（147±12）% 以内，这标本可以有把握地认为是 *S. hsiehi*……"这样看来，*S. hsiehi* 是下志留统（新滩组）的标准化石，而 *S. tingi* 则是上志留统妙高组的标准化石。

应当指出，统计学方法只能适用于有大量个体标本的物种。如果标本太少，不过两三个，而且保存得并不完整，如一般情况那样，这方法是不能采用的。

六、 工程地质学

1921 年丁文江在《农商公报》第 7 卷第 11 期发表了一篇短文《北京马路石料之研究》。他从石料之硬度、固度和损伤度的数据出发，对四种岩石，即周口店纯石炭岩、南口硅质石灰岩、亮甲店变质砂岩和三家店辉绿岩进行了测试，结果认为辉绿岩最合用，南口石灰岩次之，亮甲店砂岩最劣。

实际上，今天我们采用的石料，以南口石灰岩为主，这是因为辉绿岩露头太少，而离城太远之故。

丁文江无疑是中国研究工程地质的第一人。

七、 地 理 学

丁文江对地理学的贡献是多方面的，在此我们只谈两点。

1.《徐霞客游记》

自从 1914 年丁文江进行了西南 3 省大规模地质旅行之后，他对明末这一位伟大的地理学家十分钦佩，《徐霞客游记》他也阅读了多遍，因而决定重新出版这一名著。适得上海商务印书馆的同意和一批年轻人的协助，丁氏花了很大力气，编成并发表了 1928 年的新版，使得这一名著得以广泛流传。丁本有几大特点：第一，丁氏著有《年谱》，对霞客身世考证得很详细；第二，原书用古文写成，没有标点符号，青年读者阅读感到困难，丁氏增加了句读圈点，单是这一点就花费了很多精力；第三，也是最重要的一点，丁氏按霞客原书的具体内容，独创性地增加了很多图幅，读者一边读书，一边看图，对霞客的行程路线和地学成果，一目了然。这是对原书的非常必要的补充和最大贡献。令人遗憾的是商务印书馆版本把附图完全取消了。

2.《中华民国新地图》

为了纪念上海申报馆成立 60 周年，丁文江接受该馆的委托，会同翁文灏决定编制一套新的中国地图。当时，北京地质调查所藏有全国各省地形图，材料丰富，可供利用。实际编图工作交由当时调查所的成员曾世英先生完全负责，丁和翁则担任指导、联系。据曾说，在编图过程中，丁对编图原则和方法出了很多主意。1933 年编图工作完成，取名为《中华民国新地图》。该图之特点是不分省而分幅，比例尺为 200 万分之一，并用等高线着色法表示地形。地图出版后，中外学人交相赞誉，认为这是地理界的空前巨著。特别是建国以后，各方面建设需要地图参考，该图的重要性才充分显示出来。

八、 川广铁道路线初勘报告

1928 年丁文江在广西境内进行了广泛的路线地质矿产调查工作，北面到了靠近贵州省的南丹。他感到广西境内地形以丘陵为主，很少大山，主要河流的海拔高程都很低，很相近，从北往南修筑铁道没有很大困难。同时，他又想到，四川省物产丰富，每年有大量土产用小轮船从重庆经险恶的三峡运至汉口，再由汉口换大轮船转运到上海出口。这样做费时、费事、费钱，在经济上很不合算。经过初步研究，他的脑子里形成了一种意见：能否从重庆修一条铁道，通过贵州、广西两省，以达广州湾，取名"川广铁道"，把四川和海口直接联系起来。恰巧 1929 年初铁道部答应出钱，资助丁文江成立一个路线测勘队，进行实地踏勘，以决定上述意见之可行性。1929 年秋"川广铁道测勘队"组成，由丁文江任队长，曾世英负责地形测量，王曰伦协助丁氏调查地质矿产。后来，笔者也参加了工作。1930 年 6 月野外工作完成，紧接着，丁文江和曾世英联名写成英文报告，内附很多图件，在北京地质调查所专报上发表①。

从图上看，川广铁道从重庆起，经綦江、桐梓、遵义，以达贵阳；再由贵阳南行，经独山、南丹，以达迁江。从迁江经贵县、玉林至广州湾一段丁氏并未亲自踏勘过。整个路线以娄山关及黔桂交界的陡坎工程最难，不过这些已被现今的川黔桂铁路所克服。从今天已建成的铁路网来看，可以说丁氏的梦想早已成为现实，但把川黔桂铁路作为四川省物产的出口大动脉，而把扬子江的水路运输看成是次要的这一大胆设想似乎还没有引起政府和专家们的重视。

应当指出，丁文江的铁路工程计划虽未实现，而他和他的同事们所取得的地质学成果则早已为人们充分利用了。

最后，让我们对《我国地质科学工作从萌芽阶段到初步开展阶段中名列第一的先驱学者》②一文中，有关丁文江那一节加以补充，其内容抄录如下：

丁文江　名列第一的先驱学者：

第一位地质教学机构负责人，即北京农商部地质研究所所长；

第一位发表地质矿产调查报告，并附有区域地质图的学者；

第一位远征边疆的学者；

第一位发表中国矿产资源论文的学者；

第一位详细研究煤田地质，并建议进行有计划的钻探，从而获得经济效益的学者；

---

① 最近，曾世英先生应编者的请求，将英文本译成中文，并把图件改绘，收入本《选集》，特此表示谢忱。

② 王鸿祯主编，《中国地质事业早期史》，北京大学出版社，1990 年。

第一位发表工程地质论文的学者；

第一位用统计学方法研究古生物的学者；[①]

第一位以地质学者身份主持铁道勘察的学者；

第一位发表"矿业纪要"的学者（与翁文灏合著）。

黄汲清

1990 年 4 月 17 日于北京三里河南沙沟

（收入黄汲清、潘方唐、谢广连编：《丁文江选集》，北京大学出版社，1993 年 2 月版）

---

① 这里指的是研究大化石，至于利用统计方法研究微古生物，李四光先生走在前面。

评介《丁文江的传记》

李 敖

近五十年前，十七岁的胡适在上海《竞业旬报》上登了《中国第一伟人杨斯盛传》等几篇文章——这是他日后写传记文字的萌芽，鼓吹传记文学的开始。

四十多年前，胡适就具体认识传记文学的重要了。他二十三岁时在日记中写道："昨与人谈东西文体之异，至传记一门而其差异益不可掩。余以为吾国之传记，唯以传其人之人格（character）。而西方之传记，则不独传此人人格已也，又传此人格进化之历史（the development of a character）。"他认为中国传记"大抵静而不动……但写其人为谁某而不写其人之何以得成谁某"。而西方传记却能写出"其人格进退之次第及其进退之动力"。其次，中国传记又失之"太略"，且"作传太易。作者大抵率尔操觚，不深知所传之人。史官一人须作传数百，安得有佳传？"但他也承认有两个长处："（一）只此已足见其人人格之一斑。（二）节省读者目力。"而这两个长处，西方传记是很少有的。西方传记虽然"琐事多而详，读之者如亲见其人，亲聆其谈论"，但是其短处也即在此："（一）太繁，只可供专家之研究而不可为恒人之观览。……（二）于生平琐事取裁无节，或失之滥。"（以上均见《胡适留学日记》卷七第一则《传记文学》）

胡适深信传记文学可以帮助人格教育。三十年前，他在《领袖人才的来源》一文中曾举了一个例证。他说：

> 中国的传记文学太不发达了，所以中国的历史人物往往只靠一些干燥枯窘的碑版文字或史家列传流传下来；很少的传记材料是可信的，可读的已很少了，至于可歌可泣的传记，可说是绝对没有。我们

对于古代大人物的认识，往往只全靠一些很零碎的轶事琐闻。然而我至今还记得我做小孩子时代，读的朱子小学里面记载的几个可爱的人物，如汲黯、陶渊明之流。朱子记陶渊明，只记他做县令时送一个长工给他儿子，附去一封家信，说："此亦人子也，可善遇之。"这寥寥九个字的家书，印在脑子里，也颇有很深的效力，使我三十年来不敢轻用一句暴戾的辞气对待那帮我做事的人。这一个小小例子可以使我承认模范人物的传记，无论如何不详细，只须剪裁得得当、描写得生动，也未尝不可以做少年人的良好教育材料，也未尝不可介绍一点做人的风范。

（《胡适论学近著》卷四）

本着这点看法，几十年来，自称有着"传记热"的胡适一直在努力提倡传记文学：他曾在北京大学研究院开过传记研究的课，在北平、上海、台北等地多次演讲传记文学的重要，曾一再劝他的朋友如林长民、梁启超、梁士诒、蔡元培、张元济、高梦旦、陈独秀、熊希龄、叶景葵等人写自传，他自己也写了许多传记（如《许怡荪传》、《李超传》、《吴敬梓传》、《荷泽大师神会传》和年谱（如《章实斋先生年谱》、《吴敬梓年谱》、《齐白石年谱》），此外还写过七篇《四十自述》（民国二十二年上海亚东图书馆原版只有六篇，一九五四年台北六艺出版社新版多了一篇）和三十面的 *My Credo and Its Evolution*（收入美国纽约出版的 *Living Philosophies* 一书中，版本有三：1930，by Forum Publishing Company 1931，by Simon and Schuster，inc. 1941，by World Publishing Company）。

民国十八年年底，胡适在《南通张季直先生传记序》里感慨地说："二千年来，几乎没有一篇可读的传记。因为没有一篇真能写生传神的传记，所以二千年中竟没有一个可以教人爱敬崇拜感发兴起的大人物！并不是真没有可歌可泣的事业，只都被那些谀墓的死古文骈文埋没了。并不是真没有可以教人爱敬崇拜感慨奋发的伟大人物，只都被那些烂调的文人生生地杀死了。"因此他提出"新体传记"的口号，主张"传记写所传的人最要能写出他的实在身分、实在神情、实在口吻，要使读者如见其人，要使读者感觉真可以尚友其人"。他认为"近代中国历史上有几个重要人物，很可以做新体传记的资料。远一点的如洪秀全、胡林翼、曾国藩、郭嵩焘、李鸿章、俞樾；近一点的如孙文、袁世凯、严复、张之洞、张謇、盛宣怀、康有为、梁启超。——这些人关系一国的生命，都应该有写生传神的大手笔来记载他们的生平，用绣花针的细密功夫来搜求考证他们的事实，用大刀阔斧的远大识见来评判他们在历史上的地位"（以上均见《胡适文存三集》卷八）。

《丁文江的传记》就是胡适给"新体传记"所做的一个示范，这本十二万字的著作是胡适从小到老所写的传记文字中篇幅最长的一部力作。

这书是胡适应中央研究院院刊编辑委员会征稿纪念丁文江逝世二十周年而作的。丁文江的忌日是一九五六年一月五日，胡适在一九五六年三月十二日写完了这本传记，书成后曾经丁文江的四弟丁文渊先生过目，丁文渊先生又加了七段按语，于一九五六年十二月由中央研究院初版发行。一九六〇年六月台北启明书局发行的再版缩印本中，又增加了一篇《丁文江的传记校勘后记》（附录收回上海会审公廨暂行章程）。

   *   *   *

传记开始是一篇一千多字的《引言》，略述作传的缘起与材料的困难。《引言》后面就是传记的本文（共十七章）和一篇《附录》（丁文江遗嘱）。我现在把这书的一些特点，分做二十项来举例说明：

一、家世：胡适早年写信给孟心史曾有"书本教育又不如早年家庭的训育"的看法。因此他写丁文江的传记，首先即扼要叙述了丁文江的家庭状况：叙述幼年时代丁文江的过人的天资和母教的贤明（页二—三），记他计划东渡留学时因为是老家泰兴县"破天荒的事"，所以也难免受到一些"家庭的阻力"（页五）。

二、师长：胡适详述丁文江的恩师龙研仙对他的影响。述龙研仙如何面试丁文江，如何说服丁文江的父亲，如何劝丁文江研究科学，如何托胡子靖带他去日本。胡适又叙述丁文江对胡子靖的感怀，"龙先生和胡子靖先生是他终身不忘的"（页三—五，页一〇九）。

三、教育：胡适用前五章的大部分来详述丁文江早年的教育情况，记他五岁就入蒙馆（页二—三），记他以偶然的机会赴日本留学（页四—五），记他和两个朋友身怀十几个金镑便大胆上船到英国去（页六—七），记他在英国七年留学的艰苦情形和一些有趣的故事(页八——一一)。

四、朋友:胡适在这本传记里把与丁文江极有关系的友人的事迹也连带记述。如记葛利普(页一六——一七)、梭尔格(页三〇——三一)、梁启超(页七三——七四)、赵亚曾(页二九,页七五)等人,并且时常还把胡适自己的旧事也顺便写出来。

五、境遇:胡适在传记里时而把当时的时势环境、国家情况、学术空气等稍予提及。如记丁文江的老家是一个风气锢塞的"狭窄的地方"(页四),记他赴日留学不久,日俄战争就发生了,"大家更无心读书了"(页六),记他"在上海就职之后一个月,国民革命就开始北伐了",而他"当时的地位是很困难的"(页六六)。

六、思想:胡适在二十多年前写《章实斋先生年谱》时,曾有一个旧例,就是"不但要记载他的一生事迹,还要写出他的学问思想的历史"。"凡可以表示他的思想主张的变迁沿革的,都摘要摘录"。他在本书里也同样用了这种体例。如他归纳丁文江在民国二至四年的旅行纪录(页一八——二一),摘录他在《努力周报》上的文字(页三六——三九),专章叙述由他引起的"玄学与科学"的论战(页四二——五三),记他对于所谓中国精神文明的态度(页五四——五五),对于宗教的态度(页五五——五九)和在《独立评论》中的游记与时评(页八二——一〇七)。

七、志愿:胡适把丁文江平生未曾达到的志愿也记载在这本传记里。如记丁文江最初的志愿是想学医(页一一,页三三),记他"确曾有改革中国高等军事教育的雄心","想替国家办一个很好的、完全近代化的高等军官学校",且还"自信可以做一个很好的军官学校校长"(页六一——六三,页一〇五)。

八、人品:胡适记丁文江的许多琐事以显其真性和为人。如记他当年与两个朋友赴英留学曾得康有为三十镑的资助,归国成名后以一千元偿还(页七——八),记他两度把官费让给别人(页一一,页三三——三四),记他的幽默与风趣(页七五——七六,页八二——八三),并且处处记他做事的认真与刻苦,待朋友的忠心和热诚。

九、能力:胡适对丁文江的能力备加称许,他称丁文江是"一个天生的能办事、能领导人,能训练人才、能建立学术的大人物"(页二),如他记丁文江最能用人，说他能"真诚的爱护人才，热诚而大度的运用中外老少的人才"（页二九），记他用人的方法大都是"亲自考试"（页一六），记他有鉴别人才的眼力（页三一），又记他就任北票煤矿公司总经理后不久便有很大的成绩（页三四），记他做淞沪总办，在"短时期内，做了不少的事"（页六四）。

十、影响：胡适分述丁文江对当代中国的贡献：在学术方面，记他对地质学、动物学（页一四，页五五—五七）、古生物学（页一五，页二二）、地理学（页一八—一九，页二二—二七）、人类学（页二一—二二）、历史学（页二二）、考古学（页三一—三二）等的贡献；在实用方面，记他对"矿业、石油、土壤等等实用方面的需要"的功绩（页三二—三四）；在政治方面记他"建立了'大上海'的规模"，"从外国人手里为国家争回许多重大的权利"（页六一—六六）。

十一、纪实：胡适于一九五三年在台北师范大学演讲"传记文学"时曾说："传记文学写得好，必须能够没有忌讳；忌讳太多、顾虑太多，就没有法子写可靠的生动的传记了。""中国的传记文学，因为有了忌讳，就有许多话不敢说、许多材料不敢用，不敢赤裸裸地写一个人，写一个伟大人物，写一个值得做传记的人物。"（《胡适言论集》甲编）所以胡适在这本传记中，没有忌讳地写丁文江的历史，如写他有时"眼里露出白珠多、黑珠少，样子怪可嫌的"（页八二），写他受孙传芳的委任做淞沪总办时的情形（页五九—六九），都是没有顾忌的写法。

十二、批评：胡适在《章实斋先生年谱》自序中写道："向来的传记，往往只说本人的好处，不说他的坏处；我……不但说他的长处，还常常指出他的短处。……我不敢说我的评判都不错，但这种批评的方法，也许能开一个创例。"在本书中，他用同样的态度攻击丁文江"为全种万世牺牲个体一时"的宗教（页五五—五九，页九七—一〇〇），批评他"经济平等"的理想（页九八—一〇〇）。

十三、考证：胡适是有"考据癖"的人，他在《庐山游记》一书中说考据是他"性情的偏向，很难遏止"。在本书中我们可以看到他用丁文江的诗句来考证丁文涛记载年代的错误（页四），用丁文江的文章来考证《增校清朝进士题名碑录》的错误（页一三），用长达十三行的"附记"来考证一个年代的错误(页二七),这许多"绣花针的细密功夫"都是胡适考据热的表现。

十四、比较:胡适在第九章中曾用比较的手法来写丁文江。如他说:"丁在君是我们这个新时代的徐霞客"(页二三),"他要看徐霞客所不曾看见,他要记徐霞客所不曾记载"(页二四),"徐霞客在三百年前,为探奇而远游,为求知而远游,其精神确是中国近世史上最难得、最可佩的"。在君在三百年后,独自在云南川南探奇历险,做地理地质的调查旅行,他的心目中当然常有徐霞客'万里遐征'的伟大榜样鼓舞着他"(页二六—二七)。

十五、旁证:胡适有时用旁证来说明丁文江的往事。如他用崔东壁《考信附录》里面的话来证实丁文江"五岁就傅,寓目成诵"不是奇事(页二—三),用王荆公《伤仲永》里面的故事来说明"风气锢塞"的"滨江偏邑"有埋没人才的危险(页三—四,页一五)。

十六、出处:胡适运用史料,皆一一注明出处,以示语有所本而可覆按。如书中提到的丁文江《我的信仰》一文,胡适曾四度注明它的出处(页五六,页五七,页九八,页一〇二)。

十七、注解:胡适时常在文内插入小括号( )中括注解,以补原文的晦涩或不足,必要的时候,他另用"附注"来详加说明(页六二,页六三,页六六,页七六)。

十八、校补:胡适引用史料每加校改。如改"泰州"为"泰兴"(页六),改"二至三年"为"三年"(页二〇,页二七),他又时常用他自己的话补进原文里面,用中括号〔 〕括起,以使原文意思更明白。

十九、结构:胡适写此书,在结构方面,以编年纪事为经纬,全书十七章虽然按时序记述,但每写到一个比较具体的题目的,就立刻转成"纪事本末"的体裁(页五,页七—八,页九——一,页一四,页三一,页六二,页七八—八〇,页八四)。

二十、文采:胡适觉得中国的死文字不能担负写生传神的工作,他用清晰的白话来写丁文江的传记。在本书里,我们可以看到这本白话传记的好处:诸如刻画的活泼(页二九)、叙事的幽默(页八三)、连贯的巧妙(页一〇七—一〇八)、条理的清楚(页一一二),都不是古文所能表达的。

＊ ＊ ＊

至于本书的缺点,也有一些,我可以分做四方面来说:

第一是引录史料与原文颇多出入：胡适曾自述引录史料的不容易，他说："有时于长篇之中，仅取一两段；有时一段之中，仅取重要的或精彩的几句。……删存的句子，又须上下贯串，自成片段。这一番功夫，很费了一点苦心。"（《章实斋先生年谱》自序）但是胡适好像年纪大了，眼力有时难免不受用，因此抄写史料与原文每多出入。例如我把本书引录《独立评论》的部分与《独立评论》原文互校的结果，只校了前七页（占全书的十八分之一）就发现了三十八处的出入（内改动原文十一处，增字十三处，漏字九处，漏句五处），单单前面七页就有这么多的出入，后面的一百一十四页可能还值得仔细校勘，这些失检之处，对一个以精于严谨治学的"考据大师"说来，未免是一种讽刺。

第二是偶尔有小错误：胡适因为参考材料不足，有疑问时"海外无可稽考"，许多地方只有凭记忆来写，遂难免有小错误。例如书中几度提到的民国十二年北大地质系毕业的河北蠡县赵亚曾，胡适记他被害时的年纪"大概不到三十岁"（页七五），事实上赵亚曾是三十二岁时死的。胡适记他的著作目录也不完全，赵亚曾的著作共有十八种之多。（这种错误的来源，也许正如胡适在《〈丁文江的传记〉校勘后记》里所说的："材料不完全，特别是在君的日记信札我完全没有得见，是很大的缺陷。我不是学地质学的人，所以我不配评量也不配表彰在君的专门学术，这是更大的缺陷。"）

第三是引语来源不能注出：例如在页四十九，胡适写道：傅孟真曾引在君的两句名言："准备着明天就会死，工作着仿佛永远活着的。"这两句话，我只听在君用英文说：Be ready to die tomorrow; but work as if you live forever. 好像是他从什么书里记下来的。他曾问我这两句话应该怎样翻译，我试了几次，最后译成白话的韵文，他好像颇满意。我的译文是这样的：

> 明天就死又何妨；
> 只拼命做工，
> 就像你永永不会死一样。

其实这句"名言"不是丁文江的，丁文江引用的也不太正确。这本是六至七世纪时西班牙学者兼 Seville 大主教 Isidore(560？—636)的话，原文的正确英译是：

Study as if you were to live forever.

Live as if you were to die tomorrow.

丁文江误引于先，傅斯年、胡适沿误于后，他们都搞错了！

第四是有些地方失之太略：胡适在本书的《引言》里说："因为材料太不完全，所以我只能写一篇简略的传记。"简略之处如提及丁文江对地理学的贡献，似应该把他与翁文灏、曾世英合编《中华民国新地图》、《中国分省新图》的事叙述一下，这在中国地理学史上是一件很重要的事。且前后编绘花了两年半的时间，也是丁文江的重要著作。

民国二十五年一月五日丁文江死后，二月十六日的《独立评论》(一八八期)曾为他出了一本纪念专号，内有胡适的一篇《丁在君这个人》，其中记丁文江的琐事颇多，有许多是这本传记所没有的(如记他宁死不肯请中医治病，记他从不因私事旅行借用公家免费票坐车，记他经常是案无留牍，记他打麻将时认真得手心要出汗)，似乎可把这篇文章列做本书的附录之一。此外，似乎还该有一面地图，标注丁文江一生足迹所及的地方(其实许多传记都需要这样一张简图)。

      *   *   *

胡适在《四十自述》自序中说他自己"究竟是一个受史学训练深于文学训练的人"。他写丁文江的传记，总是离不开他那"谨严的历史叙述的老路"，他绝对不会像肖伯纳的老朋友哈里斯(Frank Harris)写《肖伯纳的传记》(*Bernard Shaw*)一样的手法，来写一部文学味道较浓一点的传记。十八世纪的英国诗人华兹华斯(William Wordsworth)虽努力提倡写诗要"民众化"，但他自己写出来的却始终是高深的学者的诗。胡适本人似乎也难逃这种历史的先例。他鼓吹一辈子传记文学，但他所写的传记里，似乎只有《四十自述》的《序幕》——《我的母亲的订婚》一篇，算是比较有点文学味道的。(丁文江曾写信称赞他说："这一篇在你的文存里边应该考第一！")(页七五—七六)除了这篇以外，剩下的恐怕都是些"历史癖太深"的作品了。

一九五七年三月二十一日写好

一九六二年十二月十八日重改

[**后记**]这篇文章原登《文星》第六十三期(一九六三年一月一日出版),待补充的地方还是很多。关于《丁文江的传记》,胡适曾有两封信给陈之藩先生,这两封信我都有复印本,我把它们附在后面:

第一封(一九五七年四月九日)

之藩兄:

谢谢你四月六日的长信。

丁江文(原文如此——编者)的传记得你这样一位热心的读者,我的五个月功夫真不算枉费了。

二十多年的时间过去了,丁君的日记、信稿、原信札,都没有收存。日记竟不知在谁手里! 我屡次想作此传,终以材料散失,不敢动手。一九五五年的冬月里,我把 Columbia Univ. 所存的《独立评论》全份,及《科学与人生观》等等,全借在我寓里,细细读一遍。又把我的日记细细翻查一遍。我先作了一个"年表",看看缺什么重要材料。我发现最缺乏的是在君做上海"总办"的时期的材料,我只能用 *China Year Book* 的英文材料来补充。(那一年——一九二六——我游英国与欧洲,只有 British Museum 与法国国家图书馆读书的日记几册,差不多没有提到丁在君干政治的事!)(其实他做中央研究院总干事的一年半,我也没有材料,故这时期我没有写。)

我检查了我手里的材料,我决定用严格的方法:完全用原料;非万不得已,不用 second hand sources。这是材料的限制。

故此传的好处是充分保存了丁在君自己说的话,自己写的文字。别人的追忆,大部分是出于追悼他的二十七篇文字,其中已有不很可靠的材料了。

　　这样"充分保存"他自己说的话，有时是很费力的。例如《徐霞客》一章，我把丁君记的金沙江的西岸的诸山，与东面的诸山，总括成两页(pp. 24—25)不满的叙述，是很吃力而不易得读者了解的。

　　又如《科学与玄学》一章，我曾删改三四次，有些地方曾重写两三次(此章原稿很长，删改很费劲)。

　　其实这是我平生自己期许的工作方法，就是"述学"的工作方法。"述学"最好是充分保存本人的文字语言。

　　在二十年没有人注意搜集丁在君的传记资料的情形之下，只有这个法子可以"无大过"。

　　你盼望我"能放开笔，写一些您的理想与失望，您的悲哀与快乐……"，你盼望我能写一部《约翰克里斯朵夫》。这大概是不可能的了。

　　在四十年前，我还妄想我可以兼做科学的历史考据与文学的创作。但我已不作此梦想了。

　　丁在君曾称赞《我的母亲的订婚》(《四十自述》的第一篇)(丁传 pp. 75—76)。那是用小说体裁写的。当时我本想挑出十几个题目，一律用短篇小说体裁写我的自传。徐志摩极力赞成我的计划。但我写到第二章，就改用历史叙述体了(也有朋友很称许这第二章的。最近得胡秋原的短信，他就最喜欢这一章——《九年的家乡教育》)。

　　你曾读我的《西游记的第八十一难》(文存四集，台湾版;《论学近著》原载)吗？那也是我的文学试作。

　　匆匆写几句谢谢你，不料也写长了。祝你好。

胡　适

　　今天杨振宁、李政道两君来看我。谈得很好。

第二封(一九五七年九月十九日)

　　丁传里批评他的短处的例子:

　　(1)他的"宗教"见解，pp. 55—59 末段 58—59 更严厉了。

　　(2)他对于苏俄的态度，pp. 97—100 Esp. p. 99。

　　(3)他的"新式的独裁"，pp. 102—107。

今日很忙，昨天以来又有点发烧，匆匆答此半纸。祝你好。

胡　适

※　　　　　　※　　　　　　※

胡适在一九五七年五月二日给陈之藩的信里，也有一段提到《丁文江的传记》：

> 我在丁传里(pp. 55—59，97—107)指出他的"宗教"见解。他用动物学知识来说明(来证明！)他所谓"宗教心"(即"为全种万世而牺牲个体一时的天性")。我曾指出他这个宗教见解，在无形之中，曾影响他对于苏俄革命及所谓"新式的独裁"的看法。这是性情的表现，其实同他的动物学与地质学无大关系。

※　　　　　　※　　　　　　※

从上面这些原始文件里，我们可以看到胡适对《丁文江的传记》的得意处和不满意处。

胡适在信里提到他写这部传记时，"最缺乏的是在君做上海'总办'的时期的材料"。所以他在这一阶段的文字也写得最糟糕——他几乎不太能了解这一段的历史，更不要提论述了。例如胡适在传中说："在他争回的许多重大的权利之中，收回公共租界的会审公堂当然是他最大的成功。"这种论断实不尽然。我这里不再详评，请参阅：

(1)梁敬錞：《所谓临时法院者》，《法律评论》第三二〇期，pp. 8—9。

(2)戴成祥：《评收回上海会审公廨章程》，《法律评论》第一八五期，pp. 4—10。

(3) Hon, Chieh－shing："The S'hai Provisional Court：Its Past, Present，and Futute."(*The China Weekly Rev.* Oct. 10，1928)。

(4)孙晓楼、赵颐年：《领事裁判权问题》，商务印书馆，pp. 216—223。

(载 1963 年 1 月 1 日《文星》第 63 期)

傅著《丁文江与中国科学和新文化》

张朋园

原　书：*Ting Wen-chiang：Science and China's New Culture*. 237 pp.
　　　　Appendix，Abbreviations. Notes，Bibliography，Glossary，Index

著　者：Charlotte Furth

出版者：Harvard University Press，Cambridge，Mass.，1970

定　价：美金十元

中国近代史上有一些人是为科学运动而死的，丁文江是其中之一。丁文江在知识分子圈子中，知道的人不算少，但在一般人的脑子里，他是一个陌生人。他死后二十年，胡适为他写了一本十二万字的传记，(《丁文江的传记》，《中央研究院院刊》，第三辑，一九五六年)第一次将他的地位提高了。现在，傅乐诗(Charlotte Furth)的新著《丁文江与中国科学和新文化》，再次有所评估。他们认为丁文江是"赛先生"的大力提倡者，身体力行，尤其对于地质学及中国人的科学观念有极大的贡献。他同时是一位爱国主义者，想以"少数人的责任"自任，在政治上有所做为。这两本书对丁氏的刻画，皆属入木三分，丁文江可以不朽矣！[①]

我无意将胡适的《丁文江的传记》与傅乐诗的《丁文江与中国科学和新文化》合而评论，但我必须指出前者有开山作用；而且一个提倡科学的领袖为另一个服膺科学而死去的朋友作传，虽难免带有隐约的感情与怀念，究竟在"有七分证据不说八分话"的原则下所写的东西，后人是不容易超过的。可喜的是傅乐诗之著作正好有优异的表现，虽然她不得不循着胡适给她铺好了的路子。正因为如此，她才有进一步的分析与解释。

---

① 郭颖颐著《中国廿世纪科学思想史》对丁文江亦有专章讨论(见 D. W. Y. Kwok，*Scientism in Chinese Thought* 1900—1950，New Haven，Yale Press，1965)。

　　傅著全书共分九章，除了头尾的绪论与结论外，前四章论丁文江的科学生涯，后三章述其政治信仰与活动。她在绪论中说，清末民初是中国的转型期，出身传统士绅家庭的子弟，有较多的机会到国外去留学，学一套新的东西回来。但他们受旧传统的影响在先，新旧参和，大多以渐进的态度求取中国的改革；梁启超在清末提倡"新民"，民国初年的知识分子则高喊"新文化"，都是渐进的。激进的思想要在民国十年以后才高涨起来。他认为丁文江的温和性格与此背景有关。

　　丁氏于十七岁（一九〇四）赴英国留学，在英国七年，他读过一年英国的中学，进入大学之后，他一度想学医，最后以地质学及动物学为主科毕业于格拉斯哥大学。傅著的第二章就写丁文江的留学情形，指出他在留学时期受流行一时的生物进化论影响甚深，达尔文（Charles Darwin）、赫胥黎（Thomas Huxley）、皮尔逊（Karl Pearson）等启发了他的智慧。最基本的，丁氏学到了科学的方法，这是他准备建设祖国科学的武器。第三章述丁文江于二十四岁（一九一一年）归国，从云南入境，立即从事地质调查，日后任地质调查所所长，从事地质、矿冶、人类学、考古学等方面的综合工作。著者形容丁文江像远征归来的奥德赛（Odyssey）一样，其重整家园的志气是十分高昂的。第四章以"新文化与中国传统"为标题，指出五四时期的思潮只解放了年轻的一代，并未真正对西方的制度有所分析，也没有发为社会行动。"新"字是大家的口头禅，什么是西方的新模式，盖一无辨认。"德先生"趋重于自我的表现，而非对家庭的负责，只有乌托邦的一面。科学与理性亦不过要求反市侩、反迷信、反权力而已。科学家丁文江则不喊口号，他切切实实地提出革新之道。他在进化论的影响下，提倡优生学。他的《哲嗣学与谱牒》是一篇重要的优生学论文。破坏偶像主义并不显示一切都该打倒。国故中也有精粹的一面。宋应星著《天工开物》，徐霞客发现了长江的源头。他们是中国的科学家，丁文江或发掘他们，或表扬他们。第五章讨论丁氏与张嘉森的"科学与人生观"之争。什么是科学，丁文江对科学的认识如何，这一章发挥到了顶点。

　　第六章开始讨论丁文江的政治见解与活动。他的最早的政治理想见诸于《努力周报》（一九二二——一九二三），当时军阀横行，国家混乱。丁文江认为这是因为优秀分子没有尽到责任的关系。他提出"少数人的责任"一语，要求知识分子来改变这一个局面。如果少数优秀分子负起了责任，则国家必可及时救得过来。因此他与一般注意时政的朋友提倡"好人政治"，此已伏下了民国十五年丁氏短暂从政的动因。第七章接着写丁文江任上海商务总办（市长）的经验与作为。第八章再谈丁氏的政治理想，民国二十年以后，他在《独立评论》（一九三二——一九三五）中的政治见解是极端的，他受苏俄及德国的影响，主张独裁。第九章，著者以丁文江为理性主义者而作成结论。以上是本书的全貌。

值得推重的是著者的架构。全书以科学家、进化论者、温和的理性主义者等几个观念来控制全部的讨论，脉络是清楚的，见解是引人的。最成功的部份，是论丁文江受西方科学的影响及其温和的爱国性格。丁文江信仰科学，究竟对科学的认识如何？什么人对他有影响？影响他的人对科学的认识又如何？这些问题我们都获得了回答。著者指出丁文江留学英国七年，受达尔文、赫胥黎、皮尔逊等的影响甚深，他们不仅启发丁文江的科学思想和科学方法，同时又影响丁氏成为一个进化论者。中国因严复及梁启超等之介绍天演学说于中国，进化论在清末民初盛行一时，但当时人所了解的社会进化论，是影响帝国主义猖獗的"弱肉强食"说。丁文江所接受的达尔文主义，是科学的进化论，是观察生物自然界的科学方法。

进化论影响遗传学，葛鲁东（Francis Galton）运用天择的原理于文明人种的研究，他认为人类的社会习惯是会遗传的，乃至于人的性格、智慧、健康状态都会遗传。葛鲁东以统计的方法去观察，果然有非常的发现。丁文江在英国留学，正是遗传学获得热烈讨论的时候，因此他亦接受了此一学说。回国之后撰《哲嗣学与谱牒》一文，强调优生学，倡言只有优秀的高等人才有资格谈多儿多女。中国的人口太多，应该讲求优生学，节制生育。中国的人口问题，丁文江早就看清了。

丁文江提倡科学，所提倡的是科学方法。他与张嘉森辩论，所辩的也是科学方法，他强调实验与归纳。他的科学认识论受皮尔逊的影响。皮尔逊是实证主义者，一向反对欧洲大陆的唯心论，视唯心为科学进步的障碍。但皮尔逊打破唯心唯物二元论的企图，科学派亦认为其说不科学。丁文江以存疑的唯心论（Skeptical idealism）为科学的认识论，犯了与皮尔逊同样的毛病，有似是而非之嫌。所谓科学，不仅是方法的问题，理论也很重要。谈到理论，就很难说其为唯心或唯物了。

著者讨论科学与人生观之争，同时亦说到了张嘉森的玄学。她指出张氏受唯心派哲学家倭伊鉴(Rudolf Eucken)及柏格森(Henri Bergson)的影响，对倭氏的生命力论，柏氏的生命冲进论(Vitalism)都有所申述。张嘉森因为受他们的影响，所以才回头来提倡陆王心学。

著者对丁文江的又一论点，是他的温和性格及理性主义。她在本书的序文中，谓出身士绅家庭背景者趋向温和，似乎已确定了丁文江的性格，再加上服膺达尔文主义，故丁氏走向渐进是一定的。

五四以后，中国的若干知识分子猛烈地批评传统文化，破坏传统文化，中国固有的一切几乎分文不值。丁文江不得不站出来为中国的传统文化说话，他认为中国文化并不是孤立的。中国自古代以至于近代，不断地自不同的方向接受外来的文明，过去如此，今日当然也能接受西来的工业化。接受外来的文化并无排除固有文化的必要。新旧自会融合一体，成为中国自己的文化。他的这一看法，是受进化论的影响。

丁文江讲求优生学，他主张上等人统治下等人。他似乎觉得传统的科举制度有其长处，士绅是合法的统治者。他虽然相信进化论，同时又保存了若干传统的儒家思想，他认为兄友弟恭、济弱扶倾是很好的美德。他有中坚阶级的想法；社会进步要靠中坚分子来推动。丁文江是一个理性主义者。

一本书有其长处，难免也有令人不能完全满意的地方。对于丁文江的从政生活，为什么他要与孙传芳合作？著者有四点解释：（1）这是"好人政治"的付诸实验；（2）军人也有好的，理当扶助他们；（3）五卅惨案发生了，参与协调，用和平的方式解除列强在华的特权；（4）联孙传芳反张作霖。这几点理由都没有疑问。但丁文江与孙传芳的关系如何？他们是怎样认识的？如果他与孙传芳没有渊源，孙怎能将上海市长这样一个重要的位置交给了他？著者根据胡适的《丁文江的传记》中所说的理由固然不错，但胡适的说法也不能令人满意。

丁文江与孙传芳合作的问题，我有一个自己的看法。我很同意周策纵在《五四运动》一书中将民国初年派系分而为四的论点。这四大派系：第一是自由派，如胡适、蔡元培、吴稚晖、高一涵、陶孟和、蒋孟麟、陶行知等；第二为左倾的激进派，也就是后日的共产党；第三为国民党，又分为激进与温和两派；第四为进步党，又分为保守与自由两派。[①] 丁文江在民国七年以后与梁启超（进步党的自由派）、胡适等往还，无疑的属于自由派。虽然自由派没有很坚强的有形组织，梁启超一派仍然是有影响力的。丁文江、胡适等都尊敬梁氏为老辈，梁的弟子蒋方震、张嘉森等则为丁、胡的朋友。这一批顶而尖的知识分子，民国十二年以后对于省宪运动有很大的兴趣。他们认为中央在军阀的把持下搞不好，不如从地方做起；选几个据点，希望有普鲁士的出现，成为中国统一的力量。他们与国民党没有渊源，而且互相仇视，没有与国民党合作的理由。他们选择孙传芳，固然孙在北洋中算是"好人"，关键恐怕还在蒋方震。蒋与孙传芳是日本士官的先后同学，丁文江经蒋的介绍而与孙传芳认识，或进一步的认识。孙传芳原想拉蒋方震来帮助自己。但蒋在十五年夏天之前的目标在联吴佩孚伐张作霖，所以把丁文江荐给孙。

著者和胡适都认为丁文江对国民党同情。恐怕事实正好相反。当时人谓北伐军为赤军，丁文江与梁启超等人都是反对共产主义的，怎么会去同情北伐军？北伐军打败了孙传芳，丁文江没有去处，只好逃往大连，是一明证。有谓蒋方震与北伐军有联络，蒋的学生刘文岛是牵线人。但据初步的了解，刘文岛所联的是唐生智，而唐与北伐军的统帅蒋总司令之间是有着距离的。总而言之，梁启超、胡适等自由派，既不与国民党联系，更不与共产党有关，这时他们有一套自己的想法。著者在处理丁文江与孙传芳的问题时，没有加重蒋方震的份量。换而言之，著者没有注意到国民党、共产党、北洋派以外的一群知识分子，他们隐然也是一个势力，也是时局发展的左右者。

著者在这一方面的缺点，显然是受了史料的限制。西方人治中国历史，如何扩大应用的史料范围是他们最弱的一环。（中国人的名字亦使西方史家困惑，名与字易于混乱。傅著有误字为名者，如龙研仙应为龙璋，梅月涵应为梅贻琦，任叔永应为任鸿隽等然。）

---

① Chow Tse-tsung, *The May Fourth Movement*，(Stanford，Stanford Press，1960) p. 215—217.

　　读完了傅著，我有一个感想：中国学者治中国史，涉及到西方的人及其思想时，应该进一步去追究；西方学者治中国史，应该扩大视野，对有关的背景多所了解。

　　（原载 1973 年《台湾师范大学历史学报》第 1 期）

第六辑

Obituary: Dr. V. K. Ting

Our Peking correspondent telegraphs that the eminent Chinese geologist, Dr. V. K. Ting, died in hospital at Changsha on Sunday at the age of 48. Death was due to the effects of coal-gas poising contracted while visiting a mine in Hunan last month. Dr. Ting, who had studied in England, was a man of courageous political views, and the Chinese press mourns him as a national loss.

Dr. Ting was appointed with Dr. Hu Shih and Dr. C. C. Wang by Sir Austen Chamberlain in 1926 to serve as Chinese members on the committee to advise on the utilization of the funds of the Chinese indemnity. The Act provided that there should be at least two Chinese members, and on the death of Sir John Jordan it was decided to add a third. Dr. Ting, was born in 1887, studied at Cambridge and took the degree of B. Sc. at Glasgow University. He did post-graduate work at Freiburg, Germany, where he obtain a doctorate in science. Ministry of Agriculture and Commerce from 1913 to 1921 and managing director of the Peipiao Coal Mining Company, Tientsin, from 1922 to 1925. He was the author of "Fifty years of Mining in China", "Geology of the Yangtze Delta", and others works on geology.

(*THE TIMES*, Tuseday January 7, 1936)

Dr. V. K. Ting: An Appreciation

Professor Sir Grafton Elliot Smith writes: —

The death of my learned friend Dr. Ting, announced in *The Times* of yesterday, removes a man of conspicuous courage, charm, and wisdom whom China can ill afford to lose. Like his friend Dr. Hu Shih, the great philosopher, he played an important part in controlling the process of a-doption of the dangerous culture of Western Europe in China, restraining the adoption of disturbing elements until there was time for the assimilation of desirable culture in an appropriate form. Dr. Ting was a faithful friend and loyal ally of the British in China. He had studied in the University of Glasgow under the late Professor J. W. Gregory, from whom he learned much more than geology, for in China he displayed not a little of the common sense, courage, and tact of the great Scottish teacher.

Dr. Ting played an outstanding part in the scientific renaissance of China, which began with the cultivation of geology, securing the assistance of Dr. Gunnar Andersson, and the discovery of the Peking skull, the earliest evidence of the human family. The earlier months of the Geological Survey's work were so fruitful that Dr. Ting conceived the idea of founding a special journal, *Palaeontologie Sinica*, for the publication of the re-sults. In this important work he had the enthusiastic cooperation of the late Professor Davidson Black, who entertained a deep affection and admiration for Dr. Ting. By their collaboration they created a new chapter in the histo-ry of man. In the course of his journeys to study mining sites and other geo-logical centres, Dr. Ting did a great deal of work in studying the modern population of China. In fact, when I was in China five years ago, Dr. Ting's friends were afraid that his devotion to anthropological studies would be fatal to his geological work, in which he was so conspicuously efficient.

In the task of leading a vast nation in the paths of modern science, this genial and able scholar had a very important part to play, and our special sympathy must go out to Dr. Wang and Dr. Hu Shih, who were most intimately associated with Dr. Ting in his difficult task.

(*The TIMES*, Wednesday January 8, 1936. 第 12 版)

A True Patriot

Dr. V. K. Ting or Ting Wen-chiang has died at the early age of 49. That is a real tragedy for China and in China's regret Shanghai has a peculiarly personal share. A Kiangsu-born man Dr. Ting in 1926 was Associate Director of the Shanghai and Woosung Port Administration and under the regime of the late Marshal Sun Chuan-fang laid the foundations of the municipal government which now is able to entertain such notable ambitions under the vigorous direction of General Wu Te-chen. In particular Dr. Ting's pioneer work here was responsible for the institution of a public health department in the City Government of Shanghai and to his labours in bringing that infant organization into being his successors have frequently paid eloquent tribute. The son of a landowner, Ting Wen-chiang was put to study at an early age. He himself declared that when four years old he was already a student. At twelve he could repeat all but two of the classics by heart. He could not write an ordinary letter, but he could write verse and an "eight-legged" essay. He had some knowledge of history, none of geography, the only maps he had seen being the "awful woodcuts in the classics dealing with military history." He could not do a simple sum in multiplication. Hence in continuing his education in Japan the future scientist felt at a disadvantage. He turned his attention to law because in that school regular attendance was not rigidly prescribed, so, as he rougishly confessed, he spent most of his time "writing revolutionary pamphlets and smoking too many cigarettes." Later he went to Great Britain and, after a short experience as an undergraduate at Cambridge, he proceeded to Glasgow University where he graduated in science. Post graduate work took him to Freiburg University for geological research in which by that time he had acquired a deep interest and his achievements there won him a doctor's degree in Science. And as a geologist he was destined to render notable services to his country. being appointed Director of the Bureau of Geological Survey in 1913, a post which he held until 1921.

Lady Hosie, in her "Portrait of a Chinese Lady", has told the moving story of how the young geological expert made his way back from Europe to his own land by crosscountry travel in order that he might see for himself the conditions with which its rulers had to contend. That adventure was characteristic of the man and years afterwards as head of the Geological School at Peking. Dr. Ting deliberately set out to wean his students from excessive bookishness by setting them resolutely to field work and making them use their hands in extracting geological speciments and their feet in climbing mountains for the purpose. He went further. He prevailed upon the management of the Kailan Mines to take apprentices from his school and send them underground in accordance with European practice. On his side he placed the students under threat of dismissal if they refused. Out of the three first selected for this experiment, two were dismissed but the third, to Dr. Ting's abiding satisfaction. making good, rose to responsible position in the Company's service. The episode set the pace. Dr. Ting's subsequent success in turning out coursgeous and highly-qualified geological scientist was one of the most effective educational achievements in modern China. He was thus well rewarded for his faith in the rising generation and he ever remained a confirmed believer in the youth of the present age. Certainly the devoted service he was able to command from his own students and staff vindicated his attitude as it also revealed the strong personality and leadership of the man himself.

In his administration of the Geological Survey Dr. Ting will always be remembered for his preparation of a series of comprehensive geological maps of China. They are of great importance to all concerned in the economic development of the country. It is distressing to realize that a life so rich in performance should be thus prematurely ended. Dr Ting's first experience on his return from Europe was gained in Shanghai where he was teacher in the Nanyang Middle School, little dreaming that in course of time he would be hailed as one of the makers of modern Shanghai-or Shanghai's "Dick Whirtington" as his compatriot, Mr. Z. U. Kwauk once called him. His geological survey of the Yangtze Delta and his standard work "Fifty Years of Mining in China" indicate the wide range of his scientific knowledge and industry. Inthus briefly noting his career, this journal is concerned to express the deepest and most sincere sympathy with his countrymen in their loss and to convey appropriate condolence to his bereaved family. It is at least satisfactory to think that Dr. Ting's indomitable faith in the genius of China had definite grounds of justification in the new spirit discernible in this time of special anxiety and heart-searching. The best tribute which can be paid to his memory is to ensure the maintenance of that spirit and encourage it to find full expression, not by barren gestures of protest but by constructive effort in grappling with realities.

(*The North-Chian Herald*, January 8, 1936. P45)

Dr. V. K. Ting: Scientist and Political Thinker

——A Confirmed Optimist

In the death of Dr. V. K. Ting China has lost one of her most eminent scientists. Born 49 years ago in Taihsin, North Kiangsu, Mr. Ting received his early education in a Confucian school. At the age of 16 he went to Japan, where he became interested in revolutionary work, and instead of preparing himself for college he edited a violently revolutionary journal.

After two years' stay in Japan he decided to go to Scotland with two similar minded youths in search of higher education, because he thought the education of Japan was a mere veneer. With not more than $3,000 between them the three youths took passage on a Japanese steamer for England, but when the ship reached Shanghai war had broken out between Japan and Russia. This led to the requisitioning of the ship by the Japanese authorities and the three were compelled to transfer to a French mail steamer.

When they arrived at Singapore they had only three pounds in their pockets. Thanks to the generosity of Mr. Kang Yu-wei, who was then living in exile in Penang and whom they visited, they were enriched to the extent of 10 gold sovereigns.

Upon arrival in England Dr. Ting entered a Grammar School in Lincolnshire, boarding with a widow whose kindnesses he always cherished in subsequent years. In two years Dr. Ting became the head of his class. Leaving this school, he took his entrance examination at Cambridge University, passing the examination but missing a scholarship by two places.

Finding it too expensive to enter Cambridge, Dr. Ting entered the University of Glasgow, where he specialized in Geology, winning the gold medal in that subject. Later Dr. Ting took post-graduate work in Belgium and Germany.

Dr. Ting returned to China shortly before the establishment of the Republic in 1911. In order to gain some practical experience he left his steamer at Bangkok and from there he proceeded to Yunnan, Kweichow, and other southwestern provinces, studying geology and various racial types on the way, finally reaching the Yangtze. He taught in Shanghai for a year or two before joining the Chinese Government Geological Survey in Peiping, of which institution he later became Director.

Dr. Ting was not only a great scientist but also a voluminous writer and a man of marked executive ability. He resigned his connexion with the Geological Survey and his professorship at the National University of Peking in 1922 to become Managing Director of the Peipiao Mining Company in Tientsin. In 1926 Dr. Ting was appointed Mayor of Greater Shanghai. His tenure of this post did not exceed two years but in that short period he laid the foundations of the administration which has since become the model of municipal administration in China.

In 1930 Dr. Ting came to Peiping to rejoin the National University of Peking where he was given a chair endowed by the China Foundation of which he was a director. Upon the assassination of Mr. Yang Chien in 1933, Dr. Ting was appointed Secretary-General of the National Research Academy in Nanking, with which institution he continued to be connected up to the time of his death, although it was not until after his return from a six-months visit to the United States in connexion with the International Congress of Geologists and his subsequent tour of Europe that he took up this appointment.

Dr. Ting was the author of many magazine articles and monographs on Chinese geology and other subjects. He was a man of wide learning and could write on a great variety of subjects ranging from science to politics. He was a great believer in the scientific attitude of mind and constantly preached the need of science in China. In politics he appeared to be a conservative, believing that China needed a strong man in the present stage of her development. On this question he more than once joined issue with his friend Dr. Hu Shih in the columns of the *"Ta Kung Pao"* and *"The Independent Review"*.

Dr. Ting was, moreover, a great optimist regarding the future of his country, and in this he was in complete agreement with Dr. Hu. He believed with the latter that despite all its shortcomings and foibles the present generation in China was much better and more truly educated than its predecessor.

Dr. Ting is survived by a wife and an adopted daughter.

(*The China Weekly Chronicle*, Vol. 7, No. 2, January 6 — 12, 1936.)

V. K. Ting: Scientist and Patriot

BY W. H. WONG

In the lamented death of Dr. V. K. Ting on January 5th, 1936, at the age of 49, China suffered an irredeemable loss. He may be called the founder of the science of geology in China, and it was in geological field work that his contribution was especially great. After his graduation from the University of Glasgow he made his way back from Europe to China in 1912 by terminating his voyage at an overland journey through Yunnan, and finished his trip by making a travel which was highly characteristic of the man. After entering service in the Ministry of Agriculture and Commerce in 1913 he at once set out to do geological field work in full zeal. Both during his incumbency as Director of the Geological Survey from 1913 to 1921and as Professor of Geology at the National University, Dr. Ting inculcated the spirit of field investigation into the minds of younger geologists by personally conducting the expeditions. He firmly insisted that every student in his course should take part in field work. In the preface Dr. Ting wrote for the first issue of the Bulletin of the Geological Survey of China, which was published in 1919, he quoted the words of Baron F. von Richthofen as saying that Chinese scholars enjoyed sedentary employment of life and detested the rigor of physical exertion such as mountain climbing, and that though other sciences might be developed in China in future, the prospect of founding a flourishing geological science was decidedly dark. Richthofen's fear, however was quickly proved to be quite unnecessary when Dr. Ting presented to the nation the fruitful field investigations of the Chinese geologists under his leadership.

From the autumn of 1933 to the time of his death, Dr. Ting was Secretary General of the Academia Sinica. During the two years of untiring service, he developed the Academia mainly along two lines. Firstly, he gave an added impetus to research work by recruiting more competent men to the research staff and by personally giving proper orientations to the main departments of inquiry, and secondly, he required all the Research Institutes within the Academy to exercise strict economy, so that more work was done at less expense. The organization of the National Research Council, which fulfilled a long felt need, was also accomplished during his tenure of office. All these testify not only Dr. Ting's rich store of vital energy, but also his comprehensive technical knowledge and experience. It certainly will be a difficult task for the Academy to fill the vacancy occasioned by his untimely death.

Dr. Ting's knowledge was not by any means limited to the field of geology and geography. He personally made many measurements on the cephalic index of the native tribes of the southwestern provinces of China, and the anthropological data of the Chinese races which he possessed are extremely rich. Once he wrote a textbook on zoology, and feeling the need of a good textbook on Chinese History, he started to make plans for compiling one. His field of inquiry was very comprehensive indeed. Besides being a distinguished scientist, Dr. Ting was also an able man of practical organization. As Managing Director of the Peipiao Coal Mining Co., Tientsin, during the period of 1922—1925, he brought the efficiency of coal production to a standard of the highest order in the country.

During the few months in 1926 while he was in office as Associate Director of the Shanghai and Woosung Port Administration, he established local Court under Chinese administration, created the Public Health Department, and laid the foundation for the project of Greater Shanghai. Of problems pertaining to mining, transportation and military affairs of China, he had a firm grasp and a deep insight. His were not the ideals of impracticable visionaries, but sane and feasible ideas of a practical man.

Dr. Ting also took great interest in political affairs of the country. Unfortunately, he was too much a patriot to play politics for its own sake, and was on that account often much misunderstood by his own country men. The distress he experienced was especially great during recent years, when he saw the imminent danger of dismemberment and disruption of the Chinese nation. Even though always busily engaged in the task he had on hand. he never lost sight of the salvation his country had yet to work out and the mission his race was to fulfill. The writer often had occasion to hear his talks to the young men, in which he urged them to work conscientiously, to contribute whatever they were good for, and to live lives of devoted service. He said that if we could not save China from destruction, at least we could so harden the fibre of the Chinese race as to make it imperishable. He deplored the lack of character in the rank and file of the Chinese political circles and regretted much that something could not be done about it. "Dr. V. K. Ting, a True patriot", as the North China Daily News(Jan. 7, 1936)called him, was indeed a becoming epitaph.

Dr. Ting travelled quite extensively, and his comprehensive knowledge about the geology, geography and anthropology of Yunnan, Kweichow, and Kuangsi provinces was unparalleled in the country. His published works, such as *Fifty years of Mining in China*, *Geology of the Yangtze Delta* etc. , although already important, are but a small part of all his scientific material which is worth publishing. His friends are now planning to edit his writings in manuscripts or field notes and publish them posthumously, but how keenly they feel the absence of Dr. Ting's sure and critical ad-vice, —if they were only able to do it under his own supervision ! He left so many works unfinished for the simple reason that he was very cautious in his scientific writing. He would not put anything down on black and white until a problem was thoroughly thrashed out. He also took meticulous care of his map whether it be geological or topographic. In an age when men of science in China are apt to aim at mere quantitative production regardless of qualities, Dr. Ting's caution in scientific writing should act as a wholesome corrective.

Dr. Ting was one of the most enthusiastic workers for the Geological Society. He took great care in editing Vol. X of the Bulletin in honor of Dr. Grabau. He proposed the building of a new house in Nanking for the Society at the cost of over thirty thousand dollars obtained from donations. That building contains a fine library hall in which all the geological books and journals of Dr. Ting are now stored; they have been generously presented to the Society by Dr. Ting. He has also secured the donation to the Society of all the geological and palaeontological literature of Dr. Grabau.

Dr. Ting not only did pioneer work in Chinese geology, but also spared no effort in discovering promising first rate geologists among his younger contemporaries. Memory is still fresh as to how he strongly recommended Dr. J. S. Lee to fill the chair of geology in the National Peking University, how he made it possible for the late Y. T. Chao and his party to accomplish the geological survey of the southwestern provinces of China, and how he wisely insisted that students sent abroad should devote his whole energy to the study of fundamental subjects instead of dissipating it by writing half-baked essays on Chinese geology. He was a good judge of men, and readily appreciated the good qualities in his friends and associates.

Towards the younger generation as towards his friends, Dr. Ting was very candid. When he sincerely believed that a person was in the wrong, he did not hesitate to tell him. And yet, or shall I say, it was on that account that he was much beloved by everybody who had come into contact with him.

Dr. Ting left no children, but his spiritual off springs are many. The torch kindled by Dr. Ting's spark of genius and left burning, they will carry on.

LIST OF PAPERS ON GEOLOGY

By the Late Dr. V. K. Ting

1915—Tungchwanfu，Yunnan, Copper Mines, Far Eastern Review, No. 6.

1919—Report on the Coal-field of Yuhsien, Yangyuan and Kuangling (with C. C. Chang)，Bull. Geol. Surv. China，No. 1.

1919—Report on the Geology of the Yangtze Estuary below Wuhu，Shanghai Harbour Investigation，Whangpoo Conservancy Board，Ser. 7，General Data, Rep. No. 1.

1922—The Manganese Deposits of Hsi Hu Ts'un，Chang Ping Hsien. Chihli，Bull Geol. Surv. China，No. 4.

1922—The Tectonic Geology of Eastern Yunnan, Congrès Géol. International，Comptes-Rendus de la 13me session，Belgique，p. 1155.

1923—Note on the *Gigantopteris* coal series of Yunnan in A. W. Grabau: Stratigraphy of China, Pt. I, pp. 390—391.

1923—Geological sections in J. G. Andersson: The Cenozoic of Northern China，Mem. Geol. Surv, China，Ser. A，No. 3.

1929—The Orogenic Movements in China，Bull. Geol. Soc. China，Vol. 8，p. 151.

（载 1935 年《中国地质学会志》第 15 卷）

V. K. Ting, Biographical Note

BY WONG WEN-HAO

V. K. Ting was born in 1887 at Huangchiao village, Taihsing district, Kiangsu province①. His intelligence was early noticed as he has received excellent marks at the first graduate examination at the age of thirteen years. In the examination paper he wrote eloquently on the accomplishment of Han Wu-ti in developing the south-western area of China. This special interest in the South-west region seemed to have been prophetic for his later geological work which was chiefly concentrated in Yunnan, Kueichow and neighbouring provinces.

In the beginning of the twentieth century, the younger generation in China earnestly desired to study abroad with the intention of getting the necessary training for the important work in this country. Ting went to Japan in 1902 and became interested in the revolutionary movement which was being prepared by a group of Chinese residents. He shortly realized, however, that China more seriously needed men of technical knowledge who would help in the intellectual and economical development of the country. He tried hard and succeeded in reaching England in 1904. After diligent and successful work in language and general education he was admitted in 1907 to the geological department of the University of Glasgow to work with Prof. J. W. Gregory. Before entering Glasgow University he travelled on the continent of Europe in 1906—1907 when he became familiar with

---

① 江苏省泰兴县黄桥

French and German languages.

After his graduation from Glasgow in 1911, he returned to China. He landed at Saigon and travelled in Yunnan, Kueichow and Hunan provinces in order to see the geographical and geological features of this area to which he later devoted much more work.

In 1912 Ting taught biology in a middle school in Shanghai and wrote a good text-book of zoology. He was soon invited by the Ministry of Industry and Commerce in Peking to be Chief of the Geological Section, a position which he took up in February 1913. In view of the fact that geology was yet a science quite new in China, and there existed too few people who were really able to do any serious work, Ting quickly saw the necessity of training a number of younger men. This work was done jointly with Mr. H. T. Chang[①]a geologist graduated from the University of Tokyo, in Japan. Chang became the director of a Geological School started in July 1913 while Ting himself devoted his time chiefly to field work. He made the geological map of the whole area between Shihchiachuang[②] and Taiyuan[③] and investigated the coal, iron ore and pyrite resources of several districts of Shansi province. In his geological work of this early period he was helped by Dr. F. Solger, a young German geologist who had taught geology for more than two years in the Imperial University of Peking. The Geological Department of the University was stopped in 1912 and the full equipment was loaned to the new Geological School established by the Ministry of Industry and Commerce. Ting intended to engage Solger as the principal professor in this school, but this plan could not be carried out as Solger was taken prisoner by Japanese troops at Tsingao in 1914 and his place was taken by Dr. Wong Wen-hao[④] who returned from Belgium in 1913.

---

① 章鸿钊
② 石家庄
③ 太原
④ 翁文灏

Ting's main work was in Yunnan. He arrived in Kunming[1], the capital of the province in February 1914 and started his investigations in Kochiu[2] district well known for tin production. At that time, a total value of ten to twenty millions of dollars was produced every year, although the output has been still further increased later. He went back to Kunming in April and soon left again for the eastern and northern parts of the province chiefly covering Fuming[3], Wuting[4], Yuanmou[5], Tungchuan[6], Chiaochia[7] and Chütsing[8] districts. He penetrated also in the border of Kueichow province and crossed the Chinshachiang[9] to work in Huili[10] district of Szechuan province. In this travellings which lasted till the winter of 1914, Ting did his best to make geological maps, paid special attention to mineral deposits and gathered interesting material on the historical development of the local mining and smelting industry. He profited by the opportunity to make also a number of anthropological measurements of the local tribes.

Ting wrote several short papers on mineral deposits, chiefly the copper mines of Tungchuan. He emphasized the difference between the older and modern mining and metallurgical methods and endeavored to prove the necessity of modernization. The deposits of Tungchuan were important in the supply of copper for the whole country since the latter part of the seventeenth century, and since then the industry has been controlled by the central or provincial government.

Ting was back in Peking at the end of 1914. He had to teach palaeontology in the Geological School because at that time this subject could be given by

---

[1] 昆明
[2] 个旧
[3] 富民
[4] 武定
[5] 元谋
[6] 东川
[7] 巧家
[8] 曲靖
[9] 金沙江
[10] 会理

nobody else. He worked hard however to increase the time and opportunity for the practical training of the students. The program was thus reorganized so that field excursions became necessary and more extensive. In each excursion students were taught to observe, sketch, collect and map. He set a personal example in the work and both professors and students travelled far in several provinces. In the summer of 1916 each student was given a special area to investigate from which a thesis should be submitted. The graduates of this school including C. C. Wang[1], C. Y. Hsieh[2], L. F. Yih[3], C. C. Liu[4] etc. were admitted junior members of the Geological Survey which was then reorganized and practically established at that time as a special department under the Ministry of Agriculture and Commerce. Ting was appointed director of the Survey.

Ting insisted on the necessity of separation of work between survey and education. The Geological School of the Ministry was then stopped while a new department of geology was created in the National University of Peking. H. T. Chang and W. H. Wong entered also in the Geological Survey as divisional chiefs, taking no part in the University teaching.

In the earlier period the Geological Survey's work was concentrated on the mineral resources, chiefly coal, iron ores and incidentally antimony. Some Swedish geologists, specially Messrs. J. G. Andersson and F. R. Tegengren, advisers to the Ministry, contributed important parts to the earlier investigation of iron ores. A summary of all mineral resources was published by W. H. Wong. Areal mapping was also begun. A sample of special study was the memoir on the geology of the Western Hills of Peking including a geological map on the scale of 1 : 100,000 published under the authorship of L. F. Yih, but Ting contributed a good part in the preparation and editing. A general mapping

---

[1] 王竹泉
[2] 谢家荣
[3] 叶良辅
[4] 刘季辰

of the whole country on the scale of 1 : 1, 000, 000 was projected and the first folio entitled the Peking-Tsinan Sheet was issued. The publication of the Bulletin and Memoirs of the Geological Survey was started in 1920 and continued without interruption to the present. Besides the geological papers, he established a special series dealing with the mining industry. The first volume on the general statement of the mineral industry was compiled by Ting and Wong recording events and statistics since the beginning of the Republic.

Ting went to Europe in 1920 together with the well known scholar Liang Chi-chiao[1]. He profited by the occasion to visit the scientific men in different countries and returned to China through the United States of America. Realizing the necessity of more detailed work in palaeontology and stratigraphy in China, he asked Dr. A. W. Grabau, formerly Professor at the Columbia University, to come to Peking in 1922. Grabau was then appointed Palaeontologist of the Geological Survey and Professor at the University of Peking. Ting also recommended Dr. J. S. Lee[2] to the University. Thus without being professor himself, Ting engaged for the University two great professors for palaeontology, petrography and related branches. This is a good example of his devotion to geological science both in education and work.

Palaeontological contributions soon became extensive and important. In order to publish these papers at a necessary standard, Ting started a new set of memoirs *Palaeontologia Sinica* which has fast grown to become one of the most important palaeontological series in the world.

Up to 1921, the Geological Survey offices were all located at 3, Feng-sheng Hutung, Peking. Ting raised necessary fund from private contributions to construct a new building for a Library at 9, Ping-ma-ssu, which became since then the main center of the Geological Survey. Donations were

---

① 梁启超
② 李四光

indeed necessary for new buildings and for new publications such as *Palae-ontologia Sinica* as the regular budget of the Survey was very small, scarcely enough to pay the modest salary of the whole staff.

Ting, in spite of the many kinds of work in the organization of the Geological Survey, was never tired of doing field work himself. He studied in great detail the coal field of I-hsien① in South Shantung and planned the prospecting work for the Chun-hsing② company which has become now one of the most prosperous coal mines in China. He travelled in South Anhui, Kiangsu and Chekiang and prepared a memoir on the geology of the Lower Yangtze which was published by the Hwangpo Conservancy Board in Shanghai. In this memoir, he tried to explain the various changes of the lower course of the Yangtze and to estimate the rate of advance of the shore line.

In studying the main iron ore deposits of the country an area of oolitic hematite ores was discovered by members of the Geological Survey in Hsu-anhua③ and Lungkuan④ districts in North Chihli(now considered to be part of Chahar). A company was formed for the development of these ores and a blast furnace established at Shihchingshan⑤ near Peking in 1920. Ting was one of the directors of this Lungyen⑥ Company and contributed some work in studying the iron ores and finding the manganese deposits in Chang-ping⑦.

In 1921 Ting accepted the position of general Manager of the Peipiao⑧ Mining Company for working coal in East Jehol. In order to devote his full energy to this work, he became honorary director of the Geological Survey

① 峄县
② 中兴
③ 宣化
④ 龙关
⑤ 石景山
⑥ 龙烟
⑦ 昌平
⑧ 北票

and asked the Ministry to appoint Wong acting director of the Survey to take care of the practical direction. He planned the whole development of the Peipiao mine which produced after two years of preparation up to more than two thousand tons of coal a day. This is a remarkable example of efficient work when the capacity of production and the modest amount of capital are considered.

Ting was a great admirer of Hsü Hsia-ko[1], a Chinese geographer of the seventeenth century who travelled widely in the country and left remarkable records of his journeys. He was the first Chinese who ascertained the true source of the Yangtze River and made surprisingly accurate interpretation of the volcanic phenomena of Yunnan and the karstic topography in Kwangsi. Ting prepared in 1923 a biographical note of the annual studies by Hsü with an atlas of maps showing the main geographical features described by him. A little later Ting obtained also rich data of the recent military affairs. [2]

The China Foundation for the Promotion of Education and Culture was established to administer the indemnity fund returned by the United States. Ting was one of the trustees in 1923 and obtained a yearly subvention for the Geological Survey. In 1925 Ting was one of the three Chinese members of the advisory committee for the British part of the indemnity fund. But at that time he was deeply interested in the politics of the country. He felt the great difficulty both in scientific research and economic construction without a thorough political reorganisation. He approached General Sun Chuan-fang[3] who was chief of Kiangsu and four neighbouring provinces. He became mayor of Shanghai and Wusung in 1925. In this position he endeavored to obtain for the Chinese government the control of the mixed local court in Shanghai which was largely under the influence of foreign con-

---

① 徐霞客
② 中国军事近纪
③ 孙传芳

suls. His strong determination combined with sincere and eloquent talk has well exemplified the best spirit of the younger generation in China. He created the public health department, reorganized the bureau for public utilities and practically laid down the foundation for a modern municipality in Shanghai. In the north the northeastern troops under Fengtien leaders were all strong and certain commanders attempted to occupy Kiangsu and Anhui. Ting was opposed to these badly disciplined troops suspected of friendship with some foreign country, and he tried hard to persuade his colleagues to establish modern administration in the area under their control.

In 1927 Sun Chuan-fang refused to cooperate with the revolutionary army of Chiang Kai-shek who came from Canton and fought hard against them in Kiangsi. Hsia Chao[1], Governor of Chekiang, suddenly attacked Shanghai with about thirty thousand soldiers. Ting quickly counter-attacked together with General Li Pao-chang commanding less than three thousand men and was completely victorious. After the death of Hsia his troops were entirely disorganized. Sun Chuan-fang was however soon defeated near Kiukiang[2] and went to Tientsin to beg the leaders of the Fengtien army for military help. Ting being dissatisfied with this policy resigned from his position. The same attitude was taken by Mr. Chen Tao-yi[3], Governor of Kiangsu province.

After resignation Ting had difficulty in providing for the subsistence of his family and had to rely upon loans from friends. After a short time spent elsewhere he went in 1928 to Kwangsi province and travelled widely to see tin and coal deposits. In 1929 he together with Wong planned systematic geological observation and mapping in the southwestern provinces for which several parties were to be sent by the Geological Survey. Ting himself led a

---

① 夏超
② 九江
③ 陈陶遗

party and went from Chungking① into Kueichow province suppported by a fund from Dr. Sun-fok,② then Minister of Railways. Y. T. Chao③, the leader of another party who travelled from Suifu④ into Yunnan was killed by bandits at Hsiasinchang⑤ in North Yunnan. This was a very serious blow to Ting，specially so as Chao was one of the best younger geologists highly esteemed by Ting. In spite of the irreparable loss however he continued the work in Kueichow and went to the border of Kwangsi province on the south and made detailed stratigraphical observations of Palaeozoic strata with rich palaeontological collections all along the routes he traversed. This was probably the best field work he did in his whole life，because he had become more mature in his methods，better equipped with stratigraphical knowledge avaiiable from elsewhere and specially because he had at that time decided to devote his full energy to scientific work again. He was well assisted by Messrs. T. K. Huang⑥ and Y. L. Wang⑦，the former extended the observation to a more western area in Kueichow province. For the surveying work he had the help of Mr. S. Y. Tseng⑧ who determined the latitude and longitude of a number of places. After almost one year of field work he returned to Peking where he worked hard to study the maps and sections and make stratigraphical correlation with the palaeontological advises of Grabau，T. K. Huang，T. H. Yin⑨，C. C. Yü⑩ and Y. S. Chi⑪. The discussions led by him were indeed a great stimulus to the other scientists who found thus their work more interesting. It vas the intention of Ting to

---

① 重庆
② 孙科
③ 赵亚曾
④ 叙州
⑤ 闸心场
⑥ 黄汲清
⑦ 王曰伦
⑧ 曾世英
⑨ 尹赞勋
⑩ 俞建章
⑪ 计荣森

systematically arrange and revise all the geological and palaeontological data obtained from Yunnan, Kueichow and Kwangsi provinces for publication by the Geological Survey.

Meanwhile Ting continued his wide interest in several other studies. He wrote his plan of Szechuan-Kwangchowwan railway and started the edition of a new atlas of China in commemoration of the sixtieth anniversary of the establishment of the great Journal Shen-pao. [1] He attempted to write a systematic history of China beginning from the prehistoric periods. This work was not completed, but a sample can be seen from his article "How China acquired her civilization?" published in the symposium of Chinese culture by Mrs. Zen. In that short paper he strove to prove the real evolution and progress of Chinese civilization in contrast to the older Chinese view which used to attribute better accomplishment to older periods. He had the ambition also to write a review of the physical anthropolcgy of Chinese people for which he collected rich material from other workers besides his own data and prepared elaborate tables of comparison.

Ting became professor at the National University of Peking in 1931—1934. He taught general geology and spared no effort in showing that typical features in China illustrated the phenomena of erosion and deposition, volcanism, earthquake and various other things. He led students on excursions in which geological problems were attacked. A number of assistants such as C. S. Kao[2] and K. K. Chao[3] were inspired by the example of the enthusiastic professor and determined to continue research work.

The unfortunate happening in Manchuria and Jehol since September 1931 and the continued trouble and menace towards the interior of the country caused intense anxiety to the patriotic Chinese in Peking. Many of them specially felt the necessity of better knowledge of the real condition

---

[1] 申报
[2] 高振西
[3] 赵金科

and better leadership of public opinion. A weekly review, *Independant Critic* [1], was organized by Dr. Hu Shih [2], and Ting contributed a number of articles on Japanese politics and finance. He published also in the same review his scattered notes of travelling [3] in June 1932—January 1934 which included his first journey in Yunnan and Kueichow, impressions in the Taihangshan [4], tin mines in Kochiu, copper mines in Tungchuan, native tribes in Yunnan and South Szechuan and brief description of Chinshachiang. He purposely avoided the treatment of geology in these notes, but they are none the less very precious because of the clear and masterful observations therein contained on the physical geography, mining industry and particularly ethnography of the regions traversed.

In 1933 Ting attended the sixteenth session of the International Geological Congress in Washington and New York. He presented two papers on the stratigraphical division of Carboniferous and Permian on the basis of Chinese observations in comparison with other classical sections abroad.

After the Congress, he went again to Europe. He revisited Glasgow where he got his scientific education, Sweden to meet his old friend Andersson and proceeded to the Soviet Union where he spent more time in studying geological features and industrial development. He was well helped by the United Geological and Prospecting Service of Soviet Russia and visited the oil field of Baku and other places of scientific or economic interest. Some notes have been published in the Independant Critic on his journeys in Russia from which it is clear that he was deeply impressed by the tremendous work of reorganization and construction done by the new generation in the Soviet Union and he sincerely admired the enthusiasm with which such work was accomplished, involving often considerable sac-

---

① 独立评论
② 胡适
③ 漫游散记
④ 太行山

rifice at the beginning, but resulting in great permanent benefit for the nation. In some articles contributed to the Tientsin Journal *Ta-kung-pao*[1] he expressed his belief in the unification of the country, government control of economic construction, and strong determination in national policy which is to be upheld even at the price of territorial loss. He could not avoid the conclusion that mere superficial economic work could not really succeed without a solid and strong political basis and to have such a basis men of modern knowledge and judgement are absolutely necessary.

As soon as he returned to China, he was requested to accept the position of Secretary General of the Academia Sinica. He continued, however, his teaching at the University of Peking and began his work in the Academia Sinica in the summer of 1934. His work was well supported by President Tsai and his colleagues such as Mr. Fu Ssu-nien[2]. He resided hereafter in Nanking.

The Academia Sinica was the last institution to which Ting devoted his entire energy. He considerably reduced the general expenditure and redistributed the budget of the research institutes according to their real need. He specially promoted the ethnographical and philological studies in the Southwest, and the biological research along the coast. The National Research Council was organized, consisting of a number of prominent Chinese scientists who have to meet once every year.

During the whole time while he worked for the Academia Sinica, be refrained from expressing too clearly political opinions in his writings and exerted great care in the improvement and better coordination of scientific work in China. Meanwhile he endeavored to understand the significance and methods of research in every institute of the Academia Sinica and tried to promote still better organization Thus he invited Dr. Chuang Chang-kung[3]

---

① 大公报
② 傅斯年
③ 庄长恭

to the directorship of the Institute of Chemistry which was largely reorganized. He did not lose sight of industrial research and encouraged experimental work on the alunite deposits of Chekiang.

At the same time, he studied the languages of local people of the South-west and published in 1935 his memoir[1] containing interpreted collections of local writings.

In 1935 when the Geological Survey had already moved to Nanking and the new building of the Geological Society of China was completed, Ting decided to build a new house for the central office of the Academia Sinica in order to have better control of the whole institution and to unify the library which was so far scattered among different research institutes.

In December 1935, he was asked by the Ministry of Railways to inspect the Siangtan[2] coal mines for the locomotives of the Hankow-Canton rail line and by the Ministry of Education to examine the surroundings of Changsha[3] for the National Tsinghua University. He did the work and studied the geology of Hengshan. He became asphyxiated by coal gas when he was in Hengyang[4] from where he was transported to Changsha. Despite medical treatment he died in the Yale Hospital of that city on January 5th, 1936 at the age of forty-nine years.

Apart from the facts above mentioned, Ting was also President of the Geological Society of China, Foreign Correspondent of the Geological Society of London, Honorary Director of the Cenozoic Research Laboratory of the Geological Survey, Chief Editor of *Palaeontologia Sinica*, one of the Trustees of the Nankai University and of the Peiping Union Medical College. He was the chairman of the Preparation Committee for an iron and steel plant at Maanshan[5] for which he did much work shortly before his

---

① 爨文丛刻
② 湘潭
③ 长沙
④ 衡阳
⑤ 马鞍山

death.

It is as yet difficult to write a complete biography of Ting because of his wide interests in numerous subjects and manifold activities in scientific, economic, administrative and political life. The present paper only pretends to give a preliminary outline. He had a rapid and brilliant intelligence which permitted him to grasp essential ideas and facts in a short time. He was sincerely patriotic and enthusiastic, doing well the work on every line. He particularly appreciated and encouraged younger generations and through his lead many younger men have been inspired to adopt a career and life work of service. He was a deep believer in science and despised any thought or method that he considered to be not scientific. Thus he never accepted medical advise or treatment of any Chinese doctor of the old school even when he fell ill in his travelling. Although he was by nature interested in political work, he did not blindly believe in any particular doctrine, but he chiefly insisted on the necessity of having good men in the government working with conscience and patriotism. This idea of "good men government" was proposed by him together with Hu Shih and other friends in 1924. By good men he also meant those careful in disposal of public funds and of personal integrity. This was practised by himself as there remained only a few thousand dollars after his death and his wife has to rely only upon the income from his life-insurance.

He had a great linguistic ability. His wide interest and enthusiastic attitude could not but win warm friends among Chinese and foreigners. He was very careful in scientific writing and never ready to publish any thing before he felt completely sure of it. For this reason the larger amount of his geological material remains so far unpublished and much of this material is even better than what he has already published in preliminary notes. The delay was also partly due to palaeontological studies. In such condition it may be hoped that much more light may still come from the study of Ting's field notes, drafted maps and sections when his friends will spare enough time to collate them.

Ting was married in 1911. He had no children. He had one elder brother and five younger ones. His last will was written about one year before his death in which he instructed that his money should be distributed to his brothers，his wife should live on his life insurance income and his geological books should be presented to the Geological Society of China. He wished also that his remains be simply buried in an area not larger than half a mou within the district of his death. All the provisions were carried out accordingly and Ting's body was buried at Tsochialung[1] near Yolushan[2] west of Changsha.

（载 1936—1937 年《中国地质学会志》第 16 卷）

---

① 左家垅
② 岳麓山

Dr. V. K. Ting[*]

By G. W. TYRRELL

(University of Glasgow)

V. K. Ting studied geology in the University of Glasgow during the
Session 1909-10 and 1910-11, having been attracted to Glasgow by the per-
sonality and power of the late Prof. J. W. Gregory. He was then 20 or
21years of age. It is within my recollection that Ting also studied mining
engineering and mining geology during the period at Glasgow.

Dr. Ting joined the Part I Geology Class in October 1909, and acquit-
ted himself so well that he won the Class Medal for the Session 1909-10 as
the best student of the year in geology. In the succeeding Session he took
the more advanced work of Part II Geology, and gained his B. Sc. Degree
with First-Class Honours in April 1911.

I remember Ting as a short, stocky, broad-shouldered Chinese student of
brilliant intellectual powers and of charming personality, always giving promise
of the eminence which was later to come to him. The late Prof. J. W. Gregory held
an extremely high opinion of Ting's capabilities, and it is perhaps not too much
to say that Ting owed a great deal to the influence of that remarkable
man. Dr. Ting kept up his connection with the Geology Dept. of Glasgow
University by frequent correspondence, and kept us well acquainted with

---

[*] This memorial note of Dr. V. K. Ting, kindly written by Prof. Tyrrell in Dec. 21, 1936, was
transmitted to me for publication in the spring of 1939. I mailed it to Dr. C. C. Young, then chief edi-
tor of the Bulletin of the Geological Society of China, but for some reason or another it remained un-
published. Since it was written by a foreign contemporary of Ting it should be of especial interest to us
all and is therefore published here in the Bulletin. -T. K. Huang.

geological developments in China. Although I can produce no documentary evidence I believe that Prof. Gregory met Ting again in China on his hurried journey-back to England from the British Association meetings in Australia via the Trans-Siberian Railway during the first months of the Great War. I know that Ting often sought Prof. Gregory's advice and guidance on developments in China.

The news of his untimely death at the height of his powers was received with great sorrow by all his friends still remaining in Glasgow. China lost a great patriot in Dr. Ting; but I am sure that there are many like him still available to support and assist China in her present hour of sad adversity.

（载 1940 年《中国地质学会志》第 20 卷）

Ting Wen-chiang

Ting Wen-chiang　丁文江

T. Tsai-chün　在君

Pen. Tsung-yen　宗淹

West. V. K. Ting

Ting Wen-chiang (13 April 1887 — 5 January 1936), known as V. K. Ting, professor of geology at Peking University (1931 — 34) and secretary general of the Academia Sinica (1934 — 36) who was best known for his achievements as founder and first director (1916 — 21) of the China Geological Survey.

Born into a gentry family in T'aihsing, Kiangsu, V. K. Ting received a traditional education in the Chinese classics. He came to the attention of the hsien magistrate, Lung Chang, who persuaded Ting's parents to allow their 15-year-old son to go to Japan in the company of the Hunanese scholar Hu Yuan-t'an (q. v.). In Tokyo, Ting met many other Chinese students who were interested in politics, and in the 18 months he spent in Japan he devoted his time to political pursuits and did not enroll at any school. One of Ting's student friends was in correspondence with Wu Chih-hui (q. v.), who was then in Edinburgh, Scotland. After Wu wrote that opportunities for education in Great Britain were superior to those in Japan, Ting persuaded his parents to allow him to go to Great Britain. He sailed for Europe in the spring of 1904.

After spending some time at Edinburgh studying English, V. K. Ting

left Scotland for a preparatory school in England. In 1906 he attended clas-
ses at Cambridge University briefly, but found it too expensive. He then
went to Glasgow, where he prepared to take the entrance examinations for
the medical school of the University of London. After failing the examina-
tions, he enrolled in 1908 at the University of Glasgow, where he majored
in zoology and geology. He was graduated in 1911, by which time he had
become a Social Darwinist and a scientific positivist.

During his seven years in Great Britain, Ting became an enthusiastic
traveler and made several tours of Western Europe. Having decided that on
his return to China he would travel through the interior provinces, he left Eng-
land in the spring of 1911 and arrived in Indo-China early in May. Traveling on
the newly completed Haiphong-Kunming railway, he entered China by way
of Yunnan province and, proceeding through Kweichow and Hunan to Ha-
nkow, reached Shanghai and his native district late in July, less than three
months before the outbreak of the revolution that ended Manchu rule in
China.

After the establishment of the republic early in 1912, V. K. Ting spent
a year in Shanghai teaching at the Nanyang Middle School. In February
1913 he went to Peking to serve as head of the geology section in the de-
partment of mining administration of the ministry of industry and com-
merce. In that capacity he took part in the first intensive geological investi-
gation of southwest China, departing early in 1914 for Yunnan province by
way of Hong Kong and Annam. In his extensive geological surveys in Yun-
nan, Kweichow, and parts of Szechwan, Ting paid close attention not only
to the coal, tin, and copper resources but also to fossil remains and to the
tribal customs of the non-Chinese peoples of the region.

Upon his return to Peking early in 1915, Ting wrote up his findings,
including a study of the Chinsha(Kinsha)River, which flowed from the Ti-
betan plateau through Yunnan province to the Yangtze. In the final years of
the Ming dynasty, this river had been described by the famous geographer

and explorer Hsü Hung-tsu(ECCP, I, 314—16), in a diary entitled *Hsü Hsia-k'o yu-chi*. Ting had become deeply interested in Hsü's diary and had taken a copy of it with him to Yunnan in 1914. In the course of his geological investigations, Ting had passed by many of the sites noted by Hsü in his diary and had confirmed Hsü's claim that the Chinsha River was the true source of the Yangtze. Some years later, as a result of his continuing interest in Hsü Hung-tsu, Ting published a revised edition of the *Hsü Hsia-k'o yu-chi* in three volumes(1928), which included his chronological biography of Hsü and an atlas indicating the routes taken by Hsü in his explorations of the region.

In 1916, largely through the efforts of V. K. Ting and his associates, the China Geological Survey(Chung-kuo ti-chih tiao-ch'a-so) was set up by the ministry of agriculture and commerce. Ting became its first director and held that post until 1921, when he was succeeded by the Belgian-trained geologist Wong Wen-hao(q. v.). The Geological Survey soon achieved an international reputation. Not only did it succeed in its dual purpose of training competent personnel and conducting geological and mineralogical surveys throughout China, but it also began in 1919 to publish valuable scientific reports on its findings in a bulletin(*Ti-chih hui-pao*)and in two series of its memoirs(*Ti-chih chuan-pao*).

In the winter of 1918—19, V. K. Ting joined a group which accompanied Liang Ch'i-ch'ao(q. v.)on his trip to Europe as an unofficial delegate to the Paris Peace Conference. The party also included Carsun Chang (Chang Chia-sen), Chiang Fang-chen, and Hsü Hsin-liu(qq. v.). This trip marked the beginning of a close friendship between Ting and Liang Ch'i-ch'ao, and the broadening of Ting's interests to include government and philosophy may well have stemmed from it.

Among the geological investigations conducted by V. K. Ting as head of the Geological Survey was a mining survey in southeastern Jehol province, near the site of the abandoned Pei-p'iao coal mine. The survey indicated that the mine would be operated profitably, and in 1921 a group organized the Pei-p'iao Coal Mining Company as a private enterprise. Ting resigned from office to become general manager of the new company, which soon grew into a flourishing industry with an annual output of 144, 758 tons. He soon was drawn into closer contact with political and military affairs. The colliery was located within the sphere of influence of the Fengtien military clique, headed by Chang Tso-lin(q. v.), and Ting had to learn to be alert to the frictions between rival warlords and political factions. He traveled regularly among Pei-p'iao, Mukden, Peking, and Tientsin, and he recorded his observations in a number of articles, signed with the pen name Tsung-yen, which appeared first in the *Nu-li chou-pao* [*endeavor*] *and later* as a book entitled *Min-kuo chün-shih chin-chi*(1928).

Ting's association with the *Nu-li chou-pao* marked his entrance into the field of political journalism. Because they were deeply disturbed by the tendency toward political chaos in China, Ting, Hu Shih(q. v.), and others began publishing this weekly magazine, which was devoted to the discussion of political questions and reforms in the government. In the second issue(14 May 1922)there appeared a statement entitled "Wo-men ti cheng-chih chu-chang"[our political proposals], written by Hu Shih and signed by 16 intellectuals with such divergent opinions as Ts'ai Yuan-p'ei, Wang Ch'ung-hui, Liang Shu-ming, Li Ta-chao(qq. v.), and Ting. Stressing the need for "good government"in which "good men"should take an active part, the statement proposed a peace conference between the various factions in north and south China, the reconvening of the 1917 National Assembly, and the drafting of a new constitution. In a later issue of the magazine(No. 67), Ting elaborated on this theme. Influenced to some extent by the Confucian political ideal of the nineteenth-century scholar-statesman Tseng Kuo-fan(ECCP, II, 751-56), Ting argued that good government depended upon the vigorous leadership of a few men of the utmost integrity and ability. He attributed the then current political evils in China to the fact that truly talented and virtuous men were neither willing nor able to assume an active role in the government.

Political and military affairs were not the only topics which claimed V. K. Ting's attention. In February 1923 his friend Carsun Chang published in the *Tsinghua Weekly* a lecture entitled "Jen-sheng kuan"[philosophy of life], in which he stated that the development of science in the West had resulted in a materialistic and morally degenerate civilization. Declaring that science, with its orientation to the external world of matter, was powerless to solve the basic spiritual problems of human life, Chang asserted that a philosophy of life must rely not on the determination of scientific laws but on man's intuition, his free will, and the cultivation of his inner mind. V. K. Ting, angered by this attack on scientific method, published in the *Nu-li chou-pao* (15 and 22 April 1923) a refutation of Chang's arguments entitled "Hsuan-hsueh yü k'o-hsueh"[metaphysics and science]. Citing the Austrian physicist Ernest Mach and the English mathematical statistician Karl Pearson, Ting sought to defend the role of scientific method in intellectual life and to deny that it was a cause of moral decay in the West. He argued that a scientific outlook was essential rather than detrimental to a philosophy of life. The controversy between Chang and Ting came to involve many of the leading minds of the day. By the end of 1923 a two-volume collection of articles written by Ting, Chang, and the later particpants in this debate had been published as *K'o-hsueh yü jen-sheng-kuan* [science and the philosophy of life].

As his reputation as an astute observer of conditions in north China grew, V. K. Ting began to consult with prominent military and political leaders. In July 1925, through the introduction of Lo Wen-kan, he had an interview with Wu P'ei-fu(q. v.) at Yochow, and in August of that year he spent a week at Hangchow in consultation with Sun Ch'uan-fang(q. v.). Ting resigned as general manager of the Pei-p'iao Coal Mining Company in the winter of 1925 and then served briefly as one of the three Chinese members of the advisory committee of the Anglo-Chinese Boxer Indemnity Commission headed by Lord Willingdon. In May 1926 he was invited to Shanghai for further consultation with Sun Ch'uan-fang, who prevailed upon Ting to assist him in a project to develop a "Greater Shanghai." With the official title of director of the port of Woosung and Shanghai, Ting proceeded with plans to organize the hitherto separately administered districts in the Chinese part of the city as a single entity under a single municipal government, which would be in a better position to develop new port facilities and to negotiate for the abolition of foreign concessions in the city. Within the next eight months (May-December 1926) Ting also introduced modern sanitation systems and secured an agreement with the foreign consular corps in the International Settlement by which control of the Shanghai Mixed Court was restored to China. The "Provisional Agreement for the Rendition of the Shanghai Mixed Court" (31 August 1926), negotiated on the Chinese side by Ting and Hsü Yuan, the Kiangsu provincial commissioner of foreign affairs, extended Chinese jurisdiction into the International Settlement and thereby constituted a step toward the eventual abolition of extraterritoriality in China.

On 31 December 1926, as the Northern Expedition forces marched toward Shanghai, V. K. Ting resigned from office and went to Dairen, where he worked on his edition of Hsü Hungtsu's travel diary. He returned to his geological pursuits in 1928, when he went to Kwangsi to make a survey of the tin and coal resources in the northern and central parts of the province and to make a detailed study of the limestone formations at Map'ing. In November 1928 the China Geological Survey commissioned him to make the most comprehensive survey of his career, a geological investigation of southwest China. Early in 1929, after organizing a team of investigators, Ting proceeded southward from Chungking through Kweichow province to the Kwangsi border, and thence back to Chungking. In addition to supervising extensive surveys of the mineral resources and compiling detailed geological maps of the region, he found time to study the non-Chinese tribes of the region, particularly the Lolo of Kweichow. From the materials he began to gather while on this expedition, he later compiled a book of Lolo texts with Chinese translations. A part of this work was published posthumously in 1936 as the *Ts'uan-wen ts'ung-k'o*, the first volume in a monograph series of the Academia Sinica's institute of history and philology.

In 1931 V. K. Ting was appointed professor of geology at Peking University by the new chancellor, Chiang Monlin (Chiang Meng-lin, q. v.). Although his three years (1931-34) there were among the happiest of his life, Ting, like many of his colleagues, became increasingly apprehensive about the course of events after the Japanese occupation of Manchuria. In the spring of 1932 he joined with Fu Ssu-nien, T. F. Tsiang (Chiang T'ing-fu, qq. v.), Hu Shih, and other professors in organizing the society that began, on 22 May, to publish the *Tu-li p'ing-lun* [independent critic]. Ting contributed sixty-four articles to the *Tu-li p'ing-lun* during its three years of publication. The majority of these articles described his travels, but some were devoted to discussions of Japan and of plans to resist a Japanese invasion.

During the summer vacation of 1933 V. K. Ting attended the sixteenth congress of the International Geological Society in Washington, D. C. On the way back to China he spent some six weeks in the Soviet Union. While traveling through the United States at the onset of the New Deal and in the Soviet Union near the end of the first Five Year Plan, he noted with interest the large-scale experimentation in government economic planning in these countries. These observations wrought a change in his thinking which began to be reflected in his writings in 1934. He sought to adapt his earlier concept of an able and virtuous ruling minority to his new political ideal of a "modern dictatorship", pressing for a rapid and systematic modernization of the country under vigorous, centralized leadership. He argued that such modernization could only be achieved by a unified government headed by a decisive leader and administered by efficient technocrats. Under the supervision of an enlightened and public-spirited dictatorship, teams of scientifically trained experts selected on the basis of their specialized abilities would be able to study, coordinate, and execute plans for the scientific reconstruction of China.

It was, perhaps, with such ideas in mind that Ting gave up teaching at Peking University and in June 1934 accepted Ts'ai Yuan-p'ei's invitation to succeed Yang Ch'uan(q. v.)as secretary general of the Academia Sinica in Nanking. According to Hu Shih, Ting saw in the Academia Sinica an organ which could assist China's national development by stimulating and coordinating scientific research throughout the country. The Council of the Academia Sinica was established to coordinate the research activities of the academy's various institutes with those of other academic institutions and government agencies. On 27 May 1935 the National Government promulgated the constitution of this council; on 20 June some 30 members representing China's leading scholarly bodies were elected to the council; and on 7 September V. K. Ting was elected honorary secretary.

In addition to his administrative duties at the Academia Sinica, Ting was called upon to assist the National Government in plans to develop China's resources and to strengthen its defenses. As one of the planners of the Canton-Hankow railway, then in the late stages of construction, Ting concerned himself with the development of coal resources near the railway in Hunan. After arriving in Changsha from Nanking on 2 December 1935, he went to the T'an-chiashan colliery in Hsiangt'an hsien to inspect the mines. He spent the night of 8—9 December at an inn in Hanyang in an unventilated room which was heated by a charcoal stove. On the morning of 9 December he was found unconscious from coal-gas fumes and was taken to a local hospital. A week later he was moved to Hsiang-ya Hospital in Changsha, where he died on 5 January 1936. He was survived by his wife, *nèe* Shih Chiu-yuan, and by six brothers, the most prominent of whom was Ting Wen-yuan(d. 1957; T. Yueh-po), president of T'ung-chi University in Shanghai from 1947 to 1950.

V. K. Ting was active in a variety of fields, but was best known as one of China's leading geologists. As founder of the China Geological Survey, he helped to bring into being China's first institute of modern scientific research; and as its first director he not only promoted the professional study of geology but also stimulated the development of the allied fields of paleontology and archaeology. Working with such colleagues as Wong Wen-hao and Li Ssu-kuang and with such Western advisers as the Swedish geologist J. G. Andersson and the French scientist-priest Teilhard de Chardin, Ting helped to create the conditions that made China a center for research on the neolithic period and led to the discovery of Sinanthropus Pekinensis(*see* P'ei Wen-chung)in 1927. Even after his resignation from the Geological Survey in 1921, he continued to take an interest in its development. In 1929, with financial assistance from the Rockefeller Foundation, he helped to found the Geological Survey's Cenozoic Research Laboratory, of which he became honorary director; and he later was instrumental in setting up the Soil Laboratory, Fuel Laboratory, and Hsi-shan Seismological Station.

Apart from his activities in the Geological Survey, the Academia Sinica, and other official institutions, Ting played a leading role in organizing a number of learned societies and publications in China. He was one of the founders of the Geological Society of China(Chung-kuo ti-chih hsueh-hui)in January 1922, and he took part in editing and publishing its bulletin (*Chung-kuo ti-chih hsueh-hui chih*). Also in 1922 he arranged for funds to publish a bulletin of paleontology(*Chung-kuo ku-sheng-wu chih*), which he edited, and in 1929, he helped found the China Paleontological Society (Chungkuo ku-sheng-wu hsueh-hui).

A practicing scientist with broad experience in his field, V. K. Ting was the author of numerous articles on the subject of geology, of both general and technical nature, which appeared in a variety of scholarly journals both in China and abroad. As a geologist, however, Ting's best known work was an atlas of China, the *Chung-hua min-kuo hsin ti-t'u*, which he compiled in collaboration with Wong Wen-hao and Tseng Shih-ying. Among the best modern atlases ever printed in China, it contained both physical and political maps based on thousands of Chinese and foreign maps of China and supplemented by the findings of the Geological Survey. Published at Shanghai in 1934 by the *Shun Pao* in commemoration of the newspaper's sixtieth anniversary, this work was commonly known as the "Shun Pao Atlas."

Among Ting's non-technical writings was a draft chronology of Liang Chi-ch'ao, which Ting began to compile after Liang's death in 1929. In was published in 1958 in Taiwan under the title *Liang Jen-kung hsien-sheng nien-p'u ch'ang-pien ch'u-kao* (3 volumes). Ting was also the author of two works relating to his travels abroad and in China: the *Man-yu san-chi*, miscellaneous field notes on his travels through interior China; and the *Su-o lü-hsing chi*, a collection of essays describing his journey through Russia in 1933. Both of these works were later (1956) reprinted in Taiwan as part of the third volume of the *Chung-yang yen-chiu-yuan yuan-k'an* [annals of the Academia Sinica], a volume published in commemoration of the twentieth anniversary of Ting's death.

（Howard L. Boorman, Editor: *Biographical Dictionarg of Republican China*. Vol Ⅲ, Columbia University Press, 1970, pp. 278—282. ）

附录

丁文江纪念、研究资料索引

欧阳哲生　陈双　编

一、纪念文章、 研究论文类

Ting Wen-chang（*V. K. Ting*），收入 *The China Year Book* 1926（《中国年鉴 1926》），Chicago：University of Chicago Press.

Wen Yunan-ning，*Imperfect Understanding*，Kelly and Walsh，LTD，1935.（此书内收一篇《丁文江博士》）

《丁文江》，收入上海通社编：《上海研究资料》（续集）上海：中华书局，1936 年版。

《丁文江昨逝世》，载 1936 年 1 月 6 日《申报》。

《王世杰、翁文灏唁丁文江夫人》，载 1936 年 1 月 7 日《申报》。

《丁文江遗体昨晨入殓》，载 1936 年 1 月 7 日《中央日报》。

《丁文江病逝：患脑冲血症不治》，载 1936 年 1 月 6 日第 4 版《大公报》。

《平津学术界哀悼丁文江》，载 1936 年 1 月 7 日第 3 版《大公报》。

《丁文江柩运京》，载 1936 年 1 月 7 日第 2 张《新闻报》。

《丁柩中止运京》，载 1936 年 1 月 8 日第 2 张《新闻报》。

A True Patriot ，*The North-China Herald*（《字林西报》），January 7. 1936. P45

Obituary：Dr. V. K. Ting. *The Times*（《泰晤士报》），January 7. 1836

Grafton Eliot Smith，Dr. V. K. Ting：An Appreciation，*The Times*（《泰晤士报》），January 8. 1836

Wong Wen-hao, V. K. Ting：Biographical Note，*Bulletin of the Geological Society of China*（《中国地质学会志》），Vol XYL 1936—1937.

G. W. Tyrrell，Dr. V. K. Ting，*Bulletin of the Geological Society of China*（《中国地质学会志》），Vol. XX，No3—4，December 1940

W. H. Wong(Wong Wen-hao)，V. K. Ting：V. K. Ting, Scientist and Patriot，*Bulletin of the Geological Society of China*（《中国地质学会志》)Vol XV，No 1，March 1936.

蔡元培：《丁文江追悼会致词》(1936 年 1 月 18 日在中研院举行的丁文江追悼会上的致词)，收入高平叔编《蔡元培全集》第 7 卷，第 5—6 页，北京：中华书局，1989 年 7 月版。

蔡元培：《题丁文江遗像》，载 1936 年 2 月 1 日《东方杂志》第 33 卷第 3 号"东方画报"栏。

傅斯年：《我所认识的丁文江先生》，载 1936 年 2 月 17 日《独立评论》第 188 号，第 2—8 页。

胡适：《丁在君这个人》，载 1936 年 2 月 17 日《独立评论》第 188 号，第 9—15 页。

翁文灏：《对于丁在君先生的追忆》，载 1936 年 2 月 17 日《独立评论》第 188 号，第 15—19 页。

(美)葛利普著、高振西译：《丁文江先生与中国科学之发展》，载 1936 年 2 月 17 日《独立评论》第 188 号第 20—23 页。

黄汲清：《丁在君先生在地质学上的工作》，载 1936 年 2 月 17 日《独立评论》第 188 号，第 23—26 页。《地质论评》第 1 卷第 3 期，第 241—244 页，刊有该文的摘录。

杨钟健：《悼丁在君先生》，载 1936 年 2 月 17 日《独立评论》第 188 号，第 26—28 页。

吴定良：《丁在君先生对于人类学之贡献》，载 1936 年 2 月 17 日《独立评论》第 188 号，第 28—29 页。

周诒春：《我所敬仰的丁在君先生》，载 1936 年 2 月 17 日《独立评论》第 188 号，第 30—31 页。

蔡元培：《丁在君先生对于中央研究院之贡献》，载 1936 年 2 月 17 日《独立评论》第 188 号，第 31—32 页。

陶孟和：《追忆在君》，载 1936 年 2 月 17 日《独立评论》第 188 号，第 33—34 页。

李济：《怀丁在君》，载 1936 年 2 月 17 日《独立评论》第 188 号，第 34—37 页。

汪敬熙：《丁在君先生》，载 1936 年 2 月 17 日《独立评论》第 188 号，第 37—38 页。

凌鸿勋：《悼丁在君先生》，载 1936 年 2 月 17 日《独立评论》第 188 号，第 38—40 页。

朱经农：《最后一个月的丁在君先生》，载 1936 年 2 月 17 日《独立评论》第 188 号，第 40—45 页。

丁文涛：《亡弟在君童年轶事追忆录》，载 1936 年 2 月 17 日《独立评论》第 188 号，第 45—48 页。

丁文治：《我的二哥文江》，载 1936 年 2 月 17 日《独立评论》第 188 号，第 48—50 页。

高振西：《做教师的丁文江先生》，载 1936 年 2 月 17 日《独立评论》第 188 号，第 50—52 页。

张其昀：《丁文江先生著作系年目录》，载 1936 年 2 月 17 日《独立评论》第 188 号，第 53—58 页。

胡适：《编辑后记》，载 1936 年 2 月 17 日《独立评论》第 188 号，第 58—59 页。

傅斯年：《丁在君一个人物的几片光影》，载 1936 年 2 月 23 日《独立评论》第 189 号，第 7—12 页。

杨济时：《丁在君先生治疗经过报告》，载 1936 年 2 月 23 日《独立评论》第 189 号，第 12—15 页。

钟伯谦：《丁文江先生考察湖南湘潭谭家山昭谭煤矿公司情形》，载 1936 年 2 月 23 日《独立评论》第 189 号，第 15—16 页。

刘咸：《悼丁文江先生》，载 1936 年 2 月《科学》第 20 卷第 2 期。

赵元任：《记丁在君先生讲演留声片》，载 1936 年 3 月 15 日《独立评论》第 192 号，第 21 页。

刘基磐：《丁在君先生在湘工作情形之追述》，载 1936 年 3 月 22 日《独立评论》第 193 号，第 6—8 页。

胡振兴：《谁送给丁文江先生五千元》，载 1936 年 3 月 22 日《独立评论》第 193 号，第 8—9 页。

张其昀：《近二十年来中国地理之进步》（四），载 1936 年 6 月《地理学报》第 2 期。

李毅士：《留学时代的丁在君》，载 1936 年 7 月 5 日《独立评论》第 208 号，第 12—18 页。

汤中：《对于丁在君先生的回忆》，载 1936 年 7 月 26 日《独立评论》第 211 号，第 15—18 页。

竹垚生：《丁文江先生之遗嘱》，载 1936 年 7 月 26 日《独立评论》第 211 号第 18—20 页。

翁文灏：《追念丁在君先生》（诗），载 1936 年 6 月《地质论评》第 1 卷第 3 期。

卢祖荫：《七律·哭丁师》，载 1936 年 6 月《地质论评》第 1 卷第 3 期。

章鸿钊：《我对于丁在君先生的回忆》，载 1936 年 6 月《地质论评》第 1 卷第 3 期，第 227—236 页。

李学清：《追念丁师在君先生》，载 1936 年 6 月《地质论评》第 1 卷第 3 期，第 237—240 页。

稚言：《忆丁在君先生》，载 1936 年 1 月 13 日《国闻周报》第 13 卷第 3 期。

丁张紫珊：《悼在君二哥》，载 1936 年 1 月 20 日《国闻周报》第 13 卷第 4 期。

翁文灏：《追悼丁在君先生》，载 1935 年《地理学报》第 2 卷第 4 期；又载 1936 年《方志》第 9 卷第 1 期第 1—2 页。

翁文灏：《追悼丁在君先生——科学家和爱国者》，载 1936 年《中国地质学会志》第 15 卷第 1 期，第 17—21 页。

张其昀：《丁在君先生对中国地理学之贡献》，载 1936 年《方志》第 9 卷第 1 期，第 3—6 页。

闻宥：《读〈爨文丛刻〉》，载 1936 年《图书季刊》第 3 卷第 4 期。

翁文灏：《丁在君传略》，载 1936—1937 年《中国地质学会志》第 16 卷第 I—

IX 页。

狄瑞尔：《丁文江博士》（英文），载 1940 年 12 月《中国地质学会志》第 20 卷第 3—4 期，第 369—370 页。

翁文灏：《丁文江先生传》，载 1941 年《地质论评》第 6 卷第 1—2 期第 181—192 页。

《丁在君先生逝世五周年纪念会》，载 1941 年《地质论评》第 6 卷第 1—2 期第 201—204 页。

谭其骧：《论丁文江所谓徐霞客在地理上之新发现》，载 1942 年 12 月浙江大学《徐霞客逝世 300 周年纪念刊》。

翁文灏：《追忆丁在君》，载 1946 年《地质论评》第 11 卷第 1—2 期，第 98、120 页。

叶良辅：《丁文江与徐霞客》，收入竺可桢等著《地理学家徐霞客》，上海：商务印书馆，1948 年 2 月初版，第 6—10 页。

方豪：《〈徐霞客先生年谱〉订误》，收入竺可桢等著《地理学家徐霞客》，上海：商务印书馆，1948 年 2 月初版，第 83—101 页。

丁文渊：《文江二哥教训我的故事》，载 1954 年香港《热风》第 22 号。

胡适：《哭丁在君》，载 1955 年 11 月 16 日台北《自由中国报·自由天地》。

张世英：《"科学"与"玄学"論战中胡適派所謂"科学"的反科学性》，载 1956 年《哲学研究》第 1 期。

徐道邻：《记丁在君》，载 1956 年 1 月 25 日、28 日《自由人》。

胡适：《关于〈记丁在君〉——胡适先生的一封信》，1956 年 2 月 15 日《自由人》。

胡适：《丁文江的传记》，收入 1956 年 11 月台北《中央研究院院刊》第 3 辑《丁故总干事文江逝世廿周年纪念刊》，第 1—121 页。

朱家骅：《丁文江与中央研究院》，收入 1956 年 11 月台北《中央研究院院刊》第 3 辑《丁故总干事文江逝世廿周年纪念刊》，第 123—126 页。

阮维周：《丁文江在地质学上之贡献》，收入 1956 年 11 月台北《中央研究院院刊》第 3 辑《丁故总干事文江逝世廿周年纪念刊》，第 127—133 页。

董显光：《我和在君》，收入 1956 年 11 月台北《中央研究院院刊》第 3 辑《丁故总干事文江逝世廿周年纪念刊》，第 135—137 页。

蒋廷黻：《我所记得的丁在君》，收入 1956 年 11 月台北《中央研究院院刊》第 3 辑《丁故总干事文江逝世廿周年纪念刊》第 139—142 页。

董作宾：《关于丁文江先生的〈爨文丛刻甲编〉》，收入 1956 年 11 月台北《中央研究院院刊》第 3 辑《丁故总干事文江逝世廿周年纪念刊》第 143—150 页。

罗家伦：《现代学人丁在君先生的一角》，收入 1956 年 11 月台北《中央研究院院刊》第 3 辑《丁故总干事文江逝世廿周年纪念刊》第 151—154 页。

李济：《对于丁文江所提倡的科学研究几段回忆》，收入 1956 年 11 月台北《中央研究院院刊》第 3 辑《丁故总干事文江逝世廿周年纪念刊》，第 155—160 页。

凌鸿勋：《忆丁文江先生——并记其对于铁路的意见》，载 1957 年 2 月 16 日《畅流》第 15 卷第 1 期。

黄元起：《1923 年的"科学"与玄学的论战》，载 1957 年 9 月《史学月刊》第 9 期。

邓艾民：《五四时期关于科学与人生观的论战》，载 1959 年 5 月《北京大学学报》（哲学社会科学版）第 3 期

陈伯庄：《纪念丁在君先生》，收入《卅年存稿》，台北：1959 年 8 月版。

陈三：《千古文章未尽才——谈梁任公与丁在君之死》，载 1960 年台北《畅流》第 21 卷第 3 期。

朱文伯：《胡适与丁文江》，载 1962 年台湾《民主潮》第 12 卷第 11、12 期。

李敖：《评介〈丁文江的传记〉》，载 1963 年 1 月 1 日台北《文星》第 63 期。

左舜生：《胡适著〈丁文江的传记〉》，载 1967 年 6 月 10 日台北《"中央"日报》。

凌鸿勋：《丁文江先生最后遗墨之一》，载 1967 年 11 月台北《传记文学》第 11 卷第 5 期。

Ting Wen-chiang，Howard L. Boorman，Editor：*Biographical Dictionary of Republican China*（《中华民国名人传》）），Vol III，Columbia University Press，1970，pp278—282。

《丁文江先生传略》，收入《中国近代学人象传初辑》，台北：大陆杂志社，1971 年版。

蒋君章：《丁文江二三事》，收入《中外人物专辑》第一辑，台北：中外图书
　　出版社，1971 年 4 月出版。

张朋园：《傅著〈丁文江与中国科学和新文化〉》，载 1973 年《台湾师范大学
　　历史学报》第 1 期。

徐慎缄：《现代的霞客——丁文江》，收入《传记精华》，台北：中外图书出
　　版社，1973 年版。

觉初：《赫脚大仙丁文江》，载 1973 年台北《春秋》第 18 卷第 1 期。

蒋君章：《丁文江的光辉》，载 1973 年台北《新时代》第 13 卷第 7 期。

谭惠生：《丁文江》，收入《民国伟人传记》，高雄：百成书店，1976 年 6
　　月版。

《地质学的启蒙人——丁文江》，载 1977 年台北《科学月刊》第 8 卷第 5 期。

蔡学忠：《中国地质界先驱——丁文江》，载 1977 年台北《近代中国》第
　　2 期。

耿云志：《丁文江》，收入中华民国史资料丛稿《民国人物传》第 1 卷，第
　　372—376 页，北京：中华书局出版，1978 年。

朱沛莲：《丁文江、黄郛与大上海》，载 1978 年台北《中外杂志》第 23 卷第
　　4 期。

杨肃献：《丁文江：一个中国科学家的画像》，载 1978 年台北《仙人掌杂志》
　　第 2 卷第 4 期。

李日章：《丁文江思想纲要》，收入《现代中国思想家》第 6 辑，台北：巨人
　　出版社，1978 年版。

李日章：《丁文江年表》，收入《现代中国思想家》第 6 辑，台北：巨人出版
　　社，1978 年版。

李日章：《丁文江著作及参考文献》，收入《现代中国思想家》第 6 辑，台北：
　　巨人出版社，1978 年版。

吴相湘：《丁文江走遍全国探宝藏》，收入《民国百人传》第 1 册，台北：传
　　记文学出版社，1982 年 10 月版。

朱庭祜：《我所知道的丁文江》，载 1982 年《文史资料选辑》第 80 辑，第
　　17—24 页。

翁文灏：《关于丁文江》，载 1982 年《文史资料选辑》第 80 辑，第 35—

36 页。

翁文灏：《中国地质学会简介》，载 1982 年 11 月《石油与天然气地质》第
　　4 期。

翁文灏：《中国地质学会史料剪辑》，载 1982 年 11 月《石油与天然气地质》
　　第 4 期。

郑锡煌：《丁文江对中国地质学的贡献》，载 1982 年《中国科技史料》第 4
　　期，第 30—35 页。

张祖还：《丁文江先生轶闻》，载 1983 年《中国地质学史研究会会讯》第 2
　　号，第 16—17 页。

劲松：《〈康有为先生墨迹〉、〈梁启超年谱长编〉简介》，载 1983 年 12 月 25
　　日《中州学刊》第 6 期。

何知：《〈梁启超年谱长编〉》，载 1983 年 12 月《百科知识》第 12 期。

胡焕庸：《欢庆〈地理学报〉创刊五十周年——回忆学会早期历史》，载 1984
　　年 3 月《地理学报》第 3 期。

王根元：《中国参加国际地质大会活动史》，载 1984 年《地质科技情报》第
　　1 期。

辛建：《〈梁启超年谱长编〉简介》，载 1984 年 9 月《史学月刊》第 5 期。

周玉和：《关于"科学与人生观论战"的政治思想倾向》，载 1984 年 11 月《东
　　北师大学报》（哲学社会科学版）第 4 期。

杨新孝：《丁文江——中国地质科学的开拓者》，载 1985 年《人物》第 4 期，
　　第 70—75 页。

潘云唐：《丁文江》，载 1985 年《中国地质》第 9 期，第 23—24 页。

王仰之：《中国地质学界先驱丁文江》，载 1985 年《大自然》第 4 期，第
　　11—13 页。

周训芳：《论二十年代的"科学与人生观"论战》，载 1985 年 11 月《复旦学
　　报》（社会科学版）第 6 期。

潘云唐：《卓越的地质学家丁文江》，载 1986 年《科学》第 38 卷第 3 期。

黎洁华：《关于二十年代"科玄论战"的研究》，载 1986 年 1 月《哲学动态》第
　　1 期。

高力克：《科玄之争与近代科学思潮》，载 1986 年 11 月《史学月刊》第 6 期。

陈江：《丁文江与徐霞客——论丁文江在研究徐霞客中的贡献》，载 1986 年
　　《地理研究》第 5 卷第 1 期，第 65—70 页。

王仰之：《丁文江足涉万里培育英才》，收入《中国大地的探索者》，第 25—
　　31 页，北京：科学普及出版社，1986 年版。

夏湘蓉：《缅怀忠于发展中国地质科学事业的丁文江先生》，载 1986 年《湖
　　南省地质学会会讯》总第 16 号，第 2—5 页。又收入 1987 年 4 月《泰兴
　　文史资料》第 4 辑，第 12—16 页。

蒋良俊：《怀念丁老》，载 1986 年 7 月《湖南省地质学会会讯》总第 16 号，
　　第 5—6 页。

黄汲清：《丁文江——二十世纪的徐霞客》，载 1986 年 7 月《湖南省地质学
　　会会讯》总第 16 号，第 6—7 页。又载 1986 年 8 月 25 日《中国科技
　　报》。又载 1987 年 4 月《泰兴文史资料》第 4 辑，第 1—3 页。

李春昱：《怀念丁老，座谈二三事》，载 1986 年 7 月《湖南省地质学会会讯》
　　总第 16 号，第 7—8 页。

李春昱：《怀念丁文江先生》，载 1986 年 8 月 25 日《中国科技报》。又载
　　1987 年 4 月《泰兴文史资料》第 4 辑，第 9—11 页。

任荣恩：《缅怀我国地质界先驱丁文江先生》，载 1986 年 7 月《湖南省地质
　　学会会讯》总第 16 号，第 16—17 页。又载 1987 年 4 月《泰兴文史资
　　料》第 4 辑，第 34—37 页。

刘同葆：《杰出的地质学家——丁文江》，载 1986 年 10 月 25 日《团结报》。

曾世英：《追忆丁文江先生两三事》，收入 1987 年 4 月《泰兴文史资料》第 4
　　辑，第 4—8 页。

韩德馨：《纪念丁文江先生》，收入 1987 年 4 月《泰兴文史资料》第 4 辑，第
　　17—21 页。又载 1987 年《地球》第 3 期，第 6—7 页。

张作人：《我们敬佩的老师丁文江先生》，收入 1987 年 4 月《泰兴文史资料》
　　第 4 辑，第 22—24 页。

郑肇经：《忆丁文江先生二三事》，收入 1987 年 4 月《泰兴文史资料》第 4
　　辑，第 25—27 页。

张祖还：《忆丁文江先生》，收入 1987 年 4 月《泰兴文史资料》第 4 辑，第
　　28—33 页。

孙荣圭：《丁文江与北大地质系》，收入 1987 年 4 月《泰兴文史资料》第 4 辑，第 38—42 页。

彭肇藩：《丁文江与湖南》，收入 1987 年 4 月《泰兴文史资料》第 4 辑，第 43—47 页。

王根元：《缅怀中国地质事业的创始人之——纪念丁文江先生诞辰一百周年》，收入 1987 年 4 月《泰兴文史资料》第 4 辑，第 48—51 页。

郭振明：《我国地质界先驱丁文江先生事略》，收入 1987 年 4 月《泰兴文史资料》第 4 辑，第 52—56 页。

牟小东：《纪念我国地质学界先驱丁文江先生》，收入 1987 年 4 月《泰兴文史资料》第 4 辑，第 57——59 页。

史济瀛：《回忆丁文江先生》，收入 1987 年 4 月《泰兴文史资料》第 4 辑，第 60—63 页。

翁心钧：《怀念丁文江伯父》，收入 1987 年 4 月《泰兴文史资料》第 4 辑，第 64—67 页。

丁明远：《纪念伯父丁文江》，收入 1987 年 4 月《泰兴文史资料》第 4 辑，第 68—70 页。

潘云唐：《卓越的爱国主义地质学家——纪念丁文江先生诞辰一百周年》，收入 1987 年 4 月《泰兴文史资料》第 4 辑，第 71—98 页。

阮维周：《在君先生行谊》，载 1987 年 4 月台北《中国地质学会专刊》第 8 号。

阮维周：《第一届丁氏奖章颁赠典礼答辞》，载 1987 年 4 月台北《中国地质学会专刊》第 8 号。

牟小东：《二十世纪的徐霞客——丁文江》，载 1987 年 9 月《文史杂志》第 5 期。

王仰之：《丁文江年谱》，载 1987 年《中国科技史杂志》第 4 期。

潘云唐：《纪念丁文江 100 周年章鸿钊 110 周年诞辰及中国地质事业早期史讨论会在北京大学举行》，载 1988 年 1 月《地球科学进展》第 1 期。

潘云唐：《丁文江在地层古生物学上的卓越贡献》，载 1988 年《古生物学报》第 27 卷第 5 期。

张德旺：《论"九一八"事变后的独立评论派》，载 1988 年 10 月《求是学刊》

第 5 期。

张德旺：《我国地质科学的先驱学者》，载 1989 年 2 月《中国地质》第 2 期。

秦苏：《还历史的本来面目——读〈丁文江——科学与中国新文化〉暨纪念丁文江先生》，载 1989 年 3 月《科学学研究》第 1 期。

雷颐：《从"科玄之争"看五四后科学思潮与人本思潮的冲突》，载 1989 年 5 月《近代史研究》第 3 期。

孙荣圭：《从徐霞客到丁文江》，收入《地质学史论丛》第 2 辑，北京：地质出版社，1989 年 11 月版。

王仰之：《高振西和丁文江》，载 1990 年《地球》第 1 期。

韩德馨：《丁文江对我国煤田地质事业的贡献》，载 1990 年 3 月《中国煤田地质》第 1 期。

王德禄：《中国现代思想中的专家治国论》，载 1990 年 4 月《自然辩证法通讯》第 2 期。

朱亚宗：《徐霞客是长江正源的发现者——谭其骧对丁文江辨正之辨正》，载 1991 年 4 月《自然科学史研究》第 2 期。

吴健熙：《丁文江和淞沪商埠督办公署》，载 1992 年 2 月《史林》第 1 期。

王春南：《丁文江与中央研究院》，载 1992 年 7 月《学海》第 4 期。

黄道炫：《30 年代中国政治出路的讨论》，载 1992 年 9 月《近代史研究》第 5 期。

景才瑞：《论中国近代地质学四位先驱》，载 1992 年 12 月《华中师范大学学报》（自然科学版）第 4 期。

黄汲清：《丁文江选集》序，收入黄汲清、潘云唐、谢广连编：《丁文江选集》，北京：北京大学出版社，1993 年 2 月版，第 1—15 页。

潘云唐：《丁文江在中国地理科学上的建树》，载 1993 年 2 月《地理学与国土研究》第 1 期。

潘云唐：《一位勇敢的探索型地学大师——纪念丁文江先生诞辰 105 周年》，载 1992 年《地理知识》第 2 期。

奚霞：《丁文江》，载 1993 年 5 月《民国档案》第 2 期。

张巨成：《追求科学：丁文江与科玄论战》，载 1993 年 5 月《学术探索》第 3 期。

沈庆林：《丁文江的政治思想》，载 1993 年 9 月《近代史研究》第 5 期。

李申：《科玄论战七十年祭》，载 1994 年 1 月《自然辩证法研究》第 1 期。

《翁文灏悼丁文江文两篇》，载 1994 年 2 月《民国档案》第 1 期。

江伟：《"科学与人生观"论战述评》，载 1994 年 3 月《河南大学学报》（社会
　　科学版）第 2 期。

奚霞：《中国地质事业的奠基人——丁文江》，载 1994 年 3 月《神州学人》第
　　3 期。

潘云唐：《中国地质事业的开创者和奠基人——地质学家、地质教育家丁
　　文江》，载 1994 年 6 月《学会》第 6 期。

李文义：《试论科玄论战的理论误区》，载 1994 年 9 月《齐鲁学刊》第 5 期。

龚隽：《近代中国科学主义的误区》，载 1994 年 10 月《华南师范大学学报》
　　（社会科学版）第 4 期。

牟应杭：《访红岩碑记》，载 1995 年《文史天地》第 1 期。

陈宝国、陈洪玲：《论丁文江的科学观和他对现代中国科学的贡献》，收入
　　《地质学史论丛》第 3 辑，北京地质出版社，1995 年 10 月版。

朱学勤：《让人为难的罗素》，载 1996 年 1 月《读书》第 1 期。

刘启峰：《丁文江任职淞沪总办浅议》，载 1996 年 2 月《史林》第 1 期。

李扬：《中国现代地质事业创建时期章丁翁三结合述评》，载 1996 年 4 月
　　《南京大学学报》（哲学社会科学版）第 2 期。

智效民：《丁文江这个人》，载 1996 年 4 月《读书》第 4 期。

潘云唐：《丁文江与中国石油工业》，载 1996 年《石油工业》第 3 期。

吴铭能：《学术的良知和严谨——梁启超〈年谱〉和〈手迹〉校读感言》，载
　　1996 年 5 月 20 日《北京大学学报》（哲学社会科学版）第 3 期。

傅长禄：《丁文江与中国现代科学》，载 1996 年 5 月《吉林大学社会科学学
　　报》第 3 期。

叶其中：《从张君劢和丁文江两人和〈人生观〉一文看 1923 年"科玄论战"的
　　爆发与扩展》，载 1996 年 6 月台北《中研院近史所集刊》第 25 期。

李妍：《浅评"科学"与"玄学"的论战》，载 1996 年 5 月《学术交流》第 3 期。

夏晓虹：《寂寞身后事》，载 1996 年 6 月《读书》第 6 期。

王素莉：《"好人政府"评说》，载 1996 年 6 月《读书》第 6 期。

许纪霖：《出山不比在山清》，载 1996 年 10 月《读书》第 10 期。

陆发春：《胡适与丁文江》，载 1996 年《江淮文史》第 3 期。

邵森：《〈徐霞客游记〉书题演变考》，载 1996 年《无锡教育学院学报》第
　　3 期。

乐丁：《风范垂千古光辉照后人——纪念丁文江先生逝世 60 周年》，载
　　1996 年《中国地质教育》第 4 期。

许纪霖：《出山不比在山清》，载 1996 年 10 月《读书》第 10 期。

于民雄：《在深刻与肤浅之外》，载 1997 年 2 月《读书》第 2 期。

王素莉：《丁文江留给我们的启示》，载 1997 年 4 月《读书》第 4 期。

文库：《丁文江踏遍滇黔路》，载 1997 年 7 月 25 日《民国春秋》第 4 期。

周祖文：《丁文江与大上海》，载 1997 年 9 月 25 日《民国春秋》第 5 期。

李根良：《丁文江对中国地质地理学的贡献》，载 1997 年 12 月《徐州师范大
　　学学报》（自然科学版）第 4 期。

李扬：《丁文江是中国古生物学的伟大创始人》，收入《纪念徐霞客诞辰 410
　　周年文集》，江苏徐霞客研究会、江苏人民政府编出版，1997 年。

祖述宪：《关于"丁文江之死"》，载 1998 年 1 月《安徽史学》第 1 期。

阎润鱼：《30 年代自由主义者关于中国政治秩序的一场争论》，载 1998 年 1
　　月《教学与研究》第 1 期。

吴小龙：《"科玄论战"与丁文江》，载 1998 年 2 月《民主与科学》第 1 期。

章清：《告别科学主义之后》，载 1998 年 2 月《读书》第 2 期。

金敏：《丁文江的苏联之行》，载 1998 年 3 月《民国春秋》第 2 期。

潘光哲：《丁文江与史语所》，收入中央研究院历史语言研究所七十周年纪
　　念文集《新学术之路》（上册），台北：中研院史语所，1998 年 10 月，
　　第 379—400 页。

吕希晨：《丁文江哲学论析》，载 1999 年 1 月《社会科学家》第 1 期。

雷启立：《不应被遗忘的丁文江》，载 1999 年 1 月《书屋》第 1 期。

李醒民：《"科学论战"中的皮尔逊》，载 1999 年 2 月《自然辩证法通讯》第
　　1 期。

郭汉民：《关于科玄论战的几个问题》，载 1999 年 2 月《广西社会科学》第
　　1 期。

黄玉顺：《"科玄之争"再评价》，载 1999 年 2 月《中国哲学史》第 1 期。

罗志田：《从科学与人生观之争看后五四时期对五四基本理念的反思》，载 1999 年 6 月《历史研究》第 3 期。

潘江：《农商部地质研究所师生传略》，载 1999 年 6 月《中国科技史料》第 2 期。

廖卓庭：《广西马平灰岩腕足动物群的时代问题——兼评"Fauna of the Ma-ping Limestone of Kwangsi and Kweichow"》，载 1999 年 7 月《古生物学报》第 3 期。

周云：《从"科玄论战"看 20 年代西方思想与中国社会思潮》，载 1999 年 11 月《社会科学辑刊》第 6 期。

李扬：《丁文江的科学建树》，载 2000 年 1 月《民国春秋》第 1 期。

李醒民：《五四先哲对科学的多维透视》，载 2000 年 4 月《科技导报》第 4 期。

冯夏根：《丁文江研究述评》，载 2000 年 6 月《安庆师范学院学报》（社会科学版）第 3 期。

吴小龙：《丁文江论科学和宗教：八十年后的反思》，载 2000 年《博览群书》第 6 期。

苍铭：《民族学家与西南民族文献的发现》，载 2000 年 7 月《今日民族》第 7 期。

王庆宇：《从"科玄之战"看科学主义在近代中国的影响》，载 2000 年 8 月《江西社会科学》第 8 期。

段异兵：《1935 年中央研究院使命的转变》，载 2000 年 10 月《自然辩证法通讯》第 5 期。

曹颖：《丁文江先生和我国的地质古生物学》，载 2000 年 11 月《化石》第 4 期。

尹骐：《一代学人丁文江》，载 2000 年 11 月《炎黄春秋》第 11 期。

高力克：《科学主义与"五四"知识分子的人文宗教》，载 2000 年 12 月《学术月刊》第 12 期。

林孝暸：《科学能否解决人生观的问题——析张君劢、丁文江在科玄论战中的争论》，载 2001 年 2 月《中共宁波市委党校学报》第 1 期。

李学通：《农商部地质研究所始末考》，载 2001 年 6 月《中国科技史料》第
　　2 期。

卢毅：《建构论唯理主义与进化论理性主义——一个解读"科玄论战"的新
　　视角》，载 2001 年 7 月《东南学术》第 4 期。

陈星灿：《瓷枕》，载 2001 年 7 月《读书》第 7 期。

张银玲：《中央地质调查所及其地质期刊的发轫》，载 2001 年 8 月《编辑学
　　报》第 4 期。

张银玲：《翁文灏回忆一些我国地质工作初期情况》，载 2001 年 9 月《中国
　　科技史料》第 3 期。

吴小龙：《丁文江——"中国赫胥黎"》，载 2001 年 10 月《21 世纪》第 10 期。

邬秋龙：《徐氏家变与江南地区奴变风潮》，载 2001 年 12 月《苏州大学学
　　报》（工学版）第 6 期。

张九辰：《陈梦熊院士访谈录》，载 2001 年 12 月《中国科技史料》第 4 期

张晓华：《为科学正名——中国早期科学主义思潮的回顾与反思》，载 2001
　　年《聊城师范学院学报》（哲学社会科学版）第 6 期。

严文郁：《胡适与丁文江》，载 2002 年 1 月台北《传记文学》第 80 卷第 1 期。

张剑：《传统与现代之间——中国科学社领导群体分析》，载 2002 年 2 月
　　《史林》第 1 期。

张尔平：《鸿印雪泥见源流——中国地质图书馆 85 年发展历程》，载 2002
　　年 3 月《中国科技史料》第 1 期。

王林：《工具与方法：中国现代惟科学主义文化哲学的兴起》，载 2002 年 4
　　月《中国民航学院学报》第 2 期。

李学通：《民国最有科学成就的中央地质调查所》，载 2002 年 6 月《炎黄春
　　秋》第 6 期。

施展旦：《对中国现代科学主义价值化认知的反思》，载 2002 年 7 月《内蒙
　　古社会科学》（汉文版）第 4 期。

冯夏根：《载 20 世纪 30 年代丁文江对中国现代化的探索》，载 2002 年 7 月
　　《理论学刊》第 4 期。

章清：《"学术社会"的建构与知识分子的"权势网络"——〈独立评论〉群体
　　及其角色与身份》，载 2002 年 8 月《历史研究》第 4 期。

张尔平：《探索科学的痕迹——兵马司 9 号与文物保护》，载 2002 年 8 月 29 日《北京晚报》。

张以诚：《八十如同年十八——漫话中国地质学会》，载 2002 年 9 月《国土资源》第 9 期。

张连国：《主义与时势的两难——从民主与独裁的论战透视中国自由主义的困境》，载 2003 年 1 月《山东理工大学学报》（社会科学版）第 1 期。

周青丰：《科玄论战性质新论——以科玄论战中的丁文江为中心的考察》，载 2003 年 3 月《江西师范大学学报》（哲学社会科学版）第 2 期。

谷小水：《国难危机与因应之道：丁文江的"好人"思想和实践》，载 2003 年 3 月《浙江学刊》第 2 期。

张以诚：《国人初迈步——漫话我国最早的地质学家和最初的地质调查》，载 2003 年 4 月《国土资源》第 4 期。

于保红：《科学与玄学的论战：中国思想界的一场大交锋》，载 2003 年 4 月《纵横》第 4 期。

张以诚：《大厦百年自夯基——漫话我国自办地质教育的兴起和发展》，载 2003 年 5 月《国土资源》第 5 期。

张以诚：《各具特色比翼飞——漫话载 1949 年前全国三大地质机构》，载 2003 年 6 月《国土资源》第 6 期。

徐桂莲：《"科玄论战"的哲学省思》，载 2003 年 7 月《安徽农业大学学报》（社会科学版）第 4 期。

江琼：《"科玄论战"的历史回顾与当代反思》，载 2003 年 8 月《党史研究与教学》第 4 期。

冯夏根：《论二十世纪三十年代的"新式独裁"》，载 2003 年 9 月《安徽教育学院学报》第 5 期。

冯夏根：《丁文江与"好政府主义"》，载 2003 年 9 月《湖南大学学报》（社会科学版）第 5 期。

冯夏根：《丁文江科学思想评析》，载 2003 年 9 月《贵州大学学报》（社会科学版）第 5 期。

沈颂金：《丁文江与中国早期考古学》，载 2003 年《淮阴师范学院学报》（哲学社会科学版）第 3 期。

张培富：《留学生与近代中国地质科学体制化初探》，载 2003 年 12 月《山西大学学报》（哲学社会科学版）第 5 期。

吴小龙：《丁文江的治军梦》，载 2003 年 12 月《炎黄春秋》第 1 期。

李学通：《地质调查所沿革诸问题考》，载 2003 年 12 月《中国科技史料》第 4 期。

张九辰：《中国近代地质学学术建制研究》，载 2003 年 12 月《科学学研究》第 6 期。

王思睿：《丁文江的政治改革思想》，载 2004 年 1 月《社会科学论坛》第 1 期。

张以诚：《勘查路频埋惨死英才骨——记载 1949 年前死于非命的地质学家》，载 2004 年 2 月《国土资源》第 2 期。

冯夏根：《丁文江与近代中国的科学事业》，载 2004 年 2 月《商丘师范学院学报》第 1 期。

李醒民：《科玄论战的主旋律、插曲及其当代回响》（上），载 2004 年 2 月《北京行政学院学报》第 1 期。

郭美华：《科玄论战双方共同的普遍主义取向》，载 2004 年《中共济南市委党校学报》第 1 期。

谷小水：《丁文江与〈独立评论〉的创刊》，载 2004 年 3 月《学术界》第 2 期。

张以诚：《继承的财富和因袭的包袱——漫话载 1949 年前中国地质事业传统》，载 2004 年 5 月《国土资源》第 5 期。

舒畅：《丁文江与中国科学近代化》，载 2004 年 6 月《开封教育学院学报》第 2 期。

谷小水：《丁文江与独裁民主论战》，载 2004 年 7 月《中山大学学报》（社会科学版）第 4 期。

朱洪斌：《〈梁启超年谱长编〉纠误》，载 2004 年 8 月 25 日《民国档案》第 3 期。

范铁权：《中国科学社与"科玄论战"》，载 2004 年 9 月《广州大学学报》（社会科学版）第 9 期。

杨国强：《〈科学社团在近代中国的历史命运——以中国科学社为中心〉序》，载 2004 年 10 月《史林》第 5 期。

黄波:《将心托明月，明月照沟渠——民国学者从政脉络》，载 2004 年 11
　　月《书屋》第 11 期。

李晓明:《重估科玄论战——兼论丁文江对传播科学精神的贡献》，载 2004
　　年《重庆社会科学》第 Z1 期。

张九辰:《漫忆民国时期的中央地质调查所》，载 2004 年 12 月《档案与史
　　学》第 6 期。

谷小水:《"独立"社与国联调查团》，载 2004 年 12 月《福建论坛》(人文社会
　　科学版)第 6 期。

谷小水:《读书还是救国——试析丁文江的青年观》，载 2005 年 1 月《社会
　　科学研究》第 1 期。

金焕玲:《丁文江、蒋廷黻"新专制主义"思想浅析——兼论载 20 世纪 30 年
　　代"民主与独裁"论战》，载 2005 年 1 月《石家庄学院学报》第 1 期。

谷小水:《丁文江与胡适关系略论》，载 2005 年 5 月《浙江学刊》第 3 期。

黄波:《"丁在君这个人"》，载 2005 年 6 月《书屋》第 6 期。

张国功:《诗名应共宦名清——读〈胡适和他的朋友们〉、〈往事知多少〉》，
　　载 2005 年 8 月《书屋》第 8 期。

黄洁:《丁文江对中国地质学科发展的奠基性贡献》，载 2005 年《中国地质
　　教育》第 3 期。

张尔平:《兵马司胡同 9 号的主人》，载 2005 年《人物》第 3 期。

杨金钢:《丁文江科学主义思想述评》，载 2005 年 8 月《燕山大学学报》(哲
　　学社会科学版)第 Z1 期。

宋广波:《拥有八个"地质第一"的丁文江》，载 2005 年 11 月 22 日《地质勘
　　查导报》。

宋广波:《丁文江与中国地质事业初创》，载 2005 年《北京档案史料》第
　　4 期。

周树仁:《丁文江善对知县》，载 2005 年 12 月《对联民间对联故事》第 8 期。

张剑:《中国学术评议空间的开创——以中央研究院评议会为中心》，载
　　2005 年 12 月《史林》第 6 期。

洪明:《在对立中走向融和——"科学与玄学论战"的再体会》，载 2006 年 2
　　月《中国教师》第 2 期。

朱华：《论丁文江科学救国思想》，载 2006 年 3 月《山西师大学报》（社会科
　　学版）第 2 期。

谷小水：《丁文江这个人》，载 2006 年 3 月 2 日《光明日报》。

宋广波：《竺可桢给丁文江的一封佚信——兼议学术文化名人的全集编纂
　　工作》，载 2006 年 5 月 18 日《光明日报》。

宋广波：《救济丁文江五千元义举的背后——揭示一段传颂了 80 年"佳话"
　　的真相》，载 2006 年 6 月《百年潮》第 6 期。

宋广波：《重新认识丁文江》，载 2007 年 4 月台北《传记文学》第 90 卷第
　　4 期。

蔡登山：《如此风流一代无——胡适与丁文江》，载 2007 年 4 月台北《传记
　　文学》第 90 卷第 4 期。

二、 著作、 资料集类

胡适等著：《丁文江这个人》，台北：传记文学出版社，1967 年 9 月 1
　　日版。

Charlotte Furth，*Ting Wen-chiang*：*Science and China's New Culture*，
　　Cambridge，Massachusetts：Harvard University Press，1970.

（美）夏绿蒂·弗思著，丁子霖、蒋毅坚、杨昭译：《丁文江——科学与中
　　国新文化》，长沙：湖南科技出版社，1987 年 3 月版。又，北京：新
　　星出版社，2006 年 1 月再版。

《现代中国思想家》第 6 册《丁文江》，内收《丁文江年表》、《丁文江思想纲
　　要》、《丁文江著作及思想纲要》、《丁文江论著选辑》，台北：

朱传誉：《丁文江传记资料》（3 册，影印资料），台北：天一出版社，1979
　　年版。

王仰之：《丁文江年谱》，南京：江苏教育出版社，1989 年 4 月版。

王鸿桢主编：《中国地质事业早期史》，北京：北京大学出版社，1990 年 7
　　月版。

刘凤翰访问、刘海若纪录：《丁廷楣先生访问纪录》（中研院近史所口述历
　　史丛书之三十二），台北：中研院近史所，1991 年 10 月出版。

雷启立编:《丁文江印象》,上海:学林出版社,1997 年 12 月版。

胡适:《丁文江的传记》,合肥:安徽教育出版社,1999 年 10 月版。

丁琴海:《丁文江》,石家庄:河北教育出版社,2001 年 1 月版。

Magnus Fiskesjo and Chen Xingcan, *China Before China: Johan Gunnanr and Andersson, Ding Wenjiang, and the Discovery of China's Prehistory*(《中国之前的中国:安特生、丁文江和中国史前史的发现》,此书为英、中文对照),Stockholm:Museum of Far Eastern Antiquities,2004.

黄汲清:《我的回忆——黄汲清回忆录摘编》,北京:地质出版社,2004 年 6 月版。

谷小水:《"少数人的责任"——丁文江的思想与实践》,天津:天津古籍出版社,2005 年 2 月版。